科学出版社"十四五"普通高等教育本科规划教材

# 卫生法学

## 第 2 版

**主　编**　蒲　川　罗　刚

**副主编**　蒋　祎　罗　秀　杨支才

**编　委**（按姓氏笔画排序）

| | | | |
|---|---|---|---|
| 王　萍 | 哈尔滨医科大学 | 王安富 | 大连医科大学 |
| 邓　虹 | 昆明医科大学 | 石　悦 | 大连医科大学 |
| 乐　虹 | 华中科技大学 | 刘　霞 | 西南医科大学 |
| 李　巍 | 重庆医科大学 | 杨支才 | 成都中医药大学 |
| 杨淑娟 | 吉林大学 | 罗　刚 | 西南医科大学 |
| 罗　秀 | 成都医学院 | 赵　敏 | 湖北中医药大学 |
| 唐　艳 | 重庆医科大学 | 蒋　祎 | 重庆医科大学 |
| 曾若男 | 成都中医药大学 | 蒲　川 | 重庆医科大学 |

科学出版社

北　京

## 内 容 简 介

在《卫生法学》第1版的基础上，基本保持现有框架，在教材中增加案例，适当增加公共卫生法律相关制度的比重，及时更新《医师法》《传染病防治法》《突发公共卫生事件应急管理条例》等法律法规内容，在科学性、时效性和适用性的原则下修订其他相关法律制度的内容。教材的结构分为三大部分，一是卫生法概述；二是医师资格考试相关的主要法律法规；三是公共卫生法律制度。本书具有很强的时效性和针对性，应用性突出，也具有一定的创新价值。理论阐述和案例分析结合，适合高等医学教育本科"卫生法学"课程教学需要。

---

#### 图书在版编目（CIP）数据

卫生法学 / 蒲川, 罗刚主编. -- 2版. -- 北京：科学出版社, 2024.6. (科学出版社"十四五"普通高等教育本科规划教材). -- ISBN 978-7-03-078813-9

Ⅰ. D922.161

中国国家版本馆 CIP 数据核字第 2024BP4153 号

责任编辑：王　颖 / 责任校对：宁辉彩
责任印制：赵　博 / 封面设计：陈　敬

---

科 学 出 版 社　出版
北京东黄城根北街 16 号
邮政编码：100717
http://www.sciencep.com
天津市新科印刷有限公司印刷
科学出版社发行　各地新华书店经销

\*

2017年8月第　一　版　开本：787×1092　1/16
2024年6月第　二　版　印张：16 3/4
2025年1月第十三次印刷　字数：428 000
**定价：69.80 元**
（如有印装质量问题，我社负责调换）

# 前　言

卫生法是涵盖有关人的生命健康权益保障方面诸多法律规范的总和，是以维护公民生命健康权益为宗旨的专门法学，是医学、药学等学科与法学相结合的交叉学科。党的二十大报告指出："人民健康是民族昌盛和国家强盛的重要标志。把保障人民健康放在优先发展的战略位置，完善人民健康促进政策。""全面依法治国是国家治理的一场深刻革命，关系党执政兴国，关系人民幸福安康，关系党和国家长治久安。"我们党历来重视对人民的生命健康权益的法治保障，卫生健康治理是新时代国家治理的重要组成部分，因此必须全面加强卫生健康领域的法治建设。

新时代医学教育正发生着深刻的变革。现代医学是从生物医学模式发展而来的，从纯生物学角度研究宿主、环境和病因三大因素的动态平衡，由生物医学模式主导的医学教育也主要由基础医学课程和临床医学课程来构成。随着人类社会发展和疾病谱的变化，人们逐渐认识到原有医学模式的不足，提出了生物-心理-社会医学模式，为现代医学开拓了广阔的空间，赋予了更丰富的内涵，拓展了医学的境界。强调关心患者，关注社会，注重技术与服务的共同提高。生物-心理-社会医学模式也促进了现代医学教育的变革，医学教育更加强调社会、心理、法律等人文社会科学课程。同时，医疗卫生事业是社会事业的重要组成部分，卫生健康事业的发展绝非仅仅是技术问题，重大传染病的防控、突发公共卫生事件应急处理、执业主体的行为规制、食品安全的监管、和谐医患关系的建立、患者的权利保护等诸多问题更多依靠的是法律规范的调整。在这种背景下，卫生法学已经成为我国医学生必修的一门重要的基础课程，在我国医学教育中的地位和作用日益凸显。随着我国全面依法治国战略的深入推进，卫生法律法规不断更新和完善。面对这种情况，卫生法学的教材也应该做出相应的改革和调整，更加强调时效性、针对性和适应性，以期帮助医学生掌握临床执业所需的基本法律法规。

本书的编写集中了全国10余所医学院校从事卫生法学教育和研究的一线教学科研人员，在2017年第1版的基础上，结合最新的法律法规共同编写完成。教材最大的特点是具有较强的教学针对性，内容之一是医师执业相关的主要法律法规，分别介绍了医疗机构管理法律制度、卫生技术人员管理法律制度、药品管理法律制度、医疗器械管理法律制度等；内容之二是公共卫生法律制度，包括传染病防治法律制度、突发公共卫生事件应急法律制度、献血和血液品管理法律制度、职业病防治法律制度、母婴保健法律制度、精神卫生法律制度等；还有一部分内容是医疗纠纷的预防与处理法律制度，主要包括医患之间的权利和义务、医疗行为、医疗损害赔偿等，主要目的是希望掌握和了解医患之间的权利和义务，建立和谐的医患关系。本书的针对性较强，应用性突出，具有重要的开拓性和一定的学术创新价值。

本书的出版对我国医学教育中卫生法学相关领域的教学和科研将起到一定的推动作用，同时本书的出版对临床一线医务人员也具有一定的指导作用。本书不仅适合于高等院校作为教材之用，也可供广大临床医师和医疗卫生事业管理参考使用，此外，对卫生法学教学研究人员也具有一定的参考价值。本书在写作和出版过程中，得到了许多同行专家的理论指导，在此一并表示感谢。

虽尽努力，但难免存在纰漏，祈望同行专家学者不吝赐教，提出宝贵意见。

蒲 川 罗 刚
2023 年 10 月

# 目 录

## 第一章 卫生法概述 ... 1
- 第一节 卫生法的概念 ... 1
- 第二节 卫生法的体系 ... 2
- 第三节 卫生法的基本原则 ... 6
- 第四节 卫生法的适用 ... 7
- 第五节 卫生法律救济 ... 8
- 第六节 学习卫生法学的意义与方法 ... 12

## 第二章 医疗机构管理法律制度 ... 14
- 第一节 概述 ... 14
- 第二节 医疗机构的准入 ... 18
- 第三节 医疗机构的执业 ... 23
- 第四节 医疗质量管理 ... 24
- 第五节 互联网诊疗管理 ... 28
- 第六节 法律责任 ... 30

## 第三章 卫生技术人员管理法律制度 ... 34
- 第一节 概述 ... 34
- 第二节 医师管理法律制度 ... 36
- 第三节 护士管理法律制度 ... 45
- 第四节 执业药师管理法律制度 ... 48

## 第四章 医疗技术管理法律制度 ... 54
- 第一节 概述 ... 54
- 第二节 医疗技术临床应用管理 ... 55
- 第三节 人类辅助生殖技术管理 ... 58
- 第四节 人体器官移植管理 ... 61
- 第五节 医学研究伦理审查 ... 64

## 第五章 医疗纠纷预防和处理法律制度 ... 70
- 第一节 概述 ... 70
- 第二节 医疗纠纷的预防 ... 72
- 第三节 医疗纠纷处理 ... 74
- 第四节 医疗事故及其处理 ... 78
- 第五节 法律责任 ... 81

## 第六章 医疗损害责任法律制度 ... 83
- 第一节 概述 ... 84
- 第二节 医疗损害责任的构成要件 ... 87
- 第三节 医疗损害责任的归责原则 ... 90

第四节　医疗损害责任的类型与法律适用 ………………………………… 93
　　第五节　医疗损害赔偿 ………………………………………………………… 99
第七章　中医药管理法律制度 …………………………………………………… 103
　　第一节　概述 ………………………………………………………………… 103
　　第二节　中医药服务 ………………………………………………………… 106
　　第三节　中药保护与发展 …………………………………………………… 112
　　第四节　中医药人才培养与科学研究 ……………………………………… 115
　　第五节　中医药传承与文化传播 …………………………………………… 117
第八章　药品管理法律制度 ……………………………………………………… 119
　　第一节　药品管理法律制度概述 …………………………………………… 119
　　第二节　药品研制、注册与标准 …………………………………………… 121
　　第三节　药品上市许可持有人制度 ………………………………………… 123
　　第四节　药品生产和经营 …………………………………………………… 124
　　第五节　医疗机构药事管理 ………………………………………………… 130
　　第六节　生物制品及特殊药品管理 ………………………………………… 131
　　第七节　药品监督管理 ……………………………………………………… 137
　　第八节　法律责任 …………………………………………………………… 139
第九章　医疗器械管理法律制度 ………………………………………………… 143
　　第一节　概述 ………………………………………………………………… 143
　　第二节　医疗器械的注册与备案管理 ……………………………………… 144
　　第三节　医疗器械的生产管理 ……………………………………………… 147
　　第四节　医疗器械的经营使用管理 ………………………………………… 148
　　第五节　医疗器械不良事件处置 …………………………………………… 150
　　第六节　法律责任 …………………………………………………………… 152
第十章　食品安全法律制度 ……………………………………………………… 155
　　第一节　概述 ………………………………………………………………… 155
　　第二节　食品安全风险监测与评估 ………………………………………… 156
　　第三节　食品安全标准与食品检验 ………………………………………… 159
　　第四节　食品生产经营管理 ………………………………………………… 161
　　第五节　食品安全事故的预防处置 ………………………………………… 168
　　第六节　法律责任 …………………………………………………………… 170
第十一章　传染病防治法律制度 ………………………………………………… 175
　　第一节　概述 ………………………………………………………………… 175
　　第二节　传染病的预防与控制 ……………………………………………… 178
　　第三节　传染病防治的监督与保障 ………………………………………… 183
　　第四节　几种传染病防治的法律规定 ……………………………………… 183
　　第五节　法律责任 …………………………………………………………… 187
第十二章　突发公共卫生事件应急法律制度 …………………………………… 192
　　第一节　概述 ………………………………………………………………… 192

  第二节 突发公共卫生事件的预防与应急准备 ········································195
  第三节 突发公共卫生事件的报告与信息发布 ········································199
  第四节 突发公共卫生事件应急处理 ····················································201
  第五节 法律责任 ································································································205

**第十三章 献血和血液制品管理法律制度** ········································207
  第一节 概述 ········································································································207
  第二节 血站管理 ································································································210
  第三节 临床用血管理 ························································································214
  第四节 血液制品管理 ························································································217
  第五节 法律责任 ································································································218

**第十四章 母婴保健法律制度** ····································································223
  第一节 概述 ········································································································224
  第二节 婚前保健和孕产期保健管理 ····································································225
  第三节 母婴保健机构和工作人员的管理 ····························································229
  第四节 母婴保健工作的监督和管理 ····································································230
  第五节 法律责任 ································································································231

**第十五章 职业病防治法律制度** ································································233
  第一节 概述 ········································································································233
  第二节 职业病的预防与保护制度 ········································································235
  第三节 职业病的诊断与职业病患者的保障 ····················································239
  第四节 职业病防治的监督 ················································································242

**第十六章 精神卫生法律制度** ····································································245
  第一节 概述 ········································································································245
  第二节 精神障碍患者的权利保护 ····································································248
  第三节 心理健康促进和精神障碍预防 ····························································250
  第四节 精神障碍的诊断和治疗 ········································································253
  第五节 精神障碍的康复 ····················································································257
  第六节 法律责任 ································································································258

# 第一章 卫生法概述

**学习目标**

掌握：卫生法的概念；卫生法的体系；卫生法律的适用；卫生法律救济。
熟悉：卫生法的制定；卫生行政赔偿；卫生行政复议与卫生行政诉讼。
了解：卫生法的特征与原则；卫生法律监督。

## 第一节 卫生法的概念

卫生法是由国家制定或认可，由国家强制力保证实施，调整在保护人体生命健康活动中形成的各种社会关系的法律规范的总和，是我国社会主义法律体系的组成部分。

卫生法有广义和狭义之分。狭义的卫生法，仅指由全国人民代表大会及其常务委员会制定的卫生法律。广义的卫生法，除包括狭义的卫生法律外，还包括被授权的其他国家机关所制定和颁布的卫生健康相关法规、规章，以及宪法和其他规范性法律文件中有关卫生健康的条款和规定。

### 一、卫生法的调整对象

卫生法的调整对象是各种卫生法律规范所调整的社会关系，从总体上讲是指国家卫生健康行政机关、医疗卫生机构、卫生保健组织、社会团体、其他企事业单位、国际组织之间及其内部因预防和治疗疾病，改善人们生产、学习和生活环境与卫生状况，保护和增进身心健康所形成的各种社会关系，具有多层次、多形式的特点。

一般认为，卫生法的调整对象包括：

**1. 卫生组织关系** 指通过法律条文的形式，将各级各类卫生健康相关组织的法律地位、组织形式、职权范围以及权利义务等关系固定下来，形成合理的管理体系和制度，使国家对卫生健康工作领导有序，保障卫生健康组织在法定范围内从事相应的卫生活动。

**2. 卫生管理关系** 指卫生健康行政机关及其他机关，根据国家有关法律的规定，采取行政或其他手段，在对卫生健康工作进行组织、领导、监督、评价等活动中与企事业单位、社会团体及公民间形成的权利义务关系。卫生管理关系是一种纵向的行政关系，通常表现为卫生行政隶属关系和卫生职能管辖关系，如卫生健康行政机关与卫生行政管理相对人的监督管理关系、卫生健康行政机关和医疗机构的医政管理关系。

**3. 卫生服务关系** 指医疗卫生保健组织在向社会提供医疗保健服务过程中，与服务接受者之间所形成的一种平等主体之间的权利义务关系。卫生服务关系表现为一种横向的社会关系，最常见的是医患关系。

**4. 国际卫生关系** 指我国各级卫生健康行政机关、医疗卫生保健组织及其他机关、企事业单位、社会团体和个人，在共同遵守我国加入的有关卫生方面的国际条约和国际公约时，与其他卫生国际组织和个人之间所产生的权利义务关系。

## 二、卫生法的特征

一般认为，卫生法的特征包括：

**1. 卫生法是行政法律规范、民事法律规范和刑事法律规范相结合的法律，采用多种手段调整社会关系**　卫生法以调整卫生社会关系为主要内容，卫生社会关系的广泛性决定了其调节手段的多样性。既要采用行政手段如行政许可、行政处罚等来调整卫生行政活动中产生的社会关系，又要采用民事手段、刑事手段来调整卫生服务中的权利义务关系。因此，从这一角度来看，卫生法是多元的。

**2. 同自然科学尤其是医学的发展紧密联系**　卫生法是随着社会发展进步而形成的一种专门法，既是法律的一个分支，又与医学、药学等自然学科紧密相连。医学及其他相关学科的技术成果是卫生法的立法依据，也是卫生法实施的手段和依据。器官移植、脑死亡、基因诊断与治疗、生殖技术等医学技术的不断涌现，需要通过卫生立法进行规范，原有的卫生法也需要不断修改和完善。因此卫生法与医学发展紧密联系、相互促进、互相依存。

**3. 卫生法中融入了大量的技术规范，具有一定的技术性**　卫生法调整的是与人体生命健康有关的社会关系，这就要求将直接关系公民生命健康的医学方法、程序、操作规范、卫生标准等大量的技术规范法制化，把遵守技术规范确定为法定义务，确保公民健康权的实现。因此，在众多卫生法律中，都包含着大量的操作规范、技术常规和卫生标准。

**4. 卫生法是具有一定国际性的国内法**　从卫生法所确认的规则看，卫生法是具有一定国际性的国内法。卫生法在本质上虽然属于国内法，但由于对卫生本身共性的、规律性的普遍要求，特别是随着各国之间人员往来和贸易的快速发展，需要各个国家共同应对诸如重大传染病、慢性病等对人类健康的威胁。因此，各国卫生法在保留其个性的同时，都比较注意借鉴和吸收各国通行的卫生规则，使得卫生法具有明显的国际性。

# 第二节　卫生法的体系

以《中华人民共和国宪法》（简称《宪法》）为统帅，以《宪法》相关法、民商法、经济法、行政法、社会法、刑法、诉讼和非诉讼程序法等多个法律部门的法律为主干，由法律、行政法规、地方性法规等多个层次的法律规范构成了中国特色社会主义法律体系。中国特色社会主义法律体系是中国特色社会主义永葆本色的法制根基，是中国特色社会主义创新实践的法制体现，是中国特色社会主义兴旺发达的法制保障。卫生法的体系是中国特色社会主义法律体系组成部分。

我国卫生法的体系是以《宪法》为统帅，《中华人民共和国基本医疗卫生与健康促进法》（简称《基本医疗卫生与健康促进法》）为基础，由《中华人民共和国民法典》（简称《民法典》）、卫生专门法律为主干，由卫生行政法规、卫生地方性法规等多个层次的法律规范构成的。

## 一、宪　　法

《宪法》是我国的根本大法，是国家最高权力机关通过法定程序制定的具有最高法律效力的规范性法律文件。它不仅是国家立法的基础，也是制定各种法律、法规的依据。《宪法》中有关保护公民生命健康的医疗卫生方面的许多条款，就是我国卫生法的渊源之一，是制定卫生法的重要依据，并在卫生法律体系中具有最高的法律效力。整个卫生法的制定和实施，都不得与之相抵触。

《宪法》中有关卫生方面的法律规定主要有：第二十一条规定"国家发展医疗卫生事业，发展现代医药和我国传统医药，鼓励和支持农村集体经济组织、国家企业事业组织和街道组织举办各种医疗卫生设施，开展群众性的卫生活动，保护人民健康。"第四十五条规定"中华人民共和国公民在年老、疾病或者丧失劳动能力的情况下，有从国家和社会获得物质帮助的权利。国家发展为公民享受这些权利所需要的社会保险、社会救济和医疗卫生事业。"

## 二、民 法 典

《民法典》被称为"社会生活的百科全书"，是新中国第一部以法典命名的法律，在法律体系中居于基础性地位，也是市场经济的基本法。《民法典》于2020年5月28日，十三届全国人大三次会议通过，自2021年1月1日起施行，共7编、1260条，各编依次为总则、物权、合同、人格权、婚姻家庭、继承、侵权责任，以及附则。通篇贯穿以人民为中心的发展思想，着眼满足人民对美好生活的需要，对公民的人身权、财产权、人格权等作出明确翔实的规定，并规定侵权责任，明确权利受到削弱、减损、侵害时的请求权和救济权等，体现了对人民权利的充分保障，被誉为"新时代人民权利的宣言书"。

《民法典》第一千零四条明确规定"自然人享有健康权。自然人的身心健康受法律保护。任何组织或者个人不得侵害他人的健康权。"第一千零五条规定"自然人的生命权、身体权、健康权受到侵害或者处于其他危难情形的，负有法定救助义务的组织或者个人应当及时施救。"第一千一百七十九条规定"侵害他人造成人身损害的，应当赔偿医疗费、护理费、交通费、营养费、住院伙食补助费等为治疗和康复支出的合理费用，以及因误工减少的收入。造成残疾的，还应当赔偿辅助器具费和残疾赔偿金；造成死亡的，还应当赔偿丧葬费和死亡赔偿金。"

《民法典》第一千零六条也规定了器官捐献应遵守的基本规则："完全民事行为能力人有权依法自主决定无偿捐献其人体细胞、人体组织、人体器官、遗体。任何组织或者个人不得强迫、欺骗、利诱其捐献。完全民事行为能力人依据前款规定同意捐献的，应当采用书面形式，也可以订立遗嘱。自然人生前未表示不同意捐献的，该自然人死亡后，其配偶、成年子女、父母可以共同决定捐献，决定捐献应当采用书面形式。"

《民法典》第一千二百一十九条规定了在诊疗活动中应当保障患者的知情同意权："医务人员在诊疗活动中应当向患者说明病情和医疗措施。需要实施手术、特殊检查、特殊治疗的，医务人员应当及时向患者具体说明医疗风险、替代医疗方案等情况，并取得其明确同意；不能或者不宜向患者说明的，应当向患者的近亲属说明，并取得其明确同意。"第一千二百二十条则规定了紧急情况下知情同意的特殊规定："因抢救生命垂危的患者等紧急情况，不能取得患者或者其近亲属意见的，经医疗机构负责人或者授权的负责人批准，可以立即实施相应的医疗措施。"

《民法典》第一千二百二十四条还规定了医疗机构对患者在诊疗活动中受到损害的免责情形："患者在诊疗活动中受到损害，有下列情形之一的，医疗机构不承担赔偿责任：（一）患者或者其近亲属不配合医疗机构进行符合诊疗规范的诊疗；（二）医务人员在抢救生命垂危的患者等紧急情况下已经尽到合理诊疗义务；（三）限于当时的医疗水平难以诊疗。前款第一项情形中，医疗机构或者其医务人员也有过错的，应当承担相应的赔偿责任。"

《民法典》第一千二百二十五条对病历资料作了规定："医疗机构及其医务人员应当按照

规定填写并妥善保管住院志、医嘱单、检验报告、手术及麻醉记录、病理资料、护理记录等病历资料。患者要求查阅、复制前款规定的病历资料的，医疗机构应当及时提供。"

《民法典》第一千二百二十六条还规定了患者的隐私和个人信息受保护："医疗机构及其医务人员应当对患者的隐私和个人信息保密。泄露患者的隐私和个人信息，或者未经患者同意公开其病历资料的，应当承担侵权责任。"第一千二百二十七条则禁止违规过度检查："医疗机构及其医务人员不得违反诊疗规范实施不必要的检查。"第一千二百二十八条则规定了法律保护医疗机构及其医务人员合法权益等等。

## 三、基本医疗卫生与健康促进法

为了发展医疗卫生与健康事业，保障公民享有基本医疗卫生服务，提高公民健康水平，推进健康中国建设，全国人大常委会于2019年12月通过了《基本医疗卫生与健康促进法》，并于2020年6月施行。《基本医疗卫生与健康促进法》是我国卫生健康领域第一部基础性和综合性立法，旨在落实《宪法》关于国家发展医疗卫生事业、保护人民健康的规定；引领医药卫生事业改革和发展大局；推动和保障健康中国战略的实施。

《基本医疗卫生与健康促进法》在条文结构上分为总则、基本医疗卫生服务、医疗卫生机构、医疗卫生人员、药品供应保障、健康促进、资金保障、监督管理、法律责任、附则，共十章110条。涵盖基本医疗卫生服务、医疗卫生机构和人员、药品供应保障、健康促进、资金保障等方面内容，体现了以人民健康为中心的理念，坚持把公益性写在医疗卫生事业的旗帜上。规定基本公共卫生服务由国家免费提供；基本医疗服务主要由政府举办的医疗卫生机构提供；政府举办的医疗卫生机构应当坚持公益性质，所有收支均纳入预算管理；规定医疗卫生服务体系坚持以非营利性医疗卫生机构为主体、营利性医疗卫生机构为补充；明确公立医院所有收支全部纳入部门预算管理，按照医疗卫生服务体系规划合理设置并控制规模等。确立了基本医疗卫生制、分级诊疗、现代医院管理、全民基本医保、药品供应保障、医疗卫生综合监管等基本制度，体现了"保基本、强基层、促健康"理念。明确了公民在卫生健康领域的各项权利，包括：健康权，获得健康教育的权利，从国家和社会获得基本医疗卫生服务的权利，依法接种免疫规划疫苗的权利，对病情、诊疗方案、医疗风险、医疗费用等事项依法享有知情同意的权利，依法参加基本医疗保险的权，向有关部门投诉、举报的权利等。

关于健康促进工作，《基本医疗卫生与健康促进法》规定，国家实施健康中国战略，普及健康生活，优化健康服务，完善健康保障，建设健康环境，发展健康产业，提升公民全生命周期健康水平；建立健康教育制度，保障公民获得健康教育的权利，提高公民的健康素养；各级人民政府应当把人民健康放在优先发展的战略地位，将健康理念融入各项政策，坚持预防为主，完善健康促进工作体系，组织实施健康促进的规划和行动，推进全民健身，建立健康影响评估制度，将公民主要健康指标改善情况纳入政府目标责任考核。

## 四、卫生法律

卫生法律是指由全国人民代表大会及其常务委员会制定的卫生方面的专门法律，其效力低于《宪法》。

卫生法律包括：一是由全国人大常委会制定的直接关于医疗卫生、维护人民健康方面的专门法律，除了前述的《基本医疗卫生与健康促进法》之外，迄今为止我国还有《食品安全法》《药品管理法》《国境卫生检疫法》《中医药法》《传染病防治法》《红十字会法》《母婴保健法》《献血法》《医师法》《职业病防治法》《人口与计划生育法》《精神卫生法》《生物安全法》《疫苗管理法》等卫生法律。二是由全国人民代表大会及其常务委员会制定的其他部门法中有关医疗卫生、维护人民健康的规定或条款,如《民法典》中第七编第六章对医疗损害责任的规定;《中华人民共和国刑法》(简称《刑法》)规定了在医疗卫生、维护人民健康方面所禁止的行为以及对实施了这种行为造成严重社会危害的人的刑罚等。此外,在妇女儿童权益保护法、劳动法、环境保护法等其他法律中有关卫生的法条也是卫生法的渊源。

## 五、卫生行政法规

卫生行政法规是指由国务院制定发布的有关卫生方面的专门行政法规,其法律效力低于卫生法律。目前由国务院发布或批准发布的卫生健康行政法规37件,包括《医疗事故处理条例》《艾滋病防治条例》《中药品种保护条例》《学校卫生工作条例》《化妆品卫生监督条例》《公共场所卫生管理条例》《护士条例》等。卫生行政法规既是卫生法的渊源之一,也是下级卫生健康行政部门制定各种卫生行政管理规章的依据。

## 六、卫生行政规章

卫生行政规章是国务院卫生健康行政部门在其权限内发布的有关卫生健康方面的部门规章。国家卫生健康委员会(以下简称"国家卫健委")是国务院的卫生健康行政部门,按照《宪法》的规定,国家卫健委有权根据法律和国务院的卫生健康行政法规、决定和命令,在本部门权限内独自制定发布或和其他部门联合制定发布在全国范围有效的规章,如《医疗事故分级标准(试行)》《结核病防治管理办法》《保健食品管理办法》《涉及人的生物医学研究伦理审查办法》等。卫生行政规章的法律地位和法律效力低于《宪法》、卫生法律和卫生行政法规。

## 七、地方性卫生法规、卫生自治条例与单行条例

地方性卫生法规是指省、自治区、直辖市、省会所在地的市以及经国务院批准的较大的市的人大常委会,根据国家授权或为贯彻执行国家法律,结合当地实际情况,依法制定和批准的有关卫生健康方面的规范性文件。

卫生自治条例与单行条例是指民族自治地方的人民代表大会依法在其职权范围内根据当地民族的政治、经济、文化的特点,制定发布的有关本地区卫生健康行政管理方面的法律文件。

## 八、地方性卫生规章

地方性卫生规章是指省、自治区、直辖市以及省会所在地的市或经国务院批准的较大的市的人民政府,依法在其职权范围内制定、发布的有关本地区卫生健康方面的卫生法律文件。地方性卫生规章仅在本地方有效,其法律效力低于《宪法》、卫生法律、卫生行政法规和地方性卫生法规,且不得同国家卫健委制定的卫生规章相抵触。

## 九、卫生标准、规范和规程

由于卫生法具有技术控制和法律控制的双重性质,因此,卫生标准、卫生技术规范和操作规程就构成了卫生法律体系中一个重要的组成部分。这也是由卫生法的特征所决定的。

这些标准、规范和规程可分为国家和地方两级。前者由国家卫生健康行政部门制定颁布，后者由地方政府卫生健康行政部门制定颁布。值得注意的是，这些标准、规范和规程的法律效力虽然不及法律、法规，但在具体实施的过程中，它们的地位又是相当重要的。因为卫生法律、法规只对社会医疗卫生管理中的一些问题作了原则规定，而对某种行为的具体控制，则需要依靠标准、规范和规程。所以这些经法律法规确认的卫生标准、卫生技术规范和操作规程，都是我国相应卫生法律体系的组成部分。

## 十、国际卫生条约

国际卫生条约是指由我国与外国缔结的或者我国加入并生效的关于卫生健康的国际规范性文件。可由全国人大常委会决定同外国缔结卫生条约或卫生协定，或由国务院按职权范围同外国缔结卫生条约或协定。这种国际卫生条约虽然不属于我国国内法的范畴，但其一旦生效，除我国声明保留的条款外也与我国国内法一样，对我国产生约束力，是我国卫生法律体系的组成部分。如《国际卫生条例》《麻醉品单一公约》《精神药物公约》等。

# 第三节 卫生法的基本原则

卫生法的基本原则是指反映卫生法立法精神、适用于卫生法律关系的基本原则，是贯穿于各种卫生法律和法规之中的，对调整保护人体生命健康而发生的各种社会关系具有普遍指导意义的准则。

## 一、卫生保护原则

卫生保护原则是实现公民健康权利的保证，有两方面的内容，第一，人人有获得卫生保护的权利；第二，人人有获得有质量的卫生保护的权利。卫生保护原则是指卫生法的制定和实施要从社会和广大人民群众的健康利益出发，把维护社会和人民健康作为卫生法的最高宗旨，使每个公民都依法享有改善卫生条件，获得基本医疗保健的权利，以增进身体健康。《宪法》第二十一条明确规定，国家发展医疗卫生事业，发展现代医药和我国传统医药，鼓励和支持农村集体经济组织、国家企业事业组织和街道组织举办各种医疗卫生设施，开展群众性的卫生活动，保护人民健康。《基本医疗卫生与健康促进法》则明确我国公民在健康方面有7项权利。具体包括：①健康权；②获得健康教育的权利；③从国家和社会获得基本医疗卫生服务的权利；④依法接种免疫规划疫苗的权利；⑤对病情、诊疗方案、医疗风险、医疗费用等事项依法享有知情同意的权利；⑥依法参加基本医疗保险的权利；⑦对违反本法规定的行为，向有关部门投诉、举报的权利。

## 二、预防为主原则

预防为主是我国卫生健康工作的基本方针之一，也是卫生立法及执法必须遵循的一条重要原则。预防是最经济最有效的健康策略，实践证明，预防为主不仅是费用低、效果好的措施，更能体现我国卫生健康事业以人民为中心，为人民健康服务的性质。

预防为主原则有以下几个基本含义：①任何卫生健康工作都必须立足于防，无论是制定卫生政策，采取卫生措施，考虑卫生投入，都应当把预防放在优先地位。②强调预防，并不是忽视医疗,而是强调医防融合协同发展。③预防和医疗都是保护人体健康的方法和手段。无病防病,有病治病,防治结合,是预防为主原则总的要求。

### 三、公平原则

所谓公平原则就是以利益均衡作为价值判断标准来配置卫生资源,协调卫生健康活动,使社会每个成员普遍能得到卫生保健。

公平原则的基本要求是合理配置医疗卫生资源。任何人在法律上都享有平等使用卫生资源的权利,但是在客观上要受到卫生资源分布和分配的影响。所以,如何解决卫生资源的缺乏和合理分配卫生资源,推进优质医疗卫生资源扩容和均衡布局是卫生法的一个重要课题。公平是配置卫生资源的基础,合理配置卫生资源是公平的必然要求。公平不是指人人获得相同水平的卫生服务,而是指人人达到最高可能的健康水平。要达到这样一种健康水平,需要政府采取适当的经济、行政、法律等措施来保证人民群众能够获得基本的卫生服务,缩小地区间的差别。从这个意义上说,公平不是单一的、优先的目标,而是一个逐步改善的过程。

### 四、患者自主原则

保护患者权利原则是卫生法的基础,其核心是尊重患者自主权。所谓患者自主权,是指患者有权就有关自己疾病的问题作出合理的、理智的、负责的自我决定权。从20世纪70年代开始,许多国家越来越重视患者权利的保护问题,有的甚至制定了专门的患者权利保护法,如荷兰、丹麦、美国等。我国目前还没有专门的患者权利保护法,但现行的卫生法律、法规都从不同的角度对患者权利,如医疗权、知情权、同意权、选择权、参与权、隐私权、申诉权等作了明确、具体的规定。

## 第四节 卫生法的适用

卫生法的适用是指通过一定的方式使卫生法律规范在社会生活中得到贯彻和实现的活动。主要包括卫生执法、卫生司法、卫生守法三方面。

### 一、卫生执法

卫生执法,又称卫生法律监督,或者卫生监督,是指国家机关和法律、法规授权的社会组织依照法定的职权和程序,行使国家权力,保护人民群众健康及其相关权益,对特定的公民、法人和其他组织所采取的能直接产生法律效果的卫生行政执法行为。卫生执法是适用卫生法律来解决具体问题的一种专门活动,卫生执法具有权威性、科学性、强制性和程序性等特征。一般来说,卫生执法的主体是国家有权机关,如卫生健康行政部门。例如,根据国家卫生健康委《关于卫生监督体制改革的意见》《关于卫生监督体制改革实施的若干意见》《关于卫生监督体系建设的若干规定》的规定,卫生健康行政部门设立卫生监督机构和卫生监督员,行使卫生监督职责。卫生执法是依据卫生法律、法规和规章的规定,对涉及人民群众健康的各种行为或活动所实施的卫生行政执法行为,其相对方是特定的公民、法人或者其他组织,即在卫生法律、法规和规章的执行过程中处于被监督的当事人。卫生执法的目的是维护正常的公共卫生和医疗服务秩序,保护人民群众健康及其相关法定权益。

## 二、卫生司法

卫生司法指国家司法机关依照法定职权与程序，具体运用卫生法律规范来处理案件的专门活动。人民法院和人民检察院是我国的司法机关，除了人民法院、人民检察院及其工作人员有权行使司法权外，其他任何国家机关、社会组织和个人，包括国家行政机关及其工作人员都不能行使此项权利。司法机关及其工作人员处理案件必须有法律依据，严格依照法定职权和法定程序处理案件。

## 三、卫生守法

卫生守法又称卫生法的遵守，指一切国家机关和武装力量、各政党和各社会团体、各企业事业组织和全体公民依照我国卫生法的规定，行使权利和履行义务的活动。

卫生守法的主体，既包括一切国家机关、社会组织和全体中国公民，也包括在中国领域内活动的国际组织、外国组织、外国公民和无国籍人士。卫生法遵守的范围极其广泛，其不仅包括遵守《宪法》、卫生法律、卫生行政法规、卫生规章及地方性卫生法规、卫生自治条例和单行条例、特别行政区的卫生法，还包括我国参加的世界卫生组织（WHO）的章程，我国参与缔结或加入的国际卫生条约、协定等。不仅包括遵守国家卫生标准和药品标准规定，还包括遵守具有法律效力的判决书、决定书、调解书等。卫生法遵守的内容包括依法行使权利和履行义务两个方面，它不仅要求国家机关、社会组织和公民依法承担卫生义务和履行职责，也包含国家机关、社会组织和公民依法享有相应的卫生权利。

# 第五节 卫生法律救济

卫生法律救济是指在卫生法律关系中，公民、法人或者其他组织认为自己的权利因行政机关的行政行为或者其他单位和个人的行为而受到侵害，依照法律规定向有权受理的国家机关告知并要求解决，予以补救，有关国家机关受理并做出具有法律效力的活动。卫生法律救济主要分为卫生行政复议和卫生司法救济。

## 一、卫生行政复议

卫生行政复议是卫生行政管理相对人认为卫生行政主体实施的具体行政行为侵犯其合法权益，依法向行政复议机关提出复议申请，行政复议机关依照法定程序对被申请的具体行政行为的合法性与适当性进行审查并做出复议决定的一种法律制度。卫生行政复议是卫生行政机关内部监督和纠错的环节，是国家行政救济机制的重要环节，是具有一定司法性的行政行为。

### （一）卫生行政复议的特征

（1）卫生行政复议是依申请的行政行为，以卫生行政机关具体卫生行政行为的存在为前提。

（2）卫生行政复议的审查对象是具体行政行为，核心问题是审查具体行政行为是否合法、适当。

（3）卫生行政复议的管辖主体只能是一定的行政机关，一般是做出具体行政行为主体的上级机关,在特定情况下才是法定的其他行政主体。

(4)行政复议具有层级监督性,是一种行政自我监督制度,一般是复议机关对下级行政机关做出的具体行政行为进行审查,在依法履行保护行政相对人权益的同时,也起到了监督行政机关是否依法行政的作用。

## (二)卫生行政复议的受案范围

卫生行政复议的受案范围指卫生行政复议机关依照法律规定可以受理的卫生行政争议案件的范围,根据《行政复议法》的规定,公民、法人或者其他组织对以下具体卫生行政行为不服的,可以申请卫生行政复议:

(1)对卫生行政机关做出的警告、罚款、没收违法所得、没收非法财物、责令停产和停业、暂扣或者吊销许可证等行政处罚决定不服的。

(2)对卫生行政机关做出的有关资质、资格、执业等证书变更、终止、注销、撤销的决定不服的。

(3)认为卫生行政机关侵犯其合法经营自主权的。

(4)认为卫生行政机关违法集资、征收财物、摊派费用或者违法要求履行其他义务的。

(5)认为符合法定条件,申请卫生行政机关颁发许可证、执照、资质证、资格证等证书,或者申请卫生行政机关审批、登记有关事项,卫生行政机关没有依法办理的。

(6)申请卫生行政机关履行保护合法权利的法定职责,卫生行政机关没有依法履行的。

(7)其他法定情形。

## (三)卫生行政复议的参加人

卫生行政复议的参加人是指参加复议的申请人、被申请人、复议中的第三人。

卫生行政复议的申请人,是指对卫生行政主体做出的具体行政行为不服,依据法律、法规的规定,以自己的名义向卫生行政复议机关提起卫生行政复议申请的公民、法人或者其他组织。

卫生行政复议的被申请人即做出具体行政行为的行政机关。当做出具体行政行为的机关被撤销时,继续行使其职权的卫生行政机关是被申请人。

卫生行政复议第三人是指与行政复议的具体行政行为有利害关系,为维护自己合法权益,经复议机关同意参加复议的公民、法人或者其他组织。

## (四)卫生行政复议的程序

卫生行政复议程序包括复议的申请、受理、审理和决定四个环节。

公民、法人或者其他组织认为具体行政行为侵犯其合法权益的,可以自知道该具体行政行为之日起60日内提出行政复议申请,但是法律规定的申请期限超过60日的除外。行政复议机关收到行政复议申请后,应当在5日内进行审查。申请符合规定的,应当予以受理。

复议案件的审理是复议机关受理复议申请后对被申请人的具体行政行为进行全面审查的活动。行政复议原则上采取书面审查的办法,对存在有争议的具体行政行为的合法性、适当性以及所依据的事实和规范性文件进行全面审查。行政复议期间具体行政行为不停止执行。但是,有下列情形之一的,可以停止执行:①被申请人认为需要停止执行的;②行政复议机关认为需要停止执行的;③申请人申请停止执行,行政复议机关认为其要求合理,决定停止执行的;④法律规定停止执行的。

## （五）复议决定

复议机关审理复议案件后，应根据不同的情况依法做出复议决定，制作行政复议决定书，并加盖印章。行政复议决定书一经送达，即发生法律效力。

# 二、卫生司法救济

卫生司法救济是指司法机关按照法定的权限和程序，通过对权利受损害者进行补救的机制。依争议所涉法律性质的不同，卫生司法救济分为卫生民事诉讼救济、卫生刑事诉讼救济、卫生行政诉讼救济。卫生民事诉讼救济是指纠纷或冲突的当事人将由卫生民事法律关系所调整的人身关系和财产关系争议提交法院，由法院按卫生民事诉讼程序审理从而为权利提供救济的一种机制。卫生刑事诉讼救济是公民的人身和财产等权利遭到严重侵犯，需要适用卫生刑事法律进行制裁而适用的一种救济制度。卫生行政诉讼救济是指公民、法人或者其他组织认为卫生行政机关及其工作人员的具体行政行为侵犯其合法权益，依法向人民法院起诉，由法院审理并作出裁判，从而为相对人提供救济的一种制度。

## （一）卫生行政诉讼

卫生行政诉讼是通过审判方式进行的，通过审查行政行为合法性的方式，解决特定范围内的行政争议的司法活动。

**1. 卫生行政诉讼的受案范围** 指人民法院受理卫生行政案件、裁判卫生行政争议的范围。根据《行政诉讼法》的规定，卫生行政诉讼的受案范围主要包括：①对卫生行政机关做出的行政处罚决定不服的案件；②对卫生行政机关做出的行政强制措施决定不服的；③认为卫生行政机关侵犯合法经营自主权的；④拒绝或者不予答复要求颁发许可证和执照的申请的案件；⑤不履行保护人身权、财产权法定职责的案件；⑥违法要求履行义务的案件；⑦其他侵犯人身权、财产权的案件。

不属于卫生行政诉讼的受案范围：①抽象行政行为；②卫生行政机关对工作人员的奖惩、任免等决定；③依照刑事诉讼法明确授权实施的行为；④民事调解行为和民事仲裁行为；⑤不具有强制力的行政指导行为；⑥重复处理的行为；⑦对行政相对人的权利义务不产生实际影响的行为。

**2. 卫生行政诉讼的参与人** 指参加卫生行政诉讼的当事人和与当事人地位相似的人，包括原告、被告、第三人及诉讼代理人。卫生行政诉讼的原告是指对卫生行政主体的具体行政行为不服，依照行政诉讼法的规定，以自己的名义向人民法院提起卫生行政诉讼的公民、法人或其他组织。卫生行政诉讼的被告是因其所作的具体行政行为而被行政相对人或者其他有法律上的利害关系的个人或组织提起卫生行政诉讼，并经人民法院通知应诉的卫生行政主体。第三人指与卫生行政诉讼中的具体行政行为有利害关系，为维护自己的合法权益，经审理机关同意参加诉讼的公民、法人或者其他组织。根据法律规定，由当事人委托或人民法院指定，以当事人的名义，在委托权限范围内，代理当事人进行诉讼的人，是卫生行政诉讼的代理人。

**3. 卫生行政诉讼的程序** 包括起诉、受理、审理和判决。

公民、法人或者其他组织认为行政机关的具体行政行为侵犯其合法权益、依法提起诉讼，人民法院在接到当事人的起诉后，应及时对当事人资格、诉讼请求等内容依法时进行审查，决定是否立案受理。

人民法院对卫生行政案件的审理，主要是对被诉的具体卫生行政行为的合法性进行审查，包括：卫生行政机关的主体资格、具体卫生行政行为的认定事实、证据即程序是否合法以及具体卫生行政行为适用的法律、法规或者规章是否正确。

卫生行政诉讼实行两审终审制。当事人必须履行人民法院发生法律效力的判决、裁定。公民、法人或者其他组织拒绝履行判决、裁定的，卫生行政机关可以向第一审人民法院申请强制执行，或者依法强制执行。

## （二）卫生行政赔偿

卫生行政赔偿是一种国家责任，是由于行政侵权行为而导致的损害赔偿，由行政机关代表国家对行动人履行赔偿责任。

**1. 卫生行政赔偿责任的构成要件** 是国家承担行政赔偿责任应具备的前提条件。由行政侵权主体、行政侵权行为、侵权损害事实和因果关系四个部分组成：①行政侵权主体。包括国家行政主体和国家行政机关行使行政职权的工作人员。②行政侵权行为。卫生行政机关及其工作人员实施了违法侵权行为是卫生行政赔偿责任中最根本的构成要件。包括国家卫生行政机关及其工作人员在行使职权过程中违反法律、法规的规定、超越职权、滥用职权、适用法律不当、程序违法、证据不足等情形。③侵权损害事实。行政赔偿以行政侵权行为给行政相对人的合法权益造成不利后果为前提，如人身损害、物质损害等。④因果关系。行政侵权行为与损害事实必须具有内在的因果联系，如果行政机关工作人员行使与职权无关的个人行为或者因公民、法人和其他组织自己的行为致使损害发生的，国家不承担行政赔偿责任。

**2. 卫生行政赔偿的范围** 根据《国家赔偿法》的规定，国家行政机关及其工作人员违法行使职权，侵犯公民、法人和其他组织的合法权益造成损害，受害人有依法取得国家行政赔偿的权利，包括对人身损害和财产损害的赔偿。

**3. 卫生行政赔偿请求人和赔偿机关** 卫生赔偿请求人一般为卫生行政相对人，即以自己的名义就卫生行政主体违法造成的损害向赔偿义务机关提起国家赔偿的公民、法人和其他组织。根据国家赔偿法的规定，卫生赔偿请求人包括：①受害的公民、法人和其他组织。②如受害的公民死亡，其继承人和其他有抚养关系的亲属。③受害的法人或其他组织终止，承受其权利的法人或其他组织。

卫生赔偿义务机关是指造成卫生行政相对人权益损害的卫生行政机关或法律、法规授权的组织，根据国家赔偿法的规定，赔偿义务机关主要包括：①卫生行政机关及其工作人员行使职权，侵犯公民、法人和其他组织的合法权益，造成损害的，该行政机关为赔偿义务机关。两个以上行政机关共同行使职权时侵犯卫生行政相对人合法权益造成损害的，共同行使行政职权的行政机关为共同赔偿义务机关。②法律、法规授权的组织在行使授予的行政权力时侵犯卫生行政相对人合法权益造成损害的，被授权的组织为赔偿义务机关。③受行政机关委托的组织或个人在行使受委托的行政职权时侵犯卫生行政相对人合法权益造成损害的，委托的行政机关为赔偿义务机关。④卫生赔偿义务机关被撤销的，继续行使其职权的行政机关为赔偿义务机关，没有继续行使其职权的行政机关的，撤销该赔偿义务机关的行政机关为赔偿义务机关。⑤经复议机关复议的，最初造成侵权行为的行政机关为赔偿义务机关，但复议机关的复议决定加重损害的，复议机关对加重的部分履行赔偿义务。

# 第六节 学习卫生法学的意义与方法

## 一、卫生法学的概念

卫生法学是研究卫生法及其发展规律的一门法律科学，是法学的分支学科。从医学角度来看，卫生法学属于理论医学的范畴；从法学的角度来看，是研究关于医学实践中的法律问题，属于法律科学中的应用法学范畴。

作为一门独立的学科，卫生法学是随着传统的生物医学模式向生物-心理-社会医学模式的转变而逐渐产生和发展起来的，是医学和法学相互交融和渗透的交叉学科。从20世纪60年代后期开始，卫生事业的发展和医学新技术的广泛应用，在为人类造福的同时也带来了道德和法律上的困惑；同时，人们的法律意识的增强，医患纠纷的增加，需要有专门的法律法规来调整，因此世界各国都加大了卫生立法力度。立法涉及临床医学、公共卫生、人类生殖、人口政策、药品管理、食品卫生、精神卫生和健康教育等多个方面，推动了卫生法学这一新兴学科的诞生和发展。

## 二、卫生法学的研究对象

卫生法学的研究对象是卫生法律现象及其发展规律。研究的主要内容包括卫生法的产生及其发展规律，卫生法的基本理论和基本知识，卫生法的概念、调整对象、基本原则、特征，卫生法的体系，卫生法的适用，卫生法律救济，卫生法律制度和司法实践，如何运用卫生法学理论解决现代医学发展中出现的新的法律问题等。

## 三、学习卫生法学的意义

### （一）全面推进依法治国、建设法治中国的需要

习近平总书记在党的二十大报告中强调，坚持全面依法治国，推进法治中国建设。依法治国就是依照《宪法》和法律来治理国家，是中国共产党领导人民治理国家的基本方略，是发展社会主义市场经济的客观需要，也是社会文明进步的显著标志，还是国家长治久安的必要保障。卫生健康事业是新时代中国特色社会主义事业的重要组成部分，依法管理卫生事业是实现依法治国、建设法治中国的重要内容。

### （二）依法执业，发展卫生事业的需要

我国的卫生健康事业法治化、规范化管理的水平不断提升，卫生健康系统各领域诸如医疗机构管理、医疗行为、公共卫生、健康促进、药品管理、食品安全、精神卫生、健康教育等等均有相应的法律法规。对于卫生技术人员和医学生来说，学习卫生法学是正确履行岗位职责的需要，通过学习可以调整自己的知识结构，了解与自己从事的职业密切相关的卫生法律规范，明确自己享有的权利和承担的义务，增强卫生法律意识，正确履行岗位职责。

### （三）依法行政，提高卫生执法水平的需要

卫生执法是适用卫生法律来解决具体问题的一种专门活动，卫生执法具有权威性、科学性、强制性和程序性等特征。卫生行政执法水平的高低，不仅关系到卫生健康事业的发展，而且关系到规范卫生健康发展秩序，优化投资环境，促进经济发展的问题。因此，提高卫生

执法水平，必须要有一支具备丰富的专业知识和良好的法律素养的高素质的卫生行政执法队伍。学习卫生法学理论，将有助于卫生行政执法人员更好地做到依法行政，有法必依，执法必严，违法必究，不断提高卫生行政执法水平。

### （四）推进健康中国建设，维护公民健康权利的需要

对广大公民来说，通过学习卫生法学基本知识，逐步养成法律意识，树立卫生法制观念，正确行使健康权利、履行卫生健康方面的义务，能够提高遵守卫生法律规范的自觉性，有助于形成有利于卫生健康发展的良好社会环境，进而推动健康中国建设。

## 四、学习卫生法学的方法

**1. 理论联系实际的方法** 卫生法是一门应用理论学科，具有很强的实践性。因此，必须认真学习卫生法学的基本知识和基本理论，了解国内外卫生事业的发展动态。同时，紧密结合我国医药卫生体制改革的实践，将卫生法学理论和卫生法学实践有机结合，增强自己的卫生法律意识，规范自己的行为，为增进人民群众的健康服务。

**2. 历史分析的方法** 法是人类社会发展到一定历史阶段的产物，它同一定历史阶段的经济、政治、文化等社会意识形态紧密相关。因此，学习卫生法学，应坚持历史分析的方法，深入研究卫生法律产生和发展的基础，从动态的角度揭示卫生法发展的一般规律。

**3. 比较分析的方法** 比较分析的方法是探求某事物与他事物的共同点和不同点的学习方法。通过纵向比较，我们可以知道古今卫生法律规范的演变，从而批判地继承其优秀的成果。通过横向比较，我们可以了解世界其他国家的卫生法律制度以及国际卫生立法情况，从而批判地学习其优秀成果。

---

### 本章小结

本章是学习卫生法学的基础。主要内容有卫生法的概念、卫生法律体系、卫生法的基本原则、卫生法的适用等。卫生法有广义和狭义之分。狭义的卫生法，仅指由全国人民代表大会及其常务委员会制定的卫生法律。广义的卫生法，除包括狭义的卫生法律外，还包括被授权的其他国家机关所制定和颁布的卫生健康相关法规、规章，以及《宪法》和其他规范性法律文件中有关卫生的条款和规定。我国卫生法的体系是以《宪法》为统帅，《基本医疗卫生与健康促进法》为基础，由《民法典》、卫生法律为主干，由卫生行政法规、卫生地方性法规等多个层次的法律规范构成的。卫生法的基本原则是贯穿于各种卫生法律和法规之中的，对调整保护人体生命健康而发生的各种社会关系具有普遍指导意义的准则。卫生法的适用主要包括卫生执法、卫生司法、卫生守法三方面。

---

### 复习思考题

1. 卫生法的概念、特征和基本原则是什么？
2. 卫生法的渊源？
3. 卫生行政复议与卫生行政诉讼区别与联系？
4. 卫生法学的研究对象是什么？
5. 学习卫生法学的意义和方法有哪些？

（蒲　川）

# 第二章 医疗机构管理法律制度

**学习目标**

掌握：医疗机构的概念与分类；医疗机构的执业规范。

熟悉：医疗机构的登记与校验。

了解：医疗机构的法律责任；医疗机构的规划布局和设置审批。

---

**某口腔诊所使用非卫生技术人员案**

2022年8月，A市卫健委执法人员对省卫健委举报受理中心转办的群众举报"某口腔诊所涉嫌使用未取得《医师执业证书》人员进行诊疗活动"线索进行调查。现场检查中，执法人员通过查询门诊日志，发现该诊所未取得执业医师资质的人员魏某进行过两次诊疗记录的签名，经进一步核实后确认这两次诊疗活动均为魏某所为。

该诊所使用未取得《医师执业证书》人员从事诊疗活动的行为违反了《医疗机构管理条例》第二十七条的规定，依据《医疗机构管理条例》第四十七条之规定，A市卫健委作出给予该诊所罚款20000元的处罚。同时针对魏某未取得《医师执业证书》从事诊疗活动的行为，依据《中华人民共和国医师法》第五十九条之规定，A市卫健委作出给予魏某没收其违法所得630元并罚款50000元的处罚。

打击"非法行医"是我国医疗机构管理工作的重心之一。2013年以来，针对无证行医、非法医疗美容、人类辅助生殖技术滥用等社会关注的焦点问题，联合有关部门多次开展专项行动，并就医疗机构依法执业连年开展专项监督检查，积极推进"双随机、一公开"抽查，查处了大量违法违规案件。仅2018年，全国各地卫生健康行政部门共查处无证行医案件19245件，罚款1.36亿元，没收违法所得4954万元，移送涉嫌犯罪案件206件；查处医疗机构医务人员违法违规执业案件28799件，罚款7741万元，没收违法所得1248万元，吊销《医疗机构执业许可证》142家，吊销诊疗科目101家，吊销医师执业证书37人。2022年5月，修订后的《医疗机构管理条例》正式施行，我国的医疗机构管理工作将更上一个台阶。

## 第一节 概　述

### 一、医疗机构的概念及特征

#### （一）医疗机构的概念

医疗机构是指以救死扶伤、防病治病、为公民健康服务为宗旨的，依据《医疗机构管理条例》的规定，经登记取得《医疗机构执业许可证》或经备案取得备案凭证的，从事疾病诊断、治疗、教学活动的医院、卫生院、疗养院、门诊部、诊所、卫生所（室）以及急救站等医疗单位。

## (二) 医疗机构的特征

（1）医疗机构以救死扶伤、防病治病、为公民健康服务为宗旨，这是医疗机构最基本的特征。所谓救死扶伤、防病治病、为公民健康服务，既是医疗机构的权利，也是医疗机构的义务。医疗机构既不得滥用权利，也不能拒不履行义务，否则将受到社会的谴责、管理机构的行政处罚甚至法律的制裁。

（2）医疗机构必须依法成立。即必须依据《医疗机构管理条例》《医疗机构管理条例实施细则》及其他有关规定获得设置审批和执业登记，包括取得设置医疗机构批准证书、履行执业登记手续、取得《医疗机构执业许可证》或备案凭证等。

（3）医疗机构主要从事疾病诊断、治疗和紧急救护等活动。它区别于以开展卫生防疫、疾病预防和控制活动为主的疾病预防控制机构等其他卫生机构。同时，部分医疗机构还承担着临床教学、科学研究、培养教育卫生专业技术人才的任务。

（4）医疗机构也是维护国家卫生安全、社会公共卫生安全、应对突发公共卫生事件的机构。其职责除了救死扶伤、防病治病、为公民健康服务之外，还包括维护国家卫生安全、社会公共卫生安全、应对突发公共卫生事件的使命。如果没有这些机构，国家和人民的卫生安全、身体健康就得不到保障，疾病就得不到救治，经济的发展和社会进步也就无从谈起。

## 二、医疗机构的分类

根据不同的标准，医疗机构可分为不同的种类。

### (一) 按医疗机构的功能、任务、规模等划分

2017年2月3日，国家卫计委修改了《医疗机构管理条例实施细则》，其中按医疗机构的功能、任务、规模等，把医疗机构分为以下类别：①冠名为医院的医疗单位：包括医院、综合医院、中医医院、中西医结合医院、民族医医院、专科医院、康复医院等；②妇幼保健院、妇幼保健计划生育服务中心；③城市社区医疗单位：包括社区卫生服务中心、社区卫生服务站；④基层医疗的主要单位：包括中心卫生院、乡（镇）卫生院、街道卫生院；⑤疗养院；⑥门诊部：包括综合门诊部、专科门诊部、中医门诊部、中西医门诊部、民族医门诊部；⑦社区与企业事业单位医疗卫生机构：包括诊所、中医诊所、民族医诊所、卫生所、医务室、卫生保健所（站）、卫生站等；⑧乡村医疗单位：村卫生室（所）、保健站；⑨紧急救护医疗机构：急救中心、急救站；⑩专门检验机构：临床检验中心；⑪专门性医疗机构：专科疾病防治院、专科疾病防治所、专科疾病防治站；⑫以护理为主的医疗机构：护理院、护理站；⑬医学检验实验室、病理诊断中心、医学影像诊断中心、血液透析中心、安宁疗护中心；⑭其他诊疗机构，包括：计划生育技术服务机构、卫生防疫机构、国境卫生检验机构、开展诊疗活动的医学科研机构、开展诊疗活动的和教学实践的教学机构、开展医疗美容业务的美容服务机构、军队医疗机构、军队编外医疗卫生机构等。这些机构在本机构法定业务范围之外开展诊疗活动以及美容服务机构开展医疗美容业务，应根据法律规定申请设置相应类别的医疗机构。

### (二) 按医疗机构的性质、社会功能及其承担的任务等划分

根据《医疗机构管理条例》第四条，国家扶持医疗机构的发展，鼓励多种形式兴办医疗机构。为促进医疗机构和医药行业健康发展，让群众享有价格合理、质量优异的医疗服务，提高人民的健康水平，自2000年起，国家建立新的医疗机构分类管理制度，将医疗机构分为

营利性和非营利性两类进行管理。营利性医疗机构是指医疗服务所得收益可用于投资者经济回报的医疗机构，政府不举办此类机构。营利性医疗机构医疗服务价格放开，依法自主经营、照章纳税。非营利性医疗机构是指为社会公众利益服务而设立和运营的医疗机构，不以盈利为目的，其收入用于弥补医疗服务成本，其实际运营中的收支结余只能用于自身的发展，如改善医院条件、引进技术、开展新的医院服务项目等。非营利性医疗机构在医疗服务体系中占主导地位，因此享受相应的税收优惠政策。政府举办的非营利性医疗机构由同级财政给予合理补助，并按照扣除财政和药品差价收入后的成本制定医疗服务价格。其他非营利性医疗机构不享受政府补助，医疗服务价格执行政府指导价，卫生、财政等部门对非营利性医疗机构的财务行监督管理。

随着卫生领域的对外开放和合作交流，我国允许外国医疗机构、公司、企业和其他经济组织，按照平等互利的原则，经中国政府主管部门批准，在中国境内（香港、澳门及台湾地区除外）与中国的医疗机构、公司、企业和其他经济组织以合资或者合作的形式设立医疗机构。同时，我国也鼓励港澳台地区的投资者在大陆投资举办合资、合作医疗机构。

## 三、医疗机构管理法律制度的立法概况

改革开放以来，我国实行多层次、多形式和多渠道办医的政策，准许社会组织及个人举办医疗机构，允许军队、企事业单位的医疗机构向社会开放，出于对医疗机构规范管理的需要，卫生部先后制定了一系列相应的部门规章。但由于立法层次较低、上位法缺失，尚未全面、系统地规范医疗机构的设立、登记及其执业活动。因此，为了加强对医疗机构的管理，保证医疗质量，促进医疗卫生事业的发展，国务院于1994年制定了《医疗机构管理条例》，对医疗机构的规划布局、设置审批、登记执业、监督管理等事项做出了明确规定。此后，卫生部陆续颁布了《医疗机构管理条例实施细则》《医疗机构设置规划指导原则》《医疗机构基本标准（试行）》《医疗机构诊疗科目名录》《医疗机构评审委员会章程》《医疗机构监督管理行政处罚程序》《中外合资、合作医疗机构管理暂行办法》《大型医用设备配置与应用管理暂行办法》等规章。

进入21世纪以后，卫生改革的深入必须满足社会需要的变化，为贯彻中共中央、国务院《关于卫生改革与发展的决定》，国务院办公厅于2000年转发了国务院体改办、国家计委、国家经贸委、财政部、劳动保障部、卫生部、药品监督局、中医药管理局八部门《关于城镇医药卫生体制改革的指导意见》。之后，为贯彻该指导意见，国务院有关部委相继发布了《关于城镇医疗机构分类管理的实施意见》《关于医疗卫生机构有关税收政策的通知》《国家计委、卫生部印发关于改革医疗服务价格管理的意见的通知》等一系列配套文件。同年，卫生部、对外经济合作部发布了《中外合资、合作医疗机构管理暂行办法》，民政部、卫生部联合发布了《关于城镇非营利性医疗机构进行民办非企业单位登记有关问题的通知》。此后，卫生部又单独或与有关部门联合制定了一些新的规定，如规范医疗服务主体的《医疗美容服务管理办法》《妇幼保健机构管理办法》《关于医疗机构冠名红十字（会）的规定》等规章，并发布《医疗广告管理办法》《医疗机构病历管理规定》《人体器官移植技术临床应用管理暂行规定》《放射诊疗管理规定》《医疗机构传染病预检分诊管理办法》《医疗卫生机构医疗废物管理办法》《医院感染管理办法》《药品不良反应报告和检测管理办法》等，不断完善对医疗机构执业活动所涉及的各个环节的法治化管理。结合相关法律法规适用的情况，国家对相关法规进行了一系列修订工作，分别于2016年和2022对《医疗机构管理条例》进行了修订，于2017

年对《医疗机构管理条例实施细则》进行了修订，于2020年对《医疗机构临床实验室管理办法》规章进行了修订等，日渐形成较为全面、完备的医疗机构管理法律体系。

## 四、医疗机构管理法律制度的基本原则

### （一）依法设置原则

依法设置原则是指设置医疗机构必须依法设置，依法审批、登记，非依法设立的医疗机构不受国家法律保护并应受到国家法律的制裁。《医疗机构管理条例》第九条规定："单位或者个人设置医疗机构，按照国务院的规定应当办理设置医疗机构批准书的，应当经县级以上地方人民政府卫生行政部门审查批准，并取得设置医疗机构批准书。"第十四条规定："医疗机构执业，必须进行登记，领取《医疗机构执业许可证》；诊所按照国务院卫生行政部门的规定向所在地的县级人民政府卫生行政部门备案后，可以执业。"可见，单位或者个人设置医疗机构，第一步就是要经审查批准并取得批准书、进行执业登记或者取得备案凭证，才可执业。否则，就没有资格办理其他手续或者执业，即体现了依法设置医疗机构原则。

### （二）依法执业原则

依法执业原则是指已经依法设立的医疗机构，必须按照核准登记的诊疗科目开展诊疗业务、管理药品、施行手术等；必须严格依照《医疗机构管理条例》的规定和职业道德、社会公德的要求执业，否则，将受到法律的追究。

### （三）严格监督原则

严格监督原则是指负有对医疗机构监督管理职责的卫生行政部门，应当对经批准设立的医疗机构进行检查指导、评估、综合评价，对达不到标准的医疗机构督促整改的原则。根据有关规定，国务院卫生行政部门负责全国医疗机构的监督管理工作，县级以上地方人民政府卫生行政部门负责本行政区域内医疗机构的监督管理工作。

## 五、医疗机构的监督管理

对医疗机构的监督管理，是指县级以上人民政府卫生行政部门，对医疗机构的执业活动进行监督、检查、指导、调查、取证、评审、提出处罚意见，实施职权内的处罚活动的行为。

（1）对医疗机构的监督管理，是县级以上卫生行政部门依法履行职责、执行职务的行政行为。县级以上卫生行政部门负有对医疗机构实施监督管理的义务，享有对医疗机构实施监督管理的权力。《医疗机构管理条例》第五条规定，国务院卫生行政部门负责全国医疗机构的监督管理工作。县级以上地方人民政府卫生行政部门负责本行政区域内医疗机构的监督管理工作。中国人民解放军卫生主管部门依照该条例和国家有关规定，对军队的医疗机构实施监督管理。

（2）县级以上卫生行政部门对医疗机构的监督管理的方式是进行监督、检查、指导、调查、取证、评审、提出处罚意见，实施职权内的处罚活动的行为。根据《医疗机构管理条例实施细则》的规定，县级以上卫生行政部门设立医疗机构监督管理办公室，负责拟订医疗机构监督管理工作计划；办理医疗机构监督员的审查、发证、换证；负责医疗机构登记、校验和有关监督管理工作的统计，并向同级卫生行政部门报告；负责接待、办理群众对医疗机构的投诉；并完成卫生行政部门交给的其他监督管理工作。

（3）县级以上卫生行政部门监督管理的对象是医疗机构，包括已经取得《医疗机构执业许可证》或备案凭证的医疗机构，也包括没有取得《医疗机构执业许可证》或备案凭证而非法执业的单位和个人。

## 第二节 医疗机构的准入

根据《医疗机构管理条例》，设置医疗机构应当符合医疗机构设置规划和医疗机构基本标准，其内容是卫生行政部门审批医疗机构的重要依据。

### 一、医疗机构的设置原则

医疗机构的设置应当坚持以人为本，以人人享有基本医疗卫生服务为根本出发点和落脚点，建立健全覆盖城乡居民的医疗服务体系，为群众提供安全、有效、方便、价廉的医疗服务。根据《医疗机构设置规划指导原则》（2021—2025年），医疗机构的设置应当遵循以下原则。

#### （一）坚持需求导向原则

坚持以人民健康为中心，以人民群众就医需求为导向，围绕新时期卫生与健康工作方针，增加医疗资源，优化卫生资源要素配比，以国家医学中心、国家和省级区域医疗中心（均含中医）、县级公立医院建设为重点，以临床专科能力和人才队伍建设为抓手，推进优质医疗资源扩容和区域均衡布局，优化基层医疗卫生机构布局，实现医疗机构高质量发展，满足人民群众多层次、多样化的医疗服务需求。

#### （二）区域统筹规划原则

各级各类医疗机构应当符合属地卫生健康事业发展需求和医疗机构设置规划。地方各级卫生行政部门（含中医药主管部门）在同级人民政府领导下负责规划的制定和组织实施。通过统筹医疗资源总量、结构、布局，补短板、强弱项，完善城乡医疗服务体系，不断提高医疗资源整体效能，增强重大疫情应对等公共卫生服务能力。合理配置区域综合和专科医疗资源，促进康复、护理、医养结合、居家医疗等接续性医疗服务快速发展。

#### （三）科学布局原则

明确和落实各级各类医疗机构的功能和任务，根据人口数量、分布、年龄结构以及交通条件、诊疗需求等，实行中心控制、周边发展，合理配置各区域医疗机构数量，鼓励新增医疗机构在中心城区周边居民集中居住区设置，推动各区域医疗资源均衡布局、同质化发展。

#### （四）协同创新原则

合理规划发展紧密型城市医疗集团和县域医疗共同体，充分发挥信息化的支撑作用，加强医防融合、平急结合、医养结合，推动区域医疗资源融合共享。政府对社会办医区域总量和空间不作规划限制，鼓励社会力量在康复、护理等短缺专科领域举办非营利性医疗机构，鼓励社会力量举办的医疗机构牵头成立或加入医联合体。大力发展互联网诊疗服务，将互联网医院纳入医疗机构设置规划，形成线上线下一体化服务模式，提高医疗服务体系整体效能。

## （五）中西医并重原则

遵循新时期卫生与健康工作方针，中西医并重，促进中医药传承创新发展，保障中医、中西医结合、少数民族医医疗机构的合理布局和资源配置，充分发挥中医防病治病的独特优势和作用。

## 二、医疗机构设置的审批机关

根据《医疗机构管理条例实施细则》，各省、自治区、直辖市应当按照当地《医疗机构设置规划》合理配置和合理利用医疗资源。《医疗机构设置规划》由县级以上卫生行政部门依据《医疗机构设置规划指导原则》制定，经上一级卫生行政部门审核，报同级人民政府批准，在本行政区域内发布实施。县级以上卫生行政部门依据《医疗机构设置规划指导原则》规定的权限和程序组织实施本行政区域《医疗机构设置规划》，定期评价实施情况。床位在100张以上的综合医院、中医医院、中西医结合医院、民族医院、专科医院、疗养院、康复医院、妇幼保健院、急救中心、临床检验中心、专科疾病防治机构的设置审批权的划分，由省、自治区、直辖市卫生行政部门规定；其他医疗机构的设置，由县级卫生行政部门负责审批。这也就意味着，在我国，医院类、疗养院、急救中心、临床检验等较大型的医疗机构的审批权归属于省级卫生行政部门；诊所、护理类、卫生所等医疗机构的审批权归属于县级卫生行政部门；中国人民解放军卫生主管部门依照有关规定，对军队的医疗机构实施监督管理。

## 三、申请设置医疗机构的主体

### （一）申请设置医疗机构的主体类别

申请设置医疗机构的主体，就是设置医疗卫生机构的单位和个人。医疗机构不分类别、所有制形式、亲属关系、服务对象，其设置必须符合当地《医疗机构设置规划》，并符合有关法律法规对设置不同类别医疗机构的特殊规定。根据《医疗机构管理条例》《医疗机构管理条例实施细则》的有关规定，有权在我国设置医疗机构的有：地方各级人民政府、法人或者其他组织、个人或两人以上合伙，以及外国医疗机构、企业、其他组织等。不同主体的资格、目的和承担民事责任的方式均有所不同。

（1）地方各级人民政府设置医疗机构，由政府指定或者任命的拟设医疗机构的筹建负责人申请。人民政府设置医疗卫生机构的目的，是为方便其管辖范围内的人民就医，而非以盈利为目的。在发生医疗事故或者医疗侵权纠纷时，该医疗机构又可以独立于人民政府承担民事责任。

（2）法人或者其他组织设置医疗机构，由其代表人申请。所谓法人，是指依法设立，具有民事权利能力和民事行为能力，依法独立享有民事权利和承担民事义务的社会组织。在发生医疗事故或者医疗侵权纠纷时，法人对自己的债务独立承担责任。

（3）个人设置医疗机构，由设置人申请。申请设置医疗机构的个人，应具有完全民事权利能力和民事行为能力，并具有中华人民共和国国籍。在发生医疗事故或者医疗侵权纠纷时，个人经营的医疗机构，以个人的财产承担责任；家庭经营的医疗机构，以家庭的财产承担责任。

在城市设置诊所的个人，必须同时具备下列条件：①医师执业技术考核合格，取得医师执业证书；②取得医师执业证书或者医师职称后，从事五年以上同一专业临床工作；③省、自治区、直辖市政府卫生行政部门规定的其他条件。

（4）两人以上合伙设置医疗机构，由合伙人共同申请。申请设置医疗机构的合伙，是指具有完全民事权利能力和民事行为能力的两个以上的自然人，按照协议，各自提供资金、实物、技术等，合伙经营、共同劳动、利益共享、风险共担的组织。对于申请设置医疗机构的合伙组织来讲，其合伙人首先应当是具有完全民事行为能力人，能独立承担相应的民事责任。个人合伙组织对外债务的承担，是无限连带责任，这能有效地预防个人合伙医疗机构在意外发生医疗事故时，不至于没有人承担民事责任、给受害者以救济的情况。

（5）外国医疗机构、企业和其他组织也可以在我国申请设置医疗机构，其资格及限制条件均由《中外合资、合作医疗机构管理暂行办法》等相关规定作出严格规定。

## （二）不能申请设置医疗机构的情形

根据《医疗机构管理条例实施细则》第十二条，有下列情形之一的，不得申请设置医疗机构：①不能独立承担民事责任的单位；②正在服刑或者不具有完全民事行为能力的个人；③发生二级以上医疗事故未满五年的医务人员；④因违反有关法律、法规和规章，已被吊销执业证书的医务人员；⑤被吊销《医疗机构执业许可证》的医疗机构的法定代表人或者主要负责人；⑥省、自治区、直辖市政府卫生行政部门规定的其他情形。

有前款第②、③、④、⑤项所列情形之一者，不得充任医疗机构的法定代表人或者主要负责人。

# 四、医疗机构的申请和设置审批程序

## （一）提出申请

单位或者个人设置医疗机构，按照国务院的规定应当办理设置医疗机构批准书的，应当经县级以上地方人民政府卫生行政部门审查批准，并取得设置医疗机构批准书。设置不设床位或者床位不满100张的医疗机构，向所在地的县级人民政府卫生行政部门申请。设置床位在100张以上的医疗机构和专科医院，按照省级人民政府卫生行政部门的规定申请。

提出申请的单位和个人，应当按照《医疗机构管理条例》第十条的规定，提交设置申请书、设置可行性研究报告、选址报告和建筑设计平面图。由两个以上法人或者其他组织共同申请设置医疗机构以及由两个以上合伙申请设置医疗机构的，还必须提交由各方共同签署的协议书。

另外，根据2018年6月国家卫健委等部门发布的《关于进一步改革完善医疗机构、医师审批工作的通知》提出，除三级医院、三级妇幼保健院、急救中心、急救站、临床检验中心、中外合资合作医疗机构、港澳台独资医疗机构外，举办其他医疗机构的，卫生行政部门不再核发《设置医疗机构批准书》，仅在执业登记时发放《医疗机构执业许可证》。

## （二）审查与批准

卫生行政部门对设置医疗机构的申请，应当自受理之日起三十日内依据当地医疗机构设置规划进行审查，对符合医疗机构设置规划和卫生行政部门制定的医疗机构基本标准的，发给《设置医疗机构批准书》；对不予批准的，要以书面形式告知理由。设置中外合资、合作医疗机构的，其申请获卫生行政部门批准后，还需按照有关规定向商务部提出申请，取得《外商投资企业批准证书》。卫生行政部门应当在核发《设置医疗机构批准书》的同时，向上一级卫生行政部门备案。上一级卫生行政部门有权在接到备案报告之日起三十日内纠正或者撤销下级卫生行政部门作出的不符合当地《医疗机构设置规划》的设置审批。

申请设置医疗机构有下列情形之一的，不予批准：①不符合当地《医疗机构设置规划》；②设置人不符合规定的条件；③不能提供满足投资总额的资信证明；④投资总额不能满足各项预算开支；⑤医疗机构选址不合理；⑥污水、污物、粪便处理方案不合理；⑦省、自治区、直辖市卫生行政部门规定的其他情形。

## 五、医疗机构的执业登记

医疗机构执业，必须进行登记，领取《医疗机构执业许可证》；诊所按照国务院卫生行政部门的规定向所在地的县级人民政府卫生行政部门备案后，可以执业。医疗机构的执业登记，由批准其设置的人民政府卫生行政部门办理。不需要办理设置医疗机构批准书的医疗机构的执业登记，由所在地的县级以上地方人民政府卫生行政部门办理。机关、企业和事业单位设置的为内部职工服务的门诊部、卫生所（室）、诊所的执业登记或者备案，由所在地的县级人民政府卫生行政部门办理。

### （一）申请

申请执业登记必须具备以下条件：①按照规定应当办理设置医疗机构批准书的，已取得设置医疗机构批准书；②符合医疗机构的基本标准；③有适合的名称、组织机构和场所；④有与其开展的业务相适应的经费、设施和专业卫生技术人员；⑤有相应的规章制度；⑥能够独立承担民事责任。

申请医疗机构执业登记必须填写《医疗机构申请执业登记注册书》，并向登记机关提交下列材料：①《设置医疗机构批准书》或者《设置医疗机构备案回执》；②医疗机构用房产权证明或者使用证明；③医疗机构建筑设计平面图；④验资证明、资产评估报告；⑤医疗机构规章制度；⑥医疗机构法定代表人或者主要负责人以及各科室负责人名录和有关资格证书、执业证书复印件；⑦省、自治区、直辖市卫生行政部门规定提交的其他材料。其中关于第四项材料，根据2018年《国家卫生健康委员会、国家中医药管理局关于进一步改革完善医疗机构、医师审批工作的通知》的规定：申请医疗机构执业登记的，不再提供验资证明，申请人应当对注册资金的真实性负责。

申请门诊部、诊所、卫生所、医务室、卫生保健所和卫生站登记或者备案的，还应当提交附设药房（柜）的药品种类清单、卫生技术人员名录及其有关资格证书、执业证书复印件以及省、自治区、直辖市卫生行政部门规定提交的其他材料。

### （二）登记事项

医疗机构执业登记的事项包括：①类别、名称、地址、法定代表人或者主要负责人；②所有制形式；③注册资金（资本）；④服务方式；⑤诊疗科目；⑥房屋建筑面积、床位（牙椅）；⑦服务对象；⑧职工人数；⑨执业许可证登记号（医疗机构代码）；⑩省、自治区、直辖市卫生行政部门规定的其他登记事项。门诊部、诊所、卫生所、医务室、卫生保健所、卫生站除登记前款所列事项外，还应当核准登记或者备案附设药房（柜）的药品种类。

### （三）审核批准

卫生行政部门在受理医疗机构执业登记申请后，应当按照规定的条件和时限对申请人提交的材料进行审查和实地考察、核实，并对有关执业人员进行消毒、隔离和无菌操作等基本知识和技能的现场抽查考核。经审核合格的，发给《医疗机构执业许可证》；审核不合格的，将审核结果和不予批准的理由以书面形式通知申请人。

### （四）不予登记的情形

申请医疗机构执业登记有下列情形之一的，不予登记：①不符合《设置医疗机构批准书》核准的事项；②不符合《医疗机构基本标准》；③投资不到位；④医疗机构用房不能满足诊疗服务功能；⑤通讯、供电、上下水道等公共设施不能满足医疗机构正常运转；⑥医疗机构规章制度不符合要求；⑦消毒、隔离和无菌操作等基本知识和技能的现场抽查考核不合格；⑧省、自治区、直辖市卫生行政部门规定的其他情形。

### （五）变更登记

医疗机构改变名称、场所、主要负责人、诊疗科目、床位，必须向原登记机关办理变更登记或者向原备案机关备案。因分立或者合并而保留的医疗机构应当申请变更登记；因分立或者合并而新设置的医疗机构应当申请设置许可和执业登记；因合并而终止的医疗机构应当申请注销登记。

医疗机构歇业，必须向原登记机关办理注销登记或者向原备案机关备案。经登记机关核准后，收缴《医疗机构执业许可证》。医疗机构非因改建、扩建、迁建原因停业超过1年的，视为歇业。

## 六、医疗机构的登记校验

### （一）期限

床位在100张以上的综合医院、中医医院、中西医结合医院、民族医医院以及专科医院、疗养院、康复医院、妇幼保健院、急救中心、临床检验中心和专科疾病防治机构的校验期为三年；其他医疗机构的校验期为一年。医疗机构应当于校验期满前三个月向登记机关申请办理校验手续。

### （二）提交文件

医疗机构向登记机关申请办理校验手续时，应提交《医疗机构校验申请书》《医疗机构执业许可证》副本以及省、自治区、直辖市卫生行政部门规定提交的其他材料。

### （三）暂缓校验

医疗机构有下列情形之一的，登记机关可以根据情况，给予一至六个月的暂缓校验期：①不符合《医疗机构基本标准》；②限期改正期间；③省、自治区、直辖市卫生行政部门规定的其他情形。但不设床位的医疗机构在暂缓校验期内不得执业。暂缓校验期满仍不能通过校验的，由登记机关注销其《医疗机构执业许可证》。

## 七、医疗机构的命名

### （一）医疗机构名称的组成

医疗机构的名称由识别名称和通用名称组成。医疗机构的识别名称为：地名、单位名称、个人姓名、医学学科名称、医学专业和专科名称、诊疗科目名称和核准机关批准使用的名称。医疗机构的通用名称为：医院、中心卫生院、卫生院、疗养院、妇幼保健院、门诊部、诊所、卫生所、卫生站、卫生室、医务室、卫生保健所、急救中心、急救站、临床检验中心、防治院、防治所、防治站、护理院、护理站、中心以及国家卫生行政部门规定或者认可的其他名称。

### (二)医疗机构的命名原则

医疗机构名称的命名必须遵守以下原则:①医疗机构的通用名称以《医疗机构管理条例实施细则》第四十条例的名称为限;②《医疗机构管理条例实施细则》第四十条所列的医疗机构的识别名称可以合并使用;③名称必须名副其实;④名称必须与医疗机构类别或者诊疗科目相适应;⑤各级地方人民政府设置的医疗机构的识别名称中应当含有省、市、县、区、街道、乡、镇、村等行政区划名称,其他医疗机构的识别名称中不得含有行政区划名称;⑥国家机关、企业和事业单位、社会团体或者个人设置的医疗机构的名称中应当含有设置单位名称或者个人的姓名。

### (三)医疗机构禁用名称

医疗机构不得使用下列名称:①有损于国家、社会或者公共利益的名称;②侵犯他人利益的名称;③以外文字母、汉语拼音组成的名称;④以医疗仪器、药品、医用产品命名的名称;⑤含有"疑难病""专治""专家""名医"或者同类含义文字的名称以及其他宣传或者暗示诊疗效果的名称;⑥超出登记的诊疗科目范围的名称;⑦省级以上卫生行政部门规定不得使用的名称。医疗机构取名、改名不能乱加"国际"字样。

### (四)医疗机构名称的核准、登记

医疗机构名称由国家卫生行政部门核准的有:①含有外国国家(地区)名称及其简称、国际组织名称的;②含有"中国""全国""中华""国家"等字样以及跨省地域名称的;③各级地方人民政府设置的医疗机构的识别名称中不含有行政区划名称的。属于中医、中西医结合和民族医医疗机构的名称,由国家中医药管理局核准:

以"中心"作为医疗机构通用名称的医疗机构名称,由省级以上卫生行政部门核准;在识别名称中含有"中心"字样的医疗机构名称的核准,由省、自治区、直辖市卫生行政部门规定。含有"中心"字样的医疗机构名称必须同时含有行政区划名称或者地名。除专科疾病防治机构以外,医疗机构不得以具体疾病名称作为识别名称,确有需要的由省、自治区、直辖市卫生行政部门核准。

## 第三节 医疗机构的执业

### 一、医疗机构的执业条件

医疗机构开展执业活动,必须遵守有关法律法规和医疗技术规范,具备以下执业条件:①取得《医疗机构执业许可证》或备案凭证。任何单位或者个人,未取得《医疗机构执业许可证》或者未经备案,不得开展诊疗活动。为内部职工服务的医疗机构,未经许可和登记,不得向社会开放。医疗机构被吊销或者注销执业许可证后,不得继续开展诊疗活动。②按照核准登记或者备案的诊疗科目开展诊疗活动。未经允许不得擅自扩大业务范围。需要改变诊疗科目的,应当按照规定的程序和要求,办理变更登记手续。③按规定收费。应当按照政府物价等有关部门核准的收费标准收取医疗费用、详列细项,并出具收据。并应当将《医疗机构执业许可证》、诊疗科目、诊疗时间和收费标准悬挂于明显处。④不得使用非卫生技术人员从事医疗卫生技术工作。工作人员上岗工作，必须佩戴载有本人姓名、职务或者职称的标牌。医疗机构应当加强对医务人员的医德教育。⑤正确使用医疗机构标识。医疗机构的印章、银行账户、牌匾以及医疗文件中使用的名称应当与核准登记的医疗机构名称相同；使用两个以上名称的，应当与第一名称相同。标有医疗机构标识的票据和病历本册以及处方签、各种检查的申请单、报告单、证明文书单、药品分装袋、制剂标签等不得买卖、出借和转让。⑥遵守病历管理的有关规定。医疗机构的门诊病历保存期不得少于15年，住院病历的保存期不得少于30年。

## 二、医疗机构的执业规则

医疗机构开展诊疗活动还必须遵守如下执业规则：①对危重患者应立即抢救，对限于设备或技术条件不能诊治的患者应当及时转院。②未经医师（士）亲自诊查患者，医疗机构不得出具疾病诊断书、健康证明书或者死亡证明书等证明文件；未经医师（士）、助产人员亲自接产，医疗机构不得出具出生证明书或者死产报告书。医疗机构为死因不明者出具的《死亡医学证明书》，只作是否死亡的诊断，不作死亡原因的诊断。如有关方面要求进行死亡原因诊断的，医疗机构必须指派医生对尸体进行解剖和有关死因检查后方能作出死因诊断。③医务人员在诊疗活动中应当向患者说明病情和医疗措施。需要实施手术、特殊检查、特殊治疗的，医务人员应当及时向患者具体说明医疗风险、替代医疗方案等情况，并取得其明确同意；不能或者不宜向患者说明的，应当向患者的近亲属说明，并取得其明确同意。因抢救生命垂危的患者等紧急情况，不能取得患者或者其近亲属意见的，经医疗机构负责人或者授权的负责人批准，可以立即实施相应的医疗措施。④发生医疗事故，按国家有关规定处理。⑤对传染病、精神病、职业病等患者的特殊诊治和处理，应按国家有关法律法规的规定办理。⑥必须按照有关药品管理的法律法规，加强药品管理，医疗机构不得使用假劣药品、过期和失效药品以及违禁药品。⑦严格执行无菌消毒、隔离制度，采取科学有效的措施处理污水和废弃物，预防和减少医院感染。

医疗机构除开展疾病诊疗外，还必须承担相应的预防保健工作，承担县级以上人民政府卫生行政部门委托的支援农村、指导基层医疗卫生工作等任务。在发生重大灾害、事故、疾病流行或者其他意外情况时，医疗机构及其卫生技术人员必须服从县级以上人民政府卫生行政部门的调遣。

## 第四节 医疗质量管理

医疗质量是指在现有医疗技术水平及能力、条件下，医疗机构及其医务人员在临床诊断及治疗过程中，按照职业道德及诊疗规范要求，给予患者医疗照顾的程度。医疗质量管理是指按照医疗质量形成的规律和有关法律、法规要求，运用现代科学管理方法，对医疗服务要素、过程和结果进行管理与控制，以实现医疗质量系统改进、持续改进的过程。

医疗质量管理是医疗管理的核心，各级各类医疗机构是医疗质量管理的第一责任主体，应当全面加强医疗质量管理，持续改进医疗质量，保障医疗安全。国家卫生行政部门负责全国医疗机构医疗质量管理工作，县级以上地方卫生行政部门负责本行政区域内医疗机构医疗质量管理工作，国家中医药管理局和军队卫生主管部门分别在职责范围内负责中医和军队医疗机构医疗质量管理工作。

# 一、组织机构和职责

## (一) 管理机构

国家卫生行政部门负责组织或者委托专业机构、行业组织（以下称专业机构）制订医疗质量管理相关制度、规范、标准和指南，指导地方各级卫生行政部门和医疗机构开展医疗质量管理与控制工作。省级卫生行政部门可以根据本地区实际，制订行政区域医疗质量管理相关制度、规范和具体实施方案。县级以上地方卫生行政部门在职责范围内负责监督、指导医疗机构落实医疗质量管理有关规章制度。

## (二) 质控机构

国家卫生行政部门建立国家医疗质量管理与控制体系，完善医疗质量控制与持续改进的制度和工作机制。各级卫生行政部门组建或者指定各级、各专业医疗质量控制组织（以下称质控组织）落实医疗质量管理与控制的有关工作要求。

国家级各专业质控组织在国家卫生行政部门指导下，负责制订全国统一的质控指标、标准和质量管理要求，收集、分析医疗质量数据，定期发布质控信息。省级和有条件的地市级卫生行政部门组建相应级别、专业的质控组织，开展医疗质量管理与控制工作。

## (三) 医疗机构质控部门

**1. 组织部门** 医疗机构应当成立医疗质量管理专门部门，负责本机构的医疗质量管理工作。二级以上的医院、妇幼保健院以及专科疾病防治机构（以下称二级以上医院）应当设立医疗质量管理委员会。医疗质量管理委员会主任由医疗机构主要负责人担任，委员由医疗管理、质量控制、护理、医院感染管理、医学工程、信息、后勤等相关职能部门负责人以及相关临床、药学、医技等科室负责人组成，指定或者成立专门部门具体负责日常管理工作。其他医疗机构应当设立医疗质量管理工作小组或者指定专（兼）职人员，负责医疗质量具体管理工作。

**2. 质控职责** 医疗机构医疗质量管理委员会的主要职责是：①按照国家医疗质量管理的有关要求，制订本机构医疗质量管理制度并组织实施；②组织开展本机构医疗质量监测、预警、分析、考核、评估以及反馈工作，定期发布本机构质量管理信息；③制订本机构医疗质量持续改进计划、实施方案并组织实施；④制订本机构临床新技术引进和医疗技术临床应用管理相关工作制度并组织实施；⑤建立本机构医务人员医疗质量管理相关法律、法规、规章制度、技术规范的培训制度，制订培训计划并监督实施；⑥落实省级以上卫生行政部门规定的其他内容。

二级以上医院各业务科室应当成立本科室医疗质量管理工作小组，组长由科室主要负责人担任，指定专人负责日常具体工作。医疗质量管理工作小组主要职责是：①贯彻执行医疗质量管理相关的法律、法规、规章、规范性文件和本科室医疗质量管理制度；②制订本科室年度质量控制实施方案，组织开展科室医疗质量管理与控制工作；③制订本科室医疗质量持续改进计划和具体落实措施；④定期对科室医疗质量进行分析和评估，对医疗质量薄弱环节提出整改措施并组织实施；⑤对本科室医务人员进行医疗质量管理相关法律、法规、规章制度、技术规范、标准、诊疗常规及指南的培训和宣传教育；⑥按照有关要求报送本科室医疗质量管理相关信息。

## 二、医疗质量保障

### (一)职业道德教育

医疗机构应当加强医务人员职业道德教育,发扬救死扶伤的人道主义精神,坚持"以患者为中心",尊重患者权利,履行防病治病、救死扶伤、保护人民健康的神圣职责。医务人员应当恪守职业道德,认真遵守医疗质量管理相关法律法规、规范、标准和本机构医疗质量管理制度的规定,规范临床诊疗行为,保障医疗质量和医疗安全。

### (二)依法依规执业

医疗机构应当按照核准登记的诊疗科目执业。卫生技术人员开展诊疗活动应当依法取得执业资质,医疗机构人力资源配备应当满足临床工作需要。医疗机构应当按照有关法律法规、规范、标准要求,使用经批准的药品、医疗器械、耗材开展诊疗活动。医疗机构开展医疗技术应当与其功能任务和技术能力相适应,按照国家关于医疗技术和手术管理有关规定,加强医疗技术临床应用管理。

医疗机构及其医务人员应当遵循临床诊疗指南、临床技术操作规范、行业标准和临床路径等有关要求开展诊疗工作,严格遵守医疗质量安全核心制度,做到合理检查、合理用药、合理治疗。

### (三)药事管理

医疗机构应当加强药学部门建设和药事质量管理,提升临床药学服务能力,推行临床药师制,发挥药师在处方审核、处方点评、药学监护等合理用药管理方面的作用。临床诊断、预防和治疗疾病用药应当遵循安全、有效、经济的合理用药原则,尊重患者对药品使用的知情权。

### (四)护理管理

医疗机构应当加强护理质量管理,完善并实施护理相关工作制度、技术规范和护理指南;加强护理队伍建设,创新管理方法,持续提高护理质量。

### (五)医技管理

医疗机构应当加强医技科室的质量管理,建立覆盖检查、检验全过程的质量管理制度,加强室内质量控制,配合做好室间质量评价工作,促进临床检查检验结果互认。

### (六)门急诊管理

医疗机构应当完善门急诊管理制度,规范门急诊质量管理,加强门急诊专业人员和技术力量配备,优化门急诊服务流程,保证门急诊医疗质量和医疗安全,并把门急诊工作质量作为考核科室和医务人员的重要内容。

### (七)医院感染管理

医疗机构应当加强医院感染管理,严格执行消毒隔离、手卫生、抗菌药物合理使用和医院感染监测等规定,建立医院感染的风险监测、预警以及多部门协同干预机制,开展医院感染防控知识的培训和教育,严格执行医院感染暴发报告制度。

### (八)病历质量管理

医疗机构应当加强病历质量管理,建立并实施病历质量管理制度,保障病历书写客观、真实、准确、及时、完整、规范。

## （九）知情同意管理

医疗机构及其医务人员开展诊疗活动，应当遵循患者知情同意原则，尊重患者的自主选择权和隐私权，并对患者的隐私保密。

## （十）中医医疗管理

医疗机构开展中医医疗服务，应当符合国家关于中医诊疗、技术、药事等管理的有关规定，加强中医医疗质量管理。

## 三、医疗质量持续改进

医疗机构应当建立本机构全员参与、覆盖临床诊疗服务全过程的医疗质量管理与控制工作制度。医疗机构应当严格按照卫生行政部门和质控组织关于医疗质量管理控制工作的有关要求，积极配合质控组织开展工作，促进医疗质量持续改进。

## （一）医疗质量数据

医疗机构应当按照有关要求，向卫生行政部门或者质控组织及时、准确地报送本机构医疗质量安全相关数据信息，并且应当熟练运用医疗质量管理工具开展医疗质量管理与自我评价，根据卫生行政部门或者质控组织发布的质控指标和标准完善本机构医疗质量管理相关指标体系，及时收集相关信息，形成本机构医疗质量基础数据。

## （二）临床专科服务能力

医疗机构应当加强临床专科服务能力建设，重视专科协同发展，制订专科建设发展规划并组织实施，推行"以患者为中心、以疾病为链条"的多学科诊疗模式。加强继续医学教育，重视人才培养、临床技术创新性研究和成果转化，提高专科临床服务能力与水平。

## （三）单病种质量管理

医疗机构应当加强单病种质量管理与控制工作，建立本机构单病种管理的指标体系，制订单病种医疗质量参考标准，促进医疗质量精细化管理。

## （四）满意度检测

医疗机构应当制订满意度监测指标并不断完善，定期开展患者和员工满意度监测，努力改善患者就医体验和员工执业感受。

## （五）成本管理

医疗机构应当开展全过程成本精确管理，加强成本核算、过程控制、细节管理和量化分析，不断优化投入产出比，努力提高医疗资源利用效率。

## （六）考核与公示

医疗机构应当对各科室医疗质量管理情况进行现场检查和抽查，建立本机构医疗质量内部公示制度，对各科室医疗质量关键指标的完成情况予以内部公示。

医疗机构应当定期对医疗卫生技术人员开展医疗卫生管理法律法规、医院管理制度、医疗质量管理与控制方法、专业技术规范等相关内容的培训和考核。

医疗机构应当将科室医疗质量管理情况作为科室负责人综合目标考核以及聘任、晋升、评先评优的重要指标。

医疗机构应当将科室和医务人员医疗质量管理情况作为医师定期考核、晋升以及科室和医务人员绩效考核的重要依据。

## （七）信息化管理

医疗机构应当强化基于电子病历的医院信息平台建设，提高医院信息化工作的规范化水平，使信息化工作满足医疗质量管理与控制需要，充分利用信息化手段开展医疗质量管理与控制。建立完善医疗机构信息管理制度，保障信息安全。

## （八）风险预警

医疗机构应当对本机构医疗质量管理要求执行情况进行评估，对收集的医疗质量信息进行及时分析和反馈，对医疗质量问题和医疗安全风险进行预警，对存在的问题及时采取有效干预措施，并评估干预效果，促进医疗质量的持续改进。

## 四、医疗安全风险防范

国家建立医疗质量（安全）不良事件报告制度，鼓励医疗机构和医务人员主动上报临床诊疗过程中的不良事件，促进信息共享和持续改进。医疗机构应当建立医疗质量（安全）不良事件信息采集、记录和报告相关制度，并作为医疗机构持续改进医疗质量的重要基础工作。

医疗机构应当建立药品不良反应、药品损害事件和医疗器械不良事件监测报告制度，并按照国家有关规定向相关部门报告。医疗机构应当提高医疗安全意识，建立医疗安全与风险管理体系，完善医疗安全管理相关工作制度、应急预案和工作流程，加强医疗质量重点部门和关键环节的安全与风险管理，落实患者安全目标。医疗机构应当提高风险防范意识，建立完善相关制度，利用医疗责任保险、医疗意外保险等风险分担形式，保障医患双方合法权益。制订防范、处理医疗纠纷的预案，预防、减少医疗纠纷的发生。完善投诉管理，及时化解和妥善处理医疗纠纷。

## 五、监督管理

县级以上地方卫生行政部门负责对本行政区域医疗机构医疗质量管理情况的监督检查，医疗机构应当予以配合，不得拒绝、阻碍或者隐瞒有关情况。县级以上地方卫生行政部门和各级质控组织应当重点加强对县级医院、基层医疗机构和民营医疗机构的医疗质量管理和监督。

省级卫生行政部门应当依托区域人口健康信息平台，建立本行政区域的医疗质量管理与控制信息系统，对本行政区域医疗机构医疗质量管理相关信息进行收集、分析和反馈，对医疗机构医疗质量进行评价，并实现与全国医疗质量管理与控制信息系统互联互通。

国家卫生行政部门依托国家级人口健康信息平台建立全国医疗质量管理与控制信息系统，对全国医疗质量管理的主要指标信息进行收集、分析和反馈。

# 第五节 互联网诊疗管理

随着互联网技术的发展，医疗实践出现了"互联网+医疗服务"。目前，"互联网+医疗服务"主要分为三类：第一类为远程医疗，是由医疗机构之间使用本机构注册的医务人员，利用互联网等信息技术开展远程会诊和远程诊断，其中如果是邀请方医疗机构通过信息平台直接邀请医务人员提供在线医疗服务的，必须申请设置互联网医院，按照《互联网医院管理办法（试行）》管理；第二类为互联网诊疗活动，是指医疗机构利用在本机构注册的医师，通过互联网等信息技术开展部分常见病、慢性病复诊和"互联网+"家庭医生签约服务。国家对互联网诊疗活动实行准入管理；第三类为互联网医院，包括作为实体医疗机构第二名称的互联网医院，以及依托实体医疗机构独立设置的互联网医院。这里所述独立设置的互联网医院，必须依托实体医疗机构，并签订合作协议，合作方发生变更或出现其他合作协议失效的情况时，需要重新申请设置互联网医院。

国务院卫生行政部门和中医药主管部门负责全国互联网诊疗活动的监督管理，地方各级卫生行政部门（含中医药主管部门）负责辖区内互联网诊疗活动的监督管理。

## 一、互联网诊疗的执业登记

### （一）已取得《医疗机构执业许可证》的医疗机构

互联网诊疗活动应当由取得《医疗机构执业许可证》的医疗机构提供。已经取得《医疗机构执业许可证》的医疗机构拟开展互联网诊疗活动，应当向其《医疗机构执业许可证》发证机关提出开展互联网诊疗活动的执业登记申请，并提交下列材料：①医疗机构法定代表人或主要负责人签署同意的申请书，提出申请开展互联网诊疗活动的原因和理由；②如果与第三方机构合作建立互联网诊疗服务信息系统，应当提交合作协议；③登记机关规定提交的其他材料。

执业登记机关按照有关法律法规和规章对医疗机构登记申请材料进行审核。审核合格的，予以登记，在《医疗机构执业许可证》副本服务方式中增加"互联网诊疗"。审核不合格的，将审核结果以书面形式通知申请人。

### （二）新设置的医疗机构

新申请设置的医疗机构拟开展互联网诊疗活动，应当在设置申请书注明，并在设置可行性研究报告中写明开展互联网诊疗活动的有关情况。如果与第三方机构合作建立互联网诊疗服务信息系统，应当提交合作协议。

卫生行政部门受理申请后，依据《医疗机构管理条例》《医疗机构管理条例实施细则》的有关规定进行审核，在规定时间内作出同意或者不同意的书面答复。批准设置并同意其开展互联网诊疗的，在《设置医疗机构批准书》中注明同意其开展互联网诊疗活动，医疗机构按照有关法律法规和规章申请执业登记。

医疗机构开展互联网诊疗活动应当与其诊疗科目相一致。未经卫生行政部门核准的诊疗科目，医疗机构不得开展相应的互联网诊疗活动。

## 二、执业规则

医疗机构开展互联网诊疗活动必须遵守如下执业规则：①互联网诊疗活动应当符合医疗管理要求，建立医疗质量和医疗安全规章制度。②医疗机构开展互联网诊疗活动，应当具备满足互联网技术要求的设备设施、信息系统、技术人员以及信息安全系统，并实施第三级信息安全等级保护。③开展互联网诊疗活动的医师、护士应当能够在国家医师、护士电子注册系统中查询。医疗机构应当对开展互联网诊疗活动的医务人员进行电子实名认证，鼓励有条件的医疗机构通过人脸识别等人体特征识别技术加强医务人员管理。④基层医疗卫生机构实施"互联网+"家庭医生签约服务，在协议中告知患者服务内容、流程、双方责任和权利以及可能出现的风险等，签订知情同意书。⑤医疗机构在线开展部分常见病、慢性病复诊时，医师应当掌握患者病历资料，确定患者在实体医疗机构明确诊断为某种或某几种常见病、慢性病后，可以针对相同诊断进行复诊。当患者出现病情变化需要医务人员亲自诊查时，医疗机构及其医务人员应当立即终止互联网诊疗活动，引导患者到实体医疗机构就诊。不得对首诊患者开展互联网诊疗活动。⑥医疗机构开展互联网诊疗活动应当按照《医疗机构病历管理规定》和《电子病历基本规范（试行）》等相关文件要求，为患者建立电子病历，并按照规定进行管理。⑦医疗机构开展互联网诊疗活动应当严格遵守《处方管理办法》等处方管理规定。医师掌握患者病历资料后，可以为部分常见病、慢性病患者在线开具处方。在线开具的处方必须有医师电子签名，经药师审核后，医疗机构、药品经营企业可委托符合条件的第三方机构配送。⑧医疗机构开展互联网诊疗活动时，不得开具麻醉药品、精神药品等特殊管理药品的处方。为低龄儿童（6岁以下）开具互联网儿童用药处方时，应当确认患儿有监护人和相关专业医师陪伴。⑨医疗机构应当严格执行信息安全和医疗数据保密的有关法律法规，妥善保管患者信息，不得非法买卖、泄露患者信息。发生患者信息和医疗数据泄露后，医疗机构应当及时向主管的卫生行政部门报告，并立即采取有效应对措施。⑩医疗机构开展互联网诊疗活动应当符合分级诊疗相关规定，与其功能定位相适应。

## 三、监督管理

医疗机构开展互联网诊疗活动按照属地化管理的原则，由县级及以上地方卫生行政部门进行监督管理。医疗机构应当加强互联网诊疗活动管理，建立完善相关管理制度、服务流程，保证互联网诊疗活动全程留痕、可追溯，并向监管部门开放数据接口。

县级及以上地方卫生行政部门应当向社会公布允许开展互联网诊疗活动的医疗机构名单，公布监督电话或者其他监督方式，及时受理和处置违法违规互联网诊疗服务举报。发现不符合法律法规规章规定的，应当及时告知有关主管部门。下级卫生行政部门未按照《医疗机构管理条例》和《互联网诊疗管理办法（试行）》等管理互联网诊疗活动的，上级卫生行政部门应当及时予以纠正。

县级及以上地方卫生行政部门应当充分发挥社会组织作用，加强互联网诊疗活动的行业监督和自律。

# 第六节 法律责任

《医疗机构管理条例》及其实施细则以及其他法律法规对违反医疗机构管理规定的行为做出了相应的处罚规定。

## 一、医疗机构的行政责任

### （一）无证执业

无证执业，即未取得《医疗机构执业许可证》擅自执业。其常见情形包括在异地执业；对外承包医疗科室，即医疗机构将本机构原已经设立的医疗科室交与非本医疗机构人员或其他机构，由其"自主经营、自负盈亏"，并以本医疗机构名义开展诊疗活动；使用买卖、转让、租借等手段取得《医疗机构执业许可证》；药店零售企业的坐堂行医；生活美容店开展医疗美容活动；以义诊为名推销保健品、药品、器械等；按摩店以中医推拿、中医按摩、中医保健、中医足底按摩、刮痧、拔火罐等名义，宣传治疗作用，以治疗疾病为目的；未经批准开展医疗气功活动；非医疗机构利用测血铅、发铅等来诊断疾病；以及乡村医师跨行政区域行医等。医疗机构与非本机构人员或其他机构共同设立未经审批许可的医疗机构（科室），并以新设立机构（或科室）的名义开展诊疗活动，亦应视为新设立的机构未取得《医疗机构执业许可证》擅自执业。

违反规定，未取得医疗机构执业许可证擅自执业的，由县级以上人民政府卫生健康主管部门责令停止执业活动，没收违法所得和药品、医疗器械，并处违法所得五倍以上二十倍以下的罚款，违法所得不足一万元的，按一万元计算。

## （二）逾期不校验《医疗机构执业许可证》

医疗机构逾期不校验《医疗机构执业许可证》仍从事诊疗活动的，由县级以上人民政府卫生行政部门责令其限期补办校验手续；拒不校验的，吊销其《医疗机构执业许可证》。

## （三）转让、出借《医疗机构执业许可证》

医疗机构出卖、出借、转让标有医疗机构名称的票据、药品分装袋、制剂标签以及病历卡、处方笺、各种检查的申请单、报告单、检查证明文书、疾病证明、出生证明、死亡证明等医疗文件，或将其科室出租外包给其他机构或人员从事诊疗活动的，视为出卖、转让、出借《医疗机构执业许可证》。医疗机构并没有设立相应科室，也未将房屋（场地）交与非本机构人员或其他机构使用，而是同意由非本机构人员或其他机构在院外自己设立相应医疗科室，并以该医疗机构名义开展诊疗活动，应视为出借、出租《医疗机构执业许可证》。

违反规定，伪造、变造、买卖、出租、出借医疗机构执业许可证的，由县级以上人民政府卫生健康主管部门责令改正，没收违法所得，并处违法所得五倍以上十五倍以下的罚款，违法所得不足一万元的，按一万元计算；情节严重的，吊销医疗机构执业许可证。

## （四）诊疗活动超出核准登记或者备案的诊疗科目范围常见情形

医疗机构诊疗活动超出核准登记或者备案的诊疗科目范围包括以下几种常见情形：①医疗机构未经许可擅自开展专项技术，如从事医疗美容、人类辅助生殖技术、医疗气功、临床基因扩增技术、设置人类精子库等；②医疗机构未经许可擅自开展性病及其他诊疗项目活动；③医疗机构违反医疗机构会诊规定超出诊疗科目会诊的。

诊疗活动超出登记或者备案范围的，由县级以上人民政府卫生行政部门予以警告、责令其改正，没收违法所得，并可以根据情节处以一万元以上十万元以下的罚款；情节严重的，吊销其《医疗机构执业许可证》或者责令其停止执业活动。

## （五）使用非卫生技术人员从事医疗卫生技术工作

使用非卫生技术人员从事医疗卫生技术工作的常见情形包括：①使用取得医师资格但未经注册取得执业证书的人员从事医师执业活动；②使用从事本专业以外诊疗活动的卫生技术人员；③使用医学院校的实习生、刚毕业一年内的大学生独立从事诊疗活动；④使用未取得卫生技术人员资格或者职称的检验人员、药剂人员、护士等；⑤助理医师未在执业医师的指导下进行执业或者在乡、民族乡、镇和村医疗卫生机构以及艰苦边远地区县级医疗卫生机构中执业的执业助理医师从事特殊的执业活动；⑥未经备案擅自变更执业地址的医生开具处方；

⑦使用未取得麻醉药品和第一类精神药品处方权的医师开具麻醉药品和第一类精神药品处方；⑧使用未取得处方权的人员、被取消处方权的医师开具处方；⑨使用非医疗气功人员开展医疗气功活动；⑩使用未经注册的外籍医师。

违反规定，使用非卫生技术人员从事医疗卫生技术工作的，由县级以上人民政府卫生行政部门责令其限期改正，并可以处以一万元以上十万元以下的罚款；情节严重的，吊销其《医疗机构执业许可证》或者责令其停止执业活动。

### （六）出具虚假证明文件

违反《医疗机构管理条例》规定，出具虚假证明文件的，由县级以上人民政府卫生行政部门予以警告；对造成危害后果的，可以处以一万元以上十万元以下的罚款；对直接责任人员由所在单位或者上级机关给予行政处分。

### （七）医疗广告违法

对于违反《医疗广告管理办法》发布医疗广告的，由县级以上地方卫生行政部门、中医药管理部门责令改正，给予警告；情节严重的，核发《医疗机构执业许可证》的卫生行政部门、中医药管理部门可以责令其停业整顿、吊销有关诊疗科目，直至吊销《医疗机构执业许可证》。医疗机构篡改《医疗广告审查证明》内容发布医疗广告的，由省级卫生行政部门、中医药管理部门吊销《医疗广告审查证明》，并在一年内不受理该医疗机构的广告审查申请。

当事人对行政处罚决定不服的，可以在接到《行政处罚决定通知书》之日起十五日内向作出行政处罚的上一级卫生行政部门申请复议。上级卫生行政部门应当在接到申请书之日起三十日内作出书面答复。当事人对行政处罚决定不服的，也可以在接到《行政处罚决定通知书》之日起十五日内直接向人民法院提起行政诉讼。逾期不申请复议、不起诉又不履行处罚决定的，由作出行政处罚决定的卫生行政部门填写《行政处罚强制执行申请书》，向人民法院申请强制执行。

## 二、医疗机构的民事责任

医疗机构的民事责任包括违约责任和侵权责任。医疗机构不履行医疗服务合同义务或者履行医疗服务合同义务不符合约定的，应当承担违约责任；患者在诊疗活动中受到损害，医疗机构或者其医务人员有过错的，依照《民法典》等法律法规的规定，由医疗机构承担侵权责任。

## 三、医疗机构的刑事责任

医疗机构及其工作人员在执业过程中，违反相应法律法规的规定，情节严重的，应当承担相应的刑事责任。如生产、销售伪劣医疗器械罪、医疗责任事故罪、非法行医罪等。

### 本章小结

所谓医疗机构，是指以救死扶伤、防病治病、为公民健康服务为宗旨的，依据《医疗机构管理条例》的规定，经登记取得《医疗机构执业许可证》或备案凭证，从事疾病诊断、治疗、教学活动的医院、卫生院、疗养院、门诊部、诊所、卫生所（室）以及急救站等医疗单位。

我国现有《医疗机构管理条例》（国务院令第752号）及《医疗机构管理条例实施细

则》(国家卫生计生委令第12号)等法规对医疗机构的管理工作进行规范。这些法规对医疗机构的设置审批、登记校验、命名规则、执业规范、监督管理和行政处罚等内容进行了具体规定,是各级卫生行政部门依法履行医疗机构监督管理职责的重要依据,也是依法举办医疗机构和各级各类医疗机构规范执业的重要依据,对于保障医疗质量安全,提高医疗服务水平,维护人民群众健康权益发挥了重要作用。其中,2017年4月1日新修订的《医疗机构管理条例实施细则》在有关医疗机构类别、医疗机构设置申请人条件、医疗机构建筑设计审查、医疗机构信息管理等方面的条款进一步细化。2022年5月1日新修订的《医疗机构管理条例》也对医疗机构的设置审批、诊所备案以及处罚力度进行了进一步调整。

## 复习思考题

1. 医疗机构的概念是什么?
2. 医疗机构有哪些分类?
3. 我国对医疗机构的登记,包括哪些内容?
4. 我国对医疗机构的命名,有哪些禁止性规定?
5. 医疗机构的执业规则有哪些?

(石 悦)

# 第三章　卫生技术人员管理法律制度

> **学习目标**
>
> 掌握：医师考试和注册制度；医师的权利与义务；药师的考试和注册制度；护士考试和注册制度。
>
> 熟悉：医师的考核与培训；药师的职责与继续教育；护士的权利、义务。
>
> 了解：医师的法律责任；药师的法律责任；护士的法律责任。

---

**诊所未经备案开展诊疗活动受到处罚**

2023年2月，某区卫生监督执法部门接到群众举报称：某小区里一家店铺白天不开门，晚上偷偷开展打针、开药等行医行为。区卫生监督执法人员开展夜查时，发现该处有一名身穿白大褂的人员王某，正在为附近居民提供西医内科的诊疗活动。在随后的执法检查时，王某向执法人员出示了《医师执业证书》，执业范围为内科专业，但不能提供《医疗机构执业许可证》或者《诊所备案凭证》。执法人员进一步调查了解得知，王某以为自己取得了《医师执业证书》即可执业，他并不清楚开设诊所还需要进行备案的规定。某区卫生健康行政主管部门对该诊所未经备案即开展诊疗活动的行为，依据《医疗机构管理条例》第四十三条的规定，对其处以罚款3000元、没收违法所得500元的行政处罚。在王某缴纳罚款后，执法人员又对其进行了关于开办诊所的普法宣教。王某遂按照规定准备齐办证相关资料后，到区卫生健康行政管理部门依法办理备案手续，取得《诊所备案凭证》。

法律链接：根据《医疗机构管理条例》第二十三条规定："任何单位或者个人，未取得《医疗机构执业许可证》或者未经备案，不得开展诊疗活动。"《医疗机构管理条例》第四十三条第二款："违反本条例第二十三条规定，诊所未经备案执业的，由县级以上人民政府卫生行政部门责令其改正，没收违法所得，并处3万元以下罚款；拒不改正的，责令其停止执业活动。"

---

## 第一节　概　　述

### 一、卫生技术人员的含义及分类

卫生技术人员，又称医务人员，指医疗卫生机构中从事卫生技术工作的专业人员。《医疗机构管理条例实施细则》第八十八条规定："卫生技术人员是指按照国家有关法律、法规和规章的规定取得卫生技术人员资格或者职称的人员。"

#### （一）医师

《中华人民共和国医师法》（简称《医师法》）第八条规定："国家实行医师资格考试制度。医师资格考试分为执业医师资格考试和执业助理医师资格考试。医师资格考试由省级以上人民政府卫生健康主管部门组织实施。医师资格考试的类别和具体办法，由国务院卫生健康主管部门制定。"第十三条规定："国家实行医师执业注册制度。取得医师资格的，可以向所在地县级以上地方人民政府卫生健康主管部门申请注册。医疗卫生机构可以为本机构中的申请人集体办理注册手续。"第十四条规定："医师经注册后，可以在医疗卫生机构中按照注册的执业地点、执业类别、执业范围执业，从事相应的医疗卫生服务。"因此，未注册取得医师执业证书的，不得从事医师执业活动。

## （二）护士

《护士条例》第二条规定："本条例所称护士，是指经执业注册取得护士执业证书，依照本条例规定从事护理活动，履行保护生命、减轻痛苦、增进健康职责的卫生技术人员。"2011年起，实行全国护士执业资格考试，合格取得护士执业证书。因此，未注册取得护士执业证书的，不得从事护士执业活动。

## （三）药学技术人员

《执业药师注册管理办法》第三条规定："持有《中华人民共和国执业药师职业资格证书》的人员，经注册取得《中华人民共和国执业药师注册证》后，方可以执业药师身份执业。"第五条规定："法律、行政法规、规章和相关质量管理规范规定需由具备执业药师资格的人员担任的岗位，应当按规定配备执业药师。鼓励药品上市许可持有人、药品生产企业、药品网络销售第三方平台等使用取得执业药师资格的人员。"

《中华人民共和国药品管理法》（简称《药品管理法》）第二十二条规定："医疗机构必须配备依法经过资格认定的药学技术人员。非药学技术人员不得直接从事药剂师技术工作。"

《处方管理办法》第六十一条规定："本办法所称药学专业技术人员，是指按照卫生部《卫生技术人员职务试行条例》规定，取得药学专业技术职务任职资格人员，包括主任药师、副主任药师、主管药师、药师、药士。"第二十九条规定："取得药学专业技术职务任职资格的人员方可从事处方调剂工作。"第四十九条规定："未取得药学专业技术职务任职资格的人员不得从事处方调剂工作。"因此，未注册取得药师执业证书的，不得从事药师执业活动。

## （四）医技人员

医技人员是指从事检验、心电图、超声波、放射、同位素检查、理疗、病理、营养、口腔、生物制品生产等专业的卫生技术人员。在我国，盲人医疗按摩属于医疗行为，应当在医疗机构中开展。盲人医疗按摩人员也属于卫生技术人员，其依法履行职责，受法律保护。因此，医技人员是属于除医师、护士、药学技术人员之外从事其他技术服务的卫生专业技术人员。他们需要遵守国家相关的卫生健康专业技术人员执业规则和服务规范。

## 二、卫生专业技术人员的各级别职称名称

卫生专业技术人员是我国专业技术人才队伍的重要组成部分，是新时代实施健康中国战略的中坚力量。我国根据医药卫生工作的实际需要设置的专业技术工作岗位，并明确各级别职称名称。卫生专业技术人员职称设初级、中级、高级。初级分设士级和师级，高级分设副高级和正高级。卫生专业技术人员职称划分为医、药、护、技四个专业类别。医疗类各级别职称名称分别为：医士、医师、主治（主管）医师、副主任医师、主任医师；药学类各级职称名称分别为：药士、药师、主管药师、副主任药师、主任药师；护理类各级别职称名称分别为：护士、护师、主管护师、副主任护师、主任护师；技术类各级别职称名称分别为：技士、技师、主管技师、副主任技师、主任技师。

按照《医师法》和《护士条例》参加医师、护士执业资格考试，取得执业助理医师资格，

可视同取得医士职称；取得执业医师资格，可视同取得医师职称；取得护士执业资格，可视同取得护士职称。按照《中华人民共和国中医药法》（简称《中医药法》）参加中医医师确有专长人员医师资格考核，取得中医（专长）医师资格，可视同取得医师职称。

## 第二节　医师管理法律制度

2021年8月20日，十三届全国人大常委会第三十次会议正式通过《中华人民共和国医师法》，自2022年3月1日起施行。同时，自1999年5月1日起开始实施的《中华人民共和国执业医师法》废止。

### 一、概　述

**（一）医师**

医师，是指依法取得医师资格，经注册在医疗卫生机构中执业的专业医务人员，包括执业医师和执业助理医师。

**（二）医师的职业精神**

医师应当坚持人民至上、生命至上，发扬人道主义精神，弘扬敬佑生命、救死扶伤、甘于奉献、大爱无疆的崇高职业精神，恪守职业道德，遵守执业规范，提高执业水平，履行防病治病、保护人民健康的神圣职责。

**（三）医师的管理部门**

国务院卫生健康主管部门负责全国的医师管理工作。国务院教育、人力资源社会保障、中医药等有关部门在各自职责范围内负责有关的医师管理工作。

县级以上地方人民政府卫生健康主管部门负责本行政区域内的医师管理工作。县级以上地方人民政府教育、人力资源社会保障、中医药等有关部门在各自职责范围内负责有关的医师管理工作。

**（四）医师节的规定**

每年8月19日为中国医师节。对在医疗卫生服务工作中做出突出贡献的医师，按照国家有关规定给予表彰、奖励。

### 二、医师考试和注册

**（一）医师资格考试制度**

国家实行医师资格考试制度。

医师资格考试是取得医师资格的法定途径。考试分为执业医师资格考试和执业助理医师资格考试。考试分为临床、中医（包括中医、民族医、中西医结合）、口腔、公共卫生四类，由实践技能考试和医学综合笔试两部分组成。实践技能考试合格者方可参加医学综合笔试。我国的医师资格考试实行国家统一考试，由省级以上人民政府卫生健康主管部门组织实施，每年举行一次。对考试成绩合格的人员，取得执业医师资格或者执业助理医师资格的，发给《医师资格证书》。医师资格一经合法取得，不得非法剥夺。

**1. 参加执业医师考试的条件**　根据规定，具有下列条件之一的，可以参加执业医师考试：

（1）具有高等学校相关医学专业本科以上学历，在执业医师指导下，在医疗卫生机构中参加医学专业工作实践满一年。

（2）具有高等学校相关医学专业专科学历，取得执业助理医师执业证书后，在医疗卫生机构执业满二年。

**2. 参加执业助理医师资格考试的条件** 具有高等学校相关医学专业专科以上学历，在执业医师指导下，在医疗卫生机构中参加医学专业工作实践满一年的，可以参加执业助理医师资格考试。

国家采取措施，鼓励具有中等专业学校医学专业学历的人员通过参加更高层次学历教育等方式，提高医学技术能力和水平。在本法施行前以及本法施行后一定期限内取得中等专业学校相关医学专业学历的人员，可以参加医师资格考试。

**3. 推荐参加考试的条件** 对于以师承方式学习中医满三年，或者经多年实践医术确有专长的，经县级以上人民政府卫生健康主管部门委托的中医药专业组织或者医疗卫生机构考核合格并推荐，可以参加中医医师资格考试。以师承方式学习中医或经多年实践，医术确有专长的，由至少二名中医医师推荐，经省级人民政府中医药主管部门组织实践技能和效果考核合格后，即可取得中医医师资格及相应的资格证书。

**4. 境外人员的考试规定** 境外人员参加医师资格考试、申请注册、执业或者从事临床示教、临床研究、临床学术交流等活动的具体管理办法，由国务院卫生健康主管部门制定。

## （二）医师执业注册制度

国家实行医师执业注册制度。医师经注册后，可以在医疗卫生机构中按照注册的执业地点、执业类别、执业范围执业，从事相应的医疗卫生服务。

**1. 注册条件** 参加医师资格考试成绩合格，取得医师资格的，可向所在地县级以上地方人民政府卫生健康主管部门申请注册。医疗机构卫生机构可以为本机构中的申请人集体办理注册手续。

有下列情形之一的，不予注册：

（1）无民事行为能力或者限制民事行为能力。

（2）受刑事处罚，刑罚执行完毕不满二年或者被依法禁止从事医师职业的期限未满。

（3）被吊销医师执业证书不满二年的。

（4）因医师定期考核不合格被注销注册不满一年。

（5）法律、行政法规规定不得从事医疗卫生服务的其他情形。

对不符合注册条件的，受理申请的卫生健康主管部门应当自受理申请之日起二十个工作日内书面通知申请人和其所在医疗卫生机构，并说明理由。申请人如有异议的，可以自收到通知之日起十五日内，依法申请行政复议或者向人民法院提起行政诉讼。

**2. 注册程序**

（1）申请：申请人应在规定的受理期限内向所在地县级以上人民政府卫生健康主管部门提出申请。

需要提交的材料：①医师执业注册申请审核表；②近六个月二寸白底免冠正面半身照片；③医师资格证书；④注册主管部门指定的医疗机构出具的申请人六个月以内的健康体检表；⑤申请人身份证明；⑥医疗、预防、保健机构的拟聘用证明以及省级以上卫生健康主管部门规定的其他材料。

若是重新注册的，除必须提交以上材料外，还应提交医师重新执业注册申请审核表和县级以上卫生健康主管部门指定的医疗、预防、保健机构或组织出具的业务水平考核结果证明。

（2）审核：注册主管部门应当自收到注册申请之日起二十个工作日内，对申请人提交的申请材料进行审核。审核合格的，准予注册，将注册信息录入国家信息平台，并颁发医师执业证书。

**3. 医师执业注册的类别和范围**

（1）临床类别：包括内科、外科、妇产科、儿科、眼耳鼻咽喉科、皮肤病与性病、精神卫生、职业病、医学影像和放射治疗、医学检验、病理、全科医学、急救医学、康复医学、预防保健、特种医学与军事医学、计划生育技术服务和省级以上卫生健康主管部门规定的其他专业。

（2）口腔类别：口腔专业和省级以上卫生健康主管部门规定的其他专业。

（3）公共卫生类别：公共卫生类别专业和省级以上卫生健康主管部门规定的其他专业。

（4）中医类别（包括中医、民族医、中西医结合）：中医、中西医结合、蒙医、藏医、维医、傣医专业；省级以上卫生健康主管部门规定的其他专业。

**4. 加强专业医师的培养、增加和支持多点执业等规定**

（1）医师经相关专业培训和考核合格，可以增加执业范围。法律、行政法规对医师从事特定范围执业活动的资质条件有规定从其规定。

（2）经考试取得医师资格的中医医师按照国家有关规定，经培训和考核合格，在执业活动中可以采用与其专业相关的西医药技术方法。西医医师按照国家有关规定，经培训和考核合格，在执业活动中可以采用与其专业相关的中医药技术方法。

（3）医师在二个以上医疗卫生机构定期执业的，应当以一个医疗卫生机构为主，并按照国家有关规定办理相关手续。

（4）国家鼓励医师定期定点到县级以下医疗卫生机构，包括乡镇卫生院、村卫生室、社区卫生服务中心等，提供医疗卫生服务，主执业机构应当支持并提供便利。

**5. 执业范围变更**　医师变更执业地点、执业类别、执业范围等注册事项的，应当依照本法规定到准予注册的卫生健康主管部门办理变更注册手续。

例外情况，如果医师从事下列活动的之一的可以不办理相关变更注册手续。

（1）参加规范化培训、进修、对口支援、会诊、突发事件医疗救援、慈善或者其他公益性医疗、义诊。

（2）承担国家任务或者参加政府组织的重大活动等。

（3）在医疗联合体内的医疗机构中执业。

**6. 重新注册**　中止医师执业活动二年以上或者本法规定不予注册的情形消失，申请重新执业的，应当由县级以上人民政府卫生健康主管部门或者其委托的医疗卫生机构、行业组织考核合格，并依照本法规定重新注册。

**7. 注销注册**　医师注册后有下列情形之一的，注销注册，废止医师执业证书：

（1）死亡。

（2）受刑事处罚的。

（3）被吊销医师执业证书。

（4）医师定期考核不合格，暂停执业活动期满，再次考核仍不合格。

（5）中止医师执业活动满二年的。

（6）法律、行政法规规定不得从事医疗卫生服务或者应当办理注销手续的其他情形。

有前款规定情形的，医师所在医疗卫生机构应当在三十日内报告准予注册的卫生健康主管部门；卫生健康主管部门依职权发现医师有前款规定情形的，应当及时通报准予注册的卫生健康主管部门。准予注册的卫生健康主管部门应当及时注销注册，废止医师执业证书。被注销注册的当事人如有异议的，可以依法申请行政复议或者向人民法院提起诉讼。

**8. 个体行医的规定**　医师个体行医应当依法办理审批或者备案手续。

执业医师个体行医，须经注册后在医疗卫生机构中执业满五年；但属于以师承方式学习中医或者经多年实践取得的中医医师资格的人员，按照考核内容进行执业注册后，即可在注册的执业范围内个体行医。

**9. 医师注册信息公告公示**　县级以上地方人民政府卫生健康主管部门应当将准予注册和注销注册的人员名单及时予以公告，由省级人民政府卫生健康主管部门汇总，报国务院卫生健康主管部门备案，并按照规定通过网站提供医师注册信息查询服务。

## 三、医师的权利、义务

### （一）医师的执业权利

**1. 执业自主权**　在注册的执业范围内，按照有关规范进行医学诊查、疾病调查、医学处置、出具相应的医学证明文件，选择合理的医疗、预防、保健方案。

**2. 执业条件保障权**　获得符合国家规定标准的执业基本条件和职业防护装备。

**3. 接受专业教育权**　从事医学教育、研究、学术交流，参加专业培训，接受继续医学教育。

**4. 尊严保障权**　医师依法执业，受法律保护。医师的人格尊严、人身安全不受侵犯。违反《医师法》第六十条规定："阻碍医师依法执业，干扰医师正常工作、生活，或者通过侮辱、诽谤、威胁、殴打等方式，侵犯医师人格尊严、人身安全，构成违反治安管理行为的，依法给予治安管理处罚。"

**5. 获取报酬权**　获取劳动报酬，享受国家规定的福利待遇，按照规定参加社会保险并享受相应待遇。

**6. 参与民主管理权**　对所在医疗卫生机构和卫生健康主管部门的工作提出意见和建议，依法参与所在机构的民主管理。

**7. 其他权利**　《医师法》第二十二条第七款用概括性的规定涵盖了未明确列出的医师的其他权利，如医师的人格尊严权。我国《宪法》第三十八条明确规定"中华人民共和国公民的人格尊严不受侵犯。禁止用任何方法对公民进行侮辱、诽谤和诬告陷害。"《医师法》第四十九条第二款规定："医疗卫生机构应当完善安全保卫措施，维护良好的医疗秩序，及时主动化解医疗纠纷，保障医师执业安全。"《医师法》第四十九条第三款规定："禁止任何组织或者个人阻碍医师依法执业，干扰医师正常工作、生活；禁止通过侮辱、诽谤、威胁、殴打等方式，侵犯医师的人格尊严、人身安全。"

### （二）医师的执业义务

（1）树立敬业精神，恪守职业道德，履行医师职责，尽职尽责救治患者，执行疫情防控等公共卫生措施。

（2）遵循临床诊疗指南，遵守临床技术操作规范和医学伦理规范等。

（3）尊重、关心、爱护患者，依法保护患者隐私和个人信息。

（4）努力钻研业务，更新知识，提高医学专业技术能力和水平，提升医疗卫生服务质量。

（5）宣传推广与岗位相适应的健康科普知识，对患者及公众进行健康教育和健康指导。

（6）法律、法规规定的其他义务。

## 四、医师的执业规则

医师在执业活动中应当遵守以下规定：

**1. 对规范医师执业行为的规定** 医师实施医疗、预防、保健措施，签署有关医学证明文件，必须亲自诊查、调查，并按照规定及时填写病历等医学文书，不得隐匿、伪造、篡改或者擅自销毁病历等医学文书及有关资料。医师不得出具虚假医学证明以及与自己执业范围无关或者与执业类别不相符的医学证明文件。

**2. 对紧急救治权使用的规定** 对需要紧急救治的患者，医师应当采取紧急措施进行诊治；不得拒绝急救处置。因抢救生命垂危的患者等紧急情况，不能取得患者或者其近亲属意见的，经医疗机构负责人或者授权的负责人批准，可以立即实施相应的医疗措施。

**3. 对科学、规范使用药品的规定** 医师应当使用经依法批准或者备案的药品、消毒药剂、医疗器械，采用合法、合规、科学的诊疗方法。除按照规范用于诊断治疗外，不得使用麻醉药品、医疗用毒性药品、精神药品、放射性药品等。

**4. 对用药原则的规定** 医师应当坚持安全有效、经济合理的用药原则，遵循药品临床应用指导原则、临床诊疗指南和药品说明书等合理用药。在尚无有效或者更好治疗手段等特殊情况下，医师取得患者明确知情同意后，可以采用药品说明书中未明确但具有循证医学证据的药品用法实施治疗。

**5. 对开展药物等相关临床研究的规定** 医师开展药物、医疗器械临床试验和其他医学临床研究应当符合国家有关规定，遵守医学伦理规范，依法通过伦理审查，取得书面知情同意。

**6. 对医师说明义务的规定** 医师在诊疗活动中应当向患者说明病情、医疗措施和其他需要告知的事项。需要实施手术、特殊检查、特殊治疗的，医师应当及时向患者具体说明医疗风险、替代医疗方案等情况，并取得其明确同意；不能或者不宜向患者说明的，应当向患者的近亲属说明，并取得其明确同意。

**7. 对医师承担社会责任的规定** 遇有自然灾害、事故灾难、公共卫生事件和社会安全事件等严重威胁人民生命健康的突发事件时，县级以上人民政府卫生健康主管部门根据需要组织医师参与卫生应急处置和医疗救治，医师应当服从调遣。

**8. 对医师警戒义务的规定** 在执业活动中有下列情形之一的，医师应当按照有关规定及时向所在地医疗卫生机构或者有关部门、机构报告：发现传染病、突发不明原因疾病或者异常健康事件；发生或者发现医疗事故；发现可能与药品、医疗器械有关的不良反应或者不良事件；发现假药或者劣药；发现患者涉嫌伤害事件或者非正常死亡；法律、法规规定的其他情形。

**9. 对不得牟取非法利益或过度检查治疗的规定** 医师不得利用职务之便，索取、非法收受财物或者牟取其他不正当利益；不得对患者实施不必要的检查、治疗。

**10. 对开展互联网医疗服务行为的规定** 执业医师按照国家有关规定，经所在医疗卫生机构同意，可以通过互联网等信息技术提供部分常见病、慢性病复诊等适宜的医疗卫生服务。国家支持医疗卫生机构之间利用互联网等信息技术开展远程医疗合作。

**11. 对执业助理医师在执业活动时的相关规定** 执业助理医师应当在执业医师的指导下，在医疗卫生机构中按照注册的执业类别、执业范围执业。在乡、民族乡、镇和村医疗卫生机构以及艰苦边远地区县级医疗卫生机构中执业的执业助理医师，可以根据医疗卫生服务情况和本人实践经验，独立从事一般的执业活动。

**12. 对医学生、医学毕业生参与临床诊疗活动时的规定**　参加临床教学实践的医学生和尚未取得医师执业证书、在医疗卫生机构中参加医学专业工作实践的医学毕业生，应当在执业医师监督、指导下参与临床诊疗活动。医疗卫生机构应当为有关医学生、医学毕业生参与临床诊疗活动提供必要的条件。

**13. 对加强医师的医德医风教育的规定**　有关行业组织、医疗卫生机构、医学院校应当加强对医师的医德医风教育。医疗卫生机构应当建立健全医师岗位责任、内部监督、投诉处理等制度，加强对医师的管理。

**14. 对自愿急救民事责任豁免制度的规定**　国家鼓励医师积极参与公共交通工具等公共场所急救服务；医师因自愿实施急救造成受助人损害的，不承担民事责任。

## 五、培训和考核

### （一）规范医师的培养制度和完善医师队伍的培养机制

医师的培训，是指以提高医师的医疗水平和综合素质为目的各种教育和训练活动。培训内容主要包括岗位培训、全科医师培训、进修教育、继续医学教育以及住院医师规范化培训等。

2013年12月31日，国家卫生计生委等七部门联合出台了《关于建立住院医师规范化培训制度的指导意见》，要求到2015年，各省（区、市）须全面启动住院医师规范化培训工作；到2020年基本建立住院医师规范化培训制度，所有新进医疗岗位的本科及以上学历临床医师，全部接受住院医师规范化培训。

**1. 进一步完善医师接受继续医学教育制度的相关规定**　县级以上人民政府卫生健康主管部门和其他有关部门应当制定医师培训计划，采取多种形式对医师进行分类培训，为医师接受继续医学教育提供条件。县级以上人民政府应当采取有力措施，优先保障基层、欠发达地区和民族地区的医疗卫生人员接受继续医学教育。

医疗卫生机构应当合理调配人力资源，按照规定和计划保证本机构医师接受继续医学教育。县级以上人民政府卫生健康主管部门应当有计划地组织协调县级以上医疗卫生机构对乡镇卫生院、村卫生室、社区卫生服务中心等基层医疗卫生机构中的医疗卫生人员开展培训，提高其医学专业技术能力和水平。

健全对紧缺专业人才的培养，完善中西医相互学习制度。国家制定医师培养规划，建立适应行业特点和社会需求的医师培养和供需平衡机制，统筹各类医学人才需求，加强全科、儿科、精神科、老年医学等紧缺专业人才培养。国家采取措施，加强医教协同，完善医学院校教育、毕业后教育和继续教育体系。国家通过多种途径，加强以全科医生为重点的基层医疗卫生人才培养和配备。国家采取措施，完善中医西医相互学习的教育制度，培养高层次中西医结合人才和能够提供中西医结合服务的全科医生。

**2. 住院医师和专科医师规范化培训制度**　国家建立健全住院医师规范化培训制度，健全临床带教激励机制，保障住院医师培训期间待遇，严格培训过程管理和结业考核。国家建立健全专科医师规范化培训制度，不断提高临床医师专科诊疗水平。

**3. 完善医师队伍的培养机制的相关规定**　国家在每年的医学专业招生计划和教育培训计划中，核定一定比例用于定向培养、委托培养，加强基层和艰苦边远地区医师队伍建设。有关部门、医疗卫生机构与接受定向培养、委托培训的人员签订协议，约定相关待遇、服务年限、违约责任等事项，有关人员应当履行协议约定的义务。县级以上人民政府有关部门应当采取措施,加强履约管理。协议各方违反约定的,应当承担违约责任。

## (二)医师考核制度

**1. 考核的主体** 县级以上人民政府健康主管部门或者其委托的医疗卫生机构、行业组织。

**2. 考核的形式** 国家实行医师定期考核制度。

**3. 考核周期** 考核的周期为三年。对具有较长年限执业经历、无不良行为记录的医师,可以简化考核程序。

**4. 考核内容** 按照医师执业标准,对医师的业务水平、工作业绩和职业道德状况进行考核。

**5. 考核结果** 受委托的机构或者组织应当将医师考核结果报准予注册的卫生健康主管部门备案。

对考核不合格的医师,县级以上人民政府卫生健康主管部门应当责令其暂停执业活动三个月至六个月,并接受相关专业培训。暂停执业活动期满,再次进行考核,对考核合格的,允许其继续执业;对考核不合格的,由县级以上人民政府卫生健康主管部门注销注册,收回医师执业证书。

## 六、医师的保障措施

**1. 完善医师的相关激励机制** 国家建立健全体现医师职业特点和技术劳动价值的人事、薪酬、职称、奖励制度。对从事传染病防治、放射医学和精神卫生工作以及其他特殊岗位工作的医师,应当按照国家有关规定给予适当的津贴。津贴标准应当定期调整。在基层和艰苦边远地区工作的医师,按照国家有关规定享受津贴、补贴政策,并在职称评定、职业发展、教育培训和表彰奖励等方面享受优惠待遇。

**2. 国家探索适应现代化疾病预防控制体系的医师培养体系** 疾病预防控制机构、二级以上医疗机构以及乡镇卫生院、社区卫生服务中心等基层医疗卫生机构应当配备一定数量的公共卫生医师,从事人群疾病及危害因素监测、风险评估研判、监测预警、流行病学调查、免疫规划管理、职业健康管理等公共卫生工作。医疗机构应当建立健全管理制度,严格执行院内感染防控措施。国家建立公共卫生与临床医学相结合的人才培养机制,通过多种途径对临床医师进行疾病预防控制、突发公共卫生事件应对等方面业务培训,对公共卫生医师进行临床医学业务培训,完善医防结合和中西医协同防治的体制机制。

**3. 国家对基层医师队伍建设的相关法律规定** 国家采取措施,统筹城乡资源,加强基层医疗卫生队伍和服务能力建设,对乡村医疗卫生人员建立县乡村上下贯通的职业发展机制,通过县管乡用、乡聘村用等方式,将乡村医疗卫生人员纳入县域医疗卫生人员管理。

执业医师晋升为副高级技术职称的,应当有累计一年以上在县级以下或者对口支援的医疗卫生机构提供医疗卫生服务的经历;晋升副高级技术职称后,在县级以下或者对口支援的医疗卫生机构提供医疗卫生服务,累计一年以上的,同等条件下优先晋升正高级技术职称。

国家采取措施,鼓励取得执业医师资格或者执业助理医师资格的人员依法开办村医疗卫生机构,或者在村医疗卫生机构提供医疗卫生服务。

**4. 完善乡村医生的相关政策,提高乡村医生服务水平** 国家鼓励在村医疗卫生机构中向村民提供预防、保健和一般医疗服务的乡村医生通过医学教育取得医学专业学历;鼓励符合条件的乡村医生参加医师资格考试,依法取得医师资格。国家采取措施,通过信息化、智能化手段帮助乡村医生提高医学技术能力和水平,进一步完善对乡村医生的服务收入多渠道补助机制和养老等政策。

**5. 对医师的表彰奖励** 医师有下列情形之一的,按照国家有关规定给予表彰、奖励:

(1) 在执业活动中,医德高尚,事迹突出。

(2) 在医学研究、教育中开拓创新,对医学专业技术有重大突破,做出显著贡献。

(3) 遇有突发事件时,在预防预警、救死扶伤等工作中表现突出。

(4) 长期在艰苦边远地区的县级以下医疗卫生机构努力工作。

(5) 在疾病预防控制、健康促进工作中做出突出贡献。

**6. 医师执业安全的规定** 县级以上人民政府及其有关部门应当将医疗纠纷预防和处理工作纳入社会治安综合治理体系,加强医疗卫生机构及周边治安综合治理,维护医疗卫生机构良好的执业环境,有效防范和依法打击涉医违法犯罪行为,保护医患双方合法权益。医疗卫生机构应当完善安全保卫措施,维护良好的医疗秩序,及时主动化解医疗纠纷,保障医师执业安全。禁止任何组织或者个人阻碍医师依法执业,干扰医师正常工作、生活;禁止通过侮辱、诽谤、威胁、殴打等方式,侵犯医师的人格尊严、人身安全。

**7. 医师的职业健康权益保障**

(1) 医疗卫生机构应当为医师提供职业安全和卫生防护用品,并采取有效的卫生防护和医疗保健措施。

(2) 医疗卫生机构应当为医师合理安排工作时间,落实带薪休假制度,定期开展健康检查。

**8. 医疗风险分担机制** 国家建立完善医疗风险分担机制。医疗机构应当参加医疗责任保险或建立、参加医疗风险基金。鼓励患者参加医疗意外保险。

**9. 规范新闻媒体的职责** 新闻媒体应当开展医疗卫生法律、法规和医疗卫生知识的公益宣传,弘扬医师先进事迹,引导公众尊重医师、理性对待医疗卫生风险。

## 七、法律责任

### (一) 行政责任

**1. 医师资格考试违反考试纪律的行政责任** 在医师资格考试中有违反考试纪律等行为出现且情节严重的,禁止一年至三年内参加医师资格考试。

**2. 不正当手段取得医师资格证书的行政责任** 以不正当手段取得医师资格证书或者医师执业证书的,由发给证书的卫生健康主管部门予以撤销,三年内不受理其相应申请。

**3. 伪造、变造、买卖、出租医师执业证书等行为的行政责任** 伪造、变造、买卖、出租、出借医师执业证书的,由县级以上人民政府卫生健康主管部门责令改正,没收违法所得,并处违法所得二倍以上五倍以下的罚款,违法所得不足一万元的,按一万元计算;情节严重的,吊销医师执业证书。

**4. 医师违法造成医疗事故的行政责任** 医师在执业活动中,违反规定,有下列行为之一的,由县级以上人民政府卫生健康主管部门责令改正,给予警告,情节严重的,责令暂停六个月以上一年以下执业活动;情节严重的,吊销其执业证书:

(1) 在提供医疗卫生服务或者开展医学临床研究中,未按照规定履行告知义务或者取得知情同意。

(2) 对需要紧急救治的患者,拒绝急救处置,或者由于不负责任延误诊治。

（3）遇有自然灾害、事故灾难、公共卫生事件和社会安全事件等严重威胁人民生命健康的突发事件时，不服从卫生健康主管部门调遣。

（4）未按照规定报告有关情形。

**5. 医师在执业活动中开展禁止类医疗技术临床应用等行为的行政责任** 在执业活动中有下列行为之一的：

（1）泄露患者隐私或者个人信息。

（2）出具虚假医学证明文件，或者未经亲自诊查、调查签署诊断、治疗、流行病学等证明文件或者有关出生、死亡等证明文件。

（3）隐匿、伪造、篡改或者擅自销毁病历等医学文书及有关资料的。

（4）未按照规定使用麻醉药品、医疗用毒性药品、精神药品、放射性药品等。

（5）利用职务之便，索取、非法收受财物或者牟取其他不正当利益的，或者违反诊疗规范，对患者实施不必要的检查、治疗造成不良后果。

（6）开展禁止类医疗技术临床应用。

由县级以上人民政府卫生健康主管部门责令改正，给予警告，没收违法所得，并处一万元以上三万元以下的罚款；情节严重的，责令暂停六个月以上一年以下执业活动直至吊销医师执业证书。

**6. 医师违法执业的行政责任** 医生未按照注册的执业地点、执业类别、执业范围执业的，由县级以上人民政府卫生健康主管部门或者中医药主管部门责令改正，给予警告，没收违法所得，并处一万元以上三万元以下的罚款；情节严重的，责令暂停六个月以上一年以下执业活动直至吊销医师执业证书。

**7. 医师严重违反职业道德等行为的行政责任** 严重违反医师职业道德、医学伦理规范，造成恶劣社会影响的，由省级以上人民政府卫生健康主管部门吊销医师执业证书或者责令停止非法执业活动，五年直至终身禁止从事医疗卫生服务或者医学临床研究。

**8. 非法行医行为的行政责任** 非法行医的，由县级以上人民政府卫生健康主管部门责令停止非法执业活动，没收违法所得和药品、医疗器械，并处违法所得二倍以上十倍以下的罚款；违法所得不足一万元的，按一万元计算。

**9. 非法侵害医师合法权益行为的行政责任** 阻碍医师依法执业，干扰医师正常工作、生活，或者通过侮辱、诽谤、威胁、殴打等方式，侵犯医师人格尊严、人身安全，构成违反治安管理行为的依法给予治安管理处罚。

**10. 医疗机构违法的行政责任**

（1）医疗卫生机构未履行报告职责，造成严重后果的，由县级以上人民政府卫生健康主管部门给予警告，对直接负责的主管人员和其他直接责任人员依法给予处分。

（2）卫生健康主管部门和其他有关部门工作人员或者医疗卫生机构工作人员弄虚作假、滥用职权、玩忽职守、徇私舞弊的，依法给予处分。

## （二）民事责任

（1）医师在医疗、预防、保健工作中造成事故的，依照法律或国家有关规定处理；给患者造成损害的，依法承担赔偿责任。

（2）未经批准擅自开办医疗机构行医或者非医师行医的，给患者造成损害的，依法承担赔偿责任。

## （三）刑事责任

**1. 医疗事故罪**　医务人员由于严重不负责任，造成就诊人死亡或者严重损害就诊人身体健康的，应予以立案追诉，处三年以下有期徒刑或者拘役。

**2. 非法行医罪**　未取得医生执业资格的人擅自从事医疗活动，情节严重的行为。情节严重的处三年以下有期徒刑、拘役或者管制，并处或单处罚金；严重损害就诊人身体健康的，处三年以上十年以下有期徒刑，并处罚金；造成就诊人死亡的，处十年以上有期徒刑，并处罚金。

**3. 非法进行节育手术罪**　未取得医生执业资格的人擅自为他人进行节育复通手术、假节育手术、终止妊娠手术或者摘取宫内节育器，情节严重的，构成非法进行节育手术罪，处三年以下有期徒刑、拘役或者管制，并处或者单处罚金；严重损害就诊人身体健康的，处三年以上十年以下有期徒刑，并处罚金；造成就诊人死亡的，处十年以上有期徒刑，并处罚金。

## 第三节　护士管理法律制度

2008年1月31日，国务院颁布了《护士条例》（2008年5月12日起施行）；2008年，国务院颁布了《护士执业注册管理办法》（2008年5月12日起施行）；2010年，卫生部、人力资源和社会保障部联合发布了《护士执业资格考试办法》（2010年7月1日起施行）；2020年3月27日对2008年颁布的《护士条例》进行了修订，基本形成了我国护士管理的法律体系。

### 一、护士资格考试与执业注册

依据《护士条例》，护士是经执业注册取得护士执业证书，依法从事护理活动，履行保护生命、减轻痛苦、增进健康职责的卫生技术人员。

#### （一）护士的执业监督管理

全国的护士监督管理工作由国务院卫生主管部门负责。县级以上地方人民政府卫生主管部门负责本行政区域的护士监督管理工作。医疗卫生机构按照国务院卫生主管部门的规定，设置专门机构或者配备专（兼）职人员负责护理管理工作，建立护士岗位责任制并进行监督检查。

#### （二）护士资格考试

我国实行国家统一的护士执业资格考试制度。国家护士执业资格考试是评价申请护士执业资格者是否具备执业所必需的护理专业知识与工作能力的考试。

在中等职业学校、高等学校完成国务院教育主管部门和国务院卫生主管部门规定的普通全日制三年以上的护理、助产专业课程学习，包括在教学、综合医院完成八个月以上护理临床实习，并取得相应学历证书的，可以申请参加护士执业资格考试。

考试每年举行一次，包括专业实务和实践能力两个科目，考试科目全国统一，考试由国家卫健委组织实施，地、市以上卫生主管部门的医政部门承担本地区的考试实施工作。考试内容包括基础护理学、内科护理学、外科护理学、妇产科护理学和儿科护理学共五个科目。

## （三）护士执业注册

参加护士资格考试，成绩合格者，可申请护士执业注册。

**1. 申请** 申请护士执业注册的，应当向批准设立拟执业医疗机构或者为该医疗机构备案的卫生主管部门提出申请。申请护士执业，应当具备下列条件：

（1）具有完全民事行为能力。

（2）在中等职业学校、高等学校完成国务院教育主管部门和国务院卫生主管部门规定的普通全日制三年以上的护理、助产专业课程学习，包括在教学、综合医院完成八个月以上护理临床实习，并取得相应学历证书。

（3）通过国务院卫生主管部门组织的护士执业资格考试。

（4）符合国务院卫生主管部门规定的健康标准。

注册申请应当自通过护士执业资格考试之日起三年内提出；逾期提出申请的，还应当在符合国务院卫生主管部门规定条件的医疗卫生机构接受三个月临床护理培训并考核合格。

**2. 审核** 收到申请的卫生主管部门应当自收到申请之日起二十个工作日内作出决定，对符合条件的，准予注册，并发给护士执业证书；对不具备规定条件的，不予注册，并书面说明理由。

## （四）护士执业注册的延续

护士执业注册有效期为五年。护士执业注册有效期届满，需要继续执业的，应当在有效期届满前三十日向原注册部门申请延续注册。收到申请的卫生主管部门对具备本条例规定条件的，准予延续，延续执业注册有效期为五年；对不符合条件的，不予延续，并书面说明理由。

## （五）护士执业注册的变更

护士在其执业注册有效期内变更执业地点的，应当向批准设立拟执业医疗机构或者为该医疗机构备案的卫生主管部门报告。收到报告的卫生主管部门应当自收到报告之日起七个工作日内为其办理变更手续。护士跨省、自治区、直辖市变更执业地点的，收到报告的卫生主管部门还应当向其原注册部门通报。

# 二、护士的权利与义务

**1. 基本权利**

（1）有权按照国家有关规定获取工资报酬、享受福利待遇、参加社会保险。任何单位或者个人不得克扣护士工资，降低或者取消护士福利等待遇。

（2）有获得与其所从事的护理工作相适应的卫生防护、医疗保健服务的权利。从事直接接触有毒有害物质、有感染传染病危险工作的护士，有依照有关法律、行政法规的规定接受职业健康监护的权利；患职业病的，有依照有关法律、行政法规的规定获得赔偿的权利。

（3）有按照国家有关规定获得与本人业务能力和学术水平相应的专业技术职务、职称的权利；有参加专业培训、从事学术研究和交流、参加行业协会和专业学术团体的权利。

（4）有获得疾病诊疗、护理相关信息的权利和其他与履行护理职责相关的权利，可以对医疗卫生机构和卫生主管部门的工作提出意见和建议。

**2. 基本义务**

（1）应当遵守法律、法规、规章和诊疗技术规范的规定。

（2）在执业活动中，发现患者病情危急，应当立即通知医师。在紧急情况下为抢救垂危患者生命，应当先行实施必要的紧急救护。若护士发现医嘱违反法律、法规、规章或者诊疗技术规范规定的，应当及时向开具医嘱的医师提出。必要时，应当向该医师所在科室的负责人或者医疗卫生机构负责医疗服务管理的人员报告。

（3）应当尊重、关心、爱护患者，保护患者的隐私。

（4）有义务参与公共卫生和疾病预防控制工作。发生自然灾害、公共卫生事件等严重威胁公众生命健康的突发事件，护士应当服从县级以上人民政府卫生主管部门或者所在医疗卫生机构的安排，参加医疗救护。

## 三、医疗卫生机构的职责

（1）配备护士的数量不得低于国务院卫生主管部门规定的护士配备标准。

（2）不得允许下列人员在本机构从事诊疗技术规范的护理活动：未取得护士执业证书的人员；未依照本条例的规定办理执业地点变更手续的护士；护士执业注册有效期届满未延续执业注册的护士。

在教学、综合医院进行护理临床实习的人员应当在护士指导下开展有关工作。

（3）为护士提供卫生防护用品，并采取有效的卫生防护措施和医疗保健措施。

（4）执行国家有关工资、福利待遇等规定，按照国家有关规定在本机构从事护理工作的护士足额缴纳保险费用，保障护士的合法权益。

对在艰苦边远地区工作，或者从事直接接触有毒有害物质、有感染传染病危险工作的护士，所在医疗卫生机构应当按照国家有关规定给予津贴。

（5）制定、实施本机构护士在职培训计划，并保证护士接受培训。

培训内容上应注重新知识、新技术的应用，根据临床专科护理发展和专科护理岗位的需要，开展对护士的专科护理培训。

（6）按照国务院卫生主管部门的规定，设专门机构或者配备专（兼）职人员负责护理管理工作。

（7）建立护士岗位责任制并进行监督检查。

护士因不履行职责或者违反职业道德受到投诉的，其所在医疗机构应当进行调查。若查证属实的，医疗卫生机构应当对护士做出处理，并将处理情况告知投诉人。

## 四、法律责任

### （一）行政责任

**1. 卫生主管部门的法律责任** 卫生主管部门的工作人员未依照规定履行职责，在护士监督管理工作中滥用职权、徇私舞弊，或者有其他失职、渎职行为的，依法给予处分；构成犯罪的，依法追究刑事责任。

**2. 医疗卫生机构的法律责任**

（1）有下列情形之一的，由县级以上地方人民政府卫生主管部门依据职责分工责令限期改正，给予警告；逾期不改正的，根据国务院卫生主管部门规定的护士配备标准和在医疗卫生机构合法执业的护士数量核减其诊疗科目，或者暂停其六个月以上一年以下执业活动；国家举办的医疗卫生机构有下列情形之一、情节严重的，还应当对负有责任的主管人员和其他直接责任人员依法给予处分：

1）违反护士条例规定,护士的配备数量低于国务院卫生主管部门规定的护士配备标准的。

2）允许未取得护士执业证书的人员或者允许未依据《护士条例》规定办理执业地点变更手续、延续执业注册有效期的护士在本机构从事诊疗技术规范规定的护理活动的。

（2）有下列情形之一的,依照有关法律、行政法规的规定给予处罚、情节严重的,还应当对负有责任的主管人员和其他直接责任人员依法给予处分:

1）未执行国家有关工资、福利待遇等规定的。

2）对在本机构从事护理工作的护士,未按照国家有关规定足额缴纳社会保险费用的。

3）未为护士提供卫生防护用品,或者未采取有效的卫生防护措施、医疗保健措施的。

4）对在艰苦边远地区工作,或者从事直接接触有毒有害物质、有感染传染病危险工作的护士,未按照国家有关规定给予津贴的。

（3）医疗卫生机构有下列情形之一的,由县级以上地方人民政府卫生主管部门依据职责分工责令限期改正,给予警告。

1）未制定、实施本机构护士在职培训计划或者未保证护士接受培训的。

2）未依照《护士条例》规定履行护士管理职责的。

**3. 护士的法律责任**　护士在执业活动中有下列情形之一的,由县级以上地方人民政府卫生主管部门依据职责分工责令改正,给予警告;情节严重的,暂停其六个月以上一年以下执业活动,直至由原发证部门吊销其护士执业证书:

1）发现患者病情危急未立即通知医师的。

2）发现医嘱违反法律、法规、规章或者诊疗技术规范的规定,未依照《护士条例》的规定提出或者报告的。

3）泄露患者隐私的。

4）发生自然灾害、公共卫生事件等严重威胁公众生命健康的突发事件,不服从安排参加医疗救护的。

5）护士在执业活动中造成医疗事故的依照医疗事故处理的有关规定承担法律责任。

**4. 侵犯护士权益的法律责任**　扰乱医疗秩序,阻碍护士依法开展执业活动,侮辱、威胁、殴打护士,或者有其他侵犯护士合法权益行为的,由公安机关依照治安管理处罚法的规定给予处罚;构成犯罪的,依法追究刑事责任。

## （二）民事责任

护士在执业时造成的损害,由聘用其执业的机构承担对外的民事赔偿责任。

## （三）刑事责任

护士在执业活动中造成医疗事故的,依照医疗事故处理的相关规定承担法律责任,情节严重构成犯罪的,依法追究刑事责任。

# 第四节　执业药师管理法律制度

执业药师是经过全国统一考试,取得《执业药师资格证书》,经注册获得《执业药师注册证》,并在药品生产、经营、使用单位中执业的药学技术人员,包括执业（西）药师和执业中药师。2019年3月20日,为加强对药学技术人员的职业准入管理,进一步规范执业药师的管理权责,促进执业药师队伍建设和发展,根据《药品管理法》《国家职业资格目录》等有关规定,国家药监局、人力资源社会保障部在原执业药师资格制度基础上,制定了《执业药师职业资格制度规定》和《执业药师职业资格考试实施办法》,明确了关于执业药师的职业资格及其考试办法。

## 一、执业药师资格考试制度

### (一)执业药师资格考试的监督管理

(1)国家药监局负责组织拟定考试科目和考试大纲、建立试题库、组织命审题工作,提出考试合格标准建议。

(2)人力资源社会保障部负责组织审定考试科目、考试大纲,会同国家药监局对考试工作进行监督、指导并确定合格标准。

(3)执业药师职业资格考试合格者,由各省、自治区、直辖市人力资源和社会保障部门颁发执业药师职业资格证书,该证书在全国范围内有效。

### (二)申请执业药师资格考试条件

中华人民共和国公民和获准在我国境内就业的其他国籍的人员,具备以下条件之一者,均可申请参加执业药师职业资格考试:

(1)取得药学、中药学或相关专业大专学历,从事药学或中药学专业工作满五年。

(2)取得药学、中药学或相关专业大学本科学历或学士学位,从事药学或中药学专业工作满三年。

(3)取得药学、中药学或相关专业第二学士学位、研究生班毕业或硕士学位,从事药学或中药学专业工作满一年。

(4)取得药学、中药学专业博士学位。

(5)取得药学类、中药学类相关专业相应学历或学位的人员,在药学或中药学岗位工作的年限相应增加一年。

### (三)考试科目

执业药师职业资格考试分为药学、中药学两个专业类别。药学类考试科目包含药学专业知识(一)、药学专业知识(二)、药事管理与法规、药学综合知识与技能四个科目。中药类考试科目包含中药学专业知识(一)、中药学专业知识(二)、药事管理与法规、中药学综合知识与技能四个科目。考试四年为一个周期,参加全部科目考试的人员必须在连续四个考试年度内通过全部科目的考试。

### (四)免试

按照有关规定取得药学或医学专业高级职称并在药学岗位工作的,可免试药学专业知识(一)、药学专业知识(二),只参与药事管理与法规、药学综合知识与技能两个科目的考试;取得中药学或中医学专业高级职称并在中药学岗位工作的,可免试中药学专业知识(一)、中药学专业知识(二),只参加药事管理与法规、中药学综合知识与技能两个科目考试。免试部分科目的人员须在连续两个考试年度内通过应试科目。

## 二、执业药师注册制度

我国实行执业药师资格注册制度。取得《执业药师职业资格证书》者,应当通过全国执业药师注册管理信息系统向所在地注册管理机构申请注册。经注册后，方可从事相应的执业活动。未经注册者，不得以执业药师身份执业。执业药师的执业地区为省、自治区、直辖市。

### （一）监督管理机构

国家药监局负责执业药师注册的政策制定和组织实施，指导全国执业药师注册管理。各省、自治区、直辖市药品监督管理部门负责本行政区域内的执业药师注册管理工作。

### （二）申请注册的条件

申请注册者，必须同时具备下列条件：
（1）取得《执业药师职业资格证书》。
（2）遵纪守法，遵守执业药师职业道德，无不良信息记录。
（3）身体健康，能坚持在执业药师岗位工作。
（4）经所在单位考核同意。

### （三）注册程序

（1）首次申请注册人须填写《执业药师首次注册申请表》并提交相关材料。
（2）注册机构在收到申请之日起三十个工作日内，对符合条件者予以注册，发给《执业药师注册证》；对不符合条件者不予注册，同时书面通知申请人并说明理由。
（3）执业药师经注册取得《执业药师注册证》后，方可按照注册的执业地区、执业类别、执业范围执业。
（4）有下列情况之一者，不予注册：
1）不具有完全民事行为能力的。
2）因受刑事处罚，自刑罚执行完毕之日到申请注册之日不满二年的。
3）受过取消执业药师执业资格处分不满二年的。
4）国家规定不宜从事执业药师业务的其他情形的。
对不予注册持有异议的当事人，可以依法申请行政复议或者向人民法院提起诉讼。

### （四）注册变更规定

**1. 变更注册** 执业药师只能在一个省、自治区、直辖市注册。需要变更执业地区、执业类别、执业范围、执业单位的，应及时办理变更注册手续。

**2. 再次注册** 执业药师注册有效期为五年。需要延续的，应在有效期满前三十日前，持证者须到注册机构办理延续注册手续。超过期限，不办理再次注册手续人员，其执业药师注册证自动失效，并不能再以执业药师身份执业。

**3. 注销注册** 执业药师有下列情形之一的，由所在单位向注册机构办理注销注册手续：
（1）死亡或被宣告失踪的。
（2）受刑事处罚的。
（3）受取消执业资格处分的。
（4）因健康或其他原因不能或不宜从事执业药师业务的。

凡注销注册的，由所在省（区、市）的注册机构向国家药品监督管理局备案，并由国家药品监督管理局定期公告。

## 三、执业药师的职责

（1）遵守职业道德，忠于职守，以对药品质量负责、保证人民用药安全有效为基本准则。

（2）严格执行《药品管理法》及国家有关药品研究、生产、经营、使用的各项法规及政策。执业药师对违反《药品管理法》及有关法规的行为或决定，有责任提出劝告、制止、拒绝执行并向上级报告。

（3）在执业范围内负责对药品质量的监督和管理，参与制定、实施药品全面质量管理及对本单位违反规定的处理。

（4）负责处方的审核及监督调配，提供用药咨询与信息，指导合理用药，开展治疗药物的监测及药品疗效的评价等临床药学工作。

## 四、执业药师继续教育制度

执业药师的继续教育是针对取得执业药师资格的人员进行的有关法律法规、职业道德和专业知识与技能的继续教育。执业药师接受继续教育的目的是使其保持高尚的职业道德，不断提高依法执业能力和业务水平，正确的履行职责。接受继续教育是执业药师的义务和权利。执业药师须自觉参加继续教育，执业单位须为执业药师提供学习经费、时间和其他必要条件。

### （一）组织管理

国家药品监督管理局负责全国执业药师继续教育工作，包括：制定执业药师继续教育政策和管理办法；制定执业药师继续教育规划；指导、检查各省、自治区、直辖市执业药师继续教育工作；审批执业药师培训中心。

国家药品监督管理局执业药师考试管理中心负责组织实施全国执业药师继续教育的技术业务工作，省、自治区、直辖市药品监督管理局负责本辖区执业药师继续教育工作。

### （二）内容与形式

执业药师继续教育实行项目制，项目包括培训、研修、学术讲座、学术会议、专题研讨会、专题调研和考察、撰写论文和专著以及单位组织的业务学习等。以短期培训和业余学习为主，可采取灵活多样的形式和方法。继续教育项目分为指定、指导和自修三类：

（1）指定项目为国家有关政策法规和职业道德等，是执业药师的必修项目。由执业药师考试管理中心负责立项、公布并组织实施，由执业药师培训中心承担培训任务。

（2）指导项目为药学或相关专业的新理论、新知识、新技术、新方法等，作为执业药师限定选修项目。

（3）自修项目为执业药师自行选定的项目，如参加学术会议、专题考察、撰写论文、专著及单位组织的业务学习等。

### （三）执业药师继续教育登记制度

**1. 执业药师继续教育实行学分制**　按照规定，具有执业药师资格的人员每年应参加继续教育培训。

**2. 继续教育登记制度**　具有执业药师资格人员参加继续教育指定和指导项目的学习并经考核合格后，由举办单位在登记证书上登记盖章确认。登记内容包括：项目名称、内容、形式、学时学分数、考核结果、日期、举办单位等。

《执业药师继续教育登记证书》由国家药品监督管理局统一印制，由执业药师本人保存。

# 五、法律责任

## （一）行政责任

（1）建立执业药师个人诚信记录，对其执业活动实行信用管理。执业药师的违法违规行为、接受表彰奖励及处分等，作为个人诚信信息由负责药品监督管理的部门及时记入全国执业药师注册管理信息系统；执业药师的继续教育学分，由继续教育管理机构及时记入全国执业药师注册管理信息系统。

（2）对未按规定配备执业药师的单位，由所在地县级以上负责药品监督管理的部门责令限期配备，并按照相关法律法规给予处罚。

（3）对以不正当手段取得《执业药师职业资格证书》的，按照国家专业技术人员资格考试违纪违规行为处理规定处理。

（4）以欺骗、贿赂等不正当手段取得《执业药品注册证》的，由发证部门撤销《执业药师注册证》，三年内不予执业药师注册。严禁《执业药师注册证》挂靠，持证人注册单位与实际工作单位不符的，由发证部门撤销《执业药师注册证》，并作为个人不良信息由负责药品监督管理的部门记入全国执业药师注册管理信息系统。买卖、租借《执业药师注册证》的单位，按照相关法律法规给予处罚。

（5）执业药师如存在违反有关条款规定的，所在单位应当如实上报，由负责药品监督管理的部门根据情况予以处理。

（6）执业药师在执业期间违反《药品管理法》及其他法律法规构成犯罪的，由司法机关依法追究责任。

## （二）民事责任

执业药师在执业时造成的损害，由聘用其执业的机构承担对外的民事赔偿责任。

## （三）刑事责任

（1）对以不正当手段取得《执业药师职业资格证书》的，按照国家专业技术人员资格考试违纪违规行为处理规定处理；构成犯罪的，追究刑事责任。

（2）以欺骗、贿赂等不正当手段取得《执业药品注册证》的，由发证部门撤销《执业药师注册证》，三年内不予执业药师注册；构成犯罪的，依法追究刑事责任。

（3）执业药师在执业期间违反《药品管理法》及其他法律法规构成犯罪的，由司法机关依法追究责任。

---

### 本章小结

卫生技术人员包括：医师、护士、药学技术人员、医技人员。卫生技术人员是我国专业技术人才队伍的重要组成部分，是新时代实施健康中国战略的中坚力量。

我国的卫生技术人员须按照相关法律法规的要求，通过资格考试，并经注册后方能在医疗卫生机构中执业的卫生技术人员。

卫生技术人员应当具备良好的职业道德和医疗执业水平，发扬人道主义精神，弘扬敬佑生命、救死扶伤、甘于奉献、大爱无疆的崇高职业精神，履行防病治病、保护人民健康的神圣职责。

违反卫生技术人员的管理法律责任包括：行政责任、民事责任和刑事责任。

## 复习思考题

1. 我国非法行医与非法行医罪有何区别?
2. 我国医师多点执业在实践中可能遇到哪些问题?
3. 我国药师的职责有哪些?药师不履行责任,将有可能承担何种法律责任?
4. 我国法律法规对护士的权利和义务是如何规定的?

(曾若男)

# 第四章 医疗技术管理法律制度

> **学习目标**
> 掌握：人类辅助生殖技术、器官移植的规范管理；医学研究伦理审查相关规定。
> 熟悉：医学技术管理立法现状、相关法律问题及依法管理。
> 了解：医学研究伦理审查法律制度发展。

## 第一节 概 述

### 一、医疗技术的概念与伦理原则

医疗技术是指医疗机构及其医务人员以诊断和治疗疾病为目的，对疾病作出判断和消除疾病、缓解病情、减轻痛苦、改善功能、延长生命、帮助患者恢复健康而采取的诊断、治疗措施。

现代医疗技术的不断发展为保障和促进人类健康水平，推动医疗卫生事业的进步发挥了越来越显著的作用。然而，技术也是一把双刃剑，如果在临床应用中其有效性、安全性、经济性和社会适应性不能得到保障，则可能会损害患者健康利益，因此必须加强医疗技术的临床应用管理，以保障医疗安全。

医学技术研究与应用中的伦理问题越来越受到人们的关注与重视。现代医学伦理学的不伤害、有利、尊重、公正四项原则，也应成为医疗技术管理中应遵循的基本原则。

**1. 不伤害原则** 指在诊治过程中不使患者的身心受到损伤。由于临床上的许多诊断治疗具有双重效应，不伤害原则不是绝对的，而是尽力避免让患者免受不应有的医疗伤害。

**2. 有利原则** 有利原则也称行善原则，目的是保护患者的利益、促进患者的健康。有利原则要求医务人员行为对患者确有益处，在利害并存时，要给患者带来最大的益处和最小的伤害——两害相权取其轻。

**3. 尊重原则** 是指尊重患者及其家属的独立而平等的人格与尊严。随着"患者权利"越来越得到重视，也更强调尊重患者的自主性和选择权。医务人员尊重患者的自主性绝不意味着放弃自己的责任，而是要向患者提供正确、易于理解、适量、有利于增强患者信心的信息，帮助患者选择诊治方案，尊重患者作出的理性决定。

**4. 公正原则** 也称"公平正义原则"或"公义原则"。指对患者应该公平对待，不论性别、年龄、肤色、种族、身体状况、经济状况或地位高低，决不能歧视。

这些基本原则在医疗技术应用中，提示应重点关注两方面：具体技术选择的适宜性和技术实施的规范与安全性。在决定一项医疗技术是否可以应用到本医疗机构的临床中时，应从技术本身和机构的实施能力及条件等多方面综合评判，确保医疗技术应用的科学性、安全性、规范性、有效性、经济性等。

### 二、医疗技术管理立法发展

改革开放40多年来，我国临床医疗技术得到快速发展，大量新技术在临床推广使用，与此同时，医疗技术管理法律制度也逐步建立健全。2001年卫生部发布了一系列部门规章，推进我国医疗技术的法制管理。如《人类辅助生殖技术管理办法》《人类精子库管理办法》《产前诊断技术管理办法》《人类辅助生殖技术规范》《人类精子库技术规范》《人类精子库基本标准》《实施人类辅助生殖技术的伦理原则》等。2007年国务院颁布《人体器官移植条例》，使医疗技术的准入与监管制度开始上升为行政法规的层面。在2001~2008年期间，我国颁布的主要是针对个别重点医疗技术的准入与监管的行政法规和部门规章。

2009年5月1日，《医疗技术临床应用管理办法》（2018年修订）正式实施，确立了我国建立医疗技术临床应用准入和管理制度，开始对医疗技术的临床应用进行系统管理。同时，卫生部制定并发布了一批医疗技术临床应用的技术指南、管理规范。这些文件为各级卫生健康主管部门、医疗机构的医疗技术应用管理提供了法制依据，为保障医疗质量和医疗安全，维护患者健康权益发挥了积极作用。

此后，国家卫生健康主管部门又颁布了《医疗质量管理办法》（2016年）、《涉及人的生物医学研究伦理审查办法》（2016年），以及其他配套的规范性文件。2023年2月，经国家科技伦理委员会审议通过，国务院同意，国家卫生健康委、教育部、科技部、国家中医药局四部委联合发布《涉及人的生命科学和医学研究伦理审查办法》，2023年10月20日国务院第17次常务会议通过《人体器官捐献和移植条例》自2024年5月1日起施行。这些法律文件建立了我国医疗技术五大管理制度，即医疗技术分类管理制度、医疗技术临床应用审批或备案制度、医疗技术分级管理制度、临床研究伦理审查制度、医疗技术临床应用质量管理制度。

## 第二节　医疗技术临床应用管理

### 一、概　　述

医疗技术临床应用，是指经过临床研究论证，安全性、有效性确切的医疗技术应用于临床诊断或治疗疾病的过程。

《医疗技术临床应用管理办法》确立了医疗技术临床应用管理的基本法律制度；明确规定医疗技术临床应用应当遵循科学、安全、规范、有效、经济、符合伦理的原则。安全性、有效性不确切的医疗技术，医疗机构不得开展临床应用。

医疗机构和医务人员开展医疗技术临床应用应当遵守该办法，但基于特殊法优于一般法的原则，人体器官移植、人类辅助生殖、细胞治疗等技术分别适用国家已经颁布实施的《人体器官捐献和移植条例》《人类辅助生殖技术管理办法》等专门性法律文件。

### 二、分类管理与负面清单

医疗技术的科学分类是有效管理的前提。《医疗技术临床应用管理办法》明确规定要对医疗技术临床应用实行分类、分级管理。国家建立医疗技术临床应用负面清单管理制度，对禁止临床应用的医疗技术实施负面清单管理，对部分需要严格监管的医疗技术进行重点管理，其他临床应用的医疗技术由决定使用该类技术的医疗机构自我管理。据此，医疗技术分为三类：

**1. 禁止应用类**　医疗技术具有下列情形之一的，称禁止类技术：临床应用安全性、有效性不确切；存在重大伦理问题；该技术已经被临床淘汰；未经临床研究论证的医疗新技术。医疗机构禁止临床应用具有以上情形的医疗技术。禁止类技术目录由国家卫生健康主管部门制定发布或者委托专业组织制定发布,并根据情况适时予以调整。根据现行文件,目前禁止临床应用的医疗技术包括脑下垂体酒精毁损术治疗顽固性疼痛、克隆治疗技术、代孕技术、除医疗目的以外的肢体延长术、角膜放射状切开术以及小腿神经离断瘦腿手术。

**2. 限制管理类** 禁止类技术目录以外并具有下列情形之一的,属于限制类技术:技术难度大、风险高,对医疗机构的服务能力、人员水平有较高专业要求,需要设置限定条件的;需要消耗稀缺资源的;涉及重大伦理风险的;存在不合理临床应用,需要重点管理的。国家限制类技术目录及其临床应用管理规范由国家卫生健康主管部门制定发布或者委托专业组织制定发布,并根据临床应用实际情况予以调整。省级卫生健康主管部门可以结合本行政区域实际情况,在国家限制类技术目录基础上增补省级限制类技术相关项目,制定发布相关技术临床应用管理规范,并报国家卫生健康委备案。目前最新的是《国家限制类技术目录(2022年版)》和《国家限制类技术临床应用管理规范(2022年版)》。

**3. 自行管理类** 是指安全性、有效性确切,医疗机构通过常规管理在临床应用中能确保其安全性、有效性的技术。未纳入禁止类技术和限制类技术目录的医疗技术,医疗机构可以根据自身功能、任务、技术能力等自行决定开展临床应用,并应当对开展的医疗技术临床应用实施严格管理。

## 三、医疗技术审批及备案制度

国家对一些医疗技术作为管理重点,建立审批和备案管理制度。

**1. 审批制度** 法律法规已经设立行政许可的医疗技术临床应用,如母婴保健专项技术、人类辅助生殖技术、人类精子库技术、器官移植技术等,依照有关的法律文件规定执行审批制度。

**2. 对限制类技术实施备案管理** 医疗机构拟开展限制类技术临床应用的,应当按照相关医疗技术临床应用管理规范进行自我评估,符合条件的可以开展临床应用,并于开展首例临床应用之日起15个工作日内,向核发其《医疗机构执业许可证》的卫生健康主管部门备案。医疗机构拟开展存在重大伦理风险的医疗技术,应当提请本机构伦理委员会审议,必要时可以咨询省级和国家医学伦理专家委员会。未经本机构伦理委员会审查通过的医疗技术,特别是限制类医疗技术,不得应用于临床。

## 四、质量管理与控制制度

国家建立医疗技术临床应用质量管理与控制制度,以"限制类技术"为主加强医疗技术临床应用质量控制,对医疗技术临床应用情况进行日常监测与定期评估,及时向医疗机构反馈质控和评估结果,持续改进医疗技术临床应用质量。

**1. 管理组织及人员** 二级以上的医院、妇幼保健院及专科疾病防治机构医疗质量管理委员会应当下设医疗技术临床应用管理的专门组织,由医务、质量管理、药学、护理、院感、设备等部门负责人和具有高级技术职务任职资格的临床、管理、伦理等相关专业人员组成。其负责人由医疗机构主要负责人担任,由医务部门负责日常管理工作。其他医疗机构应当设立医疗技术临床应用管理工作小组,并指定专(兼)职人员负责本机构医疗技术临床应用管理工作。

**2. 主要职责** 医疗技术临床应用管理组织的主要职责包括:根据医疗技术临床应用管理相关的法律、法规、规章,制定本机构医疗技术临床应用管理制度并组织实施;审定本机构医疗技术临床应用管理目录和手术分级管理目录并及时调整；对首次应用于本机构的医疗技术组织论证，对本机构已经临床应用的医疗技术定期开展评估；定期检查本机构医疗技术临床应用管理各项制度执行情况，并提出改进措施和要求；以及省级以上卫生健康主管部门规定的其他职责。

**3. 论证评估与动态调整**　对已证明安全有效，但属本机构首次应用的医疗技术，应当组织开展本机构技术能力和安全保障能力论证，通过论证的方可开展医疗技术临床应用。对限制类技术的质量安全和技术保证能力进行重点评估，并根据评估结果及时调整本机构医疗技术临床应用管理目录和有关管理要求。对存在严重质量安全问题或者不再符合有关技术管理要求的，要立即停止该项技术的临床应用。在医疗技术临床应用过程中出现下列情形之一的，应当立即停止该项医疗技术的临床应用：①该医疗技术被国家卫生健康委列为"禁止类技术"；②从事该医疗技术的主要专业技术人员或者关键设备、设施及其他辅助条件发生变化，不能满足相关技术临床应用管理规范要求，或者影响临床应用效果；③该医疗技术在本机构应用过程中出现重大医疗质量、医疗安全或者伦理问题，或者发生与技术相关的严重不良后果；④发现该项医疗技术临床应用效果不确切，或者存在重大质量、安全或者伦理缺陷。

**4. 管理制度**　医疗机构开展医疗技术临床应用应当具有符合要求的诊疗科目、专业技术人员、相应的设备、设施和质量控制体系，并遵守相关技术临床应用管理规范。医疗机构应当建立本机构医疗技术临床应用管理制度，包括目录管理、手术分级、医师授权、质量控制、档案管理、动态评估等制度，保障医疗技术临床应用质量和安全。

**5. 培训与考核**　国家建立医疗技术临床应用规范化培训制度。拟开展限制类技术的医师应当按照相关技术临床应用管理规范要求接受规范化培训。国家卫生健康主管部门统一组织制定国家限制类技术的培训标准和考核要求，对限制类技术临床应用规范化培训基地实施备案管理。省级增补的限制类技术以及省级卫生健康主管部门认为其他需要重点加强培训的医疗技术，由省级卫生健康主管部门统一组织制订培训标准，对培训基地管理和参加培训医师的培训和考核提出统一要求。医疗机构应加强首次在本医疗机构临床应用的医疗技术的规范化培训工作，并为医务人员参加培训创造条件。

## 五、监督管理

**1. 医疗机构主体责任**　医疗机构对本机构医疗技术临床应用和管理承担主体责任。医疗机构开展医疗技术服务应当与其技术能力相适应。医疗机构主要负责人是本机构医疗技术临床应用管理的第一责任人。

**2. 监管体系**　国家卫生健康主管部门负责全国医疗技术临床应用管理工作，县级以上地方卫生健康主管部门负责本行政区域内医疗技术临床应用监督管理工作，中医医疗机构的医疗技术临床应用管理由中医药主管部门负责。

**3. 管理平台建设与实施**　国家建立全国和省级医疗技术临床应用信息化管理平台，分别对国家限制类技术临床应用相关信息进行收集、分析和反馈；对本行政区域内国家和省级限制类技术临床应用情况实施监督管理。省级医疗技术临床应用信息化管理平台与全国医疗技术临床应用信息化管理平台实现互联互通，信息共享。医疗机构应当按照要求，及时、准确、完整地向全国和省级医疗技术临床应用信息化管理平台逐例报送限制类技术开展情况数据信息。

**4. 评估制度**　国家建立医疗技术临床应用评估制度。对医疗技术的安全性、有效性、经济适宜性及伦理问题等进行评估，作为调整国家医疗技术临床应用管理政策的决策依据之一。

同时建立医疗机构医疗技术临床应用情况信誉评分制度,与医疗机构、医务人员信用记录挂钩,纳入卫生健康行业社会信用体系管理,接入国家信用信息共享平台,并将信誉评分结果应用于医院评审、评优、临床重点专科评估等工作。

## 六、法律责任

开展医疗技术临床应用的医疗机构,承担限制类技术临床应用规范化培训的医疗机构及其主要负责人和其他直接责任人员、医务人员,承担监管职责的县级以上卫生健康主管部门及其直接负责的主管人员和其他直接责任人员;如果违反《医疗技术临床应用管理办法》相关规定,应依法承担行政责任甚至刑事责任。

# 第三节 人类辅助生殖技术管理

## 一、概 述

人类辅助生殖技术(assisted reproductive technology,ART)又称医学助孕,是指运用医学技术和方法对配子、合子、胚胎进行人工操作,以达到受孕目的的技术方法。人类辅助生殖技术的问世和应用,既给人类带来了福音,也给人类带来了许多社会伦理问题和法律问题。

**1. 夫精人工授精(AIH)的法律问题** AIH 中亲子关系的认定问题主要出现在婚姻关系存续期间,如果妻子在丈夫不知情或未经丈夫同意而擅自进行人工授精所生子女。其法律地位如何认定,各国立法尚未有明确规定。理论界也有两种观点:一种认为该子女为婚生子女,保障子女的合法权益;另一种观点认为首先应当认为该子女是婚生子女,但丈夫在一定期限享有否认权。关于妻子能否使用亡夫的冷冻精液,各国立法和判例也各不相同。主流观点认为:如果丈夫生前有明确的意愿允许妻子在自己死后利用其精子进行人工授精并且这种意愿是自己的真实意愿的表达,则同意丈夫为该子女的法律上的父亲。

**2. 供精人工授精(AID)的法律问题** 我国最高法院司法解释《关于夫妻离婚后人工授精所生子女的法律地位如何确定的复函》规定,在夫妻关系存续期间,双方一致同意进行人工授精,所生子女应视为夫妻双方的婚生子女,父母子女之间权利义务关系适用《婚姻法》《民法典》有关规定。

**3. 体外受精(IVF)的法律问题** 体外受精,由于配子来源和妊娠场所的不同,造成试管婴儿有多个母亲、多个父亲的复杂情况。在夫妻双方同意下,进行同源 IVF(用妻子的卵子和丈夫的精子)或使用妻卵和供精的,分别同 AIH 或 AID 的认定。

如果使用供卵与夫精进行 IVF,英国在 1990 年的《人工授精和胚胎学》法案中规定:"一个由植入体内的胚胎或精子和卵子而孕育孩子的妇女应被视为该孩子的母亲,而非其他妇女。"各国的法律观念一般认为,生下婴儿的妇女应当是孩子的合法母亲。

如果使用供卵和供精进行 IVF 后再将胚胎植入妻子子宫妊娠发育,一般认为在夫妻双方同意下,推定该妇女的丈夫为该孩子法律上的父亲,即养育父亲在父权竞争中强于遗传父亲。

关于代孕,我国《人类辅助生殖技术管理办法》第 3 条规定,禁止以任何形式买卖配子、合子、胚胎。医疗机构和医务人员不得实施任何形式的代孕技术。2003 年卫生部修订后的《人类辅助生殖技术和人类精子库伦理原则》确立了严防商业化的原则,明确规定:供精、供卵只能是以捐赠助人为目的,禁止买卖。

## 二、人类辅助生殖技术的规范管理

自 1988 年我国大陆第一例"试管婴儿"诞生以来,人类辅助生殖技术在我国得到广泛应用和发展。辅助生殖技术应用涉及社会、伦理、法律等诸多方面,为规范技术应用,从 2001 年开始,卫生部颁发了一系列法律文件,包括《人类辅助生殖技术管理办法》《人类精子库管理办法》《人类辅助生殖技术规范》《人类精子库基本标准和技术规范》《人类辅助生殖技术和人类精子库伦理原则》《人类辅助生殖技术与人类精子库培训基地认可标准及管理规定》《人类辅助生殖技术与人类精子库校验实施细则》《人类辅助生殖技术配置规划指导原则》等。这些法律文件对加强辅助生殖技术管理,促进辅助生殖技术规范、有序应用发挥了重要作用。需要注意的是,使用人类辅助生殖技术采集、保藏和利用的配子、合子、胚胎等属于人类遗传资源和信息的活动,应当遵循《生物安全法》《人类遗传资源管理条例》等相关规定。

### (一)实施人类辅助生殖技术的条件和程序

**1. 申请** 开展人类辅助生殖技术的医疗机构应当符合下列条件:①具有与开展人类辅助生殖技术相适应的卫生专业技术人员及其他专业技术人员;②具有与开展人类辅助生殖技术相适应的技术和设备;③设有医学伦理委员会;④符合《人类辅助生殖技术规范》的要求。

**2. 审批** 申请开展夫精人工授精技术的医疗机构由省级卫生健康主管部门审批;申请开展供精人工授精和体外受精——胚胎移植技术及其衍生技术的医疗机构,由省级卫生健康主管部门提出初审意见,国家卫生健康主管部门审批。

**3. 登记** 批准开展人类辅助生殖技术的医疗机构应当按照《医疗机构管理条例》的有关规定,持省级卫生健康主管部门或国家卫生健康主管部门批准的证书到核发其《医疗机构执业许可证》的卫生健康主管部门办理变更登记手续。人类辅助生殖技术批准证书每 2 年校验一次,由原审批机关办理。校验合格的,可以继续开展人类辅助生殖技术;校验不合格的,收回其批准证书。

### (二)人类辅助生殖技术的应用规则

实施人类辅助生殖技术应当符合《人类辅助生殖技术管理办法》的要求:①人类辅助生殖技术的应用应当在医疗机构中进行,以医疗为目的,并符合国家计划生育政策、伦理原则和有关法律规定。②必须在经过批准开展此项技术并进行登记的医疗机构中实施,未经卫生健康主管部门批准,任何单位和个人不得实施人类辅助生殖技术。③实施人类辅助生殖技术应当符合《人类辅助生殖技术规范》的规定。④禁止以任何形式买卖配子、合子、胚胎。⑤医疗机构和医务人员不得实施任何形式的代孕技术。⑥应当遵循知情同意原则,并签署知情同意书。涉及伦理问题的,应当提交医学伦理委员会讨论。⑦实施供精人工授精和体外受精——胚胎移植技术及其各种衍生技术的医疗机构应当与国家卫生健康主管部门批准的人类精子库签订供精协议。严禁私自采精。医疗机构在实施人类辅助生殖技术时应当索取精子检验合格证明。⑧实施人类辅助生殖技术的医疗机构应当为当事人保密,不得泄露有关信息。⑨实施人类辅助生殖技术的医疗机构不得进行性别选择。法律法规另有规定的除外。⑩实施人类辅助生殖技术的医疗机构应当建立健全技术档案管理制度。供精人工授精医疗行为方面的医疗技术档案和法律文书应当永久保存。⑪实施人类辅助生殖技术的医疗机构应当对实施人类辅助生殖技术的人员进行医学业务和伦理学知识的培训。

## （三）人类精子库的管理

人类精子库是指以治疗不育症以及预防遗传病等为目的，利用超低温冷冻技术，采集、检测、保存和提供精子的机构。人类精子库必须设置在医疗机构内，精子的采集和提供应当遵守当事人自愿和符合社会伦理原则，任何单位和个人不得以营利为目的进行精子的采集与提供活动。

**1. 设置**　设置人类精子库应当经国家卫生健康主管部门批准，申请单位应当符合下列条件：①具有《医疗机构执业许可证》；②设有医学伦理委员会；③具有与采集、检测、保存和提供精子相适应的卫生专业技术人员；④具有与采集、检测、保存和提供精子相适应的技术和仪器设备；⑤具有对供精者进行筛查的技术能力；⑥应当符合卫生部制定的《人类精子库基本标准》。

**2. 精子采集**　精子的采集和提供应当在经过批准的医疗机构中进行，严格遵守《人类精子库技术规范》和各项技术操作规程。供精者应当是年龄在22～45周岁之间的健康男性，且只能在一个人类精子库中供精。人类精子库应当对供精者进行健康检查和严格筛选。

**3. 日常管理**　人类精子库必须具备完善、健全的规章制度，包括业务和档案管理规范、技术操作手册及人类精子采供计划书（包括采集和供应范围）等；必须定期或不定期对人类精子库进行自查，检查人类精子库规章制度执行情况、精液质量、服务质量及档案资料管理情况等，并随时接受审批部门的检查或抽查。

**4. 保密义务**　人类精子库必须贯彻保密原则，除精子库负责人外，其他任何工作人员不得查阅有关供精者身份的资料。工作人员应尊重供精和受精当事人的隐私权并严格保密。除司法机关出具公函或相关当事人具有充分理由外，其他任何单位和个人一律谢绝查阅供精者的档案。

**5. 禁止事项**　人类精子库不得开展以下工作：向未取得人类辅助生殖技术批准证书的机构提供精液；提供未经检验或检验不合格的精液；提供新鲜精液进行供精人工授精，精液冷冻保存需经半年检疫期并经复检合格后，才能提供临床使用；实施非医学指证的、以性别选择生育为目的的精子分离技术；提供2人或2人以上的混合精液；采集、保存和使用未签署供精知情同意书的精液；人类精子库工作人员及其家属不得供精；设置人类精子库的科室不得开展人类辅助生殖技术，其专职人员不得参与实施人类辅助生殖技术。

## （四）法律责任

未经批准擅自开展人类辅助生殖技术和设置人类精子库的非医疗机构，由县级以上人民政府卫生健康主管部门责令其停止执业活动，没收非法所得和药品、器械，并可以根据情节处以一万元以下的罚款。

未经批准擅自开展人类辅助生殖技术和设置人类精子库的医疗机构，根据《医疗机构管理条例》和《医疗机构管理条例实施细则》，由县级以上人民政府卫生健康主管部门予以警告、责令其改正，并可以根据情节处以三千元以下的罚款；情节严重的，吊销其《医疗机构执业许可证》。

开展人类辅助生殖技术和设置人类精子库的医疗机构有下列行为之一的，由省、自治区、直辖市人民政府卫生健康主管部门给予警告或罚款，并给予有关责任人行政处分，构成犯罪的，依法追究刑事责任：①买卖配子、合子、胚胎的；②实施代孕技术的；③使用不具有《人类精子库批准证书》机构提供精子的；④擅自进行性别选择的；⑤实施人类辅助生殖技术档案不健全的；⑥经指定技术评估机构检查技术质量不合格的；⑦其他违反本办法规定的行为。

# 第四节 人体器官移植管理

## 一、概 述

器官移植技术为器官衰竭者带来生的希望,但同时,围绕如何解决器官来源,产生了许多复杂的法律问题,例如:公民是否有提供器官的义务?什么情况下采集器官是合法的?能否采取强制措施获取遗体器官?人体器官是否可以买卖同?等等。

2008年5月,世界卫生组织执委会第123届会议上讨论了人体细胞组织和器官移植问题,形成了《世界卫生组织人体细胞、组织和器官移植指导原则(草案)》,2010年5月召开的第63届世界卫生大会批准了这一指导原则。该文件提出了11项指导原则,旨在为以治疗为目的的人体细胞、组织和器官的获得和移植,提供一个有序、符合伦理标准并且可接受的框架。只有在符合这些指导原则的情况下,才可以以移植为目的,从死者或者活体身上摘取细胞、组织和器官。

### (一)国际立法

**1. 器官来源** 自愿捐献是目前世界上许多国家采用的原则,指死者生前自愿捐献器官,或死者近亲属自愿将死者器官捐献他人。这种法律规定强调自愿和知情同意是收集器官的基本原则,代表国家有美国等。推定同意是指法律规定公民在生前未表示出不愿意捐献器官的意思都可被认为是自愿的器官捐献者,也称法定捐献。包括两种,一种是亲属推定同意,即只要近亲属没有反对意见,可以推定死者同意捐献,意大利、英国、西班牙等国都采取这种原则。一种是医生推定同意,即不考虑近亲属同意与否,只要死者生前未表示反对,就推定死者同意捐献,法国、奥地利、新西兰、澳大利亚、新加坡等国采取这种原则。

**2. 严禁器官商业化** 由于器官市场必然会出现有钱人买器官,移植受益;穷人迫于贫困出卖器官,甚至损害生命。因此,世界卫生组织呼吁制定一个有关人体器官交易的全球性禁令,并敦促其成员国制定限制人体器官买卖的法律。越来越多的国家通过法律明文禁止人体器官买卖。

**3. 活体器官移植** 总体上看,对活体器官移植做出规定的国家不多,但已进行立法的国家都规定以下几方面的内容:①知情同意原则,即真实自愿,没有第三者的压力;②优先考虑供体利益,以对供体生命和健康不发生危险为前提;③该器官的移植足以挽救受体的生命或足以恢复或改善受体的健康状况;④对于未成年人和其他无行为能力人的特别保护。未成年人和其他限制行为能力的人的器官捐献,必须取得其法定代理人的同意。

### (二)我国人体器官移植法律制度

2006年7月1日起正式实施的《人体器官移植技术临床应用管理暂行规定》标志着我国器官移植管理制度的建立。现行的法律文件主要包括《人体器官捐献和移植条例》《人体捐献器官获取与分配管理规定》《医疗机构人体器官移植诊疗科目登记实施规范及办事指南》《人体器官移植执业医师注册实施规范及办事指南》等规范性文件,初步形成立法体系,使我国器官移植有法可依,进入法制管理时代。

根据2023年10月20日国务院第17次常务会议通过,自2024年5月1日起施行的《人体器官捐献和移植条例》:人体器官移植,是指将捐献的人体器官植入接受人身体以代替其病损器官的活动;人体器官捐献,是指自愿、无偿提供具有特定生理功能的心脏、肺脏、肝脏、肾脏、胰腺或者小肠等人体器官的全部或者部分用于移植的活动。从事人体细胞和角膜、骨髓等人体组织捐献和移植，不适用该条例。

国家加强人体器官捐献宣传教育和知识普及，促进形成有利于人体器官捐献的社会风尚。新闻媒体应当开展人体器官捐献公益宣传。国家鼓励遗体器官捐献。公民可以通过中国红十字会总会建立的登记服务系统表示捐献其遗体器官的意愿。

### （三）器官移植管理体系

县级以上地方人民政府卫生健康主管部门负责人体器官捐献和移植的监督管理工作，县级以上人民政府发展改革、公安、民政、财政、市场监督管理、医疗保障等部门在各自职责范围内负责与人体器官捐献和移植有关的工作。红十字会依法参与、推动人体器官捐献工作。

任何组织或者个人不得以任何形式买卖人体器官，不得从事与买卖人体器官有关的活动。任何组织或者个人对违法行为，有权向卫生健康部门和其他有关部门举报。

我国已逐步建立并完善符合国情和文化特点的人体器官捐献、人体器官获取与分配、人体器官移植临床服务、人体器官移植后科学登记、人体器官移植服务监管五大工作体系。各级卫生健康行政部门依托4个器官移植数据中心、中国人体器官分配与共享计算机系统（COTRS），实现从器官捐献到移植的全链条可溯源管理，形成大数据监管与不定期飞行检查相结合的监管模式，进一步规范了人体器官捐献和移植行为。

## 二、器官捐献管理

**1. 基本原则** 遗体器官捐献应遵循自愿无偿原则。公民享有捐献或者不捐献其遗体器官的权利，任何组织或者个人不得强迫、欺骗或者利诱他人捐献遗体器官。任何组织或者个人不得获取未满18周岁公民的活体器官用于移植。

**2. 器官捐献** 具有完全民事行为能力的公民有权依法自主决定捐献其遗体器官。公民捐献其遗体器官应当有书面形式的捐献意愿，对已经表示捐献其遗体器官的意愿，有权予以撤销；公民生前表示不同意捐献其遗体器官的，任何组织或者个人不得捐献、获取该公民的遗体器官；公民生前未表示不同意捐献其遗体器官的，该公民死亡后，其配偶、成年子女、父母可以以书面形式共同决定捐献。

**3. 器官获取** 获取遗体器官，应当在依法判定遗体器官捐献人死亡后进行。从事遗体器官获取、移植的医务人员不得参与遗体器官捐献人的死亡判定。医疗机构从事遗体器官获取，应当具备法定条件并获得伦理委员会同意。省、自治区、直辖市人民政府卫生健康部门根据本行政区域遗体器官捐献情况，制定遗体器官获取服务规划，并结合医疗机构的条件和服务能力，确定本行政区域从事遗体器官获取的医疗机构，划定其提供遗体器官获取服务的区域。

**4. 器官分配** 遗体器官的分配，应当符合医疗需要，遵循公平、公正和公开的原则。患者申请人体器官移植手术，其配偶、直系血亲或者三代以内旁系血亲曾经捐献遗体器官的，在同等条件下优先排序。遗体器官应当通过国务院卫生健康部门建立的分配系统统一分配。从事遗体器官获取、移植的医疗机构应当在分配系统中如实录入遗体器官捐献人、申请人体器官移植手术患者的相关医学数据并及时更新，不得伪造、篡改数据。

在实践中，器官分配是否公平以及非法器官买卖是公众关注的问题。《人体捐献器官获取与分配管理规定（试行）》明确规定，捐献器官的分配应当符合医疗需要，公民捐献的身故后器官必须通过器官分配系统进行分配，任何机构、组织和个人不得在器官分配系统外擅自分配捐献器官。必须严格执行分配结果，确保捐献人及其捐献器官的溯源性。

中国人体器官移植分配与共享计算机系统包括潜在器官捐献者识别系统、器官捐献者登记及器官匹配系统，器官移植等待者预约名单系统，所有器官捐献者的信息都录入该系统，系统会根据每位患者的病情、等待时间等因素，给予动态的评分，得分高的由系统自动分配。

## 三、器官移植管理

### （一）准入制度

医疗机构从事人体器官移植，应当向国务院卫生健康部门提出申请。国务院卫生健康部门应当自受理申请之日起5个工作日内组织专家评审，于专家评审完成后15个工作日内作出决定并书面告知申请人。国务院卫生健康部门审查同意的，通知申请人所在地省、自治区、直辖市人民政府卫生健康部门办理人体器官移植诊疗科目登记，在申请人的执业许可证上注明获准从事的人体器官移植诊疗科目。医疗机构从事人体器官移植，应当具备下列条件：①有与从事人体器官移植相适应的执业医师和其他医务人员；②有满足人体器官移植所需要的设备、设施和技术能力；③有符合法律规定条件的人体器官移植伦理委员会；④有完善的人体器官移植质量监控等管理制度。根据国家卫健委网站公布的信息，截至2023年底，全国已有188家医院具有器官移植资质（不包括港澳台地区）。

### （二）伦理审查

获取遗体或活体器官，应获得人体器官移植伦理委员会同意。人体器官移植伦理委员会由医学、法学、伦理学等方面专家组成，委员会中从事人体器官移植的医学专家不超过委员人数的四分之一。

### （三）医疗机构及医务人员的义务

医疗机构及其医务人员从事人体器官获取、移植，应当遵守伦理原则和相关技术临床应用管理规范。

从事人体器官移植的医疗机构及其医务人员获取活体器官前，应当履行下列义务：①向活体器官捐献人说明器官获取手术的风险、术后注意事项、可能发生的并发症及其预防措施等，并与活体器官捐献人签署知情同意书；②查验活体器官捐献人同意捐献其器官的书面意愿、活体器官捐献人与接受人存在本条例第十一条规定关系的证明材料；③确认除获取器官产生的直接后果外不会损害活体器官捐献人其他正常的生理功能。从事人体器官移植的医疗机构应当保存活体器官捐献人的医学资料，并进行随访。

## 四、法律责任

### （一）刑事责任

有下列情形之一的，构成犯罪的，依法追究刑事责任：①组织他人出卖人体器官；②未经公民本人同意摘取其活体器官，或者获取未满18周岁公民的活体器官，或者强迫、欺骗他人捐献活体器官；③违背本人生前意愿获取其遗体器官，或者本人生前未表示同意捐献其遗体器官，违反国家规定，违背其配偶、成年子女、父母意愿获取其遗体器官。医务人员参与器官买卖活动构成犯罪的，依法追究刑事责任。

《刑法》第二百三十四条之一第二款规定：未经本人同意摘取其器官，或者摘取不满十八周岁的人的器官，或者强迫、欺骗他人捐献器官的，依照本法第二百三十四条、第二百三十二条的规定定罪处罚。

## （二）行政责任

**1. 器官买卖者** 买卖人体器官或者从事与买卖人体器官有关活动的，由县级以上地方人民政府卫生健康部门没收违法所得，并处交易额十倍以上二十倍以下的罚款。医疗机构参与上述活动的，还应当由原登记部门吊销该医疗机构的人体器官移植诊疗科目，禁止其十年内从事人体器官获取或者申请从事人体器官移植，并对负有责任的领导人员和直接责任人员依法给予处分，情节严重的，由原执业登记部门吊销该医疗机构的执业许可证或者由原备案部门责令其停止执业活动。医务人员参与上述活动的，还应当由原执业注册部门吊销其执业证书，终身禁止其从事医疗卫生服务；构成犯罪的，依法追究刑事责任。

**2. 公职人员** 公职人员参与买卖人体器官或者从事与买卖人体器官有关活动的，依法给予撤职、开除处分；构成犯罪的，依法追究刑事责任。公职人员在人体器官捐献和移植工作中滥用职权、玩忽职守、徇私舞弊的，依法给予处分；构成犯罪的，依法追究刑事责任。

**3. 开展器官移植的医疗机构及其人员** 医疗机构有下列情形之一的依法承担法律责任，对负有责任的领导人员和直接责任人员依法给予处分；对有关人员，依照有关医师管理的法律的规定予以处罚；构成犯罪的，依法追究刑事责任：①未办理人体器官移植诊疗科目登记，擅自从事人体器官移植的；②不再具备规定条件，仍从事人体器官移植的；③安排不符合规定的人员实施人体器官移植手术的；④不具备规定的条件从事遗体器官获取的；⑤未按照所在地省、自治区、直辖市人民政府卫生健康部门划定的区域提供遗体器官获取服务；⑥从事人体器官获取、移植的医务人员参与遗体器官捐献人的死亡判定；⑦未通过分配系统分配遗体器官，或者不执行分配系统分配结果；⑧使用未经分配系统分配的遗体器官或者来源不明的人体器官实施人体器官移植；⑨获取活体器官前未依照规定履行说明、查验、确认义务；⑩以伪造、篡改数据等方式干扰遗体器官分配；⑪负责遗体器官获取的部门未独立于负责人体器官移植的科室；⑫未经人体器官捐献协调员见证实施遗体器官获取；⑬获取器官后，未依照规定对遗体进行符合伦理原则的医学处理，恢复遗体外观；⑭未依照规定报告人体器官获取、移植实施情况；⑮未对人体器官捐献人或者获取的人体器官进行医学检查；⑯未对接受人接受人体器官移植的风险进行评估并采取相应措施；⑰未遵守相关技术临床应用管理规范；⑱泄露个人隐私。

**4. 人体器官捐献协调员** 人体器官捐献协调员有下列情形之一的依法承担法律责任：①泄露个人隐私；②接到指派后未对遗体器官获取进行见证；③出具虚假见证意见。

## （三）民事责任

违反《人体器官捐献和移植条例》的规定，给他人造成损害的，依法承担民事责任。

# 第五节 医学研究伦理审查

## 一、概 述

现代医学的发展，有赖于临床科研的发展，各种新医学技术的发明为人类的健康维护带来福音。但是，由于医学科研的特殊性，其大多与人体试验相连，如果管理不善，很易导致对受试者的健康甚至生命的损害。历史上也曾发生一些违背人文伦理，侵犯受试者权益，甚至生命健康的事件。历史的教训告诫我们，必须加强临床科研的管理。随着医学科研的能力增加，医学水平明显提高，同时也引起更多的伦理学问题。医学科研除了应服从一般科学试验伦理规范要求，其涉及人体的特性决定了必须符合医学伦理原则。此外，人体试验还必须具有医学目的，必须以改进疾病的诊断治疗和预防方法及提高对疾病病因学和发病机制的了解为目的，从根本上促进医学的发展和人类的健康利益。研究还必须符合科学性，科学上不可靠的研究必然也是不符合伦理的，因为它使研究受试者暴露在风险面前而并无可能的利益。研究者和资助者必须确保所建议的涉及人类受试者的研究符合普遍接受的科学原则，而且是建立在对有关科学文献充分通晓的基础上。医学科研伦理对研究者的个人道德也提出了要求。

## 二、立法发展

从二战审判中确立《纽伦堡法典》以来，国际范围内关于规范医学技术研究和应用、保障受试者权益的意识在不断增强；成立医学伦理委员会，对医学技术进行伦理监督已经成为国际通行的制度。目前伦理审查中具有普遍性的国际性伦理规范包括世界医学大会发布的《赫尔辛基宣言》、国际医学科学组织委员会（CIMOS）与世界卫生组织共同制定的《人体生物医学研究国际伦理指南》、世界卫生组织《评审生物医学研究的伦理审查委员会工作指南》、国际人用药品注册技术协调会（ICH）《优良临床试验指南》（ICH-GCP）、国际医学科学组织委员会和世界卫生组织《流行病学研究的国际伦理准则》等。

我国已建立了如《人类遗传资源管理条例》《药物临床试验质量管理规范》《中医药临床研究伦理审查管理规范》《涉及人的生物医学研究伦理审查办法》《药物临床试验伦理审查工作指导原则》《医疗器械临床试验质量管理规范》《人胚胎干细胞研究伦理指导原则》《干细胞临床研究指导原则（试行）》等一系列的伦理审查规范。2019年，《药品管理法》重新修订，其中增加了对临床试验伦理审查的要求，明确规定开展临床试验应经过伦理委员会的同意，实施临床试验应获取受试者或其监护人的自愿知情同意。这是我国第一次在法律层级的文件中提及伦理审查制度，标志着伦理审查进入更加严格的强制执行阶段。2019年12月颁布的《基本医疗卫生与健康促进法》，再次明确开展药物、医疗器械临床试验和其他医学研究应该依法通过伦理审查，获取知情同意，体现伦理审查制度作为规范化涉及人的医学研究的基本制度。2020年颁布的《民法典》，在第四编第二章生命权、身体权、健康权中要求研制新药、医疗器械或者发展新的预防和治疗方法进行临床试验应经过伦理委员会审查同意，这是我国首次在民事基本法律文件中明确伦理审查制度。至此，伦理审查立法在效力层级上上升至法律，不仅明确了伦理审查的制度核心为受试者权益保护，也标志着对受试者的最高权益保护。

随着生命科学和人工智能等新领域的飞速发展，其相关研究中的社会问题、伦理问题也愈加突出。2022年3月20日，中共中央办公厅 国务院办公厅发布《关于加强科技伦理治理的意见》，要求加快构建中国特色科技伦理体系，健全多方参与、协同共治的科技伦理治理体制机制，建立完善符合我国国情、与国际接轨的科技伦理制度。2023年2月，经国家科技伦理委员会审议通过，国务院同意，国家卫生健康委、教育部、科技部、国家中医药局四部委联合发布《涉及人的生命科学和医学研究伦理审查办法》。2023年10月8日，由科技部、教育部、工业和信息化部、农业农村部、国家卫生健康委五部委与中国科学院、中国社科院、中国工程院联合发布《科技伦理审查办法（试行）》。这些文件的颁布实施，将伦理审查制度扩展到所有科研工作，为规范科技伦理审查工作、强化科技伦理风险防控提供更为全面的法治保障。

## 三、伦理审查委员会建设

我国医学伦理委员会包括三个级别：一是国家医学伦理专家委员会。负责对涉及人的生物医学研究中的重大伦理问题进行研究，提供政策咨询意见，指导省级医学伦理专家委员会的伦理审查相关工作。二是省级医学伦理专家委员会。协助推动本行政区域涉及人的生物医学研究伦理审查工作的制度化、规范化，指导、检查、评估本行政区域从事涉及人的生物医学研究的医疗卫生机构伦理委员会的工作，开展相关培训、咨询等工作。三是机构伦理委员会。

《涉及人的生物医学研究伦理审查办法》规定，从事涉及人的生物医学研究的医疗卫生机构是涉及人的生物医学研究伦理审查工作的管理责任主体，应当设立伦理委员会，并采取有效措施保障伦理委员会独立开展伦理审查工作。《涉及人的生命科学与医学研究伦理审查办法》规定，开展涉及人的生命科学和医学研究的二级以上医疗机构和设区的市级以上卫生机构（包括疾病预防控制、妇幼保健、采供血机构等）、高等学校、科研院所等机构是伦理审查工作的管理责任主体，应当设立伦理审查委员会，开展涉及人的生命科学和医学研究伦理审查。《科技伦理审查办法（试行）》规定，高等学校、科研机构、医疗卫生机构、企业等是本单位科技伦理审查管理的责任主体。从事生命科学、医学、人工智能等科技活动的单位，研究内容涉及科技伦理敏感领域的，应设立科技伦理（审查）委员会。其他有科技伦理审查需求的单位可根据实际情况设立科技伦理（审查）委员会。

虽然三个文件的具体表述因文件的规制范围和研究项目领域不同而有区别，但都明确规定开展相关研究的机构设立的机构伦理委员会，是承担具体审查工作的伦理审查委员会。机构应当采取有效措施、提供资源确保伦理审查委员会工作的独立性。

## 四、审查制度

### （一）审查范围

医疗卫生机构、高等学校、科研院所等开展涉及人的生命科学和医学研究，均应开展伦理审查工作。涉及人的生命科学和医学研究是指以人为受试者或者使用人（统称研究参与者）的生物样本、信息数据（包括健康记录、行为等）开展的以下研究活动：①采用物理学、化学、生物学、中医药学等方法对人的生殖、生长、发育、衰老等进行研究的活动；②采用物理学、化学、生物学、中医药学、心理学等方法对人的生理、心理行为、病理现象、疾病病因和发病机制，以及疾病的预防、诊断、治疗和康复等进行研究的活动；③采用新技术或者新产品在人体上进行试验研究的活动；④采用流行病学、社会学、心理学等方法收集、记录、使用、报告或者储存有关人的涉及生命科学和医学问题的生物样本、信息数据（包括健康记录、行为等）等科学研究资料的活动。

考虑到基础研究活动大多不直接涉及人体试验，部分研究也并不直接涉及研究参与者的临床诊疗信息。借鉴国际通行的做法，为提高审查效率，减少科研人员不必要负担，《涉及人的生命科学和医学研究伦理审查办法》规定了"在使用人的信息数据或者生物样本、不对人体造成伤害、不涉及敏感个人信息或者商业利益的前提下"，部分情形的涉及人的生命科学和医学研究可以免除伦理审查。主要包括：①利用合法获得的公开数据，或者通过观察且不干扰公共行为产生的数据进行研究的；②使用匿名化的信息数据开展研究的；③使用已有的人的生物样本开展研究，所使用的生物样本来源符合相关法规和伦理原则，研究相关内容和目的在规范的知情同意范围内,且不涉及使用人的生殖细胞、胚胎和生殖性克隆、嵌合、可遗传的基因操作等活动的;④使用生物样本库来源的人源细胞株或者细胞系等开展研究,研究相关内容和目的在提供方授权范围内,且不涉及人胚胎和生殖性克隆、嵌合、可遗传的基因操作等活动的。但是目前相关文件并未明确谁来判定可以免除伦理审查,还有待于未来配套制度加以明确和完善。

《科技伦理审查办法(试行)》还建立了伦理高风险科技活动的清单制度,对可能产生较大伦理风险挑战的新兴科技活动实施清单管理。清单以适当形式公开发布,并根据情况动态调整。目前规定需要开展专家复核的科技活动清单包括:①对人类生命健康、价值理念、生态环境等具有重大影响的新物种合成研究;②将人干细胞导入动物胚胎或胎儿并进一步在动物子宫中孕育成个体的相关研究;③改变人类生殖细胞、受精卵和着床前胚胎细胞核遗传物质的基础研究;④侵入式脑机接口用于神经、精神类疾病治疗的临床研究;⑤对人类主观行为、心理情绪和生命健康等具有较强影响的人机融合系统的研发;⑥具有舆论社会动员能力和社会意识引导能力的算法模型、应用程序及系统的研发;⑦面向存在安全、人身健康风险等场景的具有高度自主能力的自动化决策系统的研发。

## (二)伦理原则

伦理审查应当遵守国家法律法规规定,在研究中尊重受试者的自主意愿,遵守有益、不伤害以及公正等原则,保护隐私权及个人信息。医学研究只有尊重和保护受试者,公正地对待受试者,而且在道德上能被进行研究的社区接受时,其合理性才能在伦理上得到论证。医学研究应当符合以下伦理原则:

**1. 知情同意原则** 尊重和保障受试者的知情权和参加研究的自主决定权,严格履行知情同意程序,不允许使用欺骗、利诱、胁迫等手段使受试者同意参加研究,允许受试者在任何阶段无条件退出研究。

**2. 控制风险原则** 首先将受试者人身安全、健康权益放在优先地位,其次才是科学和社会利益。研究的科学和社会利益不得超越对研究参与者人身安全与健康权益的考虑。研究风险受益比应当合理,使受试者可能受到的风险最小化,力求尽可能避免伤害。

**3. 公平公正原则** 应当公平、合理地选择研究参与者,入选与排除标准具有明确的科学依据,公平合理分配研究受益、风险和负担。

**4. 免费和补偿、赔偿原则** 对受试者参加研究不得收取任何费用,对于受试者在受试过程中支出的合理费用还应当给予适当补偿;受到研究相关损害时,应当得到及时、免费的治疗,并依据法律法规及双方约定得到补偿或者赔偿。

**5. 保护隐私及个人信息原则** 切实保护受试者的隐私,如实将受试者个人信息的储存、使用及保密措施情况告知受试者并得到许可,未经授权不得将受试者个人信息向第三方透露。

**6. 特殊保护原则** 对儿童、孕妇、智力低下者、精神障碍患者等特殊人群的受试者,应当予以特别保护。对涉及受精卵、胚胎、胎儿或者可能受辅助生殖技术影响的,应当予以特别关注。

## (三)审查重点

伦理委员会对研究进行审查时,重点审查以下内容:①合法性;②资质与能力;③设计的科学性;④受试者权益保护;⑤其他:如对研究参与者在研究中可能承受的风险是否有预防和应对措施;研究是否涉及利益冲突;研究是否涉及社会敏感的伦理问题,是否存在社会舆论风险；研究结果是否发布，方式、时间是否恰当等需要审查的其他重点内容。

## （四）批准标准

伦理委员会批准研究项目的基本标准是：①研究具有科学价值和社会价值，不违反法律法规的规定，不损害公共利益；②研究参与者权利得到尊重，隐私权和个人信息得到保护；③研究方案科学；④研究参与者的纳入和排除的标准科学而公平；⑤风险受益比合理，风险最小化；⑥知情同意规范、有效；⑦研究机构和研究者能够胜任；⑧研究结果发布方式、内容、时间合理；⑨研究者遵守科研规范与诚信。

# 五、法 律 责 任

## （一）行政责任

**1. 医疗卫生机构的法律责任** 医疗卫生机构未按照规定设立伦理委员会擅自开展涉及人的生物医学研究的，由县级以上地方卫生健康行政部门责令限期整改；逾期不改的，由县级以上地方卫生健康行政部门予以警告，并可处以 3 万元以下罚款；对机构主要负责人和其他责任人员，依法给予处分。

医疗卫生机构及其伦理委员会违反本办法规定，有下列情形之一的，由县级以上地方卫生健康行政部门责令限期整改，并可根据情节轻重给予通报批评、警告；对机构主要负责人和其他责任人员，依法给予处分：①伦理审查委员会组成、委员资质不符合要求的；②伦理审查委员会未建立利益冲突管理机制的；③未建立伦理审查工作制度或者操作规程的；④未按照伦理审查原则和相关规章制度进行审查的；⑤泄露研究信息、研究参与者个人信息的；⑥未按照规定进行备案、在国家医学研究登记备案信息系统上传信息的；⑦未接受正式委托为其他机构出具伦理审查意见的；⑧未督促研究者提交相关报告并开展跟踪审查的；⑨其他违反本办法规定的情形。

**2. 项目研究者的法律责任** 项目研究者违反相关规定，有下列情形之一的，由县级以上地方卫生健康行政部门责令限期整改，并可根据情节轻重给予通报批评、警告；对主要负责人和其他责任人员，依法给予处分：①研究或者研究方案未获得伦理审查委员会审查批准擅自开展研究工作的；②研究过程中发生严重不良反应或者严重不良事件未及时报告伦理审查委员会的；③违反知情同意相关规定开展研究的；④未及时提交相关研究报告的；⑤未及时在国家医学研究登记备案信息系统上传信息的；⑥其他违反本办法规定的情形。

## （二）民事和刑事责任

违反规定的机构和个人，给他人人身、财产造成损害的，应当依法承担民事责任；构成犯罪的，依法追究刑事责任。

## 本章小结

现代医疗技术的不断发展为保障和促进人类健康水平，推动医疗卫生事业的进步发挥了越来越显著的作用。然而，技术也是一把双刃剑，只有加强管理，才能保证其在临床应用中实现有效性、安全性、经济性和社会适应性，保障患者健康利益和医疗安全。

我国现行法律法规已经建立了医疗技术临床应用的基本管理制度和专项管理制度。本章在全面介绍医疗技术临床应用管理基本法律制度的同时，重点介绍了人类辅助生殖技术、人体器官移植和医学研究伦理审查的具体法律规范。由于有些医学技术的发展和应用,不仅对医疗管理提出要求,甚至还对人类社会基本规则和现行法律制度所基于的人类自然繁衍状况带来冲击和挑战。例如,关于人类辅助生殖技术所出生的子女的法律地位、克隆技术和基因技术等问题。这一系列社会问题将通过法律制度的不断完善而得到解决。

## 复习思考题

1. 人类辅助生殖技术引发的法律问题包括哪些?
2. 我国人类辅助生殖技术的立法现状如何?
3. 活体器官移植中的法律问题有哪些?
4. 我国人体器官获取与分配的相关法律规定?
5. 哪些医学研究需要进行伦理审查?

(乐　虹)

# 第五章  医疗纠纷预防和处理法律制度

**学习目标**

掌握：医疗纠纷概念；医疗纠纷处理原则；医疗纠纷处理途径；医疗事故概念及构成要件。

熟悉：医疗法律责任；医疗事故的报告；医疗损害鉴定。

了解：医疗纠纷预防的意义；医疗纠纷处理的历史沿革。

> **医疗机构违反《医疗纠纷预防和处理条例》公平、公正原则承担法律责任**
>
> 某村民郑某因一氧化碳中毒到县医院就诊，医院安排其住院。郑某苏醒后立刻要求出院，医院未加劝阻，并且未告知有关注意事项，同意郑某出院。郑某出院后病情加重，患上了中毒性脑病。郑某家属因此将医院告上法庭。郑某的亲属认为：县医院违反医疗护理常规，过早地让患者出院是引起中毒性脑病后遗症的原因。医院认为：对郑某的抢救治疗，医院尽了最大努力，按照医疗常规处置并无不当。郑某中毒性脑病，是由于其自行中断治疗及休养不当造成的，医院不应该承担任何责任。
>
> 法院认为对不宜出院的患者，应进行劝阻；坚持要出院的，应履行相关报批手续，并告知患者病情危害性。县人民医院仅以病历记录举证，该证据不能证明其履行了告知义务，所以，医院应承担过错责任。而患者的亲属明知患者未痊愈，强行要求回家，滞延了后续治疗，与造成患者伤残的严重后果也有直接因果关系，也应承担相应民事责任。根据《医疗纠纷预防和处理条例》相关规定，医院未完全履行告知义务，遵循公平、公正原则，应该由医患双方各承担50%的责任。

## 第一节  概　　述

### 一、医疗纠纷概念

医疗纠纷（medical disputes）是指医患双方因诊疗活动引发的争议。国家建立医疗质量安全管理体系，深化医药卫生体制改革，规范诊疗活动，改善医疗服务，提高医疗质量，预防、减少医疗纠纷。医疗纠纷的构成要件包括三方面：

**（一）医疗纠纷的主体是医患双方**

"医方"是指提供医疗服务的医疗机构和医疗从业人员，包括医生、护士、药检及管理等人员在内的医务人员群体。而医疗卫生行政管理机关作为医疗卫生事业的主管机关，一般认为不应包括在内；"患方"指患者及其代理人，《民法典》第一千零四十五条规定，亲属包括配偶、血亲和姻亲。配偶、父母、子女、兄弟姐妹、祖父母、外祖父母、孙子女、外孙子女为近亲属。"患方"的范围要大于亲属，即可以主张权利的人，包括患者和近亲属、监护人员以及他所在的工作部门、共同生活的人、单位等群体。

## (二)医患双方必须存在争议

争议分为以下几种情形:

**1. 因诊疗活动直接引发的争议** 如医方侵犯患者生命权、身体权、健康权。

**2. 因诊疗活动间接引发的争议** 如患者因不满诊疗活动产生的医疗费用与医院发生争议。

**3. 与诊疗活动相关的争议** 如医方侵犯患者隐私权,医患双方就精神损害赔偿问题产生的争议。

**4. 与诊疗活动无关的争议** 这一条在实践中颇有争议,实践中,与狭义的诊断治疗活动无关,但是在诊断治疗期间发生的与医疗机构和医务人员相关的与患方产生的争议活动,也被视为医疗纠纷范畴,如住院患者因为医院未尽安全保障义务被院外人士打伤,要求医院承担赔偿责任,又或者因患者在医院摔伤、自杀而引发的争议等。

## (三)医患双方的争议必须是"因诊疗活动引发"

《医疗机构管理条例实施细则》第八十八条规定,诊疗活动"是指通过各种检查,使用药物、器械及手术等方法,对疾病作出判断和消除疾病、缓解病情、减轻痛苦、改善功能、延长生命、帮助患者恢复健康的活动。"根据《最高人民法院关于审理医疗损害责任纠纷案件适用法律若干问题的解释》,医疗美容属于"诊疗活动"的范围,因医疗美容行为引发的纠纷属于医疗损害责任的范围,应当适用医疗损害责任的规定。

## 二、医疗纠纷的特征

### (一)医疗纠纷争议内容专业性

随着医学科学的不断发展,人类对于疾病的认识不断深入,医疗技术日益先进。然而,医学科学的发展具有不可避免的局限性。并非所有疾病都可以通过医疗技术达到治愈效果,危重疾病、罕见疾病的治疗手段有限甚至空白;同时,部分诊疗活动(如手术、特殊检查、特殊治疗)具有风险性,不能绝对避免并发症的发生。因此,医疗纠纷的争议内容具有医学的专业性。

### (二)医疗纠纷处理复杂性

部分危重症患者、罕见病患者病情复杂,开展的诊疗活动众多,辗转于多家医疗机构,使纠纷具有复杂性。同时,医疗纠纷,不仅包括医患双方发生的民事纠纷,还包括因诊疗活动引发的行政纠纷和刑事责任追究。此外,多数医疗纠纷需要进行司法鉴定,因此,医疗纠纷处理呈现复杂性。

## 三、医疗纠纷处理的原则

### (一)公平、公正、及时

**1. 公平** 在医疗纠纷的预防和处理过程中,任何一方都要平等地看待医患双方,医方与患方享有平等的权利和义务,且地位平等。

**2. 公正** 指公平正直,不偏不倚,包含两个方面:第一,程序公正,要求医疗纠纷的预防和处理均要遵从法定的程序;第二,实体公正,要求纠纷处理方从证据、法律层面恰当解决纠纷。坚持以事实为依据、以法律为准绳的原则。

**3. 及时** 疾病具有偶然性和紧迫性,医疗纠纷往往发生在这种危急的情况下,且纠纷本身带有结果的不可预测性,遵循及时原则,找准矛盾关键,发现问题源头,分析纠纷过程,充分考虑维护公民、法人的合法权益,尽可能地快速化解医疗纠纷,避免影响医方开展诊疗活动,同时也能够减少疾病带给患者的消极影响。

## (二)实事求是

实事求是是指从客观对象出发,探求事物的内部联系及发展规律,认识事物的本质。在处理医疗纠纷过程中,必须坚持以事实为依据,就是要建立在实事求是的详尽、公正调查基础上,弄清事实真相,进行医学科学的鉴定,查明造成患者不良后果的原因、性质、程度及其间的因果关系。分清责任性质,并在正确划分直接责任和间接责任、主要责任和次要责任的基础上作出处理。

## (三)依法处理

处理医疗纠纷应严格遵守医疗卫生管理法律、法规、诊疗规范和护理常规,恪守医疗服务职业道德,尊重和保护患者生命健康权益,改善医患关系,减少医疗纠纷。

# 第二节 医疗纠纷的预防

有效的医疗纠纷预防有助于缓解医患冲突、减少医疗纠纷,是保障医患双方合法权益的客观要求,是维护医疗机构工作秩序和社会和谐稳定的重要举措。为缓解矛盾、预防纷争,国家出台了相关法律法规。但现实生活中,医患矛盾仍存在。《医疗纠纷预防和处理条例》亮点之一就是确立了医疗纠纷预防机制。

## 一、医疗纠纷预防的涵义

医疗纠纷预防是指医疗活动中,对于现有和潜在的诊疗活动相关的风险进行有效识别和干预,从而减少和消除医疗风险的发生,降低风险事件造成的患者健康和经济损失以及不良社会影响。

## 二、医疗纠纷预防的意义

解决医疗纠纷是个世界性难题。美国、日本、德国、韩国等国家在医疗纠纷处理上也都不同程度存在解决周期冗长、患者获赔困难、医患对立加剧等问题。医疗纠纷的预防对临床实践活动有重要意义。

**1. 保护医患双方权益** 通过医疗纠纷的预防措施,患者权益得到尊重,从而能够理性认识并承受风险。即患者通过医务人员充分、全面、细致的病情分析及风险及治疗方案的利弊介绍,增加了对医生的信任,对并发症的存在也有思想准备,在之后的诊疗过程中可以对病情完全理解并更加积极主动地配合治疗,并尊重医务人员,医患双方权益得到保障。

**2. 完善医院的管理制度** 医疗管理职能部门的管理人员通过监督审查科室诊疗行为预防医疗纠纷,及时发现存在的问题,避免进一步扩大化引起纠纷,甚至恶性事件发生,同时制定改进方案,完善医院管理;当发生医疗纠纷后,医院及时对医疗纠纷进行处理,对因医院管理制度不合理、不完善而导致的医患纠纷发生进行修补、整改。通过处理医疗纠纷,从处理事务过程中汲取经验、吸取教训,强化管理制度,使各项规章制度落到实处,减少、预防医疗事故发生。

**3. 提高医务人员的责任意识** 医务人员预防医疗纠纷体现在提升对患者病情的重视程度，加强风险意识与科室管理意识，及时修正诊疗过程中存在的问题，如病历书写缺陷、诊疗技术应用及用药规范性较弱、医师资质准入不明等，在实施诊疗过程中，完善诊疗计划，规避诊疗风险。就现阶段医院医疗纠纷发生情况而言，医务人员的操作技术、专业知识越不成熟，越容易发生医疗纠纷。在医疗纠纷的处理过程中，医务人员能够意识到自己在工作中存在的问题，并提高自身的责任意识，提高自己的专业知识和医学素养。

## 三、医疗纠纷预防法律规定

在《医疗纠纷预防和处理条例》颁布前，《医疗事故处理条例》和《侵权责任法》对医疗事故的预防也作出了相关法律规定，但是仅以"应当"作为要求，而并不明确"预防"，如"医疗机构及其医务人员应当按照规定填写并妥善保管住院志、医嘱单、检验报告、手术及麻醉记录、病理资料、护理记录、医疗费用等病历资料"，因此存在一定的欠缺。《医疗纠纷预防和处理条例》的颁布，关口前移，通过加强医疗质量安全管理，畅通医患沟通渠道，从源头预防和减少纠纷，强化医疗纠纷预防与处理并重。主要从以下方面强化医疗纠纷预防：

**1. 医疗质量安全的日常管理** 国家建立完善医疗风险分担机制，发挥保险机制在医疗纠纷处理中的第三方赔付和医疗风险社会化分担的作用，鼓励医疗机构参加医疗责任保险，鼓励患者参加医疗意外保险。新闻媒体应当加强医疗卫生法律、法规和医疗卫生常识的宣传，引导公众理性对待医疗风险；报道医疗纠纷，应当遵守有关法律、法规的规定，恪守职业道德，做到真实、客观、公正。

**2. 医务人员人文关怀理念** 《医疗纠纷预防和处理条例》规定，医疗机构及其医务人员在诊疗活动中应当以患者为中心，加强人文关怀，严格遵守医疗卫生法律、法规、规章和诊疗相关规范、常规，恪守职业道德。医疗机构应当对其医务人员进行医疗卫生法律、法规、规章和诊疗相关规范、常规的培训，并加强职业道德教育。这是首次在法律条文中提出医疗服务应当以患者为中心，加强人文关怀；首次将医疗纠纷的预防纳入行政立法加以规范，明确相关机构及组织在医疗纠纷预防和处理中的职责。

**3. 医疗服务关键环节** 增加医疗机构对医疗技术和健康产品安全管理的职责；完善医疗技术临床应用管理和医疗产品的进货查验、保管制度。《医疗纠纷预防和处理条例》规定，医疗机构应当按照国务院卫生主管部门制定的医疗技术临床应用管理规定，开展与其技术能力相适应的医疗技术服务，保障临床应用安全，降低医疗风险；采用医疗新技术的，应当开展技术评估和伦理审查，确保安全有效、符合伦理。医疗机构应当依照有关法律、法规的规定，严格执行药品、医疗器械、消毒药剂、血液等的进货查验、保管等制度。禁止使用无合格证明文件、过期等不合格的药品、医疗器械、消毒药剂、血液等。

**4. 医疗风险防控** 《医疗纠纷预防和处理条例》规定，医疗机构应当制定并实施医疗质量安全管理制度，设置医疗服务质量监控部门或者配备专（兼）职人员，加强对诊断、治疗、护理、药事、检查等工作的规范化管理，优化服务流程，提高服务水平。医疗机构应当加强医疗风险管理，完善医疗风险的识别、评估和防控措施，定期检查措施落实情况，及时消除隐患，加强医疗安全与风险管理，规范一般医疗风险，如医疗事故、并发症、医疗意外、医院感染等管理的同时，强调在医疗机构开展医疗技术服务，开展手术、特殊检查、特殊治疗等诊疗活动，应当提前预备应对方案，主动防范突发风险。

**5. 医疗告知和患者的知情同意** 医务人员在诊疗活动中应当向患者说明病情和医疗措施。需要实施手术，或者开展临床试验等存在一定危险性、可能产生不良后果的特殊检查、特殊治疗的，医务人员应当及时向患者说明医疗风险、替代医疗方案等情况，并取得其书面同意；在患者处于昏迷等无法自主作出决定的状态或者病情不宜向患者说明等情形下，应当向患者的近亲属说明，并取得其书面同意。

**6. 医疗服务中的医患沟通**　《医疗纠纷预防和处理条例》首次提出患者在诊疗过程中的义务；扩大查阅、复制病历资料的范围，加重篡改、伪造病历资料的法律责任；规定患者有权查阅、复制全部病历资料；医疗机构应当建立健全投诉接待制度，方便患者投诉或者咨询。首次提出"首诉负责制"等投诉接待处理方式。

## 第三节　医疗纠纷处理

医患之间的关系紧张，医疗纠纷时有发生，已经成为我国社会的焦点问题。医疗纠纷的发生不仅对患者造成一定的伤害，对于医护人员和医疗秩序也有较大不良影响。有效的处理医疗纠纷有助于缓解医患关系、减少医疗纠纷，是保障医患双方合法权益的客观要求，是维护医疗机构工作秩序和社会和谐稳定的重要举措。《医疗纠纷预防和处理条例》的出台，一定程度解决了既往的医疗纠纷处理程序缺乏统一性、规范性的问题，为医疗纠纷的处理确立了法律规则，将纠纷处理工作全面纳入法治化轨道。

### 一、医疗纠纷处理的涵义

医疗纠纷处理是指在医疗活动中，解决医患双方产生的医疗纠纷，并达到平衡医患双方利益诉求目的的一种行为。

医院的责任在于防病、治病，而医院诊疗过程中，也充斥着很多风险问题。当出现医疗纠纷后，医患双方的权益均会受到损害，若医疗纠纷没有及时得到处理，则可引发不良后果，如果处理方法不合理，也会对医务人员的工作积极性产生影响，导致医务人员工作懈怠。为此，必须及时处理医疗纠纷，通过采取合理的措施处理医疗纠纷，有利于对双方利益进行维护，从而确保医院工作秩序的合理化、规范化。目前，我国已初步建立医疗纠纷预防和处理机制，构建以《基本医疗卫生与健康促进法》《民法典》《医疗纠纷预防和处理条例》《医疗事故处理条例》等法律、法规及规章为核心的医疗纠纷法律框架，妥善处理医疗纠纷，维护医疗秩序。

域外国家构建了各具特点的医疗纠纷预防和处理机制。1983年，美国《联邦民事诉讼规则》首次将ADR（alternative dispute resolution）引入司法领域。1997年，美国建立了国家医疗争议解决委员会（NCHCDR），该委员会独立于司法机关与行政机关。1998年，美国国会颁布了《替代性纠纷解决法》，建立并完善了非诉讼医疗纠纷解决机制。2005年，美国国会在《患者安全和质量促进法》中构建起不良医疗后果报告制度。美国建立并完善以患者安全为核心的医疗纠纷解决机制。2002年，法国提出了"Law2002-303 of March 4, 2002"法案，建立无过失补偿以及法庭外解决纠纷制度，减少医疗损害纠纷法庭诉讼案件，建立并逐步完善非诉讼医疗纠纷解决机制。

### 二、医疗纠纷处理的法律规制沿革

**（一）我国医疗纠纷处理的法律发展历史**

自中华人民共和国成立以来，我国医疗纠纷处理法律制度经历了以下阶段：

**1. 司法裁决阶段** 侧重法律裁决，不经过医疗鉴定部门的鉴定，直接由司法部门进行审判、量刑。因此会出现定性主观、量刑过重，造成医务人员恐惧心理。

**2. 多种处理方式相互补充的多元处理阶段** 2002年9月《医疗事故处理条例》实施，开启了协商为主，行政、司法辅助的纠纷处理阶段，协商解决医疗纠纷为首选方式的模式。将"医疗纠纷"分为"医疗事故"和"因医疗事故以外的原因引起的其他医疗赔偿纠纷"，并规定了两种医疗纠纷适用不同的法律、鉴定和审理程序，造成了司法实践中法律适用"二元化"。

**3. 人民调解为主体，院内调解、司法调解有机结合、相互衔接的医疗纠纷处理制度** 《医疗纠纷预防和处理条例》于2018年10月1日正式实施，将"医疗事故"直接纳入"医疗纠纷"的范围内，扩大了医疗纠纷的处理范围；将人民调解为主体，院内调解、司法调解有机结合、相互衔接的医疗纠纷处理制度上升为法规，并解决了法律、法规间的不协调问题。另一方面将医疗纠纷处理与行业分开，民事处理与行政处理分开，并提供医疗纠纷多途径多渠道解决机制与最佳维权选择。

## （二）我国医疗纠纷处理同国外的处理方式借鉴比较

近年来，在世界上许多国家，医疗纠纷的发生率都处于上升状态，而通过诉讼途径解决医疗纠纷不仅会占用大量的司法资源，而且成本高昂、程序复杂、对抗性强。目前，通过调解缓解医患矛盾、解决医疗纠纷，成为世界上多个国家主要采取的方式。国外处理医疗纠纷的经验值得我国借鉴。

**1. 构建完备的医疗法律体系** 国外许多国家，如美国、德国和日本等国家具有完备的法律法规体系，针对医疗纠纷案件的处理更加的专业性与系统性。近年来，我国虽然制定了《医疗纠纷预防和处理条例》以及一系列配套法规，但是总体看来，我国针对医疗方面的专门法律还是相对较少，而且大部分是以法规和规章的形式存在的，或仅以条款的形式存在于一些位阶较高的法律中，如《民法典》《基本医疗卫生与健康促进法》。完备的医疗法规体系的建立，使得医疗纠纷的处理有法可依，处理案件就会高效、公正、公平。因此，我国应该借鉴有关国家的先进的制度结合我国的国情对现有的医疗法律体系进行完善。

**2. 建立非诉讼纠纷解决程序（ADR）和医疗仲裁机构** ADR意指替代性纠纷解决方法，泛而言之，它是一切诉讼外纠纷解决方法的总称。ADR源于美国，指诉讼外纠纷解决方式的总称。仲裁是指双方争执不决时，由第三者居中调解，作出裁决。法律上特指发生纠纷的当事人在自愿基础上达成协议，将纠纷提交非司法机关的第三方审理，由其作出对双方均有约束力的裁决，以解决纠纷的一种非诉讼方式。

仲裁是传统的非诉解决纠纷的方式，历史悠久。最初在13世纪，英国人开创了根据商事习惯进行仲裁的商事仲裁制度。随着仲裁制度的不断发展，医疗纠纷仲裁的模式也逐渐在域外国家开展起来。

医疗纠纷案件是非常复杂的，因此，构建多元化的纠纷解决机制是非常必要的。医疗纠纷仲裁的优势在于仲裁本身的程序是简易的，而其裁决的效力是终局的。仲裁不仅仅是尊重了双方当事人的意见，而且仲裁程序的规范化程度仅次于法院的诉讼程序。仲裁被称为"准司法"，仲裁实行一裁终局，裁决书自作出之日起生效，能够更加高效地处理医疗纠纷问题。我国《医疗纠纷预防和处理条例》没有将医疗仲裁作为法定的纠纷解决的方式之一，尽管《医疗纠纷预防和处理条例》在医疗纠纷处理途径中列出"法律、法规规定的其他途径"，有学者解释为包括医疗纠纷仲裁，但是医疗纠纷案件并没有纳入仲裁解决的受案范围之内，这使得医疗纠纷仲裁的解决方式在我国至今尚未被广泛使用。

**3. 设立完备的医疗保险制度** 国外很多国家的医疗责任保险制度在处理医疗纠纷中发挥了重要的作用。比如美国和日本这两个国家拥有良好的保险制度；德国已经实行了全民医疗健康保险，将医疗仲裁与医疗保险制度相结合，医疗保险制度的建立为仲裁在经济上提供了强有力的保障；英国采取的是互助的保险制度，实行的是强制保险制度与自愿保险制度相结合的模式，实行互助医疗责任保险。

目前我国的医疗风险分担机制基本确立，《医疗纠纷预防和处理条例》推动建立完善医疗风险分担机制，规定医疗机构应当参加医疗责任保险或者建立、参加医疗风险基金，利用医疗责任保险、医疗意外保险等风险分担形式，保障医患双方合法权益。但是全国参保医疗责任保险的医疗机构数量很少，一旦发生医疗纠纷，医疗机构有可能会产生巨大赔偿费用，对于没有参加医疗责任保险的医疗机构就会造成很大的负担，甚至会影响到医疗机构的正常运行。只有加强医疗责任险保障，才能减轻医疗机构与医护人员的压力，营造出更好的医疗服务环境，减少医疗纠纷的发生。

## 三、医疗纠纷处理途径

《医疗纠纷预防和处理条例》明确处理医疗纠纷应当遵循公平、公正、及时的原则，实事求是，依法处理。充分发挥人民调解在解决医疗纠纷中的主渠道作用，倡导以柔性方式化解医疗纠纷，减少医患对抗，促进医患和谐。

《医疗纠纷预防和处理条例》明确处理医疗纠纷途径包括：自行协商、人民调解、行政调解、司法诉讼等；规范了医疗纠纷自行协商、人民调解和行政调解的程序，明确了人民调解、行政调解中的专家咨询、鉴定等制度，并与司法诉讼作了衔接。

**1. 双方自愿协商** 医患双方自愿协商，是指医疗纠纷发生后，双方围绕医方是否承担赔偿责任，以及赔偿数额多少等问题采取自愿协商的方式处理纠纷的机制。自愿协商解决方式既有快速、便捷、高效的优势，也有医患双方缺乏信任、容易激化矛盾导致冲突升级的风险。近年来，随着国家加大打击扰乱医院正常诊疗秩序的违法医闹行为力度，以及扫黑除恶专项行动的开展，医患双方协商过程中患方出现过激行为的情况逐渐减少，双方自愿协商处理医疗纠纷的范围逐步变为医患双方争议不大、过错责任容易划分、患者损害后果明确并且损失较小等情形。双方自愿协商的方式对化解较小纠纷、降低患方维权成本、重建医患之间的信任发挥着重大作用。

《医疗纠纷预防和处理条例》规定了自愿协商的限制，即医患双方选择协商解决医疗纠纷的，应当在专门场所协商，不得影响正常医疗秩序。医患双方人数较多的，应当推举代表进行协商，每方代表人数不超过5人。协商解决医疗纠纷应当坚持自愿、合法、平等原则，协商确定赔付金额防止畸高或者畸低。医患双方应当签署书面和解协议书。

**2. 申请人民调解** 《医疗纠纷预防和处理条例》规定了设立医疗纠纷人民调解委员会，司法行政部门负责指导医疗纠纷人民调解工作，充分发挥医疗纠纷人民调解委员会作为第三方机构的调解作用，这是该条例的一大亮点。《医疗纠纷预防和处理条例》首次以立法的形式，将"人民调解"作为解决医疗纠纷的法定途径之一，在国务院行政法规中予以规定。《医疗纠纷预防和处理条例》从第三十一条到第三十九条共九条内容规定了人民调解的申请、调解期限、专家咨询、委托鉴定、协议签订等相关调解流程。《医疗纠纷预防和处理条例》具体规范了医疗纠纷自行协商、人民调解和行政调解的程序，明确了人民调解、行政调解中的专家咨询、鉴定等制度，并与司法诉讼作了衔接，医疗纠纷人民调解委员会及其人民调解员、卫生主管部门及其工作人员应当对医患双方的个人隐私等事项予以保密。未经医患双方同意，医疗纠纷人民调解委员会、卫生主管部门不得公开进行调解，也不得公开调解协议的内容。这些规定强调人民调解在医疗纠纷处理中的主渠道作用：医疗纠纷人民调解具有快捷便利、不收取费用、公信力较高以及专业性较强等优势，已逐渐成为医疗纠纷多元解决机制中的主渠道。

医疗纠纷人民调解制度既是一项具有中国特色的纠纷解决机制，又可以为当事人提供多种选择。这一纠纷解决机制体现了社会自治取向和法律服务司法利用取向的结合、公益性和市场性的结合、民间社会性和行政性纠纷解决机构的结合。

**3. 申请行政调解** 医疗纠纷的行政调解是由国家卫生行政部门进行主导，在医疗纠纷的双方当事人之间进行中间调解，对医疗纠纷的双方当事人进行劝解，使其能够相互理解，达成一致，消除纠纷的制度。通过行政裁决解决医疗纠纷的优点主要是：①快速方便。作为行业主管机关，卫生行政部门所具有的专业认知能力是其他纠纷解决机制所不具有的。②节约费用。卫生行政部门解决医疗纠纷是职权行为，费用较低。③效力较强。行政裁决一经作出，就具有法律效力，具有强制性。④与行政复议、诉讼相衔接。对行政裁决不服的，可以通过行政复议或诉讼再次进行解决。

**4. 向人民法院提起诉讼** 医疗纠纷发生后，当事人可以不经协商与行政调解直接去法院提起诉讼。随着人们的法律意识的逐渐提高，选择诉讼方式解决纠纷的越来越多。因为医疗纠纷专业性比较强，纠纷处理涉及范围比较广，不仅仅是涉及民事责任、刑事责任，还涉及医学技术问题。医疗纠纷诉讼解决机制对诉讼程序要求非常的严格，是以国家的强制力作为后盾来保证法院裁判结果的公正性。诉讼的整个程序具有规范性与透明性。在受理、立案、起诉庭前审查及审理过程的法庭调查、法庭辩论、最后陈述等各个阶段都有当事人的参与。

**5. 法律、法规规定的其他途径** 《医疗纠纷预防和处理条例》规定当医疗纠纷发生后，医患双方在协商解决不成的情况下，还可以选择其他途径，包括调解（第三方支持下协商解决）、仲裁（双方同意仲裁）等医疗纠纷处置方法。

以上五种合法解决医疗纠纷的途径，司法途径是最终的解决方式，即当事人已经向人民法院提起诉讼并且已被受理，或者已经申请卫生主管部门调解并且已被受理的，医疗纠纷人民调解委员会不予受理；已经受理的，终止调解。

## 四、医疗纠纷处理的其他法律规定

**1. 发生纠纷时，医疗机构应当告知患者或者其近亲属事项**

（1）解决医疗纠纷的合法途径，即医患协商解决、人民调解、行政调解、司法途径和法律法规规定的其他途径等五种解决纠纷合法途径。

（2）有关病历资料、现场实物封存和启封的规定。

发生医疗纠纷需要封存、启封病历资料的，应当在医患双方在场的情况下进行。封存的病历资料可以是原件，也可以是复制件，由医疗机构保管。病历尚未完成需要封存的，对已完成病历先行封存；病历按照规定完成后，再对后续完成部分进行封存。医疗机构应当对封存的病历开列封存清单，由医患双方签字或者盖章，各执一份。病历资料封存后医疗纠纷已经解决，或者患者在病历资料封存满3年未再提出解决医疗纠纷要求的，医疗机构可以自行启封。

疑似输液、输血、注射、用药等引起不良后果的，医患双方应当共同对现场实物进行封存、启封，封存的现场实物由医疗机构保管。需要检验的，应当由双方共同委托依法具有检验资格的检验机构进行检验；双方无法共同委托的，由医疗机构所在地县级人民政府卫生主管部门指定。疑似输血引起不良后果，需要对血液进行封存保留的，医疗机构应当通知提供该血液的血站派员到场。现场实物封存后医疗纠纷已经解决，或者患者在现场实物封存满3年未再提出解决医疗纠纷要求的，医疗机构可以自行启封。电子病历需要封存，将电子病历先进行复制，再进行封存，电子病历资料可以打印成纸质版，然后复印并加盖病案管理章后进行封印。

（3）有关病历资料查阅、复制的规定。

患者有权查阅、复制其门诊病历、住院志、体温单、医嘱单、化验单（检验报告）、医学影像检查资料、特殊检查同意书、手术同意书、手术及麻醉记录、病理资料、护理记录、医疗费用以及国务院卫生主管部门规定的其他属于病历的全部资料。患者死亡的，其近亲属可以依照本条例的规定，查阅、复制病历资料。

（4）患者死亡的，还应当告知其近亲属有关尸检的规定。

患者死亡，医患双方对死因有异议的，应当在患者死亡后48小时内进行尸检；具备尸体冻存条件的，可以延长至7日。尸检应当经死者近亲属同意并签字，拒绝签字的，视为死者近亲属不同意进行尸检。不同意或者拖延尸检，超过规定时间，影响对死因判定的，由不同意或者拖延的一方承担责任。尸检应当由按照国家有关规定取得相应资格的机构和专业技术人员进行。医患双方可以委派代表观察尸检过程。

**2. 医疗损害鉴定** 《医疗纠纷预防和处理条例》将医学会和司法鉴定机构的鉴定，统一为医疗损害鉴定，医学会或者司法鉴定机构接受委托从事医疗损害鉴定，应当由鉴定事项所涉专业的临床医学、法医学等专业人员进行鉴定；医学会或者司法鉴定机构没有相关专业人员的，应当由设区的市级以上人民政府卫生、司法行政部门共同设立。专家库应当包含医学、法学、法医学等领域的专家。聘请专家进入专家库，不受行政区域的限制。医学会或者司法鉴定机构开展医疗损害鉴定，应当执行规定的标准和程序，尊重科学，恪守职业道德，对出具的医疗损害鉴定意见负责，不得出具虚假鉴定意见。医疗损害鉴定的具体管理办法由国务院卫生、司法行政部门共同制定。咨询专家、鉴定人员有下列情形之一的，应当回避，当事人也可以以口头或者书面形式申请其回避：①是医疗纠纷当事人或者当事人的近亲属；②与医疗纠纷有利害关系；③与医疗纠纷当事人有其他关系，可能影响医疗纠纷公正处理。

**3. 医疗损害赔偿** 发生医疗纠纷，需要赔偿的，医疗机构应当赔偿。但是，《医疗纠纷预防和处理条例》没有规定赔偿的具体标准，而是规定赔付金额依照法律的规定确定。《民法典》也对医疗机构承担赔偿责任的情形加以规定。医疗损害赔偿的请求时效是知道或应该知道健康权益受损害的3年。

## 第四节　医疗事故及其处理

《医疗纠纷预防和处理条例》第五十五条规定，对诊疗活动中医疗事故的行政调查处理，依照《医疗事故处理条例》的相关规定执行。这一条款说明对医疗事故的处理仍遵循《医疗事故处理条例》的规定。

### 一、医疗事故的定义

医疗事故（medical negligence）是指医疗机构及其医务人员在医疗活动中，违反医疗卫生管理法律、行政法规、部门规章和诊疗护理规范、常规，过失造成患者人身伤害的事故。医疗事故属于医疗行政上的概念，医疗事故的认定目前主要的意义，在于行政责任以及刑事责任的追究。例如，根据《医师法》第三十三条的规定，在执业活动中发生或者发现医疗事故，医师应当按照有关规定及时向所在医疗卫生机构或者有关部门、机构报告。根据《医师法》第五十五条的规定，造成医疗事故的医师，由县级以上人民政府卫生健康主管部门责令改正，给予警告；情节严重的，责令暂停六个月以上一年以下执业活动直至吊销医师执业证书。《刑法》第三百三十五条规定，医务人员由于严重不负责任，造成就诊人死亡或者严重损害就诊人身体健康的，处三年以下有期徒刑或拘役。

《医疗事故处理条例》第四条规定，根据对患者人身造成的损害程度，医疗事故分为四级：一级医疗事故为造成患者死亡、重度残疾的医疗事故；二级医疗事故为造成患者中度残疾、器官组织损伤导致严重功能障碍的医疗事故；三级医疗事故为造成患者轻度残疾、器官组织损伤导致一般功能障碍的医疗事故；四级医疗事故为造成患者明显人身损害的其他后果的医疗事故。为了科学划分医疗事故等级，正确处理医疗事故争议，保护患者和医疗机构及其医务人员的合法权益，原卫生部根据《医疗事故处理条例》，制定《医疗事故分级标准（试行）》，对医疗事故进行具体分级，分级标准从一级乙等至三级戊等对应伤残等级一至十级。

## 二、医疗事故的构成要件

行为人的行为构成医疗事故，需满足法律规定的特定的、必备的主客观要件。这些构成要件是判断医疗事故与非医疗事故的标尺。

### （一）医疗事故的责任主体是医疗机构及医务人员

我国在立法上对医疗事故主体范围作了明确限定，即仅限于医疗机构及医务人员。医疗机构，是指依照《医疗机构管理条例》的规定取得《医疗机构执业许可证》的机构。一般认为，医务人员是指依法取得相应资格的从事医疗活动的各类人员，具体包括：①医疗防疫人员（含中医、西医，卫生防疫，寄生虫、地方病防治，工业卫生，妇幼保健等）；②药剂人员（含中药、西药）；③护理人员；④其他技术人员（含检验、理疗、护理、口腔、同位素、放射、营养、生物制品生产等）。这里需要特殊强调两方面，第一，医务人员还包括从事医疗管理、后勤服务等负有为保障公民的生命和健康权益而必须实施某种行为的特定义务但未履行或者未认真履行义务的人员。第二，医疗事故责任是替代责任，医疗责任事故由医疗机构承担赔偿责任，可以向故意或者重大过失的工作人员追偿。根据《民法典》第一千一百九十一条，用人单位工作人员因执行工作任务给他人造成损害的，用人单位应当承担侵权责任。

### （二）医疗事故认定需要对病员的损害必须达到一定程度

医疗事故损害后果的起点是造成患者明显人身损害。根据对患者人身造成的损害程度，《医疗事故处理条例》把医疗事故划分为四级。一级医疗事故：造成患者死亡、重度残疾，分为甲、乙两等；二级医疗事故：造成患者中度残疾、器官组织损害导致严重功能障碍，分为甲、乙、丙、丁四等；三级医疗事故：患者轻度残疾、器官组织损害导致一般功能障碍，分为甲、乙、丙、丁、戊五等；四级医疗事故：造成患者明显人身损害的其他后果的医疗事故，未分等。

### （三）造成医疗事故的行为具有违法性，且发生在诊疗活动中

在医疗事故中，违法性主要是指违反诊疗护理规章制度和技术操作规程，这些可以是成文的，也可以是约定俗成大家都在实践中遵循的。违法是指违反卫生管理方面的法律、行政

法规、部门规章和诊疗护理规范、常规。遵守这些法律及规范是医疗活动合法性、正当性的必要前提，违法行为虽不一定构成医疗事故，但是造成医疗事故的行为必定具有违法性。同时，违法行为的实施是在诊疗护理过程中，既包括医疗机构及医务人员实施诊断、治疗、康复等医疗行为，也包括后勤管理人员实施的与患者生命健康相关的急救、医疗管理、设备供应管理等行为。

### （四）构成医疗事故的主观要件是过失

医疗事故的主体主观上必须有过失。过失是行为人对其行为的结果应当预见而没有预见或者已经预见但轻信能够避免的主观心理状态。过失判定的关键词是注意义务，是否构成过失就要看是否履行注意义务。从主观角度看，医疗过失是医务人员因疏忽没有预见到或虽有预见但轻信能避免的一种主观心理态度。从客观角度看，医疗过失是医务人员违反业务上的必要注意义务。医疗过失包括疏忽大意的医疗过失和过于自信的医疗过失。过失是介于正常的诊疗行为和故意的诊疗行为之间的一种主观状态。

### （五）医疗过失行为与患者人身损害之间具有因果关系

因果关系是法律责任的构成要件，是判定医疗损害是否属于医疗事故的关键内容。患者发生的人身损害必须是过失的医疗行为作用的结果，但不要求一定是直接因果关系。只有医疗过失行为与患者人身损害结果之间存在因果关系，医方才承担相应的法律责任。如果患者人身损害结果与医疗过失行为无因果关系，而是其他原因导致的就不属于医疗事故。如《民法典》第一千二百二十四条规定，患者在诊疗活动中受到损害，医疗机构不承担赔偿责任的三种情形：①患者或者其近亲属不配合医疗机构进行符合诊疗规范的诊疗；②医务人员在抢救生命垂危的患者等紧急情况下已经尽到合理诊疗义务；③限于当时的医疗水平难以诊疗。

## 三、医疗事故的报告

随着医疗技术的进步，人们对医疗服务质量和安全性的要求也越来越高。医疗事故的发生和处理已经成为现代医疗服务领域的一个重要问题。随着我国医疗事故报道的逐步增多，医疗事故报告管理规定也成为了我国医疗服务质量管理的重要内容。

《医疗事故处理条例》第十三条规定，医务人员在医疗活动中发生或者发现医疗事故、可能引起医疗事故的医疗过失行为或者发生医疗事故争议的，应当立即向所在科室负责人报告，科室负责人应当及时向本医疗机构负责医疗服务质量监控的部门或者专（兼）职人员报告；负责医疗服务质量监控的部门或者专（兼）职人员接到报告后，应当立即进行调查、核实，将有关情况如实向本医疗机构的负责人报告，并向患者通报、解释。第十四条规定，发生医疗事故的，医疗机构应当按照规定向所在地卫生行政部门报告。发生致患者死亡或者可能为二级以上的医疗事故或导致3人以上人身损害后果等重大医疗过失行为的，医疗机构应当在12小时内向所在地卫生行政部门报告。

《医疗纠纷预防和处理条例》第二十八条规定，发生重大医疗纠纷的，医疗机构应当按照规定向所在地县级以上地方人民政府卫生主管部门报告。卫生主管部门接到报告后，应当及时了解掌握情况，引导医患双方通过合法途径解决纠纷。这条款中的"重大医疗纠纷"与《医疗事故处理条例》的规定有竞合。《医师法》对医师报告义务的规定中，也有"发生或者发现医疗事故"的情形规定。

## 四、医疗事故的鉴定

医疗事故鉴定，是指由医学会组织有关临床医学专家和法医学专家组成的专家组，运用医学、法医学等科学知识和技术，对涉及医疗事故行政处理的有关专门性问题进行检验、鉴别和判断并提供鉴定结论的活动。医疗事故鉴定可作为医患双方协商解决医疗纠纷的依据、是卫生行政部门处理医疗纠纷案件的法定依据、是卫生行政部门作出行政处罚的法定依据、诉讼中的证据作用，但是鉴定不是必然的定案依据。

《医疗纠纷预防和处理条例》颁布后，"医疗事故"一词已被逐渐淡化，但由于《刑法》中仍存在"医疗事故罪"这一罪名，因此"医疗事故"目前仍有存在的必要，只是医疗事故技术鉴定的适用范围被限制。《医疗事故处理条例》第二十条规定，卫生行政部门接到医疗机构关于重大医疗过失行为的报告或者医疗事故争议当事人要求处理医疗事故争议的申请后，对需要进行医疗事故技术鉴定的，应当交由负责医疗事故技术鉴定工作的医学会组织鉴定；医患双方协商解决医疗事故争议，需要进行医疗事故技术鉴定的，由双方当事人共同委托负责医疗事故技术鉴定工作的医学会组织鉴定。同时，《医疗纠纷预防和处理条例》第五十五条规定，对诊疗活动中医疗事故的行政调查处理，依照《医疗事故处理条例》的相关规定执行。由此可知，医疗事故鉴定是卫生行政部门对医院的诊疗行为认定医疗事故并作出行政处罚的依据。但该行政处罚与医患双方的赔偿问题是没有关系的。作为《医疗纠纷预防和处理条例》的亮点之一，医疗损害赔偿与一般的人身损害赔偿适用相同的标准，取消了原《医疗事故处理条例》中规定的赔偿项目和标准，这表明即使做了医疗事故鉴定，医患双方在后续的协商调解过程中，仍需进行医疗损害鉴定以明确责任。

# 第五节　法律责任

## 一、医疗法律责任的概念

医疗法律责任，是指医疗机构及医务人员在医疗过程中因过失，或者在法律规定的情况下无论有无过失，造成患者人身损害或者其他损害，应当承担的法律后果。医疗法律责任包括行政责任、民事责任、刑事责任三种责任。

## 二、医疗法律责任的种类

### （一）医疗行政责任

违反各种医疗法律、法规，犯有轻微违法行为或失职行为，但不构成刑事处罚以及违反行政纪律的医疗机构和医务人员应承担的相应的行政处罚和行政处分，医疗行政处罚包括财产罚、行为罚、惩戒罚。行政处分是指直接责任人或直接负责的主管人员在医疗纠纷中负有责任的，可依责任大小比照《中华人民共和国公务员法》，给予警告、记过、记大过、降级、撤职、开除等行政处分。

### （二）医疗民事责任

医疗民事责任又称医疗损害赔偿责任，是指医疗机构及医务人员在医疗过程中因过失，或者在法律规定的情况下无论有无过失，造成患者人身损害或者其他损害，应当承担的以损害赔偿为主要方式的侵权责任。医疗损害赔偿责任包括医疗技术损害责任、医疗伦理损害责任、医疗产品损害责任。在医疗活动中，除了可能侵犯患者的人身权，还涉及隐私权、知情同意权等。这些侵权会带来精神损害，从而产生精神赔偿。《民法典》规定，患者在诊疗活动中受到损害，医疗机构或者其医务人员有过错的，由医疗机构承担赔偿责任。同时对泄露患者的隐私和个人信息，或者未经患者同意公开其病历资料的，也规定了侵权责任。《医疗纠纷预防和处理条例》对新闻媒体编造、散布虚假医疗纠纷信息，给公民、法人或者其他组织的合法权益造成损害，也规定了消除影响、恢复名誉、赔偿损失、赔礼道歉等民事责任。

## （三）医疗刑事责任

医疗刑事责任是指医务人员因严重不负责任而造成就诊人死亡或者严重损害就诊人身体健康所应承担的刑事法律后果。《刑法》规定了医疗机构及其人员承担的刑事责任，如医疗事故罪；传染病菌种、毒种扩散罪；非法采集、制作、供应血液、供应血液制品罪；采集、制作、供应血液、供应血液制品事故罪；非法行医罪；非法进行节育手术罪；非法提供麻醉药品、精神药品罪；扰乱社会秩序罪；受贿罪；滥用职权罪；玩忽职守罪等医疗刑事责任。

《医疗纠纷预防和处理条例》在医疗机构病历资料管理、医疗新技术评估和伦理审查的应用、医疗机构及其医务人员日常诊疗行为、医学会、司法鉴定机构出具虚假医疗损害鉴定意见、尸检机构出具虚假尸检报告、卫生主管部门和其他有关部门及其工作人员不履行职责或者滥用职权行为等方面做出了行政责任、民事责任与刑事责任的有效衔接的规定。

### 本章小结

随着医疗市场的发展和全民法律意识的增强，医疗纠纷日渐增多。频发的医疗纠纷不仅干扰了医疗机构的正常工作秩序，而且在很大程度上影响了医疗机构及其医务人员在社会上的声誉和形象，无形中造成了医患之间的隔阂，甚至在一些极端的情况下，还可能造成医务人员的人身伤害。目前，医疗纠纷已成为全社会关注的热点和焦点问题，如何正确处理及预防纠纷的产生更是社会多方所关注的问题。认真研究医疗纠纷处理困难的成因与防范措施，寻求医疗纠纷最佳的解决途径，积极化解社会矛盾，维护医疗机构的正常工作秩序，是当前医疗卫生发展中的一项重要课题。《医疗纠纷预防和处理条例》的颁布和实施为解决医患纠纷提供了指引。医疗纠纷是医患双方因诊疗活动引发的争议。了解并掌握医疗纠纷的处理及其预防、医疗事故及构成要件，以及相关法律规定将为构建中国和谐的医患关系作出重要贡献。

### 复习思考题

1. 简述医疗纠纷的概念及医疗纠纷处理原则。
2. 简述医疗纠纷预防的法律规定。
3. 简述医疗纠纷处理的途径。
4. 简述医疗事故的概念及构成要件。

（杨淑娟）

# 第六章 医疗损害责任法律制度

**学习目标**

掌握：医疗损害责任的概念和构成要件；医疗损害责任的归责原则；医疗损害责任的类型与法律适用。

熟悉：医疗损害赔偿中的举证责任分配。

了解：医疗损害赔偿责任的范围和内容。

---

### 张某诉牙科诊所医疗服务合同纠纷案

原告张某（系未成年人），于2021年2月因牙痛就诊于被告诊所，拔牙正畸治疗。后因被告诊所不能及时提供治疗材料和治疗条件，建议原告转诊治疗。原告认为该诊所耽误其治疗一年多的时间，增加了现治疗难度，致使其上下牙不能咬合情况严重，请求被告院内转其他医生继续治疗或转诊其他医院，若不能，请求判令被告立即退还全部治疗费用，办理终止治疗手续，承担恢复初诊治疗重新换牙槽的费用。

被告辩称：本案是医疗损害责任纠纷，被告在治疗过程中充分告知矫正计划，并且对每次复诊做了相应的记录，并与上级医院会诊。原告基于医疗损害提出本案诉讼，应当就被告做出的治疗、原告存在损害后果、因果关系提出相应证据。被告不同意退还原告治疗费用。

根据当事人的陈述和经审查确认的证据，法院认定原告到被告处就诊、复诊相关诊疗及治疗费用等事实，原告治疗期间原告主治医生的处置记录以及会诊申请与结论。

法院经审理认为：原告的主治医生系被告医院员工，其诊疗行为是代表被告医院行使的职务行为，主治医生在原告的病历中记载被告不给其提供必要的工作条件，导致其无法对原告进行正常治疗，原告诉至法院要求被告院内转其他医生继续治疗或转诊其他医院继续履行治疗义务，并明确表示不申请进行相关鉴定。经查原告到被告处就诊，交纳了治疗费用，双方之间已建立了医疗服务合同关系，基于原告的诉请本案案由应为医疗服务合同纠纷。

被告因院方与医生之间的内部矛盾影响了原告的正常治疗，对原告的诊治方向、诊治方案等久拖不决，转诊时间明显超过了合理必要的期限，延误了原告的治疗，其行为违背了上述最基本的义务，医疗服务存在严重的瑕疵，应认定被告存在违约行为。因被告已经出具与原告结束医疗关系的情况说明，原告请求判令被告院内转其他医生继续治疗或转诊其他医院继续履行治疗义务已无法实现，支持原告要求退还在被告处支付的全部诊疗费用。因上级医院会诊费用并非被告收取，原告要求被告退还此项相关费用不予支持。原告要求被告承担恢复初诊治疗重新换牙槽的费用依据不足不予支持。

## 第一节 概 述

### 一、医疗损害责任的概念及其发展过程

医疗损害责任，是指医疗机构及医务人员在医疗过程中因过失（或者在法律规定的情况下无论有无过失）造成患者人身损害或者其他损害，应当承担的以损害赔偿为主要方式的侵权责任。

随着法学理论和实践的发展，我国对医疗行为引起的患者损害问题的法律称谓也随着立法的更迭而不断发展。1987年《医疗事故处理办法》称之为"医疗事故""医疗差错""医疗意外"，并明确规定对"医疗事故"承担一定补偿责任，对"医疗差错"和"医疗意外"不承担赔偿责任。2002年2月国务院颁布的《医疗事故处理条例》（下简称《条例》）不再使用"医疗差错"和"医疗意外"，明确规定了"医疗事故"的概念。最高人民法院2003年1月发布的《关于参照〈医疗事故处理条例〉审理医疗纠纷民事案件的通知》规定：《条例》施行后发生的医疗事故引起的医疗赔偿纠纷诉到法院的，参照《条例》的有关规定办理；因医疗事故意外的原因引起的其他医疗赔偿纠纷，适用《民法通则》的规定。据此，医疗损害赔偿分为"医疗事故引起的损害"和"非医疗事故引起的损害"两类，从而形成了医疗损害法律适用的"二元化"状况。2010年7月实施的《侵权责任法》使用了统一的"医疗损害责任"的概念，从而终结了医疗损害法律称谓的混乱，也将医疗事故损害和其他医疗损害纳入统一的损害赔偿法律框架之下。2021年1月1日施行《民法典》，其中侵权责任编以侵权责任法为基础，总结实践经验，针对侵权领域出现的新情况，吸收借鉴司法解释的有关规定，对医疗损害侵权责任制度作了必要的补充和完善。

### 二、医疗损害责任特征

#### （一）医疗损害责任的责任主体是合法的医疗机构

《医疗机构管理条例》规定，医疗机构应为从事疾病诊断、治疗活动的医院、卫生院、疗养院、门诊部、诊所、卫生所（室）和急救站等机构。根据《医师法》《医疗机构管理条例》《医疗机构管理条例实施细则》的规定，医师应当在注册的医疗机构内执业，任何单位和个人未取得《医疗机构执业许可证》，不得开展诊疗活动。在医疗损害中，若对患者造成损害的是不具有合法资质的医务人员，医疗机构也应当承担相应的责任。另外，若是没有合法资质的医疗机构造成了患者损害，不能构成医疗损害责任。如执业助理医师独立从事诊疗活动的属非法行医，不能适用医疗损害责任处理纠纷，而只能适用《民法典·侵权责任编》的一般规定。

#### （二）医疗损害责任的行为主体是医务人员

医务人员包括了医师和其他医务人员。根据《医师法》的规定，医师包括执业医师和执业助理医师，是指依法取得执业医师或执业助理医师资格，经注册在医疗、预防、保健机构中执业的专业医务人员。尚未取得执业医师或执业助理医师资格，经注册在村医疗卫生机构从事预防、保健和一般医疗服务的乡村医生也视为医务人员。《护理条例》第二条规定，护士是经执业注册取得护士执业证书的卫生技术人员。未取得医师或护士资格或者未按照法律规定逾越执业地点、执业类别、执业范围等从事诊疗活动的人员，都不适用医疗损害责任的法律规范，而应当适用一般侵权行为的规则处理。未取得执业医师资格，但取得省级以上教育

行政部门认可的医学院校医学专业的毕业生在医疗机构内实习的，根据上级医师的指导进行相应的医疗活动，不属于非法行医。但如果违反了上级医师的指导擅自进行医疗活动的，不认定为医务人员。

### （三）医疗损害责任只能发生在诊疗活动中

这是区别医疗损害责任和一般侵权损害责任的关键。诊疗活动是指通过各种检查，使用药物、器械及手术等方法，对疾病做出判断和消除疾病、缓解病情、减轻痛苦、改善功能、延长生命，帮助患者恢复健康的活动。运用手术、药物、医疗器械以及其他具有创伤性或者侵入性的医学技术方法，对人的容貌和人体各部位形态进行修复与再塑的医疗美容属于医疗活动，而没有通过这样的方法进行的美容，如一般的面部护理、保健、按摩等不认定为医疗活动。在没有医疗机构资质的一般美容机构进行美容而发生的损害责任纠纷，不是医疗活动中发生的纠纷，不适用医疗损害责任的规定。

### （四）医疗损害责任是因患者人身权益受损害而发生的责任

造成患者健康权损害是指造成患者的人身损害；造成患者生命权损害是指造成患者死亡；造成患者身体权损害是指患者的身体组成部分的实质完整性以及形式完整性的损害，即造成了患者人体组成部分的残缺，或是未经患者同意非法损害了患者身体。相较一般侵权责任，医疗损害责任具有平衡医患双方的特征。医疗损害责任是保护患者的损害赔偿责任，但也必须同时协调医疗机构和患者之间的利益关系，保护好医疗机构和医务人员的合法权益，避免过分的赔偿责任损害医疗机构以及医务人员的利益，从而转嫁并间接损害患者权益。

### （五）医疗损害责任形态是替代责任和不真正连带责任

替代责任又称为间接责任、转承责任、延伸责任，是指责任人为他人的行为和自己管理的物件所致损害承担赔偿责任的侵权责任形态。替代责任的最基本特征是责任人和行为人分离，行为人实施侵权行为，责任人承担侵权责任。医疗损害责任就是典型的替代责任，实施医疗损害行为的是医务人员，但承担赔偿责任的是医疗机构，而且只有医疗机构在自己承担了赔偿责任后，对于有过失的医务人员才能行使追偿权。医疗产品损害责任的责任形态是不真正连带责任。在《民法典·侵权责任编》中规定：患者可以向生产者或者血液提供机构请求赔偿，也可以向医疗机构请求赔偿。患者向医疗机构请求赔偿的，医疗机构赔偿后，有权向负有责任的生产者或者血液提供机构追偿。

## 三、医疗损害责任与医疗服务合同责任的区别

医疗损害责任本质上是一种民事侵权责任，与在医疗场所内常见的医疗服务合同纠纷产生的赔偿责任有所不同。医疗服务合同责任是一种违约责任，其依据的法律是《民法典·合同编》，遵循要约（一方发出希望订立合同的意思表示）和承诺（向对方同意要约，愿意建立合同的意思表示）的合意订立过程。患方是服务的要约人，通过"挂号"方式发出要约，医方承诺后成立医疗服务合同，如一方违反医疗服务合同的约定，则视为违约，承担相应的违约责任。

一般来说，医方的违约情形主要是：违反合同约定不提供或提供不符合约定的医疗服务，违反合同履行中的说明义务，违反合同的附随义务如保密义务、转诊义务等；患方的违约情形主要是：违反给付医疗费用的义务，违反合同的附随义务如配合诊疗义务等。相较医疗服务合同责任，医疗损害责任在医疗纠纷的法律实践中运用更广泛。

## 四、医疗损害责任鉴定

### (一)医疗损害责任鉴定的名称演变

《侵权责任法》2010 年 7 月 1 日实施以前,医疗损害民事诉讼中的鉴定因人民法院委托的鉴定机构不同,其鉴定名称也不同。人民法院委托医学会进行的鉴定,称为"医疗事故技术鉴定",委托司法鉴定机构进行的鉴定称为"医疗过错司法鉴定"。为了正确适用《侵权责任法》,最高人民法院于 2010 年 6 月 30 日发布《关于适用侵权责任法若干问题的通知》中规定:人民法院适用《侵权责任法》审理民事纠纷案件,根据当事人的申请或者依职权决定进行鉴定的,统一称为医疗损害鉴定。

### (二)医疗损害责任鉴定的委托

医疗损害案件在进入诉讼程序之前,卫生行政部门或者医患双方在共同委托的情况下可以委托医学会组织鉴定。为更好地化解医患矛盾,医患双方也可以通过医疗纠纷调解委员会等调解组织委托鉴定。对于医疗损害民事诉讼案件,人民法院根据当事人的申请或者依职权决定进行医疗损害鉴定的,按照《全国人民代表大会常务委员会关于司法鉴定管理问题的决定》及国家有关部门的规定组织鉴定。人民法院委托进行医疗损害责任过错鉴定的,应当委托具有相应资质的鉴定机构组织鉴定。鉴定机构接受鉴定委托,应当要求委托人出具鉴定委托书,提供委托人的身份证明,并提供委托鉴定事项所需的鉴定材料。

### (三)医疗损害责任鉴定的实施

对于鉴定材料,当事人负有提交的责任,人民法院负有组织当事人对鉴定材料进行质证的职责。2017 年 12 月 14 日实施的《最高人民法院关于审理医疗损害责任纠纷案件适用法律若干问题的解释》(以下简称《医疗损害责任解释》)第十一条第二款规定了具体的鉴定事项,列举了七项专门性问题可以作为申请医疗损害鉴定的事项,主要包括:①实施诊疗行为有无过错;②诊疗行为与损害后果之间是否存在因果关系以及原因力大小;③医疗机构是否尽到了说明义务、取得患者或者患者近亲属书面同意的义务;④医疗产品是否有缺陷、该缺陷与损害后果之间是否存在因果关系以及原因力的大小;⑤患者损伤残疾程度;⑥患者的护理期、休息期、营养期;⑦其他专业性问题。

《医疗损害责任解释》第十二条专门对因果关系的原因力的有无及原因力大小鉴定做出规定。鉴定意见可以按照导致患者损害的全部原因、主要原因、同等原因、次要原因、轻微原因或者与患者损害无因果关系,表述诊疗行为或者医疗产品等造成患者损害的原因力大小。鉴定人对医疗损害原因力的鉴定意见应当符合上述要求。鉴定意见应当经当事人质证。

### (四)医疗损害鉴定的原则

**1. 合法性原则** 合法性原则是指鉴定活动必须严格遵守国家法律法规的规定。鉴定合法是评判鉴定意见是否具有证据效力的前提。任何违反法定程序、规则的事由都将导致鉴定意见无效。这一原则要求鉴定机构及鉴定人员在具备相应资质且能够满足鉴定需要的前提下,对鉴定的委托受理、实施、补充鉴定、重新鉴定、鉴定意见的签发等环节严格把控,使鉴定具有合法性。

**2. 合理性原则** 鉴定意见的做出应当具备合理性。鉴定合理性是鉴定活动的精髓。鉴定人员在运用医学科学原理和专业知识对医疗损害案件中涉及的专门性问题进行评判时,不仅要兼顾各个地区或各级医院的客观情况和当时的医疗技术水平,还要综合考虑病情紧急性和医疗活动的不确定性等因素，科学合理的给予评判。鉴定机构只有充分考虑到不同的客观因素，并进行综合分析，才能做到既维护患方的合法权益，又不会限制医学的正常发展。

**3. 公开性原则** 公开性原则是指除涉及个人隐私或当事人申请不公开的以外，鉴定机构及鉴定人员进行了鉴定活动和鉴定材料等应对当事人和社会公众公开。鉴定公开主要体现在鉴定主体的公开、鉴定材料的公开、鉴定实施的公开、鉴定依据的公开、收费标准的公开等方面。鉴定公开是诉讼程序公开的重要方面，是诉讼程序公正的具体体现，是实现实体公正的重要保证，是保障当事人权利的客观要求。鉴定公开既是鉴定的应有之义，也是对鉴定最好的制约。

**4. 独立性原则** 鉴定独立是鉴定活动顺利进行的重要保障。任何鉴定活动都不应当受到行政机关、社会团体和个人的非法干扰，任何人都不能要求或暗示鉴定人出具某种结论。司法鉴定机构之间是平等的、独立的，相互间无隶属关系，鉴定意见不受相互制约和影响。值得注意的是，鉴定活动坚持独立性原则与依法接受法律监督两者并不矛盾，而是相互制约、相互促进的关系，其共同目的在于确保鉴定活动及鉴定结果的客观性、公正性。

## 第二节 医疗损害责任的构成要件

### 一、过 错

#### （一）一般医疗损害责任的核心要件为过错

医疗损害责任是发生于医疗专业活动过程当中的侵权责任，医疗机构向患方承担侵权责任通常须以过错为条件。此种过错，一般为过失。

理论界对"过错"的概念有三种主要学说：主观过错说、客观过错说和折中说。一般认为，在不需要对医务人员的主观心理状态进行考量时，对医疗过错的认定应采用客观的标准。过错的判断标准为医务人员的高度注意义务，而过错的具体表现就是医务人员违反预先设定的义务、标准，或称之为有违注意义务。

《医疗损害责任解释》第十六条规定："对医疗机构或者其医务人员的过错，应当依据法律、行政法规、规章以及其他有关诊疗规范进行认定，可以综合考虑患者病情的紧急程度、患者个体差异、当地的医疗水平、医疗机构与医务人员资质等因素。"可见，该司法解释中涉及的评判标准，都是在对医疗机构或者其医务人员的执业活动注意义务的评价。在具体的个案中，患方主张医疗机构承担医疗过错责任的，应当提交医方有过错、诊疗行为与损害后果之间存在因果关系的证据。

#### （二）医疗过错的主要表现

基于诊疗行为的特殊性，医疗过错应根据预先设定的标准来判断行为人是否有过错。医疗过错主要表现为：

**1. 违反知情同意义务** 《民法典·侵权责任编》第一千二百一十九条规定了医务人员在诊疗活动中的说明义务。一般认为，医方负有为患者自主决定的说明义务的情形包括：对患者实施手术；对患者进行具有危险性并可能产生不良后果的检查和治疗；由于患者体质特殊或者病情危急，可能对患者产生不良后果和危险的检查和治疗；临床试验性检查和治疗；收费可能对患者造成较大经济负担的检查和治疗；对患者施行的需要患者或者其近亲属配合的检查和治疗；以教学、科研为目的对患者进行的检查和治疗；其他需要予以说明并取得相应书面同意的检查和治疗。

在紧急医疗的情况下不能取得患者或其近亲属意见的则为例外。《民法典·侵权责任编》第一千二百二十条规定了因抢救生命垂危的患者等紧急情况，不能取得患者或者其近亲属意见的，经医疗机构负责人或者授权的负责人批准，可以立即实施相应的医疗措施。《医疗损害责任解释》第十八条规定了因抢救生命垂危的患者等紧急情况且不能取得患者意见时，可以认定为"不能取得患者近亲属意见"的具体情形：近亲属不明的；不能及时联系到近亲属的；近亲属拒绝发表意见的；近亲属达不成一致意见的；法律、法规规定的其他情形。前款情形，医务人员经医疗机构负责人或授权的负责人批准立即实施相应医疗措施，患者因此请求医疗机构承担赔偿责任的，不予支持。医疗机构及其医务人员怠于实施相应医疗措施造成损害，患者请求医疗机构承担赔偿责任的，应予支持。

医疗机构应举证证明其已尽到知情同意义务。如果医疗机构不能证明其已尽到知情同意义务，则应对由此给患方造成的损害承担赔偿责任。

**2. 未达到当时的专业标准**　根据《医师法》第二十二条第4、5项的要求，医师享有从事医学教育、研究、学术交流、参加专业培训、接受继续医学教育的权利，即在执业活动中，应当努力钻研业务，更新知识，提高专业技术水平。《民法典·侵权责任编》第一千二百二十一条规定，医务人员诊疗活动中未尽到与当时的医疗水平相应的诊疗义务，造成患者损害的，医疗机构应当承担赔偿责任。认定医务人员在诊疗活动中是否尽到与当时的医疗水平相当的诊疗义务，应当主要依据法律、行政法规、规章以及其他有关诊疗规范的规定，以诊疗行为发生时的医疗水平为标准进行评判，必要时可以进行医疗过错鉴定。由于医疗水平是不断提高的，医疗人员只能尽到与当时的医疗水平相应的诊疗义务。因此，不能以现在的医疗水平来衡量过去的诊疗行为是否尽到应有的诊疗义务。

**3. 违反诊疗规范**　医疗行为关乎生命与健康，医务人员须严谨的按照法律规定及操作规范进行诊疗活动，若违反即有过错，就要对医疗损害后果承担责任。根据《民法典·侵权责任编》第一千二百二十二条的规定，患者在诊疗活动中受到损害，医疗机构或者医务人员违反诊疗规范，即推定医疗机构有过错。违反诊疗规范包括违反法律、行政法规、规章以及其他有关诊疗规范的规定；隐匿或者拒绝提供与纠纷有关的病历资料；遗失、伪造、篡改或者违法销毁病历资料。违反诊疗规范的行为，也包括对患者实施诊疗规范以外的不必要的检查的情况，故《民法典·侵权责任编》第一千二百二十七条规定，医疗机构及其医务人员不得违反治疗规范实施不必要的检查。

**4. 违反隐私保护义务**　隐私权是指自然人享有的对其个人的、与公共利益无关的个人信息、私人活动和私有领域进行支配的具体人格权。患者在就医过程中，出于诊断和治疗的需要，会向医务人员提供大量个人信息，如病史、既往史、家族史、生活史以及婚姻家庭状况等，也有暴露自己的身体隐私部位的可能性，上述信息均属于患者隐私权的范畴。《医师法》第二十三条、《传染病防治法》第十二条均规定了医疗机构及其医务人员应尊重患者隐私。原《侵权责任法》则首次确认了隐私权的独立法律地位，并明确规定：医疗机构及其医务人员应当对患者的隐私保密。泄露患者隐私或者未经患者同意公开其病历资料，造成患者损害的，应当承担侵权责任。《民法典·人格权编》第一千零三十二条规定，自然人享有隐私权。任何组织或者个人不得以刺探、侵扰、泄露、公开等方式侵害他人的隐私权。《民法典·侵权责任编》第一千二百二十六条规定，医疗机构及其医务人员应当对患者的隐私和个人信息保密。泄露患者隐私和个人信息或者未经患者同意公开其病历资料，应当承担侵权责任。

## 二、损 害

### (一) 医疗损害责任中损害必须具备的条件

医疗损害责任中的损害是指医疗机构及其医务人员在医疗活动中造成患者遭受的不利益。现代侵权法要求侵权行为成立的前提条件是发生现实的损害，侵权行为损害赔偿请求权以实际损害作为成立要件，只有遭受损害才可能获得赔偿，因此要求诊疗行为必须造成患者损害。作为侵权责任构成要件的损害，必须具备以下条件：

**1. 确定性** 损害的确定性是指损害已经发生，是真实存在的，而非主观臆测的。

**2. 可补救性** 可补救性是指损害在程度上具有一定的严重性，在法律上认为有给予补救的必要。可补救性并非指损害应当能够以金钱计算，在当下，人身利益的损害可以以金钱给予补偿已成通例。

### (二) 医疗损害责任中的损害与赔偿

医疗损害责任中的损害主要包括：①患者生命权、健康权或者身体权受到侵害，使患者的生命丧失或者人身健康遭到损害；②因侵害患者生命权、健康权、身体权受到损害之后直接造成的财产损失，包括为医治损害所支出的合理费用、误工费等；③因人身损害造成患者及其近亲属的精神痛苦之损害。

损害是侵权责任的必备要件，患方有损害，医方才赔偿；患方有多少损害，医方就应当赔偿多少，此即医疗损害赔偿中的"填平原则"，当然这一原则亦有例外。首先，在医方所主张的抗辩事由成立的情况下，医方将不予部分或全额赔偿。其次，惩罚性赔偿在医疗产品责任中亦有适用的可能。根据《民法典·侵权责任编》第一千二百零六条关于惩罚性赔偿的规定，医疗机构明知医疗产品存在缺陷，仍然生产及提供给患者使用，造成患者死亡或者健康严重损害的。患方除可依法请求医疗机构赔偿实际损失外，还可请求相应数额的惩罚性赔偿。由于《民法典·侵权责任编》第一千二百零六条并没有规定相应的惩罚性赔偿标准，《医疗损害责任解释》第二十三条参照《消费者权益保护法》的规定，明确惩罚性赔偿的标准，即医疗产品的生产者、销售者明知医疗产品存在缺陷仍然生产、销售，造成患者死亡或者健康受到严重损害，被侵权人请求生产者、销售者赔偿损失及两倍以下惩罚性赔偿的，人民法院应予支持。

## 三、因 果 关 系

### (一) 医疗损害责任中因果关系的界定

因果关系是指过错行为是引起损害后果的原因。这是判定医疗侵权成立的重要因素，同时也关系到责任程度和具体赔偿数额的大小。医疗损害责任和其他侵权责任一样，以因果关系作为责任成立的必备要件。医疗损害责任中的因果关系是指医疗机构及其医务人员的诊疗行为与患者遭受的损害之间具有引起与被引起的关系。《民法典·侵权责任编》第一千二百一十八条所谓"患者在诊疗活动中受到损害"，即是要求医疗机构及其医务人员的诊疗行为与患者的损害之间具有因果关系。

### (二) 医疗损害责任中因果关系的具体形态

因果关系的具体形态有一因一果、多因一果、一因多果和多因多果。一因一果是指一个原因引起一个损害结果。多因一果是指两个以上的原因引起一个损害结果。一因多果是指一个原因引起数个损害后果。多因多果是指两个以上的原因引起两个以上的损害结果。多因一果又可分为聚合性的因果关系（累积性因果关系）、共同的因果关系和择一的因果关系。聚合的因果关系是指多个原因共同引起一个损害结果，其中每个原因都足以导致损害的发生。在聚合的因果关系情况下，不能适用"若无，则不"的因果关系判断方法。《民法典·侵权责任编》第一千一百七十一条规定："二人以上分别实施侵权行为造成同一损害，每个人的侵权行为都足以造成全部损害的，行为人承担连带责任。"共同因果关系是指，几个原因事实互相结合起来，共同导致损害的发生。择一的因果关系主要指的是共同危险行为的因果关系，即多个行为中每个行为都可能导致损害结果的发生，但是不知道到底是由哪个行为造成的。《民法典·侵权责任编》第一千一百七十条规定："二人以上实施危及他人人身、财产安全的行为，其中一人或者数人的行为造成他人损害，能够确定具体侵权人的，由侵权人承担责任；不能确定具体侵权人的，行为人承担连带责任。"

在实践中，如两个以上医疗机构的诊疗行为造成患者同一损害，患方请求医疗机构承担赔偿责任的，应当区分不同情况。根据《民法典·侵权责任编》第一千一百六十八条、第一千一百七十条、第一千一百七十一条的规定，确定各医疗机构承担的赔偿责任。但医疗机构邀请本单位以外的医务人员对患者进行诊疗，不属于共同医疗侵权，因受邀医务人员的过错造成患者损害的，由发出邀请的医疗机构承担赔偿责任。

## 第三节　医疗损害责任的归责原则

### 一、过错责任原则

过错责任原则，是指以过错作为归责的主观要件。过错责任原则要求行为人尽到对他人的谨慎和注意义务，努力避免损害后果。按照该原则，无过错即无责任。《民法典·侵权责任编》第一千二百一十八条明确规定："患者在诊疗活动中受到损害，医疗机构及其医务人员有过错的，由医疗机构承担赔偿责任。"医疗过错的认定是确认医疗损害责任的重要前提，其基本标准是医疗机构及其义务人员在诊疗活动中是否遵循应尽的注意义务。从法律适用的角度，认定医疗过错应当遵循的逻辑是先具体而后抽象，即有具体标准时遵循具体标准，难以确认具体标准时遵循抽象的学理性标准。一般来说，能被确认的医疗注意义务属具体标准的范畴，而与医疗领域的合理医疗水平相应的注意义务属于抽象标准的范畴。但同人类思维活动相适应的是，两者并非呈现出泾渭分明的状态，具体标准应该以抽象标准作为基准，而抽象标准也可能通过医疗水平的具体化、规范化转化为具体标准。

**（一）认定医疗过错的具体标准**

认定医疗过错的具体标准包括形式和内容两个方面。形式上的具体标准是指以一定的规范形式表现的易于操作的标准；内容上的具体标准是指从注意义务的内容上归纳出的标准。需要说明的是，形式与内容的划分具有相对性，如用以判断医疗过失的法律规范必然有其内容，但基于理解上的便利，将易于从形式上加以识别的标准纳入形式上的具体标准。

**1. 形式上的具体标准**　即指违反法律、行政法规、规章以及其他有关诊疗规范。

法律是指由全国人大及其常委会审议通过的规范性文件，是效力等级最高的规范性文件，如《医师法》《献血法》等；行政法规是指国务院为领导和管理国家各项行政工作，根据《宪法》与法律制定的各类规范性文件的总称，是效力仅次于法律的规范性文件，一般以"条例"

命名,如《医疗机构管理条例》;规章是指由国务院组成部门以及地方政府颁布实施的就某方面事项进行调整和规定的规范性文件,分为部门规章和地方政府规章,部门规章如《处方管理办法》、地方政府规章如《重庆市食品安全管理办法》等。

诊疗规范一般指基于维护患者生命健康权,规范医疗行为的目的,在总结医学科学技术成果和诊疗经验的基础上,在诊疗活动中逐渐形成的有关医疗行为的规范和指南,包括各级卫生行政部门、各类医学行业组织制定的各种标准、规程、制度、规范、指南、指引等文件。

不具有稳定形式的规范不属于认定医疗过失的具体标准,仅可作为是否符合抽象标准的参考,包括医学伦理道德和形式上不成文的、为一些医疗机构及其医务人员通常遵循的诊疗护理惯例或通行做法。

**2. 内容上的具体标准** 即指违反具体的医疗注意义务,分为违反一般医疗注意义务、违反特殊医疗注意义务和违反其他医疗注意义务。

一般医疗注意义务是指医疗机构和医务人员在诊疗活动中,应遵守的医疗科学上必须遵守的行为规范或行为准则所确定的义务,包括诊断、治疗、注射、手术、麻醉、抽血、输血、放射治疗、用药、疗养指导等过程中的具体注意义务。

特殊医疗注意义务是指医疗机构和医务人员在诊疗活动中,应遵守医疗职业伦理上的要求的义务,包括说明义务、转医义务、保密义务、尊重患者自主权义务、亲自诊疗义务和不得拒诊的义务。说明义务是指医方应向患者提供相关医疗信息的义务;转医义务是指医方对超出治疗能力的患者应当尽快安全转移到有条件治疗的医疗机构的义务;保密义务是指医方对其掌握的与诊疗相关的患方私人信息保守秘密的义务;尊重患者自主权义务是指医方应尊重患者自主意愿,未经同意不得任意采用相关医疗措施的义务;亲自诊疗义务是指医师应亲自到医疗场所诊察病情,以免误诊的义务;不得拒诊的义务是指医方对危急患者不能拒绝诊疗的义务。

其他医疗注意义务是指无法用医疗过程加以划分的义务内容。主要包括:真实记载和妥善保管病历资料的义务、医师的监督义务和医疗机构的组织义务等。其中医师的监督义务是指医师在职责范围内应对护理人员及其他医技人员的工作和药品、医疗设备的质量、使用情况等进行监督的义务;医疗机构的组织义务是指医疗机构应当依法合理设置科室、配备合格医务人员、提供合格医疗器械、建立并严格执行科学管理制度的义务。

违反上述具体注意义务可以作为认定医疗过错的具体标准。需要强调的是,作为具体标准,上述注意义务一定体现于法律、行政法规、规章以及其他有关诊疗规范中,是能够被把握和识别的标准。

## (二)认定医疗过错的抽象标准

即指未尽到与当时的医疗水平相应的注意义务。

医疗水平也称医疗水准,是指医师在诊疗活动中,其医疗能力、注意程度以及伦理约束应符合具有一般医疗专业水平的医师在同一情况下所应遵循的标准。日本最早将"医疗水平"作为衡量医师注意能力进而判断医疗过失的抽象标准。《民法典·侵权责任编》第一千二百二十一条规定:"医务人员在诊疗活动中未尽到与当时的医疗水平相应的诊疗义务,造成患者损害的,医疗机构应当承担赔偿责任。"这一条款是《侵权责任法》的第五十七条,是我国首次在法律中确认"当时的医疗水平"作为判断医疗过失的抽象标准,属立法上的一大进步。

对"当时的医疗水平"应当作如下理解：首先，应当以医疗行为发生时的医疗水平为标准，这是理解医疗水平的时空要素。其次，判断"当时的医疗水平"必须考虑到执业的医疗机构所在地区、医疗机构资质和医务人员资质等因素。不同地域的医疗资源能力、不同医疗机构资质的医疗条件和不同资质的医务人员的临床经验、医学技术水平都会有所差异，应当予以考虑。最后，还必须考虑一些辅助性要素，如紧急医疗措施对医疗水平的限制等。

## 二、推定过错责任原则

所谓推定，是根据基础事实的存在而作出的与之相关的另一事实存在或不存在的假定。以推定的方式确认医疗过失，一方面是因为在一些基础事实存在的情况下，医疗过失发生的概率极高，另一方面也是为了加强医方对极易发生过失的医疗行为的管理和监督。

推定过错责任原则，也称过失推定责任原则，是指以平衡医患之间举证能力强弱为目的，在一些特殊情形下，可以直接推定医方有过错的归责原则。《民法典·侵权责任编》第一千二百二十二条规定，推定过错的具体情形：患者有损害，因下列情形之一的，推定医疗机构有过错：①违反法律、行政法规、规章以及其他有关诊疗规范的规定；②隐匿或者拒绝提供与纠纷有关的病历资料；③伪造、篡改或者销毁病历资料。在上述三种情形下，患方不需要证明医方医疗行为中存在过错，只需要证明医方存在上述情形，医方即可被人民法院推定为有过错。

上述事实之所以能推定医疗过错，主要源于医疗机构妥善保管病历并应患者要求提供病历的义务，《民法典·侵权责任编》第一千二百二十五条规定，医疗机构及其医务人员应当按照规定填写并妥善保管住院志、医嘱单、检验报告、手术及麻醉记录、病理资料、护理记录、医疗费用等病历资料。患者要求查阅、复制前款规定的病历资料的，医疗机构应当提供。《医疗事故处理条例》第十条也规定了患方有权获得病历资料的复印件的权利以及相应的医方义务。

## 三、无过错责任原则

无过错责任原则，是指无论有无过错，均应承担侵权责任的归责原则。根据《民法典·侵权责任编》第一千二百二十三条规定："因药品、消毒药剂、医疗器械的缺陷，或者输入不合格的血液造成患者损害的，患者可以向药品上市许可持有人、生产者、血液提供机构请求赔偿，也可以向医疗机构请求赔偿。患者向医疗机构请求赔偿的，医疗机构赔偿后，有权向负有责任的药品上市许可持有人、生产者、血液提供机构追偿。"这一规定表明，只要医方在医疗行为中使用不合格医疗产品或者血液导致患方人身损害的，不论是否存在过错，只要医疗产品符合法定条件，都应承担赔偿责任。这些法定条件包括：

**1. 医疗产品存有缺陷**　认定医疗产品存在缺陷应从以下几方面考虑：首先，医疗产品存在危及人身、财产安全的可能性，一旦应用，该项缺陷可能对患者的人身和财产造成直接损害；其次，这一缺陷是不合理的。鉴于临床医疗的风险性，医疗产品可能也会有些不可避免的缺陷，但如果超出合理范围，这一缺陷将作为侵权的基础性条件；最后，如果医疗产品不符合相关国家或者行业标准，可以直接认定其存在缺陷。

**2. 血液不合格**　不合格既包括血液成分等质量不符合法定标准，也包括血液的包装、外观等不符合法定要求，其实质是未通过血液采集、储存、使用机构的质量检测。与医疗产品不同的是，血液存在缺陷的原因可能由于一些疾病在一定时期内不具备检测监控的可能，如艾滋病的"窗口期"等，因此，只要按照有关规定检测结果是合格的，即便后来发现血液有质量缺陷并造成病患损害，也不会被认为构成侵权责任。

医疗产品责任的无过错责任原则，有利于保护患方合法权益，而无过错的医疗机构的可追偿规定又充分考虑了诉讼成本问题和医方的合法权益。

## 第四节 医疗损害责任的类型与法律适用

### 一、医疗技术损害责任

#### （一）概念与特征

医疗技术损害责任是指医疗机构及其医务人员从事疾病的检验、诊断、治疗方法的选择，治疗措施的执行，病情发展过程的追踪以及术后照护等医疗行为，不符合当时既存的医疗专业知识或技术水准的过失行为，医疗机构应当承担的损害赔偿责任。医疗技术损害赔偿责任是医疗损害责任的基本类型。医疗技术损害责任的特征为：

（1）医疗技术损害责任的产生必须是医疗机构及其医务人员实施的诊疗活动。根据《医疗机构管理条例实施细则》规定，诊疗活动是指通过各种检查，使用药物、器械及手术等方法，对疾病做出的判断和消除疾病、缓解病情、减轻痛苦、改善功能、延长生命、帮助患者恢复健康的活动。立法上对诊疗活动进行了一个相对狭义的界定。但随着医学医疗技术的发展，诊疗活动的内涵和外延在不断扩大，许多原本并不属于传统医疗行为也被纳入医疗诊疗的范围，所以只要属于医疗诊疗活动均可构成医疗技术损害责任。

（2）医疗技术损害责任中的诊疗行为需遵循大量的行业规范。诊疗行为必须遵守相关的法律法规、行政规章的规定，但由于医学科学技术性的特点，诊疗行为还需要遵循大量的诊疗规范和常规。

（3）医疗技术损害中因果关系认定的复杂性。这是由疾病和医学特点决定的。医学具有极强的专业性，疾病具有多因性、动态性、变异性和并发性。医疗技术损害责任中的因果关系判定需要具备医学专门知识，且对因果关系的认定还受制于医学科学发展的水平。目前医学对很多疾病认识尚处于起步阶段，故医疗技术损害中损害后果和诊疗行为之间的因果关系认定，较一般侵权行为因果关系的认定更为复杂。

（4）医疗技术损害责任的损害是患者的人身损害。该损害指的是诊疗行为直接造成患者生命、健康、身体损害。这种损害发生在诊疗活动中，并不要求在诊疗活动结束时患者就立即感知到损害后果的存在。因为有的损害具有一定的潜在性、延发性。认定患者的损害时，必须排除下列因素：患者疾病的自然转归；患者的特殊体质造成的不可避免的损害；医学手段自身包含的侵袭性。

（5）医疗技术损害的主观要件是过失。医疗技术损害责任的过失判断标准是医务人员是否尽到了自己高度的注意义务。医务人员作为专业人员。其注意义务的标准高于普通的人员。

#### （二）责任适用与承担

医疗技术损害责任适用过错责任原则。证明医疗机构及医务人员的医疗损害责任的构成要件，须由原告即受害患者一方承担举证责任，即使医疗过失要件也由受害患者一方负担。

医疗技术损害责任的责任承担是一种替代责任，即加害行为的实施者是医疗机构的医务人员。但医疗技术损害责任的承担主体是医务人员所在的医疗机构，即使医务人员不是本医疗机构的工作人员，但受某一医疗机构的邀请到本医疗机构对患者进行诊疗，因受邀医务人员的过错造成患者损害的，也由邀请医疗机构承担赔偿责任。

## （三）免责事由

医疗行为的高技术性和高风险性决定了医疗结果的不确定性。在对医疗侵权行为进行规制的同时，必须考虑到医疗活动的复杂性，同时也不应阻碍医学科学在探索和创新中进步。鉴于此，世界各国均规定了医疗损害责任的免责事由。我国法律规定的免责事由包括：

（1）患者或者其近亲属不配合医疗机构进行符合诊疗规范的诊疗。包括以下情形：患者及其家属不如实提供病史；患者及其家属不配合检查；患者及其家属不遵守医嘱；患者及其家属不服从医院管理；患者及其家属不同意医生建议，私自采取医疗措施等。需要注意的是，在上述情形中，如果医疗机构及其医务人员也有过错的，应当承担相应的赔偿责任。这是一种混合过错的责任承担形式。

（2）医务人员在抢救生命垂危的患者等紧急情况下已经尽到合理诊疗义务。医务人员只要按照紧急救治措施的医疗操作规范实施诊疗行为，虽然在注意义务的履行上未达到平时水平，也属于免责范畴。这一免责需满足以下条件：

1）抢救生命垂危的患者等紧急情况。这些情况包括急诊急救行为、术中大出血、紧急输血、抢险救灾和战争等特殊情况下对生命垂危者的救治。

2）尽到合理诊疗义务。在紧急情况下，医疗机构及其医务人员仍应遵守基本的诊疗规范，在有限的条件下，尽可能地将抢救的副作用降到最低。此处的合理诊疗义务具有相对性，应以事后鉴定来判断。

（3）限于当时的医疗水平难以诊疗。在司法实践中，包括以下列举的具体情形：

1）在医疗活动中由于患者病情异常或者患者体质特殊而发生医疗意外的。

2）在现有医学科学技术条件下，发生无法预料或者不能防范的不良后果的。如并发症等。

3）无过错输血感染造成不良后果的。

4）对罕见病、少见病的误诊误断的。

（4）其他法定理由：根据我国民事法律的规定，其他法定理由主要包括：不可抗力；正当防卫；紧急避险；受害人同意；受害人故意；第三人过错等免责事由。

## （四）具体情形

**1. 诊断过失损害责任** 即医疗机构的医务人员在患者的诊疗疾病过程中，没有遵守相关的法律法规、行政规章和诊疗规范和常规，没有尽到相应的注意义务，出现误诊、漏诊、错诊、延误诊断等情形，造成患者损害的，医疗机构承担医疗技术损害责任。

**2. 治疗过失损害责任** 医疗机构的医务人员没有遵守相关的法律法规、行政规章、治疗规范和常规，没有尽到注意义务，在对患者疾病的治疗过程中存在技术过失，造成患者损害的，医疗机构承担医疗技术损害责任。

**3. 护理过失损害责任** 医疗机构的医务人员没有遵守相关的法律、法规、行政规章、治疗规范和常规，没有尽到注意义务，在对患者的护理过程中存在技术过失，导致患者出现损害的，医疗机构承担医疗技术损害责任。

**4. 医疗美容损害责任** 医疗美容以医学技术为基础实施对美容者具有创伤性或者侵入性的行为。目前医疗美容行业纠纷主要有三种情形，一是医疗机构或者从事人员不具备相应的资质仍提供医疗美容服务，并对接受服务者造成损害所引起的纠纷。二是医疗美容机构或从业人员具备相应的医疗美容资质，但在提供医疗美容服务过程中，没有遵守相关的法律、法规、行政规章、治疗规范和常规，没有尽到注意义务，医疗美容技术存在过失造成患者损害所引起的纠纷。三是接受医疗美容的整形者对医疗美容整形的效果不满意而引起的纠纷。医疗美容过失损害只包括上述第二种情形。

## 二、医疗伦理损害责任

### （一）概念与特征

医疗伦理损害责任，是指医疗机构及医务人员从事各种医疗行为时，未对患者充分告知或说明其病情，未提供病患及时有用的医疗建议，未维护患者与病情相关的隐私权，或未取得病患者同意，即采取某种医疗或停止继续治疗措施等，违反了医疗职业良知或职业伦理应遵守的规则的过失行为，医疗机构所应承担的损害赔偿责任。医疗伦理损害责任的特征为：

**1. 医疗机构和医务人员违反的是医疗伦理义务** 与医疗技术损害责任不同的是，医疗伦理损害责任中的医疗机构和医务人员并没有违反相应的诊疗技术法律、法规和常规，而是违反了与医疗良知和医疗伦理有关的说明义务、保密义务、不过度诊疗义务等。

**2. 患者的损害后果要达到一定程度** 患者因医疗机构及其医务人员的过错行为遭受了人身、财产和精神方面的损害，并且这个损害后果还要达到一定的程度。如若医疗机构及其医务人员存在违反相应的医疗伦理义务的过错行为，但仅由这种过错行为所引起的损害过于轻微，在此情况下，医疗机构及其医务人员不需要承担医疗伦理损害责任。

**3. 医务人员主观上既可能是故意也可能是过失** 在医疗技术损害责任中，医务人员的主观过错一般是指过失。而在医疗伦理损害责任中，医务人员主观上的过错包含故意和过失，如医务人员可能基于故意侵犯患者隐私权。因此，医疗机构和医务人员在主观上存在故意或者过失则承担责任，不存在故意和过失则不承担责任。

### （二）责任适用与免责事由

医疗伦理损害责任是一种替代责任，承担主体是医务人员所在的医疗机构，而非直接实施加害行为的医务人员。但医务人员存在重大过错的，医疗机构在向患者及近亲属承担了医疗伦理损害责任后，可以向相关医务人员进行追责。

在诉讼中，对于责任构成的医疗违法行为、损害事实以及因果关系的证明，由受害患者一方负责证明。在此基础上实行过错推定，将医疗过失的举证责任全部归之于医疗机构，医疗机构一方认为自己不存在医疗过失，须自己举证，证明自己的主张成立，否则应当承担赔偿责任。

医疗伦理损害责任的免责事由包括受害人有过错、受害人同意、第三人行为等。

### （三）具体情形

**1. 违反说明义务的损害责任** 在诊疗活动中，医务人员负有说明义务。但目前法律法规并未对医务人员的说明义务标准做出规定。关于说明的内容，《民法典·侵权责任编》第一千二百一十九条规定，医务人员在诊疗活动中应当向患者说明病情和医疗措施。需要实施手术、特殊检查、特殊治疗的，医务人员应当及时向患者具体说明医疗风险、替代医疗方案等情况，并取得其明确同意；不能或者不宜向患者说明的，应当向患者的近亲属说明，并取得其明确同意。

**2. 违反保密义务的损害责任**　违反保密的医疗伦理损害责任主要是医疗机构及医务人员侵犯患者隐私权等情形。《民法典·侵权责任编》第一千二百二十六条规定，医疗机构及其医务人员应当对患者的隐私权和个人信息保密。泄露患者隐私和个人信息，或者未经患者同意公开其病历资料的，应当承担侵权责任。

**3. 过度诊疗的损害责任**　过度诊疗是指由于多种原因而起的而引起的超过疾病实际需要的诊断和治疗的医疗行为或医疗过程。《民法典·侵权责任编》第一千二百二十七条规定："医疗机构及其医务人员不得违反诊疗规范实施不必要的检查。"不必要的检查仅仅是过度诊疗的一种表现形式。过度诊疗除过度检查外，还表现为过度治疗、过度用药、过度护理、过度矫正等。

## 三、医疗产品损害责任

### （一）概念与特征

医疗产品损害责任是指医疗机构的医务人员在诊疗过程中使用有缺陷的药品、消毒产品、医疗器械，或者输入不合格的血液造成患者损害的，药品上市许可持有人、生产者、血液提供机构或医疗机构依法应当承担的医疗损害赔偿责任。医疗产品损害责任的特征为：

**1. 医疗产品损害责任是一种产品责任**　《医疗损害责任解释》第二十五条规定，本解释所称的"医疗产品"包括药品、消毒药剂、医疗器械等。此为狭义的医疗产品。血液为准医疗产品，属于广义的医疗产品。患者因为医疗机构的医务人员对其诊疗的过程中使用存在缺陷的药品、消毒制剂、医疗器械和输入不合格的血液造成损害，所以医疗产品损害责任是产品责任中一种特殊类型。关于产品缺陷的认定是参照《产品质量法》《药品管理法》《献血法》《医疗器械监督管理条例》《血液制品管理条例》等相关法律法规的规定。

**2. 医疗产品责任中的鉴定机构包括质检机构**　在其他类型的医疗损害责任鉴定中，鉴定机构一般是医学会或司法鉴定机构，但在医疗产品责任中，对于医疗产品是否存在缺陷，应当由质检部门进行检测，只有质检部门检测存在缺陷后，医学会或者司法鉴定机构才有必要对损害、损害行为与损害结果之间的因果关系做出鉴定。

### （二）责任承担与免责事由

因药品、消毒制剂、医疗器械、输入不合格的血液造成损害的，患者可以向缺陷医疗产品的生产者、销售者或者血液提供机构请求赔偿，也可以向医疗机构请求赔偿。患者向医疗机构请求赔偿的，医疗机构赔偿后有权向缺陷产品的生产者、销售者和血液提供机构追偿。反之，因为医疗机构的过错使医疗产品存在缺陷和血液不合格的，医疗产品的生产者、销售者以及血液的提供机构在向患者承担责任后有权向医疗机构追偿，这意味着医疗产品责任是一种不真正的连带责任。但如果是医疗缺陷产品和不合格的血液结合医疗机构的过错诊疗行为共同造成患者损害的，医疗机构和医疗缺陷产品的生产者、销售者以及血液的提供机构共同承担连带的侵权责任。

医疗产品责任的免责事由包括：未将产品投入流通的；产品投入流通时，引起损害的缺陷尚不存在的；将产品投入流通时的科学技术水平不能发现缺陷存在的。

### （三）具体情形

**1. 药品的损害责任**　在实践中，药品损害责任和药品不良事件极易混淆。药品不良事件是指药品治疗过程中出现的不良临床事件。药品不良事件分为三种：一是因药品不良反应引发的药品不良事件。即合格药品在正常用法、用量下出现的与用药目的无关或者意外的有害反应，在某种程度上此类事件的发生在治疗疾病的过程中具有不可避免性；二是因药品质量缺陷引发的药品不良事件，即存在缺陷的产品导致机体损害，药品使用同损害之间存在必然因果关系；三是因用药不当引发的药品不良事件，即合格药品由于临床不合理用药，如滥用药物，配伍禁忌、用法、用量等问题引起的损害以及用药者自己不合理用药引起的事件。上述第一种情况通常不构成侵权责任，第三种构成医疗技术过失责任，只有第二种情况才构成医疗产品损害责任。

**2. 消毒产品的损害责任** 消毒产品包括消毒剂、消毒器械（含生物指示物、化学指示物、灭菌物品包装物）、卫生用品和一次性使用医疗产品。消毒产品的生产要符合国家有关规范、标准和规定。消毒产品的生产者对生产的消毒产品应当进行检验，不合格者不得出厂。医疗机构购进消毒产品必须建立并执行进货检验验收制度。医疗机构如使用不合格消毒药剂导致患者受到损害的，最终的责任承担者可能是不合格消毒药剂的生产者或者销售者。但如果医疗机构并没有执行进货检验验收制度的，医疗机构应当承担连带责任；如果医疗机构无法指明不合格消毒药剂的生产者或者消费者的，医疗机构应当承担医疗产品损害责任。

**3. 医疗器械的损害责任** 使用医疗器械目的包括：疾病或损伤的诊断、预防、监护、治疗、缓解或者功能补偿；生理结构或生理过程的检验、替代、调节或者支持；生命的支持或者维持；妊娠控制；通过对来自人体的样本进行检查，对医疗或者诊断目的提供信息等。医疗机构在采购和使用医疗器械过程中，负有采购和使用合格医疗器械的义务，在使用之前还负有如实核查的义务。如果医疗机构的医务人员使用未经国家有关部门批准的医疗器械，或者无法证明所使用的医疗器械的合法来源，医疗机构也不能指明医疗器械的生产者和供应者的，由医疗机构承担产品损害责任。

**4. 血液的损害责任** 如果采供血机构违反了相关的法律、法规，提供的血液及血液制品不合格，造成患者损害的，需要承担医疗产品损害赔偿责任。对医疗机构而言。血液及血液制品的使用中，在以下几个方面认定医疗机构有过错：对于血液的合法来源无法说明的；对血液的保存措施不当，可能造成传染的；在输血前未按规定对血液进行检查，血袋有破损的情形的。如果医疗机构存在过错，造成患者损害，患者可以向医疗机构或者血液提供机构要求赔偿。若医疗机构进行赔偿的，有权向负有责任的血液提供机构追偿。但有关血液及血液制品造成损害存在一个特殊情形，即无过错输血的情形。目前，对于血液的检测一般采用抗体测试法，而人体从感染丙肝、艾滋病等病毒到血液中出现抗体有一个"潜伏期"，需要经过一段时间血液才会产生病毒抗体，检测此期间的血液，因试剂的性能问题可能产生漏检，抗体检测会呈阴性，不能检测的这段时间即为"窗口期"。如果患者刚好输入了处于"窗口期"的血液而感染疾病，符合"将产品投入流通时科学技术水平不能发现缺陷存在"的，血液提供机构可以免除相应责任；符合限于"当时的医疗水平难以诊疗"的，医疗机构可以免除相应责任。

## 四、医疗管理损害责任

### （一）概念与特征

医疗管理损害责任是指医疗机构和医务人员违背医政管理规范和医政管理职责的要求，具有医疗管理过失，造成患者人身损害和财产损害，应当承担侵权损害赔偿的医疗损害责任。医疗管理包括医疗机构管理、医疗技术应用管理、医疗质量安全管理、医疗服务管理、药品管理、医疗器械管理、采供血机构管理、临床实验室管理等。医疗管理损害责任的特征为：

**1. 医疗机构及其医务人员违背医政管理规范和医政管理职责**　医疗机构及医务人员并没有违反相应的法律、法规、行政规章和诊疗技术规范对技术、伦理方面的要求，而是违反了相应的医政管理规范，违背了医政管理职责。

**2. 患者存在损害且损害后果要达到一定程度**　医疗管理损害责任中的患者损害主要是人身、财产上的损害。但这种损害要达到一定的程度。如病历管理的损害责任，医疗机构及其医务人员虽然存在着没有按照相关的病历规范书写病历的行为，但这种行为对患者个人利益损害甚微。此时，医疗机构及其医务人员就不需要承担医疗管理损害责任，但有可能承担相应的行政责任。

## （二）责任承担与免责事由

医疗管理损害责任的承担主体是医疗机构，但医务人员存在故意或重大过失的，医疗机构在承担责任后可以向其追偿。实践中，医疗管理行为往往是和卫生行政机关对医疗机构的管理密切相关，医疗机构在医疗管理中存在过错的，势必也违反了相应的行政法律法规，因此医疗机构可能还会承担相应的行政责任。

医疗管理损害责任的免责事由包括：患者或者近亲属不配合医疗机构进行符合诊疗规范的诊疗；医务人员在抢救生命垂危的患者等紧急情况下已经尽到了合理的诊疗义务；当时的医疗水平难以诊疗的情形。

## （三）具体情形

**1. 违反病历管理职责的损害责任**　医疗机构及医务人员应当按照规定填写并妥善保管病历资料。医疗机构的医务人员在诊疗过程中没有按照法律、法规、规章的规定书写病历，构成违法行为，可以认定其存在过错。在以下情形中，关于病历资料的保管，可能导致医疗机构构成医疗管理损害责任：泄露患者病历资料；擅自涂改病历、伪造病历；遗失病历；无法提供病历作为证明资料等情形。

**2. 违反紧急救治义务的损害责任**　《民法典·侵权责任编》规定了医疗机构的紧急救治义务。如果医疗机构的医务人员怠于行使紧急救治义务，造成患者损害的，应当承担医疗管理损害责任。

**3. 违反安全保障义务的损害责任**　作为提供公共服务的场所，医疗机构还负有对进入这个场所的人员的安全进行保障的义务。医疗机构违反安全保障义务的情形包括：医疗机构的医疗管理服务存在瑕疵；没有及时消除医疗服务设施的潜在危险；医疗服务设施在设计、安装中没有达到相关的规范要求，存在安全隐患；医疗机构对可能存在的安全隐患没有进行警示和提示；对可能的第三人侵权消极不作为；等等。如果存在上述情形，并造成相应的损害后果，医疗机构和医务人员应当承担相应的侵权管理责任。但应注意，此时受到损害的主体不限于患者，而是包括进入医疗机构这一公共场所的所有人。

**4. 违反医疗废物管理职责的损害责任**　医疗废物具有直接或间接感染性、毒性以及其他危害性。在医疗废物收集、运送、贮存、处理的过程中，医疗卫生机构如果违反了相应的法律、法规的规定，可能导致传染病传播和环境受到污染的严重损害后果。如果同时造成患者损害的，患者可以要求医疗机构承担医疗管理损害责任。

## 第五节 医疗损害赔偿

在民法理论上，损害赔偿是指当事人一方因侵权行为或不履行债务而对他方造成损害时应承担的补偿对方损失的民事责任。在司法实践中，医疗损害赔偿多以医疗损害责任为前提，即指由医疗损害引起的医方赔偿责任。

### 一、医疗损害赔偿需要考虑的因素

#### （一）医疗损害等级

我国对于医疗损害等级的确定，一是按《医疗事故处理条例》的规定进行医疗事故鉴定而确定的造成患者死亡、重度残疾的；造成患者中度残疾、器官组织损伤导致严重功能障碍的；造成患者轻度残疾、器官组织损伤导致一般功能障碍的；造成患者明显人身损害的其他后果的。二是直接对医疗损害进行司法鉴定，明确责任和确定伤残等级。在确定具体的赔偿数额时，不仅要考虑损害的级别，还要考虑损害的等级。

#### （二）医疗过失行为在医疗损害后果中的责任程度

医疗损害赔偿责任的大小要看医疗过失行为对患者的损害后果所占的责任程度。包括完全责任、主要责任、对等责任、次要责任、轻微责任五种类型。完全责任是指损害后果完全由医疗过失行为造成，赔偿全部损失的100%；主要责任是指损害后果主要由医疗过失行为造成，其他因素起次要作用，赔偿全部损失的60%～90%；对等责任是指医、患双方各负担50%；次要责任是指医疗损害后果主要由其他因素造成，医疗过失行为起次要作用，赔偿全部损失的20%～40%；轻微责任是指医疗事故损害后果绝大部分由其他因素造成，医疗过失行为起轻微作用，赔偿全部损失不超过10%。就医疗损害而言，绝大多数的损害结果都是由于多种原因造成，包括医疗行为、患者自身疾病的发展、特异体质、患者及其家属的因素等，科学地确定医疗行为在其中所起的作用，划分其责任程度，分清医疗行为是主要原因还是次要原因，才能公平地确定医方所应承担的赔偿额。

#### （三）医疗损害后果与患者原有疾病状况之间的关系

医疗损害与原有疾病之间的关系，就是损害与某些疾病的发生、进展、恶化之间的因果关系，在确定医疗侵权责任时非常重要，有的损害结果是患者原有疾病的自然发展和不当的医疗行为共同作用的结果，可以应用损伤参与度来加以区分。在实践中应把握：第一，患者原有疾病在发生发展过程中的必然趋势与医疗损害后果的关系；第二，患者原有疾病状况对现有损害后果的直接作用程度及过失行为之间的关系；第三，患者原有疾病状况的危险性及其与医疗主体实施医疗行为的必然联系和客观需求，患者因医疗行为的获益结果与损害结果的关系等。

### 二、医疗损害赔偿责任的范围

《民法典·侵权责任编》第一千一百七十九条规定，侵害他人造成人身损害的，应当赔偿医疗费、护理费、交通费、营养费、住院伙食补助费等为治疗和康复支出的合理费用，以及因误工减少的收入。造成残疾的，还应当赔偿残疾生活辅助器具费和残疾赔偿金；造成死亡的，还应当赔偿丧葬费和死亡赔偿金。第一千一百八十三条规定，侵害他人人身权益造成他人严重精神损害的,被侵权人可以请求精神损害赔偿。《人身损害赔偿解释》第十七条规定,受害人遭受人身损害,因就医治疗支出的各项费用以及因误工减少的收入,包括医疗费、误工费、护理费、交通费、住宿费、住院伙食补助费、必要的营养费,赔偿义务人应当予以赔偿。受害人因伤致残的,其因增加生活上需要所支出的必要费用以及因丧失劳动能力导致的收入损失,包括残疾赔偿金、残疾辅助器具费、被扶养人生活费,以及因康复护理、继续治疗实际发生的必要的康复费、护理费、后续治疗费,赔偿义务人也应当予以赔偿。受害人死亡的,赔偿义务人除应当根据抢救治疗情况赔偿本条第一款规定的相关费用外,还应当赔偿丧葬费、被扶养人生活费、死亡补偿费以及受害人亲属办理丧葬事宜支出的交通费、住宿费和误工损失等其他合理费用。

## 三、医疗损害赔偿诉讼的举证责任分配

### (一) 立法变迁

医疗损害赔偿诉讼中的举证责任之分配在我国立法中几经变迁。最初遵循的是民事侵权诉讼的一般分配规则,即由权利人主张其权利产生的基本要件事实:损害事实、损害结果、因果关系和过错,按照这一规定,患方将承担医疗侵权的全部权利生成要件事实。在实践中,由于医疗机构具备专业知识和技术手段,掌握相关的证据材料,具有较强的证据能力,患者则处于相对的弱势地位,患者往往因证明不能而无法获得相应的赔偿。为平衡当事人利益,更好地实现保护弱者的立法宗旨,《最高人民法院关于民事诉讼证据的若干规定》(以下简称《证据规定》)对医疗侵权举证责任的分配进行了修改,其第四条第 8 款规定:"因医疗行为引起的侵权诉讼,由医疗机构就医疗行为与侵权结果之间不存在因果关系及不存在医疗过错承担证明责任。"由此确立了证明责任部分倒置的分配规则,医方需要对原本需要患方举证的过错和因果关系进行举证。

随后的司法实践发现,这一过重的举证负担有如下缺陷:①医方过重的举证责任负担与医学的探索性、风险性、不确定性等特征不符,会引发各种防御性医疗行为,增加患方医疗成本,加重治疗风险;②患方过于轻松的举证责任负担会引发好讼的心态,减少诉讼外化解纠纷的可能性,从而使医方陷入诉讼的泥沼中;③医方举证责任负担过重使医方回避风险性治疗,会影响医学事业的发展。这些理由在《侵权责任法》中得到了回应,该法第五十四条和第五十八条共同重新确认了医疗侵权举证责任的分配采用一般分配规则和推定过错规则相结合的分配方式,基于上位法优先的法律适用原则,《证据规定》的规定应当自然废止。这一修改纠正了先前医疗机构举证负担过重的情形,又以推定过错的方式减轻了患方的举证负担,有一定积极意义,《民法典·侵权责任编》沿此规定。

### (二) 患方的举证责任

作为原告的患方应当举证证明医疗侵权的损害事实、医疗过错和因果关系等权利产生要件事实举证。在举证内容上,患方需要证明的是:

**1. 证明存在医患关系** 患方需要证明的内容包括:①被告医疗机构的主体资格。如果是非法成立的所谓医疗机构,不属于医疗侵权案件,而是一般人身伤害赔偿或非法行医的相关法律责任;②医疗服务合同关系的存在。即患方曾在该医疗机构就诊并接受治疗的相关证据,包括挂号单、缴费单、病历、诊断证明书等。在患者未挂号或使用化名、他人姓名挂号就诊等特殊情形时,患方须通过证人证言、医院自认等间接证据证明与医疗机构之间存在事实上的医患关系。

**2. 证明损害事实的存在** 患方需要证明生命或健康受损害的客观事实，一般通过死亡证明书、诊断证明书、病历记录及鉴定结论等证明。对于尚未发生但有发生可能性的损害后果，患方可以通过因果关系出现的盖然性对之加以证明，如果概率较低，不能被认为是客观损害后果。

**3. 证明存在因果关系** 证明因果关系的主要方式是通过医疗损害鉴定。

**4. 证明医方存在过错** 这是医疗侵权纠纷中医患双方争议的焦点，一般来说，患方通过以下三种途径证明医方存在过错：①以专业鉴定的鉴定意见为依据；②证明医方存在违反法律、行政法规、规章以及其他有关诊疗规范的情形；③以推定方式证明医方存有过错，需要证明：隐匿或者拒绝提供与纠纷有关的病历资料；伪造、篡改或者销毁病历资料。

**5. 证明赔偿请求依据** 患方应就其赔偿请求提供相应证明，证明其各项赔偿请求的法律和事实依据。

## （三）医方的举证责任

遵循规范说，医方应当对下述事实承担举证责任：

**1. 在被推定医疗过错时承担举证责任** 根据《民法典·侵权责任编》第一千二百二十二条对医疗过错推定的规定，医方需要证明的内容包括：①不存在违反法律、行政法规、规章以及其他有关诊疗规范的情形；②未及时提供规范病历的合理依据。包括：病历资料不为自己所持有；无隐匿、拒不提供病历资料等行为，如病历资料由于不可抗力等原因灭失；无伪造、篡改或者销毁病历资料等行为。如证明病历的更改符合法定形式和格式，病历的销毁是因为超出法定的保存时间等。

**2. 对侵权的免责事由承担举证责任** 医方对下列免责事由承担举证责任，如果能够证明，则免除责任承担：①患者或者其近亲属不配合医疗机构进行符合诊疗规范的诊疗；②医务人员在抢救生命垂危的患者等紧急情况下已经尽到合理诊疗义务；③限于当时的医疗水平难以诊疗。

**3. 在医疗产品侵权中对免责事由承担举证责任** 在医疗物品侵权责任中，医方如能证明下述免责事由，即免除责任承担：①医疗产品未投入流通的；②产品投入流通时引起损害的缺陷尚不存在；③医疗产品投入流通时的科学技术水平尚不能发现缺陷的存在。

## 本章小结

医疗损害责任，是指医疗机构及医务人员在医疗过程中因过失（或者在法律规定的情况下无论有无过失）造成患者人身损害或者其他损害，应当承担的以损害赔偿为主要方式的侵权责任。

医疗损害责任的构成要件包括：过错、损害、因果关系。由于医疗损害责任原则上是一种过错责任，因此医疗过错的考察成为准确认定医疗损害责任的关键。可以推定医疗机构存在医疗过错的情形有：违反法律、行政法规、规章以及其他有关诊疗规范；隐匿或者拒绝提供与纠纷相关的病历资料；伪造、篡改或者销毁病历资料。

《民法典·侵权责任编》明确了我国医疗损害责任以过错责任为原则，推定过错责任和无过错责任为补充的归责原则。我国法律直接或间接规定了医疗损害责任种类包括医疗技术损害责任、医疗伦理损害责任、医疗产品损害责任、医疗管理损害责任。

医疗损害赔偿是医疗损害责任承担的最终方式，是由医疗损害引起的医方赔偿责任。在医疗损害赔偿诉讼中，医患双方承担不同的举证责任。

**复习思考题**

1. 医疗损害责任特征有哪些?
2. 医疗损害责任的构成要件是什么?
3. 医疗损害责任的类型有哪些?
4. 简述医疗损害责任的免责事由。
5. 医疗损害赔偿诉讼中的举证责任是如何分配的?

（王　萍）

# 第七章　中医药管理法律制度

> **学习目标**
>
> 掌握：中医药法律概念；中医诊所备案要件与程序；中医医术确有专长人员医师资格考核及注册要件与程序；医疗机构中药制剂管理规则；中医药师承教育管理要求等。
>
> 熟悉：《中医药法》及相关配套法规、管理制度体系；中医医疗机构管理规范；中医从业人员执业规范。
>
> 了解：中医药管理体系法治化进程、创新发展取得的成就。

---

**苏某诉山东省卫生健康委颁发《中医（专长）医师资格证书》**

2019年2月2日，山东省卫生健康委（被告）发布《关于开展2019年山东省中医医术确有专长人员医师资格考核试点工作的通知》，组织省试点考核并于11月2~3日在济南开展。苏某（原告）参加了本次考核，所提交的申请书和相关材料经初审通过后，参加了被告组织的专家评议考核。2019年11月15~21日，被告将通过考核考生名单进行公示，原告未通过考核。2019年12月，被告接到原告"申请复核"的信访申请，依据《中医医术确有专长人员医师资格考核注册管理暂行办法》（以下简称《暂行办法》）规定，组织查阅了考核原始资料（专家评议表等相关材料）。经复核，原告未通过本次考核。被告及时将该信访意见送达原告。

原告认为考核专家组未采取实地走访、调查核验等方式，在不能明确原告实际技术的情况下，作出否定的考核结论违法，向法院起诉要求被告向原告颁发《中医（专长）医师资格证书》。法院审理认为，被告依法履行职责，组织符合条件的考核专家对原告进行考核，考核程序符合法律规定。专家组有权决定是否对原告采用实地走访、调查核验等方式进行评定，不采用实地走访、调查核验的方式并不影响评定结果。考核结论属于专家技术判断范围，不属于法院行政诉讼的审查事项。原告应当尊重考核专家的综合评议结论。原告经过考核，未通过考核专家组的集体评议，依据《暂行办法》规定，不应取得《中医（专长）医师资格证书》，判决驳回原告的诉讼请求。二审维持原判。

---

## 第一节　概　　述

### 一、中医药的法律概念

中医药是包括汉族和少数民族医药在内的我国各民族医药的统称，是反映中华民族对生命、健康和疾病的认识，具有悠久历史传统和独特理论及技术方法的医药学体系。

中医药作为包括汉族和少数民族医药在内的我国各民族医药的统称，不仅指汉族医药，少数民族医药如藏医药、蒙医药、维吾尔医药、苗医药等也是中医药的重要组成部分。中医药是我国各族人民集体智慧的结晶，是中国各族人民在数千年的医学实践中形成并不断丰富发展起来的具有原创性的医学科学。中医药具有自身独特的系统思维模式及其知识体系，具有注重整体观念、辨证论治、三因制宜、复方用药等认识论和方法论特色,从宏观、系统和整体的角度揭示了人的健康与疾病发生发展的内在联系,反映了中华民族认识自然、人体、生命、疾病现象及其相互关系的规律,蕴含着解决人类健康问题的宝贵智慧。

## 二、中医药立法

中医药是中国古代社会唯一依赖的健康保障资源,历代都比较注重通过法律制度规范中医药服务活动,相关规定散见于不同历史时期的诸多法律条款之中。在周朝时期就建立了最早的医事管理规范,《周礼》中即有关于专司藏药机构及管理医药的相关记载;秦汉时期已有关于卫生防疫的规定;唐宋时期制定了对医疗行为进行管理的系列法律规范。唐代的太医署是历史上最早由政府开办的具有较大规模的医药学校,也是世界上最早的医药学校。宋代设立的"太平惠民合剂局"行使药品贸易管理的相关职能,可视为我国历史上最早的国家药监局。

近代以来,西医药传入我国,"中医药"的主导地位受到挑战。中华人民共和国成立后,党和政府高度重视中医药事业,先后制定并实施了一系列卫生法律、法规和规章,推动了中医药事业的振兴发展。党的十一届三中全会以来,中医药立法工作进入新阶段。1982年,在《宪法》第二十一条明确规定:"国家发展医药卫生事业,发展现代医药和我国传统医药",这为中医药发展和制定中医药法律规范提供根本依据。此后,国家制定了一系列有关中医药的法律和行政法规。如1984年颁布了《药品管理法》(2019年最新修订),1998年颁布《执业医师法》(已被2022年3月1日施行的《医师法》取代)。1987年国务院颁布了《野生药材资源保护管理条例》,1992年国务院颁布《中药品种保护条例》(2018年修订)。2003年4月,国务院颁布了《中华人民共和国中医药条例》,这是第一部专门的中医药行政法规。

党的十八大以来,党和政府先后作出一系列重大决策部署,全面推进中医药事业创新发展。2016年2月,国务院印发《中医药发展战略规划纲要(2016—2030年)》,标志着中医药发展上升为国家发展战略。2016年10月,中共中央、国务院印发了《"健康中国2030"规划纲要》,强调充分发挥中医药独特优势,推进健康中国建设。

2016年12月25日,第十二届全国人民代表大会常务委员会第二十五次会议审议通过了《中医药法》,自2017年7月1日起施行。《中医药法》是我国第一部中医药领域的综合性、全局性、基础性法律,具有里程碑意义。《中医药法》第一次从法律层面明确了中医药的重要地位、发展方针和扶持措施,为中医药事业健康发展提供了坚实的法律保障。与《中医药法》相配套,国家相关部门先后制定了系列行政法规和部门规章。

## 三、中医药事业发展的指导思想与基本原则

中医药是我国独特的重要资源,在经济社会发展中发挥着独特作用。《中医药法》第三条明确规定:"中医药事业是我国医药卫生事业的重要组成部分。国家大力发展中医药事业,实行中西医并重的方针,建立符合中医药特点的管理制度,充分发挥中医药在我国医药卫生事业中的作用。发展中医药事业应当遵循中医药发展规律,坚持继承和创新相结合,保持和发挥中医药特色和优势,运用现代科学技术,促进中医药理论和实践的发展。国家鼓励中医西医相互学习,相互补充,协调发展,发挥各自优势,促进中西医结合。"在《中医药发展战略规划纲要(2016—2030年)》中明确了当前中医药事业发展的指导思想和基本原则等内容。

## (一) 中医药事业发展的指导思想

坚持以习近平新时代中国特色社会主义思想为指导，紧紧围绕"四个全面"战略布局和决策部署，牢固树立新发展理念，坚持中西医并重，充分遵循中医药自身发展规律，以推进继承创新为主题，以提高中医药发展水平为中心，以完善符合中医药特点的管理体制和政策机制为重点，以增进和维护人民群众健康为目标，拓展中医药服务领域，促进中西医结合，发挥中医药在促进卫生、经济、科技、文化和生态文明发展中的独特作用，统筹推进中医药事业振兴发展，为深化医药卫生体制改革，推进健康中国建设和实现"两个一百年"奋斗目标作出贡献。

## (二) 中医药事业发展的基本原则

**1. 坚持以人为本、服务惠民** 以满足人民群众中医药健康需求为出发点和落脚点，坚持中医药发展为了人民、中医药成果惠及人民，增进人民健康福祉，保证人民享有安全、有效、方便的中医药服务。

**2. 坚持继承创新、突出特色** 把继承创新贯穿中医药发展一切工作，坚持和发扬中医药特色优势，坚持中医药原创思维，充分利用现代科学技术和方法，推动中医药理论与实践不断发展，推进中医药现代化，在创新中不断形成新特色、新优势。

**3. 坚持深化改革、激发活力** 改革完善中医药发展体制机制，充分发挥市场在资源配置中的决定性作用，更好发挥政府在制定规划、出台政策、引导投入、规范市场等方面的作用，不断激发中医药发展的潜力与活力。

**4. 坚持统筹兼顾、协调发展** 坚持中西医相互取长补短，发挥各自优势，促进中西医结合，在开放中发展中医药。统筹兼顾各领域各环节，促进中医药全面发展，促进中医中药协调发展。

## 四、中医药管理体制

《中医药法》第五条规定："国务院中医药主管部门负责全国的中医药管理工作。国务院其他有关部门在各自职责范围内负责与中医药管理有关的工作。县级以上地方人民政府中医药主管部门负责本行政区域的中医药管理工作。县级以上地方人民政府其他有关部门在各自职责范围内负责与中医药管理有关的工作。"在中医药管理体制上，建立了从国务院到地方人民政府中医药主管部门负责中医药管理工作的管理体系。

## 五、中医药事业发展的保障措施

### (一) 明确政府在发展中医药事业中的职责

《中医药法》第六条规定："国家加强中医药服务体系建设，合理规划和配置中医药服务资源，为公民获得中医药服务提供保障。国家支持社会力量投资中医药事业，支持组织和个人捐赠、资助中医药事业。"在第四十七条中规定："县级以上人民政府应当为中医药事业发展提供政策支持和条件保障，将中医药事业发展经费纳入本级财政预算。县级以上人民政府及其有关部门制定基本医疗保险支付政策、药物政策等医药卫生政策，应当有中医药主管部门参加，注重发挥中医药的优势，支持提供和利用中医药服务。"

## （二）合理确定中医医疗服务收费项目和标准

《中医药法》第四十八条规定："县级以上人民政府及其有关部门应当按照法定价格管理权限，合理确定中医医疗服务的收费项目和标准，体现中医医疗服务成本和专业技术价值。"合理确定中医医疗服务收费项目和标准，既要体现医务人员提供中医医疗服务的价值，又要考虑人民群众购买中医医疗服务的可负担性，还要妥善处理中医与西医之间的关系，实现中医医疗服务的健康发展。

## （三）加强基本医疗保险政策支持

《中医药法》第四十九条规定："县级以上地方人民政府有关部门应当按照国家规定，将符合条件的中医医疗机构纳入基本医疗保险定点医疗机构范围，将符合条件的中医诊疗项目、中药饮片、中成药和医疗机构中药制剂纳入基本医疗保险基金支付范围。"

## （四）加强中医药标准体系建设

《中医药法》第五十条规定："国家加强中医药标准体系建设，根据中医药特点对需要统一的技术要求制定标准并及时修订。中医药国家标准、行业标准由国务院有关部门依据职责制定或者修订，并在其网站上公布，供公众免费查阅。国家推动建立中医药国际标准体系。"

## （五）规范中医药评审、评估、鉴定活动

《中医药法》第五十一条规定："开展法律、行政法规规定的与中医药有关的评审、评估、鉴定活动，应当成立中医药评审、评估、鉴定的专门组织，或者有中医药专家参加。"涉及中医药从业人员专业技术职称评定、中医医疗机构评审、科研项目评审、中药评审、鉴定等相关活动，为保证专业性、科学性，体现中医药特色、遵循中医药规律，就要坚持同行评议原则。

## （六）促进和规范少数民族医药事业发展

《中医药法》第五十二条规定："国家采取措施，加大对少数民族医药传承创新、应用发展和人才培养的扶持力度，加强少数民族医疗机构和医师队伍建设，促进和规范少数民族医药事业发展。"2018年8月，国家中医药管理局等13部门联合制定并发布了《关于加强新时代少数民族医药工作的若干意见》（国中医药医政发〔2018〕15号），明确提出少数民族医药创新发展的总体目标和体系化推进的具体指导性意见。

# 第二节　中医药服务

## 一、中医医疗机构管理

中医医疗机构是我国医疗卫生服务体系的重要组成部分，包括中医类医院（中医医院、中西医结合医院、民族医医院）、中医类门诊部（包括中医门诊部、中西医结合门诊部、民族医门诊部）、中医类诊所（包括中医诊所、中西医结合诊所、民族医诊所）等。《中医药法》第十一条规定："县级以上人民政府应当将中医医疗机构建设纳入医疗机构设置规划，举办规模适宜的中医医疗机构，扶持有中医药特色和优势的医疗机构发展。合并、撤销政府举办的中医医疗机构或者改变其中医医疗性质，应当征求上一级人民政府中医药主管部门的意见。"

## (一)中医医疗机构的设置

《中医药法》第十四条规定:"举办中医医疗机构应当按照国家有关医疗机构管理的规定办理审批手续,并遵守医疗机构管理的有关规定。"目前国家关于医疗机构设置管理的主要是《医疗机构管理条例》及《医疗机构管理条例实施细则》等行政法规和规章。据此,举办中医医疗机构应当符合医疗机构设置规划和医疗机构基本标准,并办理相应审批或备案手续;单位或个人设置中医医疗机构,必须经县级以上地方人民政府卫生行政部门审查批准,取得设置医疗机构批准书;中医医疗机构执业,必须依法进行执业登记,经审查批准或备案取得《医疗机构执业许可证》。中医医疗机构必须按照核准登记的诊疗科目开展诊疗活动。

国家鼓励和支持社会力量举办中医医疗机构。社会力量举办的中医医疗机构在准入、执业、基本医疗保险、教学科研、医务人员职称评定等方面享有与政府举办的中医医疗机构同等的权利。政府鼓励社会力量举办连锁中医医疗机构,鼓励社会力量优先举办妇科、儿科、骨伤、肛肠、肿瘤等非营利性中医专科医院,发展中医药特色的康复医院、护理院等。对社会资本举办的只提供传统中医药服务的中医门诊部、诊所,医疗机构设置规划和区域卫生发展规划不作布局限制,取消具体数量和地点限制。

## (二)中医医院的管理

**1. 体现中医医疗服务特色** 《中医药法》第十七条规定:"开展中医药服务,应当以中医药理论为指导,运用中医药技术方法,并符合国务院中医药主管部门制定的中医药服务基本要求"。中医医院要坚持以中医药服务为主,医疗工作必须以四诊八纲,理、法、方、药,辨证论治为指导,在诊断、治疗、急救、护理、营养、病房管理等系列工作中,本着"能中不西、先中后西、中西结合"的原则,充分体现并发挥中医药特长。

**2. 科室设置与人员配备** 中医医院是中医综合性医院,其业务科室和病床分配比例,可根据中医专科的特色和各自的规模、任务、特长及技术发展实际情况确定,有条件、有特点的医院可增设专病诊室,科室设置力求齐全。依据《全国中医医院组织机构及人员编制标准(试行)》实施机构和人员配置,中医医院人员编制按病床与工作人员 $1:1.3 \sim 1:1.7$ 计算。病床数与门诊量之比按 $1:3$ 计算,不符合 $1:3$ 时,按每增减 100 门诊人次增减 $6 \sim 8$ 人,增编人员要确保用于医疗、护理和药剂等工作的需要。《国家中医药管理局关于中医医院发挥中医药特色优势加强人员配备的通知》(国中医药函〔2009〕148号)规定,在人员配备上,中医医疗机构配备医务人员应当以中医药专业技术人员为主,主要提供中医药服务。应当根据服务功能、服务量的需要,按照精干、效能原则设置、管理卫生专业技术及工勤岗位,合理配备人员,人员编制标准要达到国家相关规定要求。

**3. 医疗设备配置与使用** 原卫生部制定的《全国中医医院医疗设备标准(试行)》、国家中医药管理局印发的《中医医院医疗设备配置标准(试行)》(国中医药医政发〔2012〕4号)等管理制度中,明确要求中医医院依照配置要求,提高配置水平;体现科室特色,服务中医临床;应用与开发结合,提高设备水平的原则,要参照配置标准,切实做好中医诊疗设备配置和使用工作。

**4. 中医医院的评审** 中医医院评审是中医药管理部门根据中医医院基本标准和中医医院评审标准,对中医医院规划级别相应的功能任务完成情况进行评价,以确定医院等级的过程。在《中医医院评审暂行办法》(国中医药医政函〔2012〕96号)中,明确规定坚持政府主导、分级负责、公平公正的原则,按照以评促建、以评促改、评建并举、重在内涵的方针,围绕中医特色、中医疗效、质量、安全、服务、管理，体现以患者为中心的理念规范开展中医医院评审。

### （三）中医专科管理

综合医院的中医专科和专科医院中的中医科是中医医疗服务体系的重要组成部分。《中医药法》第十二条规定："政府举办的综合医院、妇幼保健机构和有条件的专科医院、社区卫生服务中心、乡镇卫生院，应当设置中医药科室。县级以上人民政府应当采取措施，增强社区卫生服务站和村卫生室提供中医药服务的能力。"卫生部在《关于加强综合医院、专科医院中医专科工作的意见》《关于加强中医专科建设的通知》《关于切实加强综合医院中医药工作的意见》（国中医药发〔2008〕14号）等相关规定中指出，中医科的地位和作用，在医院内与其他各科同等重要。中医科在诊疗、护理、病房管理等各环节，要保持和发扬中医特色和优势。要加强专科老中医的经验和技术总结，加强中医专科人才培养。为完善中医专科专病防治体系，国家中医药管理局加大了对重点专科建设支持力度。

### （四）中医诊所备案管理

《中医药法》第十四条第二款规定："举办中医诊所的，将诊所的名称、地址、诊疗范围、人员配备情况等报所在地县级人民政府中医药主管部门备案后即可开展执业活动。中医诊所应当将本诊所的诊疗范围、中医医师的姓名及其执业范围在诊所的明显位置公示，不得超出备案范围开展医疗活动。具体办法由国务院中医药主管部门拟订，报国务院卫生行政部门审核、发布。"据此，举办中医诊所由审批管理改为备案管理。国家卫生计生委2017年9月发布《中医诊所备案管理暂行办法》，并自2017年12月1日起施行。国家中医药管理局2023年3月印发《中医诊所基本标准（2023版）》对中医诊所基本标准作了最新规定。中医（综合）诊所是指以提供中医药门诊诊断和治疗为主的诊所，中医药治疗率不低于85%；中西医结合诊所是指使用中西医两种方法为患者提供门诊诊断和治疗的诊所，中医药治疗率不低于60%，中医（综合）诊所和中西医结合诊所按照《诊所备案管理暂行办法》（国卫医政发〔2022〕33号）进行备案管理。

**1. 中医诊所的内涵**　中医诊所是在中医药理论指导下，运用中药和针灸、拔罐、推拿等非药物疗法开展诊疗服务，以及中药调剂、汤剂煎煮等中药药事服务的诊所，中医药治疗率100%。

**2. 举办中医诊所的条件**　①个人举办中医诊所的，应当具有中医类别《医师资格证书》并经注册后在医疗、预防、保健机构中执业满3年，或者具有《中医（专长）医师资格证书》；法人或者其他组织举办中医诊所的，诊所主要负责人应当符合上述要求；②符合《中医诊所基本标准》；③中医诊所名称符合《医疗机构管理条例实施细则》的相关规定；④符合环保、消防的相关规定；⑤能够独立承担民事责任。《医疗机构管理条例实施细则》规定不得申请设置医疗机构的单位和个人，不得举办中医诊所。

**3. 中医诊所备案应提交的材料**　①《中医诊所备案信息表》；②中医诊所主要负责人有效身份证明、医师资格证书、医师执业证书；③其他卫生技术人员名录、有效身份证明、执业资格证件；④中医诊所管理规章制度；⑤医疗废物处理方案、诊所周边环境情况说明；⑥消防应急预案。法人或者其他组织举办中医诊所的，还应当提供法人或者其他组织的资质证明、法定代表人身份证明或者其他组织的代表人身份证明。

**4. 中医诊所的备案**　县级中医药主管部门具体负责本行政区域内中医诊所的备案工作。在收到备案材料后，对材料齐全且符合备案要求的予以备案，并当场发放《中医诊所备案证》;材料不全或者不符合备案要求的,应当当场或者在收到备案材料之日起 5 日内一次性告知备案人需要补正的全部内容。国家逐步推进中医诊所管理信息化,有条件的地方可实行网上申请备案。

**5. 中医诊所备案的注销** 具有下述情形之一的,中医诊所应当向所在地县级中医药主管部门报告,县级中医药主管部门应当注销备案并及时向社会公告:①中医诊所停止执业活动超过 1 年的;②中医诊所主要负责人被吊销执业证书或者被追究刑事责任的;③举办中医诊所的法人或者其他组织依法终止的;④中医诊所自愿终止执业活动的。

**6. 中医诊所的监管** 县级以上地方中医药主管部门应当加强对中医诊所依法执业、医疗质量和医疗安全、诊所管理等情况的监督管理。县级中医药主管部门应当自中医诊所备案之日起 30 日内,对备案的中医诊所进行现场核查,对相关材料进行核实,并定期开展现场监督检查;定期组织中医诊所负责人学习卫生法律法规和医疗机构感染防控、传染病防治等知识,促进中医诊所依法执业;定期组织执业人员参加继续教育,提高其专业技术水平;建立中医诊所不良执业行为记录制度,对违规操作、不合理收费、虚假宣传等进行记录,并作为对中医诊所进行监督管理的重要依据。

## (五)中医医疗广告管理

《中医药法》第十九条规定:"医疗机构发布中医医疗广告,应当经所在地省、自治区、直辖市人民政府中医药主管部门审查批准;未经审查批准,不得发布。发布的中医医疗广告内容应当与经审查批准的内容相符合,并符合《中华人民共和国广告法》的有关规定。"如果违反本条规定,发布的中医医疗广告与经审查批准的内容不相符的,按照《中医药法》第五十七条的规定,由原审查部门撤销该广告的审查批准文件,1 年内不再受理该医疗机构的广告审查申请。违反《中医药法》规定,发布中医医疗广告有广告内容与审查批准内容不相符以外的违法行为的,依照《中华人民共和国广告法》(简称《广告法》)的规定给予处罚。

## 二、中医执业人员管理

《中医药法》第十五条规定:"从事中医医疗活动的人员应当依照《中华人民共和国执业医师法》的规定,通过中医医师资格考试取得中医医师资格,并进行执业注册。中医医师资格考试的内容应当体现中医药特点。以师承方式学习中医或者经多年实践,医术确有专长人员,由至少两名中医医师推荐,经省、自治区、直辖市人民政府中医药主管部门组织实践技能和效果考核合格后,即可取得中医医师资格;按照考核内容进行执业注册后,即可在注册的执业范围内,以个人开业的方式或者在医疗机构内从事中医医疗活动。国务院中医药主管部门应当根据中医药技术方法的安全风险拟订本款规定人员的分类考核办法,报国务院卫生行政部门审核、发布。"在中医执业人员管理上,依照《医师法》《基本医疗卫生与健康促进法》等法律法规的规定执行。

《医师法》第十一条规定:"以师承方式学习中医满三年,或者经多年实践医术确有专长的,经县级以上人民政府卫生健康主管部门委托的中医药专业组织或者医疗卫生机构考核合格并推荐,可以参加中医医师资格考试。以师承方式学习中医或者经多年实践,医术确有专长的,由至少二名中医医师推荐,经省级人民政府中医药主管部门组织实践技能和效果考核合格后,即可取得中医医师资格及相应的资格证书。"国家卫生计生委发布了《中医医术确有专长人员医师资格考核注册管理暂行办法》,并自 2017 年 12 月 20 日起施行。

### (一) 中医医术确有专长人员考核与执业主管部门

国家中医药管理局负责全国中医医术确有专长人员医师资格考核及执业工作的管理。省级中医药主管部门组织本省、自治区、直辖市中医医术确有专长人员医师资格考核，负责本行政区域内取得医师资格的中医医术确有专长人员执业管理。设区的市和县级中医药主管部门负责本行政区域内中医医术确有专长人员医师资格考核组织申报、初审及复核工作，以及本行政区域内取得医师资格的中医医术确有专长人员执业日常管理。

### (二) 中医医术确有专长人员考核申请

**1. 申请考核应具备的条件** ①以师承方式学习中医的，申请参加医师资格考核应当同时具备的条件：一是连续跟师学习中医满5年，对某些病证的诊疗，方法独特、技术安全、疗效明显，经指导老师评议合格；二是由至少2名中医类别执业医师推荐，推荐老师不包括其指导老师。②经多年中医医术实践的，申请参加医师资格考核应当同时具备的条件：一是具有医术渊源，在中医医师指导下从事中医医术实践活动满5年或者《中医药法》施行前已经从事中医医术实践活动满5年；二是对某些病证的诊疗，方法独特、技术安全、疗效明显，并得到患者的认可；三是由至少2名中医类别执业医师推荐。

**2. 申请考核应提交的材料** ①国家中医药管理局统一式样的《中医医术确有专长人员医师资格考核申请表》；②本人有效身份证明；③中医医术专长综述，包括医术的基本内容及特点描述、适应证或者适用范围、安全性及有效性的说明等，以及能够证明医术专长确有疗效的相关资料；④至少两名中医类别执业医师的推荐材料；⑤以师承方式学习中医的，还应当提供跟师学习合同，学习笔记、临床实践记录等连续跟师学习中医满5年的证明材料，以及指导老师出具的跟师学习情况书面评价意见、出师结论；经多年中医医术实践的，还应当提供医术渊源的相关证明材料，以及长期临床实践所在地县级以上中医药主管部门或者所在居委会、村委会出具的从事中医医术实践活动满5年证明，或者至少10名患者的推荐证明。

**3. 对申请者提交材料的审核** 分别由县级和设区的市级中医药主管部门进行初审和复审，复审合格后报省级中医药主管部门。省级中医药主管部门对报送材料进行审核确认，对符合考核条件的人员、指导老师和推荐医师信息予以公示。申请者在临床实践中存在医疗纠纷且造成严重后果的，取消其报名资格。

### (三) 中医医术确有专长人员考核与发证

**1. 考核方式** 省级中医药主管部门每年定期组织中医医术确有专长人员医师资格考核，考核时间应当提前3个月向社会公告。根据参加考核人员申报的医术专长，由省级中医药主管部门在中医医术确有专长人员医师资格考核专家库内抽取考核专家。专家人数应当为不少于5人的奇数。中医医术确有专长人员医师资格考核采取专家现场集体评议方式进行，以现场陈述问答、回顾性中医医术实践资料评议、中医药技术方法操作等形式为主，必要时采取实地调查核验等方式评定效果。

**2. 考核的原则** ①注重风险评估与防范。对具有一定风险的中医医疗技术，由考核专家综合评议其安全性和有效性。②注重分类考核。针对参加考核人员使用的中医药技术方法，分内服方药和外治技术两类设计考核内容、考核程序、安全风险评估及防范要点。③注重效果评价。由考核专家根据参加考核人员的现场陈述和回顾性中医医术实践资料（包括病案记录、录像资料、图片资料等），综合评议其医术是否确有疗效，现场把握不准的，可通过实地走访、调查核验等方式进行综合评定。

**3. 考核的内容**

（1）内服方药类考核内容。包括：医术渊源或者传承脉络、医术内容及特点；与擅长治疗的病证范围相关的中医基础知识、中医诊断技能、中医治疗方法、中药基本知识和用药安全等。考核专家围绕参加考核者使用的中药种类、药性、药量、配伍等进行安全性评估，根据风险点考核相关用药禁忌、中药毒性知识等。

（2）外治技术类考核内容。包括：医术渊源或者传承脉络、外治技术内容及特点；与其使用的外治技术相关的中医基础知识、擅长治疗的病证诊断要点、外治技术操作要点、技术应用规范及安全风险防控方法或者措施等。考核专家围绕参加考核者使用外治技术的操作部位、操作难度、创伤程度、感染风险等进行安全性评估，根据风险点考核其操作安全风险认知和有效防范方法等；外敷药物中含毒性中药的，还应当考核相关的中药毒性知识。

（3）治疗方法以内服方药为主、配合使用外治技术，或者以外治技术为主、配合使用中药的，应当增加相关考核内容。

**4. 考核发证** 经考核专家综合评议后，对参加考核者作出考核结论，并对其在执业活动中能够使用的中医药技术方法和具体治疗病证的范围进行认定。考核合格者，由省级中医药主管部门颁发《中医（专长）医师资格证书》。

## （四）中医（专长）医师执业注册

中医（专长）医师实行医师区域注册管理。取得《中医（专长）医师资格证书》者，应当向其拟执业机构所在地县级以上地方中医药主管部门提出注册申请，经注册后取得《中医（专长）医师执业证书》。中医（专长）医师按照考核内容进行执业注册，执业范围包括其能够使用的中医药技术方法和具体治疗病证的范围。

中医（专长）医师在其考核所在省级行政区域内执业，中医（专长）医师跨省执业的，须经拟执业所在地省级中医药主管部门同意并注册。取得《中医（专长）医师执业证书》者，即可在注册的执业范围内，以个人开业的方式或者在医疗机构内从事中医医疗活动。

## （五）中医（专长）医师监督管理

县级中医药主管部门负责对本行政区域内中医（专长）医师执业行为的监督检查，重点对其执业范围、诊疗行为以及广告宣传等进行监督检查。中医（专长）医师应当参加定期考核，每两年为一个周期。县级以上地方中医药主管部门应当加强对中医（专长）医师的培训，为其接受继续教育提供条件。中医（专长）医师通过学历教育取得省级以上教育行政部门认可的中医专业学历的，或者执业时间满五年、期间无不良记录的，可以申请参加中医类别医师资格考试。国家建立中医（专长）医师管理信息系统，及时更新中医（专长）医师注册信息，实行注册内容公开制度，并提供中医（专长）医师注册信息查询服务。

## （六）《中医医术确有专长人员医师资格考核注册管理暂行办法》与相关规定的衔接

（1）与《传统医学师承和确有专长人员医师资格考核考试办法》（卫生部令第52号）的衔接。卫生部令第52号继续实施，保留师承和确有专长人员通过国家统一考试取得医师资格的原渠道不变。《中医医术确有专长人员医师资格考核注册管理暂行办法》实施前，已按照卫生部令第52号规定取得《传统医学师承出师证书》的，在继续跟师学习满2年后可以申请参加中医医术确有专长人员医师资格考核；已按照卫生部令第52号规定取得《传统医学医术确有专长证书》的，可以申请参加国家医师资格考试，也可以申请参加中医医术确有专长人员医师资格考核。

（2）与《关于做好中医药一技之长人员纳入乡村医生管理工作的通知》（国中医药医政发〔2013〕17号）的衔接。已纳入乡村医生管理的中医药一技之长人员可以申请参加中医医术确有专长人员医师资格考核，也可以继续以乡村医生身份执业。自《中医医术确有专长人员医师资格考核注册管理暂行办法》施行之日起，不再开展中医药一技之长人员纳入乡村医生管理工作。

### 三、中西医结合管理

《中医药法》规定："国家鼓励中医西医相互学习，相互补充，协调发展，发挥各自优势，促进中西医结合。"2020年6月施行的《基本医疗卫生与健康促进法》中规定："国家大力发展中医药事业，坚持中西医并重、传承与创新相结合，发挥中医药在医疗卫生与健康事业中的独特作用。"《关于进一步加强综合医院中医药工作推动中西医协同发展的意见》（国卫医函〔2021〕126号），就加强二级及其以上综合医院中医药工作，提出加强综合医院中医临床科室建设、创新中西医协作医疗模式、加强医疗质量管理等系列要求，进一步推进和完善了中西医结合协同发展机制建设。《医师法》在医师执业的规范中明确规定：中医、中西医结合医师可以在医疗机构中的中医科、中西医结合科或者其他临床科室按照注册的执业类别、执业范围执业。医师经相关专业培训和考核合格，可以增加执业范围。法律、行政法规对医师从事特定范围执业活动的资质条件有规定的，从其规定。经考试取得医师资格的中医医师按照国家有关规定，经培训和考核合格，在执业活动中可以采用与其专业相关的西医药技术方法。西医医师按照国家有关规定，经培训和考核合格，在执业活动中可以采用与其专业相关的中医药技术方法。

## 第三节　中药保护与发展

### 一、中药资源管理

中药材是指来源于药用植物、药用动物等资源，经规范化的种植（含生态种植、野生抚育和仿野生栽培）、养殖、采收和产地加工后，用于生产中药饮片、中药制剂的药用原料。为加强中药材保护与发展工作，国家食品药品监督管理总局等部门印发《关于进一步加强中药材管理的通知》（食药监〔2013〕208号）。国务院办公厅发出的《关于转发工业和信息化部等部门中药材保护和发展规划（2015—2020年）的通知》（国办发〔2015〕27号），是我国第一个关于中药材保护和发展的国家级专项规划，具有十分重要的意义。

在野生药材资源管理方面，野生药材是中药发展的稀缺和宝贵资源。国务院制定了《野生药材资源保护管理条例》，对国家重点保护的野生药材物种实行分级管理：一级，濒临灭绝状态的稀有珍贵野生药材物种；二级，分布区域缩小、资源处于衰竭状态的重要野生药材物种；三级，资源严重减少的主要常用野生药材物种。鼓励创造条件开展中药材人工种植养殖。《中医药法》第二十五条规定："国家保护药用野生动植物资源，对药用野生动植物资源实行动态监测和定期普查，建立药用野生动植物资源种质基因库，鼓励发展人工种植养殖，支持依法开展珍贵、濒危药用野生动植物的保护、繁育及其相关研究。"

在中药材种植养殖方面，国家制定了中药材种植养殖、采集、储存和初加工的技术规范、标准，加强对中药材生产流通全过程的质量监督管理。《中医药法》第二十二条规定："国家鼓励发展中药材规范化种植养殖，严格管理农药、肥料等农业投入品的使用，禁止在中药材种植过程中使用剧毒、高毒农药，支持中药材良种繁育，提高中药材质量。"

道地中药材是我国传统优质中药材的代名词，它是经过中医临床长期应用优选出来的，产在特定地域，与其他地区所产同种中药材相比，品质和疗效更好，且质量稳定，是具有较高知名度的中药材。《中医药法》第二十三条规定："国家建立道地中药材评价体系，支持道地中药材品种选育，扶持道地中药材生产基地建设，加强道地中药材生产基地生态环境保护，鼓励采取地理标志产品保护等措施保护道地中药材。"

在中药材质量安全保障监管方面，《中医药法》第二十四条规定："国务院药品监督管理部门应当组织并加强对中药材质量的监测，定期向社会公布监测结果。国务院有关部门应当协助做好中药材质量监测有关工作。采集、贮存中药材以及对中药材进行初加工，应当符合国家有关技术规范、标准和管理规定。国家鼓励发展中药材现代流通体系，提高中药材包装、仓储等技术水平，建立中药材流通追溯体系。药品生产企业购进中药材应当建立进货查验记录制度。中药材经营者应当建立进货查验和购销记录制度，并标明中药材产地。"

## 二、中药生产经营管理

依据《药品管理法》及其实施条例、《药品注册管理办法》等规定，国家建立并逐步完善了中药产业从中药材种植养殖、药材流通、中药生产、药品流通到终端消费的全过程监督管理体系，促进了中药产业的规范发展。国家药监局发布了《中药注册管理专门规定》，并于2023年7月1日生效施行，规定中强调"中药新药研制应当注重体现中医药原创思维及整体观，鼓励运用传统中药研究方法和现代科学技术研究、开发中药"。对中药注册分类与上市审批、人用经验证据的合理应用、中药创新药、中药改良型新药、古代经典名方中药复方制剂、同名同方药、上市后变更等诸多内容进行了详细规范，完善了以中医药理论为指导，突出中医药特色、强调临床价值导向、鼓励创新的中药注册专门制度，全方位、系统地构建了中药注册管理体系。

### （一）中药饮片的管理

中药饮片是指在中医药理论指导下，按照传统加工方法对中药材进行炮制，加工成一定规格的可供中医临床配方或者中成药生产使用的原料药。按照加工方法和最终形态的不同，可以将中药饮片分为传统中药饮片和新型中药饮片，后者包括中药颗粒饮片、粉末型饮片等。《中医药法》第二十七条规定："国家保护中药饮片传统炮制技术和工艺，支持应用传统工艺炮制中药饮片，鼓励运用现代科学技术开展中药饮片炮制技术研究。"针对医疗机构炮制、使用中药饮片的管理，《中医药法》第二十八条规定："对市场上没有供应的中药饮片，医疗机构可以根据本医疗机构医师处方的需要，在本医疗机构内炮制、使用。医疗机构应当遵守中药饮片炮制的有关规定，对其炮制的中药饮片的质量负责，保证药品安全。医疗机构炮制中药饮片，应当向所在地设区的市级人民政府药品监督管理部门备案。根据临床用药需要，医疗机构可以凭本医疗机构医师的处方对中药饮片再加工。"

### （二）中药制剂的管理

中药制剂是根据《中华人民共和国药典》《医疗机构制剂配制质量管理规范》等规定的处方，将中药加工或提取后制成的具有一定规格，可以直接用于防病治病的制剂。在中药的研发中，特别需要深入挖掘古代经典名方，推动经典名方中药复方制剂的开发与应用。古代经典名方,是指至今仍广泛应用、疗效确切、具有明显特色与优势的古代中医典籍所记载的方剂。《中医药法》第三十条规定:"生产符合国家规定条件的来源于古代经典名方的中药复方制剂,在申请药品批准文号时,可以仅提供非临床安全性研究资料。具体管理办法由国务院药品监督管理部门会同中医药主管部门制定。"国家药品监督管理局会同国家中医药管理局组织制定了《古代经典名方中药复方制剂简化注册审批管理规定》。该规定涉及经典名方目录、简化审批的条件、申请人资质、物质基准的申报与发布、经典名方制剂的注册程序及管理要求、各相关方责任等。对古代经典名方中药复方制剂的注册管理,《中药注册管理专门规定》中专章作出规范,古代经典名方中药复方制剂处方中不含配伍禁忌或者药品标准中标有剧毒、大毒及经现代毒理学证明有毒性的药味,均应当采用传统工艺制备,采用传统给药途径,功能主治以中医术语表述。该类中药复方制剂的研制不需要开展非临床有效性研究和临床试验。在技术评审上采用以专家意见为主的评审模式。对该类复方制剂申请上市及上市后管理也作了相应规定。

医疗机构中药制剂是在中医药理论指导下,医疗机构根据长期临床使用有效、安全的固定处方配制的制剂。《中医药法》第三十一条规定:"国家鼓励医疗机构根据本医疗机构临床用药需要配制和使用中药制剂,支持应用传统工艺配制中药制剂,支持以中药制剂为基础研制中药新药。医疗机构配制中药制剂,应当依照《药品管理法》的规定取得医疗机构制剂许可证,或者委托取得药品生产许可证的药品生产企业、取得医疗机构制剂许可证的其他医疗机构配制中药制剂。委托配制中药制剂,应当向委托方所在地省、自治区、直辖市人民政府药品监督管理部门备案。医疗机构对其配制的中药制剂的质量负责;委托配制中药制剂的,委托方和受托方对所配制的中药制剂的质量分别承担相应责任"。第三十二条规定:"医疗机构配制的中药制剂品种,应当依法取得制剂批准文号。但是,仅应用传统工艺配制的中药制剂品种,向医疗机构所在地省、自治区、直辖市人民政府药品监督管理部门备案后即可配制,不需要取得制剂批准文号。医疗机构应当加强对备案的中药制剂品种的不良反应监测,并按照国家有关规定进行报告。药品监督管理部门应当加强对备案的中药制剂品种配制、使用的监督检查"。

医疗机构应用传统工艺配制的中药制剂(以下简称传统中药制剂)实行备案制管理。国家食品药品监督管理总局于2018年2月发布了《关于对医疗机构应用传统工艺配制中药制剂实施备案管理的公告》,进一步明确了传统中药制剂备案管理工作程序和要求。传统中药制剂包括:由中药饮片经粉碎或仅经水或油提取的固体(丸剂、散剂、丹剂、锭剂等)、半固体(膏滋、膏药等)和液体(汤剂等)传统剂型;由中药饮片经水提取制成的颗粒剂以及由中药饮片经粉碎后制成的胶囊剂;由中药饮片用传统方法提取制成的酒剂、酊剂。医疗机构配制传统中药制剂应当取得《医疗机构制剂许可证》,未取得《医疗机构制剂许可证》或者《医疗机构制剂许可证》无相应制剂剂型的医疗机构可委托符合条件的单位配制,但须同时向委托方所在地省级药品监督管理部门备案。传统中药制剂不得在市场上销售或者变相销售,不得发布医疗机构制剂广告。传统中药制剂限于取得该制剂品种备案号的医疗机构使用,一般不得调剂使用,需要调剂使用的,按照国家相关规定执行。

## 三、中药品种保护

国务院于2018年9月公布并实行修订后的《中药品种保护条例》。该条例适用于中国境内生产制造的中药品种,包括中成药、天然药物的提取物及其制剂和中药人工制成品。申请专利的中药品种,依照《专利法》的规定办理,不适用《中药品种保护条例》。受保护的中药品种，必须是列入国家药品标准的品种。经国务院药品监督管理部门认定，列为省级药品标准的品种，也可以申请保护。国务院药品监督管理部门负责全国中药品种保护的监督管理工作。国家鼓励研制开发临床有效的中药品种，对质量稳定、疗效确切的中药品种实行分级保护制度。受保护的中药品种分为一、二级，中药一级保护品种的保护期限分别为30年、20年、10年；中药二级保护品种的保护期限为7年。在保护期限届满前6个月，生产企业可以按照规定申请延长保护期限。

## 第四节　中医药人才培养与科学研究

### 一、中医药人才培养

《中医药法》第三十三条规定："中医药教育应当遵循中医药人才成长规律，以中医药内容为主，体现中医药文化特色，注重中医药经典理论和中医药临床实践、现代教育方式和传统教育方式相结合。"国家中医药管理局、教育部、人力资源社会保障部、国家卫生健康委制定《关于加强新时代中医药人才工作的意见》（国中医药人教发〔2022〕4号），国家中医药管理局印发《"十四五"中医药人才发展规划》（国中医药人教发〔2022〕7号），明确了新时代加快中医药人才队伍建设，以高质量人才队伍推动中医药振兴发展的总体要求、目标任务、重点举措及保障体系建设等工作。

#### （一）改革发展中医药院校教育

中医药院校是培养中医药人才的主要基地。《中医药法》第三十四条规定："国家完善中医药学校教育体系，支持专门实施中医药教育的高等学校、中等职业学校和其他教育机构的发展。中医药学校教育的培养目标、修业年限、教学形式、教学内容、教学评价及学术水平评价标准等，应当体现中医药学科特色，符合中医药学科发展规律。"

#### （二）深化发展中医药师承教育

《中医药法》第三十五条规定："国家发展中医药师承教育，支持有丰富临床经验和技术专长的中医医师、中药专业技术人员在执业、业务活动中带徒授业，传授中医药理论和技术方法，培养中医药专业技术人员。"

为加强中医药专业技术人员与继续教育相结合的师承教育管理，国家中医药管理局印发《中医药专业技术人员师承教育管理办法》（国中医药人教函〔2023〕63号）。该管理办法规定：

指导老师应爱国敬业，遵纪守法，恪守职业道德，具备较高的中医药学术水平、较为丰富的实践经验、相对独特的技术技能，在岗从事中医临床、中药实践工作，身体健康，并具备以下条件之一：具有中医类别执业医师，中医类副主任医师以上职称或累计从事中医临床工作15年以上；具有中药类副主任药师以上职称，或中药类别高级技师职业资格，或累计从事中药炮制、鉴定、制剂等中药实践工作15年以上。

继承人应爱国敬业，遵纪守法，恪守职业道德，有志于学习、传承、发展中医药，并具备以下条件：具有执业（助理）医师或中医（专长）医师资格，或具有实践工作经验的中药专业技术人员；具有指导老师认可的资历、学识、专长、能力和人品等；能够保证跟师时间，完成指导老师指定的跟师学习任务。

在师带徒程序与管理上强调四个方面：①签订协议。符合条件的指导老师与继承人双向自愿选择，确立师承关系，签订省级中医药主管部门制定的《中医药专业技术人员师承教育协议》，明确师承学习时间、内容、双方职责及预期成效。②备案管理。将师承教育协议报管理单位（指导老师所在单位）同意并备案，师承时间自备案之日算起。③跟师学习。指导老师根据学术特点、专长特色及继承人实际情况确定继承人跟师时间、跟师学习的方式与内容，定期批阅继承人的跟师学习资料。继承人要按照指导老师要求，定期跟师实践，撰写师承学习记录，学习掌握指导老师学术观点和实践经验。跟师学习时间原则上不少于1年，平均每月不少于8个半天。④考核管理。继承人师承期满，征得指导老师同意并签署出师意见后，向管理单位申请出师考核，管理单位组织开展出师考核。通过出师考核者应在本单位予以公示，并可发放相应的出师证书。

### （三）鼓励发展中西医结合教育

中西医结合旨在将中医药的基本理论、临床实践与西医药知识结合起来，发挥各自优势，提高临床疗效，发展具有中国特色的新医药学。促进中西医结合是《中医药发展战略规划纲要（2016—2030年）》提出的重点任务之一。2021年6月，国家卫生健康委、国家中医药管理局、中央军委后勤保障部卫生局联合印发《关于进一步加强综合医院中医药工作推动中西医协同发展的意见》，提出强化综合医院中医药人才队伍建设，开展"西学中"人才培养，加强中医药继续教育与技能培训，完善综合医院中医药人才评价体系。《关于加强新时代中医药人才工作的意见》中明确指出要完善西医学习中医制度，实施西医学习中医专项，着力加强高层次中西医结合人才培养。

### （四）推进中医药继续教育

参加和接受继续教育是中医药专业技术人员的权利和义务。国家中医药管理局公布并实施了《中医药继续教育规定》《中医药继续教育登记办法》（国中医药发〔2006〕63号），就中医药继续教育的管理、内容、考核评估等事项进行了规定。国家中医药管理局印发《关于进一步加强中医药继续教育学分管理的通知》《中医药继续教育学分管理办法》（国中医药发〔2009〕10号），规范了学分登记与管理要求。《中医药法》第三十七条规定："县级以上地方人民政府中医药主管部门应当组织开展中医药继续教育，加强对医务人员，特别是城乡基层医务人员中医药基本知识和技能的培训。中医药专业技术人员应当按照规定参加继续教育，所在机构应当为其接受继续教育创造条件。"

## 二、中医药科学研究

国家鼓励科研机构、高等学校、医疗机构和药品生产企业等，运用现代科学技术和传统中医药研究方法，开展中医药科学研究，加强中西医结合研究，促进中医药理论和技术方法的继承和创新。《中医药法》第四十条规定："国家建立和完善符合中医药特点的科学技术创新体系、评价体系和管理体制，推动中医药科学技术进步与创新。"中医药科研要立足发展中医药理论，提高临床疗效，科研要与临床有机融合。《中医药法》第四十一条规定："国家采取措施，加强对中医药基础理论和辨证论治方法，常见病、多发病、慢性病和重大疑难疾病、重大传染病的中医药防治，以及其他对中医药理论和实践发展有重大促进作用的项目的科学研究。"

## 第五节 中医药传承与文化传播

### 一、中医药学术传承

中医药的创新发展，离不开中医药学术的传承。《中医药法》第三十九条规定："国家采取措施支持对中医药古籍文献、著名中医药专家的学术思想和诊疗经验以及民间中医药技术方法的整理、研究和利用。国家鼓励组织和个人捐献有科学研究和临床应用价值的中医药文献、秘方、验方、诊疗方法和技术。"第四十二条："对具有重要学术价值的中医药理论和技术方法，省级以上人民政府中医药主管部门应当组织遴选本行政区域内的中医药学术传承项目和传承人，并为传承活动提供必要的条件。传承人应当开展传承活动，培养后继人才，收集整理并妥善保存相关的学术资料。属于非物质文化遗产代表性项目的，依照《中华人民共和国非物质文化遗产法》的有关规定开展传承活动。"

### 二、中医药传统知识保护

中医药传统知识是中华民族繁衍发展过程中，基于长期实践所积累、世代传承并持续发展、具有重要商业价值的医药卫生知识，包括中医药理论知识、中药方剂、诊疗技术以及相关的药材资源、中药材加工炮制技术、中医药特有标志符号等。《中医药法》第四十三条规定："国家建立中医药传统知识保护数据库、保护名录和保护制度。中医药传统知识持有人对其持有的中医药传统知识享有传承使用的权利，对他人获取、利用其持有的中医药传统知识享有知情同意和利益分享等权利。国家对经依法认定属于国家秘密的传统中药处方组成和生产工艺实行特殊保护。"

### 三、中医药文化建设

《中医药法》第四十五条："县级以上人民政府应当加强中医药文化宣传，普及中医药知识，鼓励组织和个人创作中医药文化和科普作品。"就社会公众中医药知识宣传普及，《中医药法》第四十六条规定："开展中医药文化宣传和知识普及活动，应当遵守国家有关规定。任何组织或者个人不得对中医药作虚假、夸大宣传，不得冒用中医药名义牟取不正当利益。广播、电视、报刊、互联网等媒体开展中医药知识宣传，应当聘请中医药专业技术人员进行。"

### 四、中医药国际交流与合作

中医药是世界传统医药中的杰出代表，以其在防治常见病、多发病、慢性病及重大疾病中的疗效和作用日益获得国际社会的广泛认可，中医药已经传播到196个国家和地区。第七十二届世界卫生大会审议通过了《国际疾病分类第十一次修订本（ICD-11）》，首次纳入以中医药为主体的传统医学章节，中医药历史性地进入世界主流医学体系。中国推动在国际标准化组织（ISO）成立了中医药技术委员会（ISO/TC249），并陆续制定颁布60余项中医药国际标准，促进了国际中医药规范化管理。中药逐步进入国际医药体系，已在俄罗斯、古巴、越南、新加坡等国以药品形式注册。有30多个国家和地区开办了中医药院校，培养本土化中医药人才。中医药已经成为中国与海外地区和组织卫生经贸合作的重要内容，成为中国与世界各国开展人文交流、促进东西方文明交流互鉴的重要内容。

## 本章小结

中医药是包括汉族和少数民族医药在内的我国各民族医药的统称，是反映中华民族对生命、健康和疾病的认识，具有悠久历史传统和独特理论及技术方法的医药学体系。中医药学是中华民族的伟大创造，是中国古代科学的瑰宝，也是打开中华文明宝库的钥匙，为中华民族和世界文明进步作出了重要贡献。以《中医药法》颁布实施为标志，中医药管理法制化进程全面加速，推进中医药传承精华，守正创新的系列法规、规章和制度政策先后制定，建构起规范和保护中医药事业高质量发展的治理体系。中医药服务的规范性进一步提升，中药保护和发展力度进一步加大，中医药人才培养和科学研究体系进一步完善，中医药传承与文化传播成效进一步彰显。

## 复习思考题

1. 我国中医药法律制度体系是如何构成的？
2. 如何理解新时代中医药事业发展的基本原则？
3. 中医医疗机构与执业人员的行为规范有哪些？
4. 在中医药管理规范中如何充分体现中医药特色？
5. 如何进一步发挥中医药优势推进人类卫生健康共同体建设？

（杨支才）

# 第八章　药品管理法律制度

> **学习目标**
>
> 掌握：药品研制与注册；药品上市许可持有人；药品生产与经营；医疗机构药事管理；药品储备和供应；药品价格和广告等主要法律制度。
>
> 熟悉：生物制品及特殊药品管理的法律规定；药品监督管理机构的职权与职责；违反《药品管理法》的法律责任。
>
> 了解：我国《药品管理法》立法及《刑法》等相关规定。

---

**李某等生产、销售假药案**

2018年至2020年，被告人李某为获取非法利益，在未取得药品生产许可证、药品经营许可证的情况下，在广东省普宁市其住所内，用中药材首乌、甘草、大茴和西药溴己新、土霉素片、复方甘草片、磷酸氢钙咀嚼片、醋酸泼尼松、马来酸氯苯那敏等按照一定比例混合研磨成粉，并雇用被告人张某将药粉分包、包装为成品。李某使用"特效咳喘灵"的假药名，编造该药粉为"祖传秘方""纯中药成分"，主治咳嗽、肺结核、哮喘、支气管炎，并以每包25元至40元的价格对外销售，销售金额共计186万余元。张某还从李某处低价购买上述假药并加价销售给被告人王某等人。经江苏省淮安市市场监督管理局认定，涉案药品为假药。法院经审理认为，被告人李某等人生产、销售假药的行为构成生产、销售假药罪。李某生产、销售金额达186万元，具有"其他特别严重情节"。据此，以生产、销售假药罪判处被告人李某有期徒刑10年9个月，并处罚金人民币372万元。其余被告人分别被判处1年6个月至10年3个月有期徒刑，并处罚金。

《药品管理法》第一百一十四条规定，违反本法规定，构成犯罪的，依法追究刑事责任。《刑法》第一百四十一条规定，生产、销售假药的，处三年以下有期徒刑或者拘役，并处罚金；对人体健康造成严重危害或者有其他严重情节的，处三年以上十年以下有期徒刑，并处罚金；致人死亡或者有其他特别严重情节的，处十年以上有期徒刑、无期徒刑或者死刑，并处罚金或者没收财产。《药品管理法》第九十八条规定，"以非药品冒充药品或者以他种药品冒充此种药品"的为假药。本案中，被告人李某在中药中掺入了多种西药并冒充纯中药销售，属于"以他种药品冒充此种药品"的情形，经地市级药品监督管理部门认定为假药，故以生产、销售假药罪定罪处罚。本案也提醒广大消费者，不要迷信"祖传秘方"等虚假宣传，应当通过正规渠道采购药品，保障用药安全。

## 第一节　药品管理法律制度概述

### 一、药品的概念及其特征

药品，是指用于预防、治疗、诊断人的疾病，有目的地调节人的生理机能并规定有适应证或者功能主治、用法和用量的物质，包括中药、化学药和生物制品等。药品辅料，则是指生产药品和调配处方时所用的赋形剂和附加剂。药品不同于一般商品，它直接作用于人体，关系到使用者的健康和生命安全，是一种特殊意义上的商品。

**1. 药品作用的两重性**　药品具有治病救人的效用，同时药品的毒副作用也可能危及使用者的健康，因此使用者必须科学用药，保证用药安全。

**2. 药品的医用专属性**　患者只有通过医生的检查诊断，并在医生的指导下合理用药，才能达到预防、治疗疾病和保护健康的目的。

**3. 药品质量的严格性**　药品必须符合一定的药品质量标准，否则会危及使用者的生命健康，因此进入流通、使用环节的药品必须是合格的药品。

**4. 药品鉴定具有很强的科学性**　药品质量的鉴定必须由专门的机构和人员依据法定的标准，使用专业的仪器和设备，借助科学的方法才能做出客观、准确的鉴定结论。

## 二、药品管理立法

药品管理法，是指专门调整药品研制、生产、经营、使用和监督管理活动的法律规范总称，是我国药品监管法律体系中的基本法律。为加强药品监督管理，保证药品质量，保障公众用药安全，维护人民身体健康及合法权益，1984年9月20日，第六届全国人大常委会第七次会议通过了《药品管理法》，该法于1985年7月1日起施行。2001年该法首次进行了全面修订，2013年和2015年两次修正了部分条款。2019年8月26日，新修订的《药品管理法》经十三届全国人大常委会第十二次会议表决通过，于2019年12月1日起施行。这是《药品管理法》自1984年颁布以来的第二次系统性、结构性重大修订，进一步健全了覆盖药品研制、生产、经营、使用全过程的法律制度，对保证药品质量，保障公众用药安全，强化药品监督、促进药品行业发展以及推进健康中国建设具有重要意义。为了继承和弘扬中医药，保障和促进中医药事业发展，保护人民健康，2016年12月25日，第十二届全国人民代表大会常务委员会第二十五次会议通过并公布了《中医药法》，该法自2017年7月1日起施行。

为了保证《药品管理法》的有效实施，国务院、卫生部、国家食品药品监督管理总局等制定了一系列行政法规和部门规章。国务院制定的药品管理行政法规主要有《药品管理法实施条例》（2002年9月15日施行）、《医疗用毒性药品管理办法》（1988年12月27日施行）、《放射性药品管理办法》（1989年2月13日施行）、《麻醉药品和精神药品管理条例》（2005年7月26日施行）等。卫生部、国家食品药品监督管理总局等制定的药品管理行政规章主要有《药品经营许可证管理办法》（2004年4月1日施行）、《药品生产监督管理办法》（2004年8月5日施行）、《药品说明书和标签管理规定》（2006年6月1日施行）、《药品广告审查办法》（2007年5月1日施行）、《药品注册管理办法》（2007年10月1日起施行）、《药品召回管理办法》（2007年12月10日施行）、《药品生产质量管理规范（2010年修订）》（自2011年3月1日起施行）、《药品不良反应报告和监测管理办法》（自2011年7月1日起施行）、《药品经营质量管理规范》（2013年6月1日施行）等。全国各省、自治区、直辖市结合本地实际情况，制订了大量的地方性法规和规章，由此形成了比较完备的药品管理法律体系。

## 第二节 药品研制、注册与标准

### 一、药品研制

#### (一)基本要求

药品研制是药品管理的首要环节,是保证药品质量的基础。以在中华人民共和国境内上市为目的的药品境内外研制活动,应当符合法律、法规、规章、标准和规范的相关要求。《药品管理法》规定,从事药品研制活动,应当遵守药物非临床研究质量管理规范、药物临床试验质量管理规范,保证药品研制全过程持续符合法定要求。药学研究应当建立完善的质量管理体系,加强质量管理,保证用于药品注册的药学研究行为规范,关键研究记录和数据真实、准确、完整、可追溯。药品注册申请人应当对实施药学研究的机构和人员进行审核和评估,并对药学研究行为和结果负责。

#### (二)鼓励创新

在支持药品的基础研究、应用研究和原始创新基础上,国家支持以临床价值为导向、对人的疾病具有明确或者特殊疗效的药物创新,鼓励具有新的治疗机理、治疗严重危及生命的疾病或者罕见病、对人体具有多靶向系统性调节干预功能等的新药研制,推动药品技术进步。国家采取有效措施,鼓励儿童用药品的研制和创新,支持开发符合儿童生理特征的儿童用药品新品种、剂型和规格,对儿童用药品予以优先审评审批。国家鼓励运用现代科学技术和传统中药研究方法开展中药科学技术研究和药物开发,建立和完善符合中药特点的技术评价体系,促进中药传承创新。国家保护公民、法人和其他组织研究、开发新药的合法权益。

#### (三)非临床研究

国务院药品监督管理部门对药物非临床安全性评价研究机构是否符合药物非临床研究质量管理规范进行认证,符合要求的,发给认证证书。药物非临床安全性评价研究应当在取得药物非临床研究质量管理规范认证证书的机构进行。开展药物非临床研究,应当符合国家有关规定,有与研究项目相适应的人员、场地、设备、仪器和管理制度,保证有关数据、资料和样品的真实性。

#### (四)药物临床试验研究

**1.药物临床试验审批** 开展药物临床试验,应当按照国务院药品监督管理部门的规定如实报送研制方法、质量指标、药理及毒理试验结果等有关数据、资料和样品,经国务院药品监督管理部门批准。其中,开展生物等效性试验的,报国务院药品监督管理部门备案。开展药物临床试验,应当在具备相应条件的临床试验机构进行。药物临床试验机构实行备案管理。

**2.临床试验管理** 药物临床试验机构应当具有专门的组织管理部门,配备专门人员,统筹实施临床试验质量管理、试验用药品管理、资料管理等。临床试验研究者应当遵循临床试验方案,按照药物临床试验质量管理规范规定实施临床试验,保护受试者权益和安全,确保临床试验数据和记录真实、准确、完整和可追溯。申办者应当建立药物临床试验质量管理体系,评估和选择承担临床试验的机构和研究者,承担受试者保护、临床试验用药品质量和供应、试验数据管理、药物安全性信息收集评估处置与报告等责任。申办者委托合同研究组织承担相关工作的,应当确保其具备相应的质量保证和质量控制能力,并监督其履行职责。

**3. 伦理审查** 开展药物临床试验，应当符合伦理原则，制定临床试验方案，经伦理委员会审查同意。伦理委员会应当建立伦理审查工作制度，保证伦理审查过程独立、客观、公正，监督规范开展药物临床试验，保障受试者合法权益，维护社会公共利益。应当遵循国务院卫生健康主管部门有关规定，受理和协调处理受试者的投诉，保障受试者合法权益，接受相关部门的监督检查。开展多中心药物临床试验，可以建立协作互认的伦理审查机制，保障审查的一致性和及时性。

**4. 知情同意** 实施药物临床试验，应当向受试者或者其监护人如实说明和解释临床试验的目的和风险等详细情况，取得受试者或者其监护人自愿签署的知情同意书，并采取有效措施保护受试者合法权益。对正在开展临床试验的用于治疗严重危及生命且尚无有效治疗手段的疾病的药物，经医学观察可能获益，并且符合伦理原则的，经审查、知情同意后可以在开展临床试验的机构内用于其他病情相同的患者。

**5. 申办者变更** 药物临床试验期间，变更申办者的，应当经国务院药品监督管理部门同意，必要时重新核发药物临床试验批准通知书。相应的药物临床试验义务和责任由变更后的申办者承担。

## 二、药品注册

药品注册（drug registration），是指国家药品监督管理机关，根据药品注册申请人的申请，依照法定程序，对拟上市销售药品的安全性、有效性、质量可控性等进行审查，并决定是否同意其申请的审批过程。在中国境内上市的药品，应当经国务院药品监督管理部门批准，取得药品注册证书。

### （一）药品注册的原则

药品注册工作应当遵循公开、公平、公正的原则。国家药品监督管理局对药品注册实行主审集体负责制、相关人员公示制和回避制、责任追究制，受理、检验、审评、审批、送达等环节接受社会监督，对审评、审批中知悉的商业秘密应当保密。

### （二）药品注册申请

药品注册申请人，是指提出药品注册申请，承担相应法律责任，并在该申请获得批准后持有药品批准证明文件的机构。申请药品注册，申请人应当向所在地省、自治区、直辖市药品监督管理局提出，并报送有关资料和药物实样。申请人在提出药品注册申请时，应当对申报资料中的药物研究数据的真实性负责，并应当承诺所有试验数据均为自行取得并保证其真实性。

药品注册申请包括新药申请、仿制药申请、进口药品申请及其补充申请和再注册申请。境内申请人申请药品注册按照新药申请、仿制药申请的程序和要求办理，境外申请人申请进口药品注册按照进口药品申请的程序和要求办理。

**1. 新药申请** 是指未曾在中国境内上市销售的药品的注册申请。对已上市药品改变剂型、改变给药途径、增加新适应证的药品注册按照新药申请的程序申报。

**2. 仿制药申请** 是指生产国家药品监督管理局已批准上市的已有国家标准的药品的注册申请。但是生物制品按照新药申请的程序申报。

**3. 补充申请** 是指新药申请、仿制药申请或者进口药品申请经批准后，改变、增加或者取消原批准事项或者内容的注册申请。

**4. 再注册申请**　是指药品批准证明文件有效期满后申请人拟继续生产或者进口该药品的注册申请。

**5. 进口药品申请**　是指境外生产的药品在中国境内上市销售的注册申请。进口药品注册,如果境外生产企业在中国没有合法办事机构,必须委托中国的专业机构代理注册。

### (三) 药品注册的审批

对申请注册的药品,国务院药品监督管理部门应当组织药学、医学和其他技术人员进行审评,对药品的安全性、有效性和质量可控性以及申请人的质量管理、风险防控和责任赔偿等能力进行审查,符合条件的,颁发药品注册证书。国务院药品监督管理部门在审批药品时,对化学原料药一并审评审批,对相关辅料、直接接触药品的包装材料和容器一并审评,对药品的质量标准、生产工艺、标签和说明书一并核准。对治疗严重危及生命且尚无有效治疗手段的疾病以及公共卫生方面急需的药品,药物临床试验已有数据显示疗效并能预测其临床价值,可以附条件批准,并在药品注册证书中载明相关事项。

## 三、药品标准

药品标准 (drug standard),是指国家对药品质量规格及检验方法所做的技术性规范,由一系列反映药品特征的参数和技术指标组成,是药品生产、经营、供应、使用、检验和管理部门必须共同遵循的法定依据。我国实行国家药品标准制度,药品应当符合国家药品标准。经国务院药品监督管理部门核准的药品质量标准高于国家药品标准的,按照经核准的药品质量标准执行。没有国家药品标准的,应当符合经核准的药品质量标准。国务院药品监督管理部门颁布的《中华人民共和国药典》和药品标准为国家药品标准。国务院药品监督管理部门设置或者指定的药品检验机构负责标定国家药品标准品、对照品。列入国家药品标准的药品名称为药品通用名称,已经作为药品通用名称的,该名称不得作为药品商标使用。

# 第三节　药品上市许可持有人制度

## 一、药品上市许可持有人的概念

根据《药品管理法》的规定,药品上市许可持有人是指取得药品注册证书的企业或者药品研制机构等。为了鼓励药品创新,激发科研机构和科研人员创新的积极性,《药品管理法》明确了上市许可持有人的组织形式、上市许可持有人的义务和责任、上市许可持有人的权利等内容。

## 二、药品上市许可持有人的权利与义务

**1. 药品上市许可持有人的权利**　根据《药品管理法》的规定,药品上市许可持有人享有以下主要权利:①自行生产或委托生产的权利。药品上市许可持有人可以自行生产药品,也可以委托药品生产企业生产。药品上市许可持有人自行生产药品的,应当依照规定取得药品生产许可证。委托生产的,应当委托符合条件的药品生产企业。药品上市许可持有人和受托生产企业应当签订委托协议和质量协议,并严格履行协议约定的义务。②自行销售或委托销售的权利。药品上市许可持有人享有可以自行销售其取得药品注册证书的药品也可以委托药品经营企业销售的权利。药品上市许可持有人自行销售药品的,应当具备药品管理法规定的

条件。委托销售的，应当委托符合条件的药品经营企业。药品上市许可持有人和受托经营企业应当签订委托协议，并严格履行协议约定的义务。③转让药品上市许可的权利。经国务院药品监督管理部门批准，药品上市许可持有人可以转让药品上市许可。受让方应当具备保障药品安全性、有效性和质量可控性的质量管理、风险防控和责任赔偿等能力，履行药品上市许可持有人义务。

**2. 药品上市许可持有人的义务**　根据《药品管理法》的规定，药品上市许可持有人负有以下主要义务：①建立药品质量保证体系，配备专门人员独立负责药品质量管理，对受托药品生产企业、药品经营企业的质量管理体系进行定期审核，监督其持续具备质量保证和控制能力；②建立药品上市放行规程，对药品生产企业出厂放行的药品进行审核，经质量受权人签字后方可放行。不符合国家药品标准的，不得放行；③药品上市许可持有人、药品生产企业、药品经营企业委托储存、运输药品的，应当对受托方的质量保证能力和风险管理能力进行评估，与其签订委托协议，约定药品质量责任、操作规程等内容，并对受托方进行监督；④药品上市许可持有人、药品生产企业、药品经营企业和医疗机构应当建立并实施药品追溯制度，按照规定提供追溯信息，保证药品可追溯；⑤建立年度报告制度，每年将药品生产销售、上市后研究、风险管理等情况按照规定向省、自治区、直辖市人民政府药品监督管理部门报告；⑥药品上市许可持有人为境外企业的，应当由其指定的在中国境内的企业法人履行药品上市许可持有人义务，与药品上市许可持有人承担连带责任；⑦中药饮片生产企业履行药品上市许可持有人的相关义务，对中药饮片生产、销售实行全过程管理，建立中药饮片追溯体系，保证中药饮片安全、有效、可追溯。

## 三、药品上市许可持有人的责任

药品上市许可持有人的法定代表人、主要负责人对药品质量全面负责。药品上市许可持有人应当依照规定，对药品的非临床研究、临床试验、生产经营、上市后研究、不良反应监测及报告与处理等承担责任。其他从事药品研制、生产、经营、储存、运输、使用等活动的单位和个人依法承担相应责任。

# 第四节　药品生产和经营

## 一、药　品　生　产

### （一）药品生产许可

根据《药品管理法》的规定，国家依法对药品生产企业实行许可证制度。从事药品生产活动，应当经所在地省、自治区、直辖市人民政府药品监督管理部门批准，取得药品生产许可证。无药品生产许可证的，不得生产药品。省、自治区、直辖市人民政府药品监督管理部门应当自受理申请之日起30个工作日内作出决定。符合规定条件的，准予许可并发给药品生产许可证。对不符合规定条件的，不予许可并书面说明理由。药品生产许可证应当标明有效期和生产范围，到期重新审查发证。药品生产场地在境外的，其生产活动应当符合法律、法规、规章、标准和规范的相关要求。

### （二）开办药品生产企业的条件

药品生产企业是指生产药品的专营企业或者兼营企业，开办药品生产企业，必须具备以下条件：①具有依法经过资格认定的药学技术人员、工程技术人员及相应的技术工人；②具有与其药品生产相适应的厂房、设施和卫生环境；③具有能对所生产药品进行质量管理和质量检验的机构、人员以及必要的仪器设备；④具有保证药品质量的规章制度，并符合国务院药品监督管理部门依据本法制定的药品生产质量管理规范要求。

### （三）药品生产质量管理

药品生产企业的法定代表人、主要负责人对本企业的药品生产活动全面负责。从事药品生产活动，应当遵守药品生产质量管理规范，建立健全药品生产质量管理体系，保证药品生产全过程持续符合法定要求。药品监督管理部门按照规定对药品生产企业是否符合《药品生产质量管理规范》的要求进行认证，对认证合格的，发给认证证书，否则不能组织生产药品。其中，生产注射剂、放射性药品和国务院药品监督管理部门规定的生物制品的药品生产企业的认证工作，由国务院药品监督管理部门负责。新开办药品生产企业、药品生产企业新建药品生产车间或者新增生产剂型的，应当自取得药品生产证明文件或者经批准正式生产之日起30日内，按照规定向药品监督管理部门申请《药品生产质量管理规范》认证。药品应当按照国家药品标准和经药品监督管理部门核准的生产工艺进行生产。生产、检验记录应当完整准确，不得编造。除此之外，根据《药品管理法》的规定，药品生产企业必须对其生产的药品进行质量检验，不符合国家药品标准或者不按照省、自治区、直辖市人民政府药品监督管理部门制定的中药饮片炮制规范炮制的，不得出厂。生产药品所需的原料、辅料，必须符合药用要求、药品生产质量管理规范的有关要求。

### （四）药品委托生产管理

根据《药品管理法》的规定，经国务院药品监督管理部门或者国务院药品监督管理部门授权的省、自治区、直辖市人民政府药品监督管理部门批准，药品生产企业可以接受委托生产药品。接受委托生产药品的，受托方必须是持有与其受托生产的药品相适应的《药品生产质量管理规范》认证证书的药品生产企业。委托生产药品的，药品上市许可持有人应当履行原辅料供应商审核、产品年度报告、变更管理审核及产品上市放行等义务，监督受托方履行协议约定的义务，确保生产过程持续符合法定要求。受托方应当按照药品生产质量管理规范组织生产，并严格执行质量协议。受托方不得再次委托生产。

### （五）药品包装管理

根据《药品管理法》的规定，直接接触药品的包装材料和容器，应当符合药用要求，符合保障人体健康、安全的标准。对不合格的直接接触药品的包装材料和容器，由药品监督管理部门责令停止使用。药品包装应当按照规定印有或者贴有标签并附有说明书。标签或者说明书应当注明药品的通用名称、成分、规格、上市许可持有人及其地址、生产企业及其地址、批准文号、产品批号、生产日期、有效期、适应证或者功能主治、用法、用量、禁忌、不良反应和注意事项。标签、说明书中的文字应当清晰，生产日期、有效期等事项应当显著标注，容易辨识。麻醉药品、精神药品、医疗用毒性药品、放射性药品、外用药品和非处方药的标签、说明书，应当印有规定的标志。药品包装应当符合药品质量的要求，方便储存、运输和医疗使用。

### （六）从业人员管理

药品上市许可持有人、药品生产企业应当按照《药品管理法》以及药品生产质量管理规范的规定配备企业负责人、生产管理负责人、质量管理负责人、质量受权人等关键岗位人员。质量受权人主要负责药品放行,确保每批已放行产品的生产、检验均符合相关法规、药品注册管理要求。质量受权人独立履行职责,未经质量受权人签字同意,不得放行。药品上市许可持有人、药品生产企业、药品经营企业和医疗机构中直接接触药品的工作人员,应当每年进行健康检查。患有传染病或者其他可能污染药品的疾病的,不得从事直接接触药品的工作。

## (七)禁止性规定

《药品管理法》规定,禁止生产(包括配制,下同)、销售、使用假药、劣药。禁止未取得药品批准证明文件生产、进口药品。禁止使用未按照规定审评、审批的原料药、包装材料和容器生产药品。

有下列情形之一的为假药:①药品所含成分与国家药品标准规定的成分不符;②以非药品冒充药品或者以他种药品冒充此种药品;③变质的药品;④药品所标明的适应证或者功能主治超出规定范围。

有下列情形之一的为劣药:①药品成分的含量不符合国家药品标准;②被污染的药品;③未标明或者更改有效期的药品;④未注明或者更改产品批号的药品;⑤超过有效期的药品;⑥擅自添加防腐剂、辅料的药品;⑦其他不符合药品标准的药品。

# 二、药品经营

## (一)药品经营许可

从事药品批发活动,应当向所在地省、自治区、直辖市人民政府药品监督管理部门申请经营许可,并按照国务院药品监督管理部门规定,提交其符合《药品管理法》第五十二条规定条件的资料。无药品经营许可证的,不得经营药品。药品经营许可证应当标明有效期和经营范围,到期重新审批。

从事药品零售活动,应当向所在地设区的市级人民政府药品监督管理部门或者县级人民政府药品监督管理部门申请经营许可,并按照国务院药品监督管理部门规定,提交其符合《药品管理法》第五十二条规定条件的资料。药品监督管理部门应当自受理申请之日起二十个工作日内作出决定。

## (二)开办药品经营企业的条件

根据《药品管理法》的规定,药品经营企业是指经营药品的专营企业或者兼营企业,开办药品经营企业必须具备以下条件:①具有依法经过资格认定的药学技术人员;②具有与所经营药品相适应的营业场所、设备、仓储设施、卫生环境;③具有与所经营药品相适应的质量管理机构或者人员;④有保证药品质量的规章制度,并符合国务院药品监督管理部门依据本法制定的药品经营质量管理规范要求。除此之外,还应当遵循方便群众购药的原则。

## (三)药品经营质量管理

根据《药品管理法》的规定,从事药品经营活动,应当遵守药品经营质量管理规范,建立健全药品经营质量管理体系,保证药品经营全过程持续符合法定要求。药品经营企业的法定代表人、主要负责人对本企业的药品经营活动全面负责。国家鼓励、引导药品零售连锁经营,从事药品零售连锁经营活动的企业总部,应当建立统一的质量管理制度,对所属零售企业的经营活动履行管理责任。

## (四)药品流通管理

**1. 购销药品** 根据《药品管理法》的规定,药品上市许可持有人、药品生产企业、药品经营企业和医疗机构应当从具有药品生产、经营资格的企业购进药品。药品经营企业购进药品,应当建立并执行进货检查验收制度,验明药品合格证明和其他标识,不符合规定要求的,不得购进和销售。药品经营企业购销药品,应当有真实、完整的购销记录,购销记录应当注明药品的通用名称、剂型、规格、产品批号、有效期、上市许可持有人、生产企业、购销单位、购销数量、购销价格、购销日期及国务院药品监督管理部门规定的其他内容。药品经营企业零售药品应当准确无误,并正确说明用法、用量和注意事项。依法经过资格认定的药师或者其他药学技术人员负责本企业的药品管理、处方审核和调配、合理用药指导等工作。药品经营企业应当制定和执行药品保管制度,采取必要的冷藏、防冻、防潮、防虫、防鼠等措施,保证药品质量。药品入库和出库应当执行检查制度。

**2. 网络销售药品** 药品上市许可持有人、药品经营企业通过网络销售药品,应当遵守《药品管理法》药品经营的有关规定。疫苗、血液制品、麻醉药品、精神药品、医疗用毒性药品、放射性药品、药品类易制毒化学品等国家实行特殊管理的药品不得在网络上销售。药品网络交易第三方平台提供者应当按照国务院药品监督管理部门的规定,向所在地省、自治区、直辖市人民政府药品监督管理部门备案。应当依法对申请进入平台经营的药品上市许可持有人、药品经营企业的资质等进行审核,保证其符合法定要求,并对发生在平台的药品经营行为进行管理,发现进入平台经营的药品上市许可持有人、药品经营企业有违反本法规定行为的,应当及时制止并立即报告所在地县级人民政府药品监督管理部门,发现严重违法行为的,应当立即停止提供网络交易平台服务。新发现和从境外引种的药材,经国务院药品监督管理部门批准后,方可销售。

**3. 进出口药品** 药品应当从允许药品进口的口岸进口,并由进口药品的企业向口岸所在地药品监督管理部门备案。海关凭药品监督管理部门出具的进口药品通关单办理通关手续,无进口药品通关单的不得放行。口岸所在地药品监督管理部门应当通知药品检验机构按照国务院药品监督管理部门的规定对进口药品进行抽查检验。医疗机构因临床急需进口少量药品的,经国务院药品监督管理部门或者国务院授权的省、自治区、直辖市人民政府批准,可以进口。进口的药品应当在指定医疗机构内用于特定医疗目的。进口、出口麻醉药品和国家规定范围内的精神药品,应当持有国务院药品监督管理部门颁发的进口准许证、出口准许证。禁止进口疗效不确切、不良反应大或者因其他原因危害人体健康的药品。

国务院药品监督管理部门对下列药品在销售前或者进口时,应当指定药品检验机构进行检验,未经检验或者检验不合格的,不得销售或者进口:①首次在中国境内销售的药品;②国务院药品监督管理部门规定的生物制品;③国务院规定的其他药品。

## 三、药品价格和广告

### (一)药品价格

根据《药品管理法》的规定,依法实行市场调节价的药品,药品上市许可持有人、药品生产企业、药品经营企业和医疗机构应当按照公平、合理和诚实信用、质价相符的原则制定价格,为用药者提供价格合理的药品,应当遵守国务院药品价格主管部门关于药品价格管理的规定,应当依法向药品价格主管部门提供其药品的实际购销价格和购销数量等资料,制定和标明药品零售价格,禁止暴利、价格垄断和价格欺诈等行为。医疗机构应当向患者提供所用药品的价格清单,按照规定如实公布其常用药品的价格,加强合理用药管理。国家完善药品采购管理制度,对药品价格进行监测,开展成本价格调查,加强药品价格监督检查,依法查处价格垄断、哄抬价格等药品价格违法行为,维护药品价格秩序。

## (二)药品广告

**1. 药品广告的审批** 药品广告应当经广告主所在地省、自治区、直辖市人民政府确定的广告审查机关批准并发给药品广告批准文号。未经批准的,不得发布。

**2. 药品广告的内容要求** 药品广告的内容应当真实、合法,以国务院药品监督管理部门核准的药品说明书为准,不得含有虚假的内容。药品广告不得含有表示功效、安全性的断言或者保证。不得利用国家机关、科研单位、学术机构、行业协会或者专家、学者、医师、药师、患者等的名义或者形象作推荐、证明。除此之外,非药品广告不得有涉及药品的宣传。

**3. 药品广告的监督** 省、自治区、直辖市人民政府药品监督管理部门应当对其批准的药品广告进行检查,对于违反《药品管理法》和《广告法》的广告,应当向广告监督管理机关通报并提出处理建议,广告监督管理机关应当依法作出处理。药品价格和广告,《药品管理法》未作规定的,适用《价格法》《反垄断法》《反不正当竞争法》《广告法》等的规定。

## 四、药品储备和供应

### (一)药品储备

**1. 药品储备制度** 国家实行药品储备制度,建立中央和地方两级药品储备,发生重大灾情、疫情或者其他突发事件时,依照《突发事件应对法》的规定,可以紧急调用药品。

**2. 基本药物制度** 国家实行基本药物制度,遴选适当数量的基本药物品种,加强组织生产和储备,提高基本药物的供给能力,满足疾病防治基本用药需求。

**3. 短缺药品清单管理制度** 国家实行短缺药品清单管理制度。药品上市许可持有人停止生产短缺药品的,应当按照规定向国务院药品监督管理部门或者省、自治区、直辖市人民政府药品监督管理部门报告。国家建立药品供求监测体系,及时收集和汇总分析短缺药品供求信息,对短缺药品实行预警,采取应对措施。

### (二)药品供应

国家鼓励短缺药品的研制和生产,对临床急需的短缺药品、防治重大传染病和罕见病等疾病的新药予以优先审评审批。对短缺药品,国务院可以限制或者禁止出口。必要时,国务院有关部门可以采取组织生产、价格干预和扩大进口等措施,保障药品供应。药品上市许可持有人、药品生产企业、药品经营企业应当按照规定保障药品的生产和供应。

## 五、药品的分类管理

药品分类管理,是指根据药品的安全性、有效性原则,依其品种、规格、适应证、剂量及给药途径等的不同,将药品分为处方药和非处方药并作出相应的管理规定。根据《药品管理法》的规定,国家对药品实行处方药与非处方药分类管理制度。根据非处方药的安全性,将非处方药分为甲类非处方药和乙类非处方药。

经营处方药、甲类非处方药的药品零售企业应当配备与处方审核数量、药学服务能力相匹配的执业药师。只经营乙类非处方药的药品零售企业,可以按照规定配备其他药学技术人员。执业药师或者其他药学技术人员负责本企业的药品质量管理、处方审核和监督调配、合理用药指导和咨询服务、药品不良反应信息收集和报告等工作。药品零售企业应当按规定凭处方销售处方药，处方药应当在封闭货架内放置，不得开架销售，不得以买药品赠药品或者买商品赠药品等方式向公众赠送、促销处方药、甲类非处方药。销售有特殊管理要求药品的，还应当实名登记，限人限量。

## 六、药品上市后管理

### （一）药品上市后风险管理计划

药品上市许可持有人应当制定药品上市后风险管理计划，主动开展药品上市后研究，对药品的安全性、有效性和质量可控性进行进一步确证，加强对已上市药品的持续管理。对附条件批准的药品，药品上市许可持有人应当采取相应风险管理措施，并在规定期限内按照要求完成相关研究。逾期未按照要求完成研究或者不能证明其获益大于风险的，国务院药品监督管理部门应当依法处理，直至注销药品注册证书。

### （二）药品生产过程中的变更

对药品生产过程中的变更，按照其对药品安全性、有效性和质量可控性的风险和产生影响的程度，实行分类管理。属于重大变更的，应当经国务院药品监督管理部门批准，其他变更应当按照国务院药品监督管理部门的规定备案或者报告。药品上市许可持有人应当按照国务院药品监督管理部门的规定，全面评估、验证变更事项对药品安全性、有效性和质量可控性的影响。

### （三）药品上市后不良反应监测

药品上市许可持有人应当开展药品上市后不良反应监测，主动收集、跟踪分析疑似药品不良反应信息，对已识别风险的药品及时采取风险控制措施。药品上市许可持有人、药品生产企业、药品经营企业和医疗机构应当经常考察本单位所生产、经营、使用的药品质量、疗效和不良反应。发现疑似不良反应的，应当及时向药品监督管理部门和卫生健康主管部门报告。对已确认发生严重不良反应的药品，由国务院药品监督管理部门或者省、自治区、直辖市人民政府药品监督管理部门根据实际情况采取停止生产、销售、使用等紧急控制措施，并应当在五日内组织鉴定，自鉴定结论作出之日起十五日内依法作出行政处理决定。

### （四）药品召回制度

药品存在质量问题或者其他安全隐患的，药品上市许可持有人应当立即停止销售，告知相关药品经营企业和医疗机构停止销售和使用，召回已销售的药品，及时公开召回信息，必要时应当立即停止生产，并将药品召回和处理情况向省、自治区、直辖市人民政府药品监督管理部门和卫生健康主管部门报告。药品生产企业、药品经营企业和医疗机构应当配合。药品上市许可持有人依法应当召回药品而未召回的，省、自治区、直辖市人民政府药品监督管理部门应当责令其召回。

### （五）上市后评价制度

药品上市许可持有人应当对已上市药品的安全性、有效性和质量可控性定期开展上市后评价。必要时，国务院药品监督管理部门可以责令药品上市许可持有人开展上市后评价或者直接组织开展上市后评价。经评价，对疗效不确切、不良反应大或者因其他原因危害人体健康的药品，应当注销药品注册证书。已被注销药品注册证书的药品，不得生产或者进口、销售和使用。已被注销药品注册证书、超过有效期等的药品,应当由药品监督管理部门监督销毁或者依法采取其他无害化处理等措施。

## 七、药品追溯制度

药品上市许可持有人应当建立并实施药品追溯制度,按照规定赋予药品追溯标识,建设信息化追溯系统,向药品经营企业、药品使用单位提供追溯信息,及时、准确记录并保存药品生产、流通、使用全过程信息,实现药品可追溯,并按照规定向药品监督管理部门提供追溯数据,为公众提供药品追溯信息查询服务。药品经营企业应当建立并实施药品追溯制度,按照规定索取和核对药品追溯信息,通过信息化等手段及时、准确记录、保存和上传药品追溯数据。国务院药品监督管理部门应当制定统一的药品追溯标准和规范,推进药品追溯信息互通互享,实现药品可追溯。

## 八、药品不良反应监测报告制度

药品不良反应,是指合格药品在正常用法用量下出现的与用药目的无关的有害反应。新的药品不良反应,是指药品说明书中未载明的不良反应。说明书中已有描述,但不良反应发生的性质、程度、后果或者频率与说明书描述不一致或者更严重的,按照新的药品不良反应处理。严重药品不良反应,是指因使用药品引起以下损害情形之一的反应:①导致死亡;②危及生命;③致癌、致畸、致出生缺陷;④导致显著的或者永久的人体伤残或者器官功能的损伤;⑤导致住院或者住院时间延长;⑥导致其他重要医学事件,如不进行治疗可能出现上述所列情况的。

国家建立药物警戒制度,对药品不良反应及其他与用药有关的有害反应进行监测、识别、评估和控制。药品生产、经营企业和医疗机构应当建立药品不良反应报告和监测管理制度,设立专门机构并配备专职人员,承担本单位的药品不良反应报告和监测工作,按照规定进行报告和监测。药品生产、经营企业和医疗机构获知或者发现可能与用药有关的不良反应,应当通过国家药品不良反应监测信息网络报告。不具备在线报告条件的,应当通过纸质报表报所在地药品不良反应监测机构,由所在地药品不良反应监测机构代为在线报告。报告内容应当真实、完整、准确。各级药品不良反应监测机构应当对本行政区域内的药品不良反应报告和监测资料进行评价和管理。

# 第五节 医疗机构药事管理

## 一、人　员

医疗机构应当配备依法经过资格认定的药师或者其他药学技术人员,负责本单位的药品管理、处方审核和调配、合理用药指导等工作。非药学技术人员不得直接从事药剂技术工作。

## 二、购进药品保管制度

医疗机构购进药品,应当建立并执行进货检查验收制度,验明药品合格证明和其他标识。不符合规定要求的,不得购进和使用。应当有与所使用药品相适应的场所、设备、仓储设施和卫生环境，制定和执行药品保管制度，采取必要的冷藏、防冻、防潮、防虫、防鼠等措施，保证药品质量。

## 三、用药原则

医疗机构应当坚持安全有效、经济合理的用药原则，遵循药品临床应用指导原则、临床诊疗指南和药品说明书等合理用药，对医师处方、用药医嘱的适宜性进行审核。医疗机构以外的其他药品使用单位，应当遵守本法有关医疗机构使用药品的规定。

## 四、调配处方

依法经过资格认定的药师或者其他药学技术人员调配处方，应当进行核对，对处方所列药品不得擅自更改或者代用。对有配伍禁忌或者超剂量的处方，应当拒绝调配。必要时，经处方医师更正或者重新签字，方可调配。

## 五、医疗机构配制制剂

### （一）医疗机构制剂许可

医疗机构配制制剂，应当经所在地省、自治区、直辖市人民政府药品监督管理部门批准，取得医疗机构制剂许可证。无医疗机构制剂许可证的，不得配制制剂。医疗机构制剂许可证应当标明有效期，到期重新审查发证。

### （二）医疗机构配制制剂的要求

（1）应当有能够保证制剂质量的设施、管理制度、检验仪器和卫生环境。

（2）应当按照经核准的工艺进行，所需的原料、辅料和包装材料等应当符合药用要求。

（3）医疗机构配制的制剂，应当是本单位临床需要而市场上没有供应的品种，并应当经所在地省、自治区、直辖市人民政府药品监督管理部门批准。

（4）医疗机构配制的制剂应当按照规定进行质量检验。检验合格的，凭医师处方在本单位使用。经国务院药品监督管理部门或者省、自治区、直辖市人民政府药品监督管理部门批准，医疗机构配制的制剂可以在指定的医疗机构之间调剂使用。

（5）医疗机构配制的制剂不得在市场上销售。

# 第六节 生物制品及特殊药品管理

## 一、生物制品批签发管理

生物制品是应用普通的或以基因工程、细胞工程、蛋白质工程、发酵工程等生物技术获得的微生物、细胞及各种动物和人源的组织和液体等生物材料制备的，用于人类疾病预防、治疗和诊断的药品。人用生物制品包括：细菌类疫苗（含类毒素）、病毒类疫苗、抗毒素及抗血清、血液制品、细胞因子、生长因子、酶等。

生物制品批签发，是指国家药品监督管理局对获得上市许可的疫苗类制品、血液制品、用于血源筛查的体外诊断试剂以及国家药品监督管理局规定的其他生物制品，在每批产品上市销售前或者进口时，经指定的批签发机构进行审核、检验，对符合要求的发给批签发证明的活动。未通过批签发的产品，不得上市销售或者进口。

## （一）批签发申请

根据《生物制品批签发管理办法》（简称《办法》）的规定，批签发申请人应当是持有药品批准证明文件的境内外药品上市许可持有人。境外药品上市许可持有人应当指定我国境内企业法人办理批签发。新批准上市的生物制品首次申请批签发前，批签发申请人应当在生物制品批签发管理系统内登记建档。登记时应当提交以下资料：①生物制品批签发品种登记表；②药品批准证明文件；③合法生产的相关文件。相关资料符合要求的，中国食品药品检定研究院应当在10日内完成所申请品种在生物制品批签发管理系统内的登记确认。

## （二）审核、检验、检查与签发

疫苗批签发应当逐批进行资料审核和抽样检验，其他生物制品批签发可以采取资料审核的方式，也可以采取资料审核和样品检验相结合的方式进行，并可根据需要进行现场核实。

批签发机构应当在规定的工作时限内完成批签发工作。疫苗类产品应当在60日内完成批签发，血液制品和用于血源筛查的体外诊断试剂应当在35日内完成批签发。需要复试的，批签发工作时限可延长该检验项目的两个检验周期，并告知批签发申请人。因品种特性及检验项目原因确需延长批签发时限的，经中检院审核确定后予以公开。

批签发机构根据资料审核、样品检验或者现场检查等结果作出批签发结论。符合要求的，签发生物制品批签发证明，加盖批签发专用章，发给批签发申请人。

## （三）复审

批签发申请人对生物制品不予批签发通知书有异议的，可以自收到生物制品不予批签发通知书之日起7日内，向原批签发机构或者直接向中检院提出复审申请。原批签发机构或者中检院应当在收到批签发申请人的复审申请之日起20日内作出是否复审的决定，复审内容仅限于原申请事项及原报送资料。有下列情形之一的，不予复审：①不合格项目为无菌、热原（细菌内毒素）等药品监督管理部门规定不得复验的项目；②样品明显不均匀的；③样品有效期不能满足检验需求的；④批签发申请人书面承诺放弃复验的；⑤未在规定时限内提出复审申请的；⑥其他不宜进行复审的。

# 二、麻醉药品和精神药品管理

根据《药品管理法》的规定，国家对麻醉药品、精神药品、医疗用毒性药品、放射性药品实行特殊管理。

## （一）麻醉药品和精神药品的概念

麻醉药品，是指连续使用后易产生身体依赖性，能成瘾癖的药品，包括阿片类、可卡因类、大麻类、人工合成麻醉药类及国家药品监督管理局指定的其他易成瘾癖的药品、药用植物及其制剂。

精神药品，是指直接作用于中枢神经系统，能使之兴奋或抑制，连续使用能产生精神依赖性药品，如巴比妥类、苯二氮䓬类等，分为第一类精神药品和第二类精神药品。

麻醉药品和精神药品的种类和范围，是指已列入麻醉药品目录、精神药品目录的药品和其他物质。

## （二）种植、实验研究和生产

**1. 种植**　《麻醉药品和精神药品管理条例》（简称《条例》）规定，国家根据麻醉药品和精神药品的医疗、国家储备和企业生产所需原料的需要确定需求总量，对麻醉药品药用原植物的种植、麻醉药品和精神药品的生产实行总量控制。麻醉药品药用原植物种植企业由国务院药品监督管理部门和国务院农业主管部门共同确定，其他单位和个人不得种植麻醉药品药用原植物。

**2. 实验研究**　麻醉药品和精神药品的实验研究单位申请相关药品批准证明文件，应当依照药品管理法的规定办理。需要转让研究成果的，应当经国务院药品监督管理部门批准。麻醉药品和第一类精神药品的临床试验，不得以健康人为受试对象。开展麻醉药品和精神药品实验研究活动应当具备下列条件，并经国务院药品监督管理部门批准：①以医疗、科学研究或者教学为目的；②有保证实验所需麻醉药品和精神药品安全的措施和管理制度；③单位及其工作人员2年内没有违反有关禁毒的法律、行政法规规定的行为。

**3. 生产**　国家对麻醉药品和精神药品实行定点生产制度。从事麻醉药品、精神药品生产的企业，应当经所在地省、自治区、直辖市人民政府药品监督管理部门批准。定点生产企业生产麻醉药品和精神药品，应当依照药品管理法的规定取得药品批准文号。未取得药品批准文号的，不得生产麻醉药品和精神药品。麻醉药品和精神药品的定点生产企业应当具备下列条件：①有药品生产许可证；②有麻醉药品和精神药品实验研究批准文件；③有符合规定的麻醉药品和精神药品生产设施、储存条件和相应的安全管理设施；④有通过网络实施企业安全生产管理和向药品监督管理部门报告生产信息的能力；⑤有保证麻醉药品和精神药品安全生产的管理制度；⑥有与麻醉药品和精神药品安全生产要求相适应的管理水平和经营规模；⑦麻醉药品和精神药品生产管理、质量管理部门的人员应当熟悉麻醉药品和精神药品管理以及有关禁毒的法律、行政法规；⑧没有生产、销售假药、劣药或者违反有关禁毒的法律、行政法规规定的行为；⑨符合国务院药品监督管理部门公布的麻醉药品和精神药品定点生产企业数量和布局的要求。

## （三）经营

国家对麻醉药品和精神药品实行定点经营制度。国务院药品监督管理部门应当根据麻醉药品和第一类精神药品的需求总量，确定麻醉药品和第一类精神药品的定点批发企业布局，并应当根据年度需求总量对布局进行调整、公布。麻醉药品和第一类精神药品的定点批发企业，还应当具有保证供应责任区域内医疗机构所需麻醉药品和第一类精神药品的能力，并具有保证麻醉药品和第一类精神药品安全经营的管理制度。麻醉药品和第一类精神药品不得零售。

麻醉药品和精神药品定点批发企业除应当具备药品管理法第十五条规定的药品经营企业的开办条件外，还应当具备下列条件：①有符合本条例规定的麻醉药品和精神药品储存条件；②有通过网络实施企业安全管理和向药品监督管理部门报告经营信息的能力；③单位及其工作人员2年内没有违反有关禁毒的法律、行政法规规定的行为；④符合国务院药品监督管理部门公布的定点批发企业布局。

## （四）使用

药品生产企业需要以麻醉药品和第一类精神药品为原料生产普通药品的，应当向所在地省、自治区、直辖市人民政府药品监督管理部门报送年度需求计划，由省、自治区、直辖市人民政府药品监督管理部门汇总报国务院药品监督管理部门批准后,向定点生产企业购买。需要以第二类精神药品为原料生产普通药品的,应当将年度需求计划报所在地省、自治区、直辖市人民政府药品监督管理部门,并向定点批发企业或者定点生产企业购买。

医疗机构需要使用麻醉药品和第一类精神药品的,应当经所在地设区的市级人民政府卫生主管部门批准,取得麻醉药品、第一类精神药品购用印鉴卡。医疗机构取得印鉴卡应当具备下列条件:①有专职的麻醉药品和第一类精神药品管理人员;②有获得麻醉药品和第一类精神药品处方资格的执业医师;③有保证麻醉药品和第一类精神药品安全储存的设施和管理制度。医疗机构应当凭印鉴卡向本省、自治区、直辖市行政区域内的定点批发企业购买麻醉药品和第一类精神药品。

## (五) 储存及运输

**1. 储存** 麻醉药品药用原植物种植企业、定点生产企业、全国性批发企业和区域性批发企业以及国家设立的麻醉药品储存单位,应当设置储存麻醉药品和第一类精神药品的专库,须符合下列要求:①安装专用防盗门,实行双人双锁管理;②具有相应的防火设施;③具有监控设施和报警装置,报警装置应当与公安机关报警系统联网。麻醉药品定点生产企业应当将麻醉药品原料药和制剂分别存放。

麻醉药品和第一类精神药品的使用单位应当设立专库或者专柜储存麻醉药品和第一类精神药品。专库应当设有防盗设施并安装报警装置,专柜应当使用保险柜,并且应当实行双人双锁管理。

**2. 运输** 托运、承运和自行运输麻醉药品和精神药品的,应当采取安全保障措施,防止麻醉药品和精神药品在运输过程中被盗、被抢、丢失。

通过铁路运输麻醉药品和第一类精神药品的,应当使用集装箱或者铁路行李车运输,需要通过公路或者水路运输麻醉药品和第一类精神药品的,应当由专人负责押运。托运或者自行运输麻醉药品和第一类精神药品的单位,应当向所在地设区的市级药品监督管理部门申请领取运输证明。运输证明有效期为1年。运输证明应当由专人保管,不得涂改、转让、转借。

邮寄麻醉药品和精神药品,寄件人应当提交所在地设区的市级药品监督管理部门出具的准予邮寄证明。邮政营业机构应当查验、收存准予邮寄证明;没有准予邮寄证明的,邮政营业机构不得收寄。邮政营业机构收寄麻醉药品和精神药品,应当依法对收寄的麻醉药品和精神药品予以查验。

## (六) 审批程序和监督管理

**1. 审批程序** 申请人提出《条例》规定的审批事项申请,应当提交能够证明其符合本条例规定条件的相关资料。审批部门应当自收到申请之日起40日内作出是否批准的决定。作出批准决定的,发给许可证明文件或者在相关许可证明文件上加注许可事项。作出不予批准决定的,应当书面说明理由。

**2. 监督管理** 药品监督管理部门应当根据规定的职责权限,对麻醉药品药用原植物的种植以及麻醉药品和精神药品的实验研究、生产、经营、使用、储存、运输活动进行监督检查。

对已经发生滥用,造成严重社会危害的麻醉药品和精神药品品种,国务院药品监督管理部门应当采取在一定期限内中止生产、经营、使用或者限定其使用范围和用途等措施。对不再作为药品使用的麻醉药品和精神药品,国务院药品监督管理部门应撤销其药品批准文号和药品标准,并予以公布。

药品监督管理部门、卫生主管部门发现生产、经营企业和使用单位的麻醉药品和精神药品管理存在安全隐患时，应当责令其立即排除或者限期排除；对有证据证明可能流入非法渠道的，应当及时采取查封、扣押的行政强制措施，在7日内作出行政处理决定，并通报同级公安机关。

药品监督管理部门发现取得印鉴卡的医疗机构未依照规定购买麻醉药品和第一类精神药品时，应当及时通报同级卫生主管部门。接到通报的卫生主管部门应当立即调查处理。必要时，药品监督管理部门可以责令定点批发企业中止向该医疗机构销售麻醉药品和第一类精神药品。

麻醉药品和精神药品的生产、经营企业和使用单位对过期、损坏的麻醉药品和精神药品应当登记造册，并向所在地县级药品监督管理部门申请销毁。药品监督管理部门应当自接到申请之日起5日内到场监督销毁。医疗机构对存放在本单位的过期、损坏麻醉药品和精神药品，应当按照本条规定的程序向卫生主管部门提出申请，由卫生主管部门负责监督销毁。

## 三、医疗用毒性药品管理

医疗用毒性药品（简称毒性药品），系指毒性剧烈、治疗剂量与中毒剂量相近，使用不当会致人中毒或死亡的药品。特殊管理的毒性药品分为中、西药品两大类。西药品种是指原料药，如去乙酰毛花苷丙、洋地黄毒苷、阿托品、氢溴酸后马托品、三氧化二砷等。中药品种是指原药材和饮片，如砒石（红砒、白砒）、砒霜、水银、生马钱子、生川乌等。

### （一）医疗用毒性药品的生产管理

毒性药品年度生产、收购、供应和配制计划，由省、自治区、直辖市医药管理部门根据医疗需要制定，经省、自治区、直辖市卫生行政部门审核后，由医药管理部门下达给指定的毒性药品生产、收购、供应单位，并抄报卫生部、国家药品管理局和国家中医药管理局。生产单位不得擅自改变生产计划，自行销售。

毒性药品生产企业必须由医药专业人员负责生产、配制和质量检验，并建立严格的管理制度，严防与其他药品混杂。每次配料，必须经二人以上复核无误，并详细记录每次生产所用原料和成品数，经手人要签字备查。所有工具、容器要处理干净，以防污染其他药品。标示量要准确无误，包装容器要有毒药标志。

凡加工炮制毒性中药，必须按照《中华人民共和国药典》或者省、自治区、直辖市卫生行政部门制定的《炮制规范》的规定进行。药材符合药用要求的，方可供应、配方和用于中成药生产。

生产毒性药品及其制剂，必须严格执行生产工艺操作规程，在本单位药品检验人员的监督下准确投料，并建立完整的生产记录，保存5年备查。

在生产毒性药品过程中产生的废弃物，必须妥善处理，不得污染环境。

### （二）医疗用毒性药品的经营及运输管理

毒性药品的收购、经营由各级医药管理部门指定的药品经营单位负责；配方用药由国营药店、医疗单位负责。其他任何单位或者个人均不得从事毒性药品的收购、经营和配方业务。

收购、经营、加工、使用毒性药品的单位必须建立健全的保管、验收、领发、核对等制度；严防收假、发错，严禁与其他药品混杂，做到划定仓间或仓位，专柜加锁并由专人保管。

毒性药品的包装容器上必须印有毒药标志，在运输毒性药品的过程中，应当采取有效措施，防止发生事故。

## (三) 医疗用毒性药品的使用管理

医疗单位供应和调配毒性药品须凭医生签名的正式处方。国营药店供应和调配毒性药品须凭盖有医生所在的医疗单位公章的正式处方。每次处方剂量不得超过 2 日剂量。

调配处方时，必须认真负责，计量准确，按医嘱注明要求，并由配方人员及具有药师以上技术职称的复核人员签名盖章后方可发出。对处方未注明"生用"的毒性中药，应当付炮制品。如发现处方有疑问时，须经原处方医生重新审定后再行调配。处方一次有效，取药后处方保存 2 年备查。

科研和教学单位所需的毒性药品，必须持本单位的证明信，经单位所在地县以上卫生行政部门批准后，供应部门方能发售。

群众自配民间单、秘、验方需用毒性中药，购买时要持有本单位或者城市街道办事处、乡（镇）人民政府的证明信，供应部门方可发售。每次购用量不得超过 2 日剂量。

## 四、放射性药品管理

放射性药品是指用于临床诊断或者治疗的放射性核素制剂或者其标记药物。包括裂变制品、按照制品、加速器制器、放射性核素发生器及其配套药盒、放射免疫分析药盒等。根据《放射性药品管理办法》的规定，放射性新药的研制、临床研究和审批、放射性药品的生产、经营和进出口、包装和运输、使用、放射性药品标准和检验都必须依该办法的规定进行。

### (一) 放射性新药的研制、临床研究和审批

放射性新药的研制内容，包括工艺路线、质量标准、临床前药理及临床研究。研制单位在制订新药工艺路线的同时，必须研究该药的理化性能、纯度（包括核素纯度）及检验方法、药理、毒理、动物药代动力学、放射性比活度、剂量、剂型、稳定性等。

研制单位研制的放射性新药，在进行临床试验或者验证前，应当向国务院药品监督管理部门提出申请，按规定报送资料及样品，经国务院药品监督管理部门审批同意后，在国务院药品监督管理部门指定的药物临床试验机构进行临床研究。

### (二) 放射性药品的生产、经营和进出口

**1. 放射性药品的生产、经营许可** 国家根据需要，对放射性药品的生产企业实行合理布局。开办放射性药品生产、经营企业，必须具备《药品管理法》规定的条件，符合国家有关放射性同位素安全和防护的规定与标准，并履行环境影响评价文件的审批手续。开办放射性药品生产企业，经国务院国防科技工业主管部门审查同意，国务院药品监督管理部门审核批准后，由所在省、自治区、直辖市药品监督管理部门发给《放射性药品生产企业许可证》。开办放射性药品经营企业，经国务院药品监督管理部门审核并征求国务院国防科技工业主管部门意见后批准的，由所在省、自治区、直辖市药品监督管理部门发给《放射性药品经营企业许可证》。《放射性药品生产企业许可证》《放射性药品经营企业许可证》的有效期为 5 年，期满前 6 个月，放射性药品生产、经营企业应当分别向原发证的药品监督管理部门重新提出申请，按第十条审批程序批准后，换发新证。无许可证的生产、经营企业，一律不准生产、销售放射性药品。

**2. 放射性药品的生产、经营要求** 放射性药品生产、经营企业，必须配备与生产、经营放射性药品相适应的专业技术人员，具有安全、防护和废气、废物、废水处理等设施，并建立严格的质量管理制度。必须建立质量检验机构，严格实行生产全过程的质量控制和检验。

产品出厂前,须经质量检验。符合国家药品标准的产品方可出厂,不符合标准的产品一律不准出厂。

放射性药品的生产、经营单位和医疗单位凭省、自治区、直辖市药品监督管理部门发给的《放射性药品生产企业许可证》《放射性药品经营企业许可证》,医疗单位凭省、自治区、直辖市药品监督管理部门发给的《放射性药品使用许可证》,开展放射性药品的购销活动。放射性药品的包装和运输必须符合《放射性药品管理办法》的规定。

**3. 放射性药品进出口** 进口的放射性药品品种,必须符合我国的药品标准或者其他药用要求,并依照《药品管理法》的规定取得进口药品注册证书。进出口放射性药品,应当按照国家有关对外贸易、放射性同位素安全和防护的规定,办理进出口手续。

对于经国务院药品监督管理部门审核批准的含有短半衰期放射性核素的药品,在保证安全使用的情况下,可以采取边进口检验、边投入使用的办法。进口检验单位发现药品质量不符合要求时,应当立即通知使用单位停止使用,并报告国务院药品监督管理、卫生行政、国防科技工业主管部门。

## (三)放射性药品的使用

医疗单位设置核医学科、室(同位素室),必须配备与其医疗任务相适应的并经核医学技术培训的技术人员。非核医学专业技术人员未经培训,不得从事放射性药品使用工作。

医疗单位使用放射性药品,必须符合国家有关放射性同位素安全和防护的规定。所在地的省、自治区、直辖市药品监督管理部门,应当根据医疗单位核医疗技术人员的水平、设备条件,核发相应等级的《放射性药品使用许可证》,无许可证的医疗单位不得临床使用放射性药品。《放射性药品使用许可证》有效期为5年,期满前6个月,医疗单位应当向原发证的行政部门重新提出申请,经审核批准后,换发新证。医疗单位配制、使用放射性制剂,应当符合《药品管理法》及其实施条例的相关规定。

# 第七节 药品监督管理

## 一、药品监督管理机构及职权

国务院药品监督管理部门主管全国药品监督管理工作。国务院有关部门在各自的职责范围内负责与药品有关的监督管理工作。省、自治区、直辖市人民政府药品监督管理部门负责本行政区域内的药品监督管理工作。省、自治区、直辖市人民政府有关部门在各自的职责范围内负责与药品有关的监督管理工作。药品监督管理部门设置或者确定的药品检验机构,承担依法实施药品审批和药品质量监督检查所需的药品检验工作。

药品监督管理部门和其他部门在监督检查中可行使下列职权:①进入药品研制、生产、经营、使用等活动场所以及为药品研制、生产、经营、使用提供相关产品或者服务的生产经营场所,实施现场检查、抽取样品;②查阅、复制、查封、扣押药品研制、生产、经营、使用等文件和资料,以及相关合同、票据、账簿;或者要求其按照指定的方式报送与被调查事件有关的文件和资料;③查封、扣押涉嫌违法或者有证据证明可能存在安全隐患的药品,相关原料、辅料、直接接触药品的包装材料和容器,以及用于违法活动的工具、设备;④查封从事违法活动的场所。进行监督检查时,应当出示执法证件,保守被检查单位的商业秘密。有关单位和个人应当对监督检查予以配合,按规定及时提供相关文件和资料,不得隐瞒、拒绝、阻挠。

## 二、药品监督机构的职责

根据《药品管理法》的规定,药品监督管理部门应当依照法律、法规的规定对药品研制、生产、经营和药品使用单位使用药品等活动进行监督检查,必要时可以对为药品研制、生产、经营、使用提供产品或者服务的单位和个人进行延伸检查,有关单位和个人应当予以配合,不得拒绝和隐瞒。应当对高风险的药品实施重点监督检查。药品监督管理部门进行监督检查时,应当出示证明文件,对监督检查中知悉的商业秘密应当保密。药品监督管理部门应依法履行以下职责:

### (一)对药品质量进行抽查检验

药品监督管理部门应当对药品上市许可持有人、药品生产企业、药品经营企业和药物非临床安全性评价研究机构、药物临床试验机构等遵守药品生产质量管理规范、药品经营质量管理规范、药物非临床研究质量管理规范、药物临床试验质量管理规范等情况进行检查,监督其持续符合法定要求。根据监督管理的需要,可以对药品质量进行抽查检验。抽查检验应当按照规定抽样,并不得收取任何费用。对有证据证明可能危害人体健康的药品及其有关材料,药品监督管理部门可以查封、扣押,并在七日内作出行政处理决定。药品需要检验的,应当自检验报告书发出之日起十五日内作出行政处理决定。

### (二)定期公告药品质量抽查检验结果

国务院和省、自治区、直辖市人民政府的药品监督管理部门应当定期公告药品质量抽查检验结果。公告不当的,应当在原公告范围内予以更正。当事人对药品检验结果有异议的,可以自收到药品检验结果之日起七日内向原药品检验机构或者上一级药品监督管理部门设置或者指定的药品检验机构申请复验,也可以直接向国务院药品监督管理部门设置或者指定的药品检验机构申请复验。受理复验的药品检验机构应当在国务院药品监督管理部门规定的时间内作出复验结论。

### (三)实行药品安全信息统一公布制度

国家药品安全总体情况、药品安全风险警示信息、重大药品安全事件及其调查处理信息和国务院确定需要统一公布的其他信息由国务院药品监督管理部门统一公布。药品安全风险警示信息和重大药品安全事件及其调查处理信息的影响限于特定区域的,也可以由有关省、自治区、直辖市人民政府药品监督管理部门公布。未经授权不得发布上述信息。公布药品安全信息,应当及时、准确、全面,并进行必要的说明,避免误导。任何单位和个人不得编造、散布虚假药品安全信息。

### (四)药品安全事件的应对

县级以上人民政府应当制定药品安全事件应急预案。发生药品安全事件,县级以上人民政府应当按照应急预案立即组织开展应对工作,有关单位应当立即采取有效措施进行处置,防止危害扩大。药品监督管理部门未及时发现药品安全系统性风险,未及时消除监督管理区域内药品安全隐患的,本级人民政府或者上级人民政府药品监督管理部门应当对其主要负责人进行约谈。

### (五)保密义务

药品监督管理部门应当对举报人的信息予以保密,保护举报人的合法权益。举报人举报所在单位的，该单位不得以解除、变更劳动合同或者其他方式对举报人进行打击报复。

### (六) 禁止性规定

地方人民政府及其药品监督管理部门不得以要求实施药品检验、审批等手段限制或者排斥非本地区药品上市许可持有人、药品生产企业生产的药品进入本地区。药品监督管理部门及其设置或者指定的药品专业技术机构不得参与药品生产经营活动，不得以其名义推荐或者监制、监销药品。药品监督管理部门及其设置或者指定的药品专业技术机构的工作人员不得参与药品生产经营活动。

### (七) 涉嫌犯罪行为的处理

药品监督管理部门发现药品违法行为涉嫌犯罪的，应当及时将案件移送公安机关。对依法不需要追究刑事责任或者免予刑事处罚，但应当追究行政责任的，公安机关、人民检察院、人民法院应当及时将案件移送药品监督管理部门。

## 第八节 法律责任

### 一、行政责任

#### (一) 未取得许可证的行政责任

未取得药品生产许可证、药品经营许可证或者医疗机构制剂许可证生产、销售药品的，责令关闭，没收违法生产、销售的药品和违法所得，并处违法生产、销售的药品（包括已售出和未售出的药品，下同）货值金额十五倍以上三十倍以下的罚款，货值金额不足十万元的按十万元计算。

#### (二) 生产销售假药、劣药的行政责任

生产、销售假药的，没收违法生产、销售的药品和违法所得，责令停产停业整顿，吊销药品批准证明文件，并处违法生产、销售的药品货值金额十五倍以上三十倍以下的罚款，货值金额不足十万元的按十万元计算，情节严重的，吊销药品生产许可证、药品经营许可证或者医疗机构制剂许可证，十年内不受理其相应申请。药品上市许可持有人为境外企业的，十年内禁止其药品进口。生产、销售劣药的，没收违法生产、销售的药品和违法所得，并处违法生产、销售的药品货值金额十倍以上二十倍以下的罚款，违法生产、批发的药品货值金额不足十万元的，按十万元计算，违法零售的药品货值金额不足一万元的，按一万元计算，情节严重的，责令停产停业整顿直至吊销药品批准证明文件、药品生产许可证、药品经营许可证或者医疗机构制剂许可证。生产、销售假药，或者生产、销售劣药且情节严重的，对法定代表人、主要负责人、直接负责的主管人员和其他责任人员，没收违法行为发生期间自本单位所获收入，并处所获收入百分之三十以上三倍以下的罚款，终身禁止从事药品生产经营活动，并可以由公安机关处五日以上十五日以下的拘留。

#### (三) 违反药品进出口规定的行政责任

进口已获得药品注册证书的药品，未按照规定向允许药品进口的口岸所在地药品监督管理部门备案的，责令限期改正，给予警告。逾期不改正的，吊销药品注册证书。

## （四）出具虚假检验报告的行政责任

药品检验机构出具虚假检验报告的，责令改正，给予警告，对单位并处二十万元以上一百万元以下的罚款。对直接负责的主管人员和其他直接责任人员依法给予降级、撤职、开除处分，没收违法所得，并处五万元以下的罚款；情节严重的，撤销其检验资格。药品检验机构出具的检验结果不实，造成损失的，应当承担相应的赔偿责任。

## （五）提供虚假的证明、数据等的行政责任

提供虚假的证明、数据、资料、样品或者采取其他手段骗取临床试验许可、药品生产许可、药品经营许可、医疗机构制剂许可或者药品注册等许可的，撤销相关许可，十年内不受理其相应申请，并处五十万元以上五百万元以下的罚款。情节严重的，对法定代表人、主要负责人、直接负责的主管人员和其他责任人员，处二万元以上二十万元以下的罚款，十年内禁止从事药品生产经营活动，并可以由公安机关处五日以上十五日以下的拘留。

## （六）伪造、变造、出租、出借、非法买卖许可证或者药品批准证明文件的行政责任

伪造、变造、出租、出借、非法买卖许可证或者药品批准证明文件的，没收违法所得，并处违法所得一倍以上五倍以下的罚款。情节严重的，并处违法所得五倍以上十五倍以下的罚款，吊销药品生产许可证、药品经营许可证、医疗机构制剂许可证或者药品批准证明文件，对法定代表人、主要负责人、直接负责的主管人员和其他责任人员，处二万元以上二十万元以下的罚款，十年内禁止从事药品生产经营活动，并可以由公安机关处五日以上十五日以下的拘留；违法所得不足十万元的，按十万元计算。

## （七）违反制剂规定的行政责任

医疗机构将其配制的制剂在市场上销售的，责令改正，没收违法销售的制剂和违法所得，并处违法销售制剂货值金额二倍以上五倍以下的罚款，情节严重的并处货值金额五倍以上十五倍以下的罚款，货值金额不足五万元的按五万元计算。

## （八）药品网络交易第三方平台的行政责任

药品网络交易第三方平台提供者未履行资质审核、报告、停止提供网络交易平台服务等义务的，责令改正，没收违法所得，并处二十万元以上二百万元以下的罚款。情节严重的，责令停业整顿，并处二百万元以上五百万元以下的罚款。

## （九）违法收受财物或者其他不正当利益的行政责任

药品上市许可持有人、药品生产企业、药品经营企业的负责人、采购人员等有关人员在药品购销中收受其他药品上市许可持有人、药品生产企业、药品经营企业或者代理人给予的财物或者其他不正当利益的，没收违法所得，依法给予处罚，情节严重的，五年内禁止从事药品生产经营活动。

医疗机构的负责人、药品采购人员、医师、药师等有关人员收受药品上市许可持有人、药品生产企业、药品经营企业或者代理人给予的财物或者其他不正当利益的，由卫生健康主管部门或者本单位给予处分，没收违法所得，情节严重的，还应当吊销其执业证书。

## （十）谋取非法利益的行政责任

违反《药品管理法》规定，有下列行为之一的，没收违法生产、进口、销售的药品和违法所得以及专门用于违法生产的原料、辅料、包装材料和生产设备，责令停产停业整顿，并

处违法生产、进口、销售的药品货值金额十五倍以上三十倍以下的罚款;货值金额不足十万元的,按十万元计算。情节严重的,吊销药品批准证明文件直至吊销药品生产许可证、药品经营许可证或者医疗机构制剂许可证,对法定代表人、主要负责人、直接负责的主管人员和其他责任人员,没收违法行为发生期间自本单位所获收入,并处所获收入百分之三十以上三倍以下的罚款,十年直至终身禁止从事药品生产经营活动,并可以由公安机关处五日以上十五日以下的拘留:①未取得药品批准证明文件生产、进口药品;②使用采取欺骗手段取得的药品批准证明文件生产、进口药品;③使用未经审评审批的原料药生产药品;④应当检验而未经检验即销售药品;⑤生产、销售国务院药品监督管理部门禁止使用的药品;⑥编造生产、检验记录;⑦未经批准在药品生产过程中进行重大变更。

## (十一)违法参与药品生产经营活动的行政责任

药品监督管理部门或者其设置、指定的药品专业技术机构参与药品生产经营活动的,由其上级主管机关责令改正,没收违法收入。情节严重的,对直接负责的主管人员和其他直接责任人员依法给予处分。药品监督管理部门或者其设置、指定的药品专业技术机构的工作人员参与药品生产经营活动的,依法给予处分。

## (十二)未遵守药品生产质量管理规范等的行政责任

除《药品管理法》另有规定的情形外,药品上市许可持有人、药品生产企业、药品经营企业、药物非临床安全性评价研究机构、药物临床试验机构等未遵守药品生产质量管理规范、药品经营质量管理规范、药物非临床研究质量管理规范、药物临床试验质量管理规范等的,责令限期改正,给予警告;逾期不改正的,处十万元以上五十万元以下的罚款。情节严重的,处五十万元以上二百万元以下的罚款,责令停产停业整顿直至吊销药品批准证明文件、药品生产许可证、药品经营许可证等,药物非临床安全性评价研究机构、药物临床试验机构等五年内不得开展药物非临床安全性评价研究、药物临床试验,对法定代表人、主要负责人、直接负责的主管人员和其他责任人员,没收违法行为发生期间自本单位所获收入,并处所获收入百分之十以上百分之五十以下的罚款,十年直至终身禁止从事药品生产经营等活动。

## (十三)药品监督管理部门的行政责任

违反《药品管理法》规定,药品监督管理等部门有下列行为之一的,对直接负责的主管人员和其他直接责任人员给予记过或者记大过处分。情节较重的,给予降级或者撤职处分,情节严重的,给予开除处分:①瞒报、谎报、缓报、漏报药品安全事件;②对发现的药品安全违法行为未及时查处;③未及时发现药品安全系统性风险,或者未及时消除监督管理区域内药品安全隐患,造成严重影响;④其他不履行药品监督管理职责,造成严重不良影响或者重大损失。药品监督管理人员滥用职权、徇私舞弊、玩忽职守的,依法给予处分。查处假药、劣药违法行为有失职、渎职行为的,对药品监督管理部门直接负责的主管人员和其他直接责任人员依法从重给予处分。

## 二、民 事 责 任

根据《药品管理法》的规定,药品上市许可持有人、药品生产企业、药品经营企业或医疗机构违反规定,给用药者造成损害的,依法承担赔偿责任。因药品质量问题受到损害的,受害人可以向药品上市许可持有人、药品生产企业请求赔偿损失,也可以向药品经营企业、医疗机构请求赔偿损失。接到受害人赔偿请求的，应当实行首负责任制，先行赔付，先行赔付后可以依法追偿。

## 三、刑事责任

违反《药品管理法》的规定，构成犯罪的，依法追究刑事责任。按照《刑法》第一百四十一条规定，生产、销售假药的，处三年以下有期徒刑或者拘役，并处罚金；对人体健康造成严重危害或者有其他严重情节的，处三年以上十年以下有期徒刑，并处罚金；致人死亡或者有其他特别严重情节的，处十年以上有期徒刑、无期徒刑或者死刑，并处罚金或者没收财产。

---

**本章小结**

药品管理法是专门调整药品研制、生产、经营、使用和监督管理活动的基本法律。2019年修订的《药品管理法》进一步健全了覆盖药品研制、生产、经营、使用全过程的法律制度，对保证药品质量，保障公众用药安全，强化药品监督、促进药品行业发展以及推进健康中国建设具有重要意义。《药品管理法》主要规定了药品研制与注册、药品上市许可持有人、药品生产和经营、医疗机构药事管理等法律制度。药品生产应当严格按照国家药品标准和经药品监督管理部门核准的生产工艺进行，应当遵守药品生产质量管理规范，建立健全药品生产质量管理体系，保证药品生产全过程持续符合法定要求。药品经营活动应当遵守药品经营质量管理规范，建立健全药品经营质量管理体系，保证药品经营全过程持续符合法定要求。药品管理应严格实行国家药品标准、药品注册制度、药品的分类管理及药品上市后管理等制度。在对药品的安全性、有效性、质量可控性及风险防控方面，应依法遵守药品不良反应报告、药物警戒、药品追溯及药品召回制度。药品监督管理机构应切实依法履行职责，对于违反《药品管理法》的行为应当依法惩治。

---

### 复习思考题

1. 简述药品研制的基本要求。
2. 简述药品注册的流程。
3. 简述药品上市许可持有人的权利与义务。
4. 简述开办药品生产和经营企业的条件。
5. 简述医疗机构药事管理制度的内容。
6. 什么是药品不良反应？如何理解药品不良反应报告制度？
7. 简述药品监督机构的职权。
8. 简述生产假药、劣药的法律责任。

（王安富）

# 第九章　医疗器械管理法律制度

> **学习目标**
>
> 掌握：医疗器械的注册与备案管理；医疗器械经营使用管理；医疗器械监督管理。
> 熟悉：医疗器械管理立法和法律责任。
> 了解：医疗器械全面管理和具体法律规定。

---

**无证生产经营医疗器械案**

2021年11月，广东省药品监督管理局接到反映深圳市××有限公司涉嫌违法生产并网络销售"耳聋耳鸣光波仪"的线索，立即组织深圳市市场监督管理局开展调查。经查，2020年3月至6月期间，当事人从网络平台采购主板、外壳、包装，未经许可生产、经营未取得医疗器械注册证的第二类医疗器械"耳聋耳鸣光波仪"46台，并通过网络平台进行销售，货值金额3887元。当事人生产、经营未取得医疗器械注册证的第二类医疗器械的行为，违反了《医疗器械监督管理条例》（国务院令第680号）第十一条第一款、第二十二条第一款规定。2022年2月23日，深圳市市场监督管理局依据《医疗器械监督管理条例》（国务院令第680号）第六十三条第一款第一项、第二项规定，责令当事人改正违法行为，没收违法所得3887元、罚款5万元。

该案所涉产品为老年人常用医疗器械。随着人口老龄化加速发展，此类产品的市场需求量较大。该公司利用老年人注重健康、求医心切、自我防范意识薄弱等特点，在未取得医疗器械生产许可的情况下，采购零部件自行组装并通过网络平台等渠道销售，产品存在极大的安全风险隐患。此类无证生产、网络销售医疗器械案件的查处，净化了医疗器械网络销售环境，保障了人民群众特别是老年人群体用械安全。

---

## 第一节　概　述

### 一、医疗器械的概念

医疗器械（medical device）是指直接或者间接用于人体的仪器、设备、器具、体外诊断试剂及校准物、材料以及其他类似或者相关的物品，包括所需要的计算机软件。

医疗器械的使用是为了达到对疾病的预防、诊断、治疗、监护、缓解，对损伤或者残疾的诊断、治疗、监护、缓解、功能补偿，对解剖或者生理过程的研究、替代、调节，妊娠控制等预期目的。其经过单独或者组合后直接使用于人体，因此可能直接或间接地导致人体生理功能发生重大改变，当涉及手术、注射、输液，以及有创伤性的医疗诊断等具体医疗行为时，其影响更是直接、明显。

### 二、医疗器械分类

根据《医疗器械分类规则》医疗器械按照风险程度由低到高，管理类别依次分为第一类、第二类和第三类。医疗器械风险程度，应当根据医疗器械的预期目的，通过结构特征、使用形式、使用状态、是否接触人体等因素综合判定。具体医疗器械的分类可查阅《医疗器械分类目录》和《第一类医疗器械产品目录》等目录。

### 三、医疗器械管理立法

为了加强对医疗器械的监督管理，保证医疗器械的安全有效，以确保患者的身体健康和生命安全，1999年12月28日国务院第24次常务会议通过了《医疗器械监督管理条例》，此条例于2000年1月4日公布，并于2000年4月1日起施行。这是中华人民共和国成立以来，国家关于医疗器械监督管理发布的第一部行政法规，适用于在中华人民共和国境内从事医疗器械的研制、生产、经营、使用、监督管理的单位和个人，标志着我国医疗器械的管理进入依法监管的新阶段。2014年、2017年和2020年三次对《医疗器械监督管理条例》进行了修订。第三次修订的《医疗器械监督管理条例》自2021年6月1日起施行。

为了配合《医疗器械监督管理条例》（2021修订版）的实施，相关部门发布和修订了《医疗器械监督管理条例》（2022年）、《医疗器械生产监督管理办法》（2022年）、《医疗器械经营监督管理办法》、《医疗器械网络销售监督管理办法》、《医疗器械标准管理办法》、《医疗器械召回管理办法》、《医疗器械临床试验质量管理规范》、《医疗器械使用质量监督管理办法》、《医疗器械注册与备案管理办法》《医疗器械经营企业许可证管理办法》及《体外诊断试剂注册与备案管理办法》等一系列规章，使医疗器械监督管理法律制度体系性得到了进一步完善。其中《医疗器械监督管理条例》是体系的核心，是医疗器械领域内相关监管制度制定与实施的重要法律依据。

## 第二节　医疗器械的注册与备案管理

### 一、医疗器械注册人、备案人制度

医疗器械注册人、备案人（marketing authorization holder，MAH）是指取得医疗器械注册证或者办理备案的企业、研制机构。《医疗器械监督管理条例》第十三条规定：医疗器械注册人、备案人应当加强医疗器械全生命周期质量管理，对研制、生产、经营、使用全过程中医疗器械的安全性、有效性依法承担责任。同时《医疗器械监督管理条例》还规定了医疗器械注册人、备案人应当履行下列义务：①建立与产品相适应的质量管理体系并保持有效运行；②制定上市后研究和风险管控计划并保证有效实施；③依法开展不良事件监测和再评价；④建立并执行产品追溯和召回制度；⑤国务院药品监督管理部门规定的其他义务。境外医疗器械注册人、备案人指定的我国境内企业法人应当协助注册人、备案人履行前款规定的义务。在MAH制度出台之前，我国只有医疗器械的生产企业方可作为医疗器械的注册申请主体，并成为医疗器械的持证人。但生产与注册绑定模式无法很好地调动医疗器械研发机构的创新动力，不利于相关监管机构对医疗器械全生命周期进行有效监管。相比之下，MAH制度大幅调动了医疗器械研发机构的创新动力，医疗器械质量显著提高。

### 二、医疗器械申请注册

《医疗器械监督管理条例》第十三条及《医疗器械注册与备案管理办法》第八条规定，第一类医疗器械实行产品备案管理，第二类、第三类医疗器械实行产品注册管理。

其中，境内第一类医疗器械备案，备案人向所在地设区的市级药品监督管理部门提交备案资料。境内第二类医疗器械由省、自治区、直辖市药品监督管理部门审查，批准后发给医疗器械注册证。境内第三类医疗器械由国家药品监督管理局审查，批准后发给医疗器械注册证。进口第一类医疗器械备案，备案人向国家药品监督管理局提交备案资料。进口第二类、第三类医疗器械由国家药品监督管理局审查，批准后发给医疗器械注册证。香港、澳门、台湾地区医疗器械的注册、备案，参照进口医疗器械办理。

第一类医疗器械产品备案，由备案人向所在地设区的市级人民政府负责药品监督管理的部门提交备案资料。向我国境内出口第一类医疗器械的境外备案人，由其指定的我国境内企业法人向国务院药品监督管理部门提交备案资料和备案人所在国（地区）主管部门准许该医疗器械上市销售的证明文件。未在境外上市的创新医疗器械，可以不提交备案人所在国（地区）主管部门准许该医疗器械上市销售的证明文件。备案人向负责药品监督管理的部门提交符合条例规定的备案资料后即完成备案。负责药品监督管理的部门应当自收到备案资料之日起5个工作日内，通过国务院药品监督管理部门在线政务服务平台向社会公布备案有关信息。备案资料载明的事项发生变化的，应当向原备案部门变更备案。

申请第二类医疗器械产品注册，注册申请人应当向所在地省、自治区、直辖市人民政府药品监督管理部门提交注册申请资料。申请第三类医疗器械产品注册，注册申请人应当向国务院药品监督管理部门提交注册申请资料。向我国境内出口第二类、第三类医疗器械的境外注册申请人，由其指定的我国境内企业法人向国务院药品监督管理部门提交注册申请资料和注册申请人所在国（地区）主管部门准许该医疗器械上市销售的证明文件。未在境外上市的创新医疗器械，可以不提交注册申请人所在国（地区）主管部门准许该医疗器械上市销售的证明文件。国务院药品监督管理部门应当对医疗器械注册审查程序和要求作出规定，并加强对省、自治区、直辖市人民政府药品监督管理部门注册审查工作的监督指导。

受理注册申请的药品监督管理部门应当对医疗器械的安全性、有效性以及注册申请人保证医疗器械安全、有效的质量管理能力等进行审查。受理注册申请的药品监督管理部门在组织对医疗器械的技术审评时认为有必要对质量管理体系进行核查的，应当组织开展质量管理体系核查。受理注册申请的药品监督管理部门应当自收到审评意见之日起20个工作日内作出决定。对符合条件的，准予注册并发给医疗器械注册证；对不符合条件的，不予注册并书面说明理由。受理注册申请的药品监督管理部门应当自医疗器械准予注册之日起5个工作日内，通过国务院药品监督管理部门在线政务服务平台向社会公布注册有关信息。

## 三、特殊注册程序

为满足应对重大突发公共卫生事件的需要，加快将急需医疗器械投入使用，《医疗器械监督管理条例》规定了以下制度：一是第八条审批制度，对创新医疗器械优先审评审批。二是第十九条，对用于治疗罕见疾病、严重危及生命且尚无有效治疗手段的疾病和应对公共卫生事件等急需的医疗器械，可以附条件批准，加快产品上市。三是第十九条，参照疫苗管理法，规定出现特别重大突发公共卫生事件或者其他严重威胁公众健康的紧急事件，可以在一定范围和期限内紧急使用医疗器械。同时还有创新产品注册程序、优先注册程序、应急注册程序，符合相关要求即可申请特殊注册。

## 四、医疗器械变更注册和延续注册

第二十一条的第二类、第三类医疗器械产品，其设计、原材料、生产工艺、适用范围、使用方法等发生实质性变化，有可能影响该医疗器械安全、有效的，注册人应当向原注册部门申请办理变更注册手续；发生其他变化的，应当按照国务院药品监督管理部门的规定备案或者报告。注册证载明的产品名称、型号、规格、结构及组成、适用范围、产品技术要求、进口医疗器械的生产地址等，属于前款规定的需要办理变更注册的事项。注册人名称和住所、代理人名称和住所等，属于前款规定的需要备案的事项。境内医疗器械生产地址变更的，注册人应当在办理相应的生产许可变更后办理备案。第二十二条，有效期届满需要延续注册的，应当在有效期届满6个月前向原注册部门提出延续注册的申请。

不予延续注册的情形包括未在规定期限内提出注册申请的；医疗器械强制性标准已经修订，该医疗器械不能达到新要求的；附条件批准的医疗器械，未在规定期限内完成医疗器械注册证载明事项。

## 五、医疗器械临床试验与临床评价

《医疗器械监督管理条例》第二十四条规定，医疗器械产品注册、备案，应当进行临床评价。医疗器械临床评价是指采用科学合理的方法对临床数据进行分析评价，以确认医疗器械在其适用范围下的安全性、临床性能和有效性的持续进行的活动。临床评价包括三个阶段：①识别相关临床数据；②评估各数据集的适宜性和贡献；③分析各数据集，得出产品安全性、临床性能和/或相关结论。按照国务院药品监督管理部门的规定，进行医疗器械临床评价时，已有临床文献资料、临床数据不足以确认产品安全、有效的医疗器械，应当开展临床试验。

开展医疗器械临床试验，应当按照医疗器械临床试验质量管理规范的要求，在具备相应条件的临床试验机构进行，并向临床试验申办者所在地省、自治区、直辖市人民政府药品监督管理部门备案。接受临床试验备案的药品监督管理部门应当将备案情况通报临床试验机构所在地同级药品监督管理部门和卫生主管部门。医疗器械临床试验机构实行备案管理。第三类医疗器械临床试验对人体具有较高风险的，应当经国务院药品监督管理部门批准。开展医疗器械临床试验，应当按照规定进行伦理审查，向受试者告知试验目的、用途和可能产生的风险等详细情况，获得受试者的书面知情同意；受试者为无民事行为能力人或者限制民事行为能力人的，应当依法获得其监护人的书面知情同意。开展临床试验，不得以任何形式向受试者收取与临床试验有关的费用。

第一类医疗器械实行产品备案管理，根据《关于第一类医疗器械备案有关事项的公告》（2022年第62号）之说明，第一类医疗器械风险程度低，不需要提交临床评价资料。第二类、第三类医疗器械实行产品注册管理。申请第二类、第三类医疗器械产品注册时也有免于进行临床评价的情况：①工作机理明确、设计定型，生产工艺成熟，已上市的同品种医疗器械临床应用多年且无严重不良事件记录，不改变常规用途的；②其他通过非临床评价能够证明该医疗器械安全、有效的。免于临床评价的目录由国务院药品监督管理部门制定、调整并公布（具体内容参照《免于临床评价医疗器械目录》）。

## 第三节 医疗器械的生产管理

### 一、医疗器械生产企业的基本条件

第三十条从事医疗器械生产活动,应当具备下列条件:①有与生产的医疗器械相适应的生产场地、环境条件、生产设备以及专业技术人员;②有能对生产的医疗器械进行质量检验的机构或者专职检验人员以及检验设备;③有保证医疗器械质量的管理制度;④有与生产的医疗器械相适应的售后服务能力;⑤符合产品研制、生产工艺文件规定的要求。

### 二、医疗器械生产许可

拟在境内从事第二类、第三类医疗器械生产的,应当向所在地省、自治区、直辖市药品监督管理部门申请生产许可,并提交下列材料:①所生产的医疗器械注册证以及产品技术要求复印件;②法定代表人(企业负责人)身份证明复印件;③生产、质量和技术负责人的身份、学历、职称相关材料复印件;④生产管理、质量检验岗位从业人员学历、职称一览表;⑤生产场地的相关文件复印件,有特殊生产环境要求的,还应当提交设施、环境的相关文件复印件;⑥主要生产设备和检验设备目录;⑦质量手册和程序文件目录;⑧生产工艺流程图;⑨证明售后服务能力的相关材料;⑩经办人的授权文件。

省、自治区、直辖市药品监督管理部门收到申请后,应当根据下列情况分别作出处理:①申请事项属于本行政机关职权范围,申请资料齐全、符合法定形式的,应当受理申请;②申请资料存在可以当场更正的错误的,应当允许申请人当场更正;③申请资料不齐全或者不符合法定形式的,应当当场或者在5个工作日内一次告知申请人需要补正的全部内容,逾期不告知的,自收到申请资料之日起即为受理;④申请事项依法不属于本行政机关职权范围的,应当即时作出不予受理的决定,并告知申请人向有关行政机关申请。

省、自治区、直辖市药品监督管理部门应当对申请资料进行审核,按照国家药品监督管理局制定的医疗器械生产质量管理规范的要求进行核查,并自受理申请之日起20个工作日内作出决定。现场核查可以与产品注册体系核查相结合,避免重复核查。需要整改的,整改时间不计入审核时限。符合规定条件的,依法作出准予许可的书面决定,并于10个工作日内发给《医疗器械生产许可证》;不符合规定条件的,作出不予许可的书面决定,并说明理由,同时告知申请人享有依法申请行政复议或者提起行政诉讼的权利。

拟从事第一类医疗器械生产的,应当向所在地设区的市级负责药品监督管理的部门备案,在提交《医疗器械生产监督管理办法》第十条规定的相关材料后,即完成生产备案,获取备案编号。医疗器械备案人自行生产第一类医疗器械的,可以在办理产品备案时一并办理生产备案。

医疗器械生产许可证分为正本和副本,有效期为5年。

### 三、医疗器械生产管理的其他法律规定

《医疗器械生产质量管理规范》对医疗器械的设计开发、生产设备条件、原材料采购、生产过程控制、产品放行、企业的机构设置和人员配备等影响医疗器械安全、有效的事项作出了明确规定。因此医疗器械注册人、备案人、受托生产企业应当按照《医疗器械生产质量管理规范》的要求,建立健全与所生产医疗器械相适应的质量管理体系并保证其有效运行;严

格按照经注册或者备案的产品技术要求组织生产，保证出厂的医疗器械符合强制性标准以及经注册或者备案的产品技术要求。

县级以上地方药品监督管理部门应当在法律、法规、规章赋予的权限内，建立本行政区域内医疗器械生产企业的监管档案。监管档案应当包括医疗器械注册审批、生产许可、生产监督检查、产品质量监督抽查、不良事件监测、不良行为记录和投诉举报等内容。

## 第四节 医疗器械的经营使用管理

### 一、医疗器械的经营管理

#### （一）医疗器械经营企业的基本条件

医疗器械经营企业应当符合下列条件：①具有与经营范围和经营规模相适应的质量管理机构或者质量管理人员，质量管理人员应当具有相关专业学历或者职称；②具有与经营范围和经营规模相适应的经营场所；③具有与经营范围和经营规模相适应的贮存条件；④具有与经营的医疗器械相适应的质量管理制度；⑤具有与经营的医疗器械相适应的专业指导、技术培训和售后服务的质量管理机构或者人员。

拟从事第三类医疗器械经营的企业还应当具有符合医疗器械经营质量管理制度要求的计算机信息管理系统，保证经营的产品可追溯。鼓励从事第一类、第二类医疗器械经营的企业建立符合医疗器械经营质量管理制度要求的计算机信息管理系统。

#### （二）医疗器械经营许可

对医疗器械的经营，国家同样实行分类管理。按照医疗器械风险程度，医疗器械经营实施分类管理。经营第三类医疗器械实行许可管理，经营第二类医疗器械实行备案管理，经营第一类医疗器械不需要许可和备案。

拟从事第三类医疗器械经营企业应当向所在地设区的市级药品监督管理部门提出申请，并提交以下资料：①法定代表人（企业负责人）、质量负责人身份证明、学历或者职称相关材料复印件；②企业组织机构与部门设置；③医疗器械经营范围、经营方式；④经营场所和库房的地理位置图、平面图、房屋产权文件或者租赁协议复印件；⑤主要经营设施、设备目录；⑥经营质量管理制度、工作程序等文件目录；⑦信息管理系统基本情况；⑧经办人授权文件。从事第二类医疗器械经营的，经营企业应当向所在地设区的市级负责药品监督管理的部门备案，并提交符合《医疗器械经营监督管理办法》第十条规定的资料（第七项除外），即完成经营备案，获取经营备案编号。

设区的市级负责药品监督管理的部门收到申请后，应当根据下列情况分别做出处理：①申请事项属于本行政机关职权范围，申请资料齐全、符合法定形式的，应当受理申请。②申请资料存在可以当场更正的错误的，应当允许申请人当场更正。③申请资料不齐全或者不符合法定形式的，应当当场或者在5个工作日内一次告知申请人需要补正的全部内容。逾期不告知的，自收到申请资料之日起即为受理。④申请事项不属于本行政机关职权范围的，应当即时作出不予受理的决定，并告知申请人向有关行政部门申请。

设区的市级负责药品监督管理的部门自受理经营许可申请后，应当对申请资料进行审查，必要时按照医疗器械经营质量管理规范的要求开展现场核查，并自受理之日起20个工作日内作出决定。需要整改的，整改时间不计入审核时限。符合规定条件的，作出准予许可的书面决定，并于 10 个工作日内发给医疗器械经营许可证；不符合规定条件的，作出不予许可的书面决定，并说明理由。

医疗器械经营许可证有效期为 5 年，载明许可证编号、企业名称、统一社会信用代码、法定代表人、企业负责人、住所、经营场所、经营方式、经营范围、库房地址、发证部门、发证日期和有效期限等事项。医疗器械经营许可证有效期届满需要延续的，医疗器械经营企业应当在有效期届满前 90 个工作日至 30 个工作日期间提出延续申请。逾期未提出延续申请的，不再受理其延续申请。

医疗器械经营许可证申请直接涉及申请人与他人之间重大利益关系的，药品监督管理部门应当告知申请人和利害关系人依法享有申请听证的权利。药品监督管理部门认为医疗器械经营许可证涉及公共利益的，应当向社会公告，并举行听证。

医疗器械经营企业应当从取得医疗器械生产许可证的生产企业或者取得医疗器械经营许可证的经营企业购进合格的医疗器械，并验明产品合格证明，同时还应当查验供货者的资质和医疗器械的合格证明文件，建立进货查验记录制度。医疗器械经营企业不得经营未经注册、无合格证明、过期、失效或者淘汰的医疗器械，从事第二类、第三类医疗器械批发业务以及第三类医疗器械零售业务的经营企业，还应当建立销售记录制度。

持有医疗器械经营许可证的医疗器械经营企业在发生质量管理人员、注册地址、经营范围、仓库地址（数量）等变化时，应当填写医疗器械经营许可证变更申请书，向原发证机构申请医疗器械经营许可证变更登记。

医疗器械经营企业应当建立质量管理自查制度，按照医疗器械经营质量管理规范要求进行自查，每年 3 月 31 日前向所在地市县级负责药品监督管理的部门提交上一年度的自查报告。第三类医疗器械经营企业停业一年以上，恢复经营前，应当进行必要的验证和确认，并书面报告所在地设区的市级负责药品监督管理的部门。可能影响质量安全的，药品监督管理部门可以根据需要组织核查。

## （三）医疗器械网络销售管理

从事医疗器械网络销售的，应当是依法取得医疗器械生产许可、经营许可或者办理备案的医疗器械注册人、备案人或者医疗器械经营企业。从事医疗器械网络销售的经营者，应当将从事医疗器械网络销售的相关信息告知所在地设区的市级人民政府负责药品监督管理的部门，经营第一类医疗器械和《医疗器械监督管理条例》第四十一条第二款规定的第二类医疗器械的除外。

为医疗器械网络交易提供服务的第三方电子商务平台经营者，是指在医疗器械网络交易中仅提供网页空间、虚拟交易场所、交易规则、交易撮合、电子订单等交易服务，供交易双方或者多方开展交易活动，不直接参与医疗器械销售的企业。

《医疗器械网络销售监督管理办法》规定，从事医疗器械网络销售的企业、医疗器械网络交易服务第三方平台提供者应当遵守医疗器械法规、规章和规范，建立健全管理制度，依法诚信经营，保证医疗器械质量安全；应当采取技术措施，保障医疗器械网络销售数据和资料的真实、完整、可追溯。为医疗器械网络交易提供服务的电子商务平台经营者应当对入网医疗器械经营者进行实名登记，审查其经营许可、备案情况和所经营医疗器械产品注册、备案情况，并对其经营行为进行管理。第三方电子商务平台经营者发现入网医疗器械经营者有违反《医疗器械监督管理条例》规定行为的，应当及时制止并立即报告医疗器械经营者所在地设区的市级人民政府负责药品监督管理的部门；发现严重违法行为的，应当立即停止提供网络交易平台服务。

## 二、医疗器械的使用管理

### (一) 医疗器械的使用主体

《医疗器械监督管理条例》首先明确了哪些机构可以成为使用医疗器械的主体，根据该条例第一百零三条规定，医疗器械使用主体即医疗器械使用单位，是指使用医疗器械为他人提供医疗等技术服务的机构，包括医疗机构、计划生育技术服务机构、血站、单采血浆站、康复辅助器具适配机构等。

### (二) 医疗器械的使用

医疗器械使用单位应当从取得医疗器械生产许可证的生产企业或者取得医疗器械经营许可证的经营企业购进合格的医疗器械，并验明产品合格，建立进货查验记录制度。使用单位不得使用未经注册、无合格证明、过期、失效或者淘汰的医疗器械。使用单位对一次性使用的医疗器械不得重复使用；使用过的医疗器械，应当按照国家有关规定销毁，并作记录。

《医疗器械监督管理条例》规定，医疗器械使用单位应当有与在用医疗器械品种、数量相适应的贮存场所和条件，医疗器械使用单位应当加强对工作人员的技术培训，按照产品说明书、技术操作规范等要求使用医疗器械。

医疗器械使用单位配置大型医用设备，应当符合国务院卫生主管部门制定的大型医用设备配置规划，与其功能定位、临床服务需求相适应，具有相应的技术条件、配套设施和具备相应资质、能力的专业技术人员，并经省级以上人民政府卫生主管部门批准，取得大型医用设备配置许可证。

此外，《医疗器械监督管理条例》还规定了允许使用单位之间相互转让在用的医疗器械，医疗器械使用单位之间转让在用医疗器械，转让方应当确保所转让的医疗器械安全、有效，不得转让过期、失效、淘汰以及检验不合格的医疗器械。

### (三) 医疗器械质量事故报告与公告

国家建立医疗器械质量事故报告制度和医疗器械质量事故公告制度，具体办法由国务院药品监督管理部门会同国务院卫生行政部门、计划生育行政管理部门制定。

# 第五节 医疗器械不良事件处置

## 一、医疗器械的不良事件处理

医疗器械不良事件，是指已上市的医疗器械，在正常使用情况下发生的，导致或者可能导致人体伤害的各种有害事件。国家建立医疗器械不良事件监测制度，对医疗器械不良事件及时进行收集、分析、评价、控制。医疗器械注册人、备案人应当建立医疗器械不良事件监测体系，配备与其产品相适应的不良事件监测机构和人员，对其产品主动开展不良事件监测，并按照国务院药品监督管理部门的规定，向医疗器械不良事件监测技术机构报告调查、分析、评价、产品风险控制等情况。医疗器械生产经营企业、使用单位应当协助医疗器械注册人、备案人对所生产经营或者使用的医疗器械开展不良事件监测；发现医疗器械不良事件或者可疑不良事件，应当按照国务院药品监督管理部门的规定，向医疗器械不良事件监测技术机构报告。为了加强医疗器械不良事件监测和再评价，及时、有效控制医疗器械上市后风险，保障人体健康和生命安全，根据《医疗器械监督管理条例》，国家市场监督管理总局和国家卫生健康委员会审议通过《医疗器械不良事件监测和再评价管理办法》自2019年1月1日起施行。

医疗器械不良事件分为个例医疗器械不良事件和群体医疗器械不良事件。对于个例医疗器械不良事件，注册人和备案人发现或者获知可疑医疗器械不良事件的，应当立即调查原因，导致死亡的应当在7日内报告；导致严重伤害、可能导致严重伤害或者死亡的应当在20日内报告。医疗器械经营企业、使用单位发现或者获知可疑医疗器械不良事件的，应当及时告知注册人和备案人。其中，导致死亡的还应当在7日内，导致严重伤害、可能导致严重伤害或者死亡的20日内，通过国家医疗器械不良事件监测信息系统报告。而对于群体医疗器械不良事件要求更为严苛，应当在12小时内通过电话或者传真等方式报告不良事件发生地省、自治区、直辖市药品监督管理部门和卫生行政部门，必要时可以越级报告，同时通过国家医疗器械不良事件监测信息系统报告群体医疗器械不良事件基本信息，对每一事件还应当在24小时内按个例事件报告。发现或者获知其产品的群体医疗器械不良事件后，应当立即暂停生产、销售，通知使用单位停止使用相关医疗器械，同时开展调查及生产质量管理体系自查，并于7日内向所在地及不良事件发生地省、自治区、直辖市药品监督管理部门和监测机构报告。

## 二、医疗器械的召回

医疗器械召回，是指医疗器械生产企业按照规定的程序对其已上市销售的某一类别、型号或者批次的存在缺陷的医疗器械产品，采取警示、检查、修理、重新标签、修改并完善说明书、软件更新、替换、收回、销毁等方式进行处理的行为。

医疗器械注册人、备案人发现生产的医疗器械不符合强制性标准、经注册或者备案的产品技术要求，或者存在其他缺陷的，应当立即停止生产，通知相关经营企业、使用单位和消费者停止经营和使用，召回已经上市销售的医疗器械，采取补救、销毁等措施，记录相关情况，发布相关信息，并将医疗器械召回和处理情况向负责药品监督管理的部门和卫生主管部门报告。医疗器械受托生产企业、经营企业发现生产、经营的医疗器械存在前款规定情形的，应当立即停止生产、经营，通知医疗器械注册人、备案人，并记录停止生产、经营和通知情况。医疗器械注册人、备案人认为属于依照前款规定需要召回的医疗器械，应当立即召回。医疗器械注册人、备案人、受托生产企业、经营企业未依照本条规定实施召回或者停止生产、经营的，负责药品监督管理的部门可以责令其召回或者停止生产、经营。

## 三、医疗器械的再评价

有下列情形之一的，医疗器械注册人、备案人应当主动开展已上市医疗器械再评价：①根据科学研究的发展，对医疗器械的安全、有效有认识上改变的；②医疗器械不良事件监测、评估结果表明医疗器械可能存在缺陷的；③国家药品监督管理局规定应当开展再评价的其他情形。医疗器械注册人、备案人应当根据再评价结果，采取相应控制措施，对已上市医疗器械进行改进，并按照规定进行注册变更或者备案变更。再评价结果表明已上市医疗器械不能保证安全、有效的，医疗器械注册人、备案人应当主动申请注销医疗器械注册证或者取消备案；医疗器械注册人、备案人未申请注销医疗器械注册证或者取消备案的，由负责药品监督管理的部门注销医疗器械注册证或者取消备案。省级以上人民政府药品监督管理部门根据医疗器械不良事件监测、评估等情况，对已上市医疗器械开展再评价。再评价结果表明已上市医疗器械不能保证安全、有效的,应当注销医疗器械注册证或者取消备案。负责药品监督管理的部门应当向社会及时公布注销医疗器械注册证和取消备案情况。被注销医疗器械注册证或者取消备案的医疗器械不得继续生产、进口、经营、使用。

## 第六节 法律责任

### 一、医疗器械注册与备案的法律责任

备案时提供虚假资料的,由负责药品监督管理的部门向社会公告备案单位和产品名称,没收违法所得、违法生产经营的医疗器械;违法生产经营的医疗器械货值金额不足1万元的,并处2万元以上5万元以下罚款;货值金额1万元以上的,并处货值金额5倍以上20倍以下罚款;情节严重的,责令停产停业,对违法单位的法定代表人、主要负责人、直接负责的主管人员和其他责任人员,没收违法行为发生期间自本单位所获收入,并处所获收入30%以上3倍以下罚款,10年内禁止其从事医疗器械生产经营活动。

境外医疗器械注册人、备案人指定的我国境内企业法人未依照本条例规定履行相关义务的,由省、自治区、直辖市人民政府药品监督管理部门责令改正,给予警告,并处5万元以上10万元以下罚款;情节严重的,处10万元以上50万元以下罚款,5年内禁止其法定代表人、主要负责人、直接负责的主管人员和其他责任人员从事医疗器械生产经营活动。境外医疗器械注册人、备案人拒不履行依据本条例作出的行政处罚决定的,10年内禁止其医疗器械进口。

### 二、医疗器械生产的法律责任

有下列情形之一的,由负责药品监督管理的部门责令改正,没收违法生产经营使用的医疗器械;违法生产经营使用的医疗器械货值金额不足1万元的,并处2万元以上5万元以下罚款;货值金额1万元以上的,并处货值金额5倍以上20倍以下罚款;情节严重的,责令停产停业,直至由原发证部门吊销医疗器械注册证、医疗器械生产许可证、医疗器械经营许可证,对违法单位的法定代表人、主要负责人、直接负责的主管人员和其他责任人员,没收违法行为发生期间自本单位所获收入,并处所获收入30%以上3倍以下罚款,10年内禁止其从事医疗器械生产经营活动:①生产、经营、使用不符合强制性标准或者不符合经注册或者备案的产品技术要求的医疗器械;②未按照经注册或者备案的产品技术要求组织生产,或者未依照本条例规定建立质量管理体系并保持有效运行,影响产品安全、有效;③经营、使用无合格证明文件、过期、失效、淘汰的医疗器械,或者使用未依法注册的医疗器械;④在负责药品监督管理的部门责令召回后仍拒不召回,或者在负责药品监督管理的部门责令停止或者暂停生产、进口、经营后,仍拒不停止生产、进口、经营医疗器械;⑤委托不具备本条例规定条件的企业生产医疗器械,或者未对受托生产企业的生产行为进行管理;⑥进口过期、失效、淘汰等已使用过的医疗器械。

负责药品监督管理的部门或者其他有关部门工作人员违反本条例规定,滥用职权、玩忽职守、徇私舞弊的,依法给予处分。

以上行为,构成犯罪的,依法追究刑事责任。

## 三、医疗器械经营和使用的法律责任

有下列情形之一的,由负责药品监督管理的部门没收违法所得、违法生产经营的医疗器械和用于违法生产经营的工具、设备、原材料等物品;违法生产经营的医疗器械货值金额不足1万元的,并处5万元以上15万元以下罚款;货值金额1万元以上的,并处货值金额15倍以上30倍以下罚款;情节严重的,责令停产停业,10年内不受理相关责任人以及单位提出的医疗器械许可申请,对违法单位的法定代表人、主要负责人、直接负责的主管人员和其他责任人员,没收违法行为发生期间自本单位所获收入,并处所获收入30%以上3倍以下罚款,终身禁止其从事医疗器械生产经营活动:①生产、经营未取得医疗器械注册证的第二类、第三类医疗器械;②未经许可从事第二类、第三类医疗器械生产活动;③未经许可从事第三类医疗器械经营活动。有前款第一项情形、情节严重的,由原发证部门吊销医疗器械生产许可证或者医疗器械经营许可证。

在申请医疗器械行政许可时提供虚假资料或者采取其他欺骗手段的,不予行政许可,已经取得行政许可的,由作出行政许可决定的部门撤销行政许可,没收违法所得、违法生产经营使用的医疗器械,10年内不受理相关责任人以及单位提出的医疗器械许可申请;违法生产经营使用的医疗器械货值金额不足1万元的,并处5万元以上15万元以下罚款;货值金额1万元以上的,并处货值金额15倍以上30倍以下罚款;情节严重的,责令停产停业,对违法单位的法定代表人、主要负责人、直接负责的主管人员和其他责任人员,没收违法行为发生期间自本单位所获收入,并处所获收入30%以上3倍以下罚款,终身禁止其从事医疗器械生产经营活动。

伪造、变造、买卖、出租、出借相关医疗器械许可证件的,由原发证部门予以收缴或者吊销,没收违法所得;违法所得不足1万元的,并处5万元以上10万元以下罚款;违法所得1万元以上的,并处违法所得10倍以上20倍以下罚款;构成违反治安管理行为的,由公安机关依法予以治安管理处罚。

以上行为,构成犯罪的,依法追究刑事责任。

## 四、医疗器械的不良事件处理、召回及再评价的法律责任

医疗器械技术审评机构、医疗器械不良事件监测技术机构未依照本条例规定履行职责,致使审评、监测工作出现重大失误的,由负责药品监督管理的部门责令改正,通报批评,给予警告;造成严重后果的,对违法单位的法定代表人、主要负责人、直接负责的主管人员和其他责任人员,依法给予处分。

持有人有下列情形之一的,由县级以上药品监督管理部门责令改正,给予警告;拒不改正的,处5000元以上2万元以下罚款;情节严重的,责令停产停业,直至由发证部门吊销相关证明文件:①未主动收集并按照时限要求报告医疗器械不良事件的;②瞒报、漏报、虚假报告的;③未按照时限要求报告评价结果或者提交群体医疗器械不良事件调查报告的;④不配合药品监督管理部门和监测机构开展的医疗器械不良事件相关调查和采取的控制措施的。

## 本章小结

作为与社会公众身体健康和生命安全密切相关的一个产业领域,医疗器械涉及的范围非常广泛,产品的种类复杂,各种产品风险差异大,既有直接影响生命安全的植入性器械,

也有对身体健康没有直接影响的辅助器械。为此，我国对医疗器械的研发、生产、经营、使用活动及其监督管理进行了严格的法律规范，明确了法律责任，保证了医疗器械的安全、有效，保障了人体健康和生命安全，促进了医疗器械产业发展。

我国对医疗器械按照风险从低到高，实行一、二、三类的分类管理；并根据医疗器械生产经营使用情况对产品分类目录及时进行动态调整，并在制定调整目录的时候，充分听取各方面的意见，参考国际医疗器械分类实践。

在产品管理方面，明确第一类医疗器械实行产品备案管理，第二类由省一级药品监管部门实施产品注册管理，第三类由国家药品监督管理局实施产品注册管理。在经营方面，放开了第一类医疗器械的经营，既不用获得许可，也不实施备案。对第二类医疗器械的经营实行备案管理，对第三类医疗器械的经营实行许可管理。

同时从三个方面加强了监督管理，一是实行医疗器械不良事件监测制度，有利于预警和防范产品风险。二是开展医疗器械再评价，有利于控制医疗器械产品上市后风险。三是建立医疗器械召回制度，有利于保障公众使用安全。

## 复习思考题

1. 简述我国是如何对医疗器械实行分类管理的。
2. 医疗器械临床试验与临床评价的意义和价值？
3. 简述我国是如何开展对医疗器械的全面管理的？
4. 医疗器械注册人、备案人的义务有哪些？
5. 我国对医疗器械不良事件的处置包括哪些？
6. 简述违反医疗器械管理法律法规可能产生的法律责任有哪些？

（邓　虹）

# 第十章　食品安全法律制度

**学习目标**

掌握：食品安全的相关概念；食品安全法的适用范围；食品生产经营许可制度；食品安全事故相关概念及其预防与处置；食品召回制度。

熟悉：食品安全标准与食品检验；食品生产经营企业管理规定；食品安全风险评估的过程与组织；食品生产经营管理相关规定。

了解：我国食品安全法制建设情况；食品安全监督管理；食品安全风险监测与评估；相关法律责任。

## 第一节　概　　述

### 一、食品及食品安全的概念

#### （一）食品的概念

食品是指各种供人食用或饮用的成品和原料，以及按照传统既是食品又是药品的物品，但不包括以治疗为目的的物品。食品不仅包括经过加工制作的能够直接食用的各种食物，还包括未经加工制作的原料，包括了从农田到餐桌的整个食物链的物品。

#### （二）食品安全的概念

食品安全是指食品无毒、无害，符合应当有的营养要求，对人体健康不造成任何急性、亚急性或者慢性危害。

食品安全是食物中有毒、有害物质对人体健康影响的公共卫生问题，也是一门专门探讨在食品加工、存储、销售等过程中确保食品卫生及食用安全的跨学科领域。食品安全既包括生产安全，也包括经营安全；既包括结果安全，也包括过程安全；既包括现实安全，也包括未来安全。

食品安全也可从三个层面来理解：一是食品数量安全，即一个国家或地区能够生产民族基本生存所需的膳食需要，要求人们既能买得到又能买得起生存生活所需要的基本食品。二是食品质量安全，指提供的食品在营养、卫生方面满足和保障人群的健康需要，食品质量安全涉及食物的污染、是否有毒，添加剂是否违规超标、标签是否规范等问题，需要在食品受到污染界限之前采取措施，预防食品的污染和遭遇主要危害因素侵袭。三是食品可持续安全，即从发展角度要求食品的获取需要注重生态环境的良好保护和资源的可持续利用。

### 二、食品安全法制建设

1995年10月，第八届全国人大常委会第十六次会议通过了《食品卫生法》，明确了食品卫生监督执法的主体是各级政府卫生行政机关，但在该法实施过程中，人们也发现了食品卫生监管的局限性，即不能很好的解决食品安全问题。2009年2月，《食品安全法》由第十一届全国人民代表大会常务委员会第七次会议通过，标志着我国食品安全法制建设进入一个新的历史阶段。但食品安全事件仍频频发生，为破解食品安全监管难题，2015年4月，第十二届全国人民代表大会常务委员会第十四次会议对《食品安全法》进行了修订，建立了最严格的食品安全监管制度，加快构建食品安全法治秩序，积极推进食品安全社会共治格局，不断提高民众食品安全保障水平。2018年12月，第十三届全国人民代表大会常务委员会第七次会议进行修正，将食品与药品的监督管理分割开来，使食品与药品的监督管理步入科学的管理轨道，有助于实现食品安全的长治久安。2021年4月，第十三届全国人民代表大会常务委员会第二十八次会议再次进行了修正，对食品生产经营许可制度进行了完善。

## 三、《食品安全法》的适用范围

《食品安全法》调整的范围主要包括：在我国境内从事食品生产和加工，食品销售和餐饮服务；食品添加剂的生产经营；用于食品的包装材料、容器、洗涤剂、消毒剂和用于食品生产经营的工具、设备的生产经营；食品生产经营者使用食品添加剂、食品相关产品；食品的贮存和运输；对食品、食品添加剂、食品相关产品的安全管理。

其中，供食用的源于农业的初级产品的质量安全管理，遵守《农产品质量安全法》的规定。但是，食用农产品的市场销售、有关质量安全标准的制定、有关安全信息的公布和本法对农业投入品作出规定的，仍属于食品安全管理的范畴。

# 第二节 食品安全风险监测与评估

国家建立食品安全风险监测与评估制度，对食源性疾病，食品污染以及食品中的有害因素进行监测，对食品、食品添加剂中生物性、化学性和物理性危害进行风险评估。食品安全风险监测和评估制度的建立，标志着我国食品安全管理已经将预防工作放在重要位置，对保障中国食品安全起着很大的促进作用。

## 一、食品安全风险监测

### （一）食品安全风险监测的概念

食品安全风险监测是指通过系统和持续地收集食源性疾病、食品污染以及食品中有害因素的监测数据及相关信息，并进行综合分析和及时通报的活动。食品安全风险监测是政府实施食品安全监督管理的重要手段，承担着为政府提供技术决策、服务以及咨询的重要职能。

其中，食源性疾病是指食品中致病因素进入人体引起的感染性、中毒性等疾病。包括常见的食物中毒、肠道传染病、人畜共患传染病、寄生虫病以及化学性有毒有害物质所引起的疾病。食源性疾病的发病率居各类疾病总发病率的前列，是当前世界上最突出的食品安全和公共卫生问题。食品污染是指根据国际食品安全管理的一般规则，在食品生产、加工或流通等过程中因非故意原因进入食品的外来污染物，一般包括金属污染物、农药残留、兽药残留、超范围或超剂量使用的食品添加剂、真菌毒素以及致病微生物、寄生虫等。食品中有害因素是指在食品生产、流通、餐饮服务等环节，除了食品污染以外的其他可能途径进入食品的有害因素，包括自然存在的有害物、违法添加的非食用物质以及被作为食品添加剂使用的对人体健康有害的物质。

## （二）食品安全风险监测管理

2021年11月，国家卫生健康委根据《食品安全法》及其实施条例的规定，经与工业和信息化部、农业农村部、商务部、海关总署、市场监管总局、国家粮食和物资储备局商议同意，修订了《食品安全风险监测管理规定》，以有效实施食品安全监测制度，规范国家食品安全风险监测工作。

**1. 食品安全风险监测计划的制定**　国家卫生健康委会同工业和信息化部、商务部、海关总署、市场监管总局、国家粮食和物资储备局等部门，制定实施国家食品安全风险监测计划。省级卫生健康行政部门会同同级食品安全监督管理等部门，根据国家食品安全风险监测计划，结合本行政区域的具体情况，制定本行政区域的食品安全风险监测方案，报国家卫生健康委备案并实施。县级以上卫生健康行政部门会同同级食品安全监督管理等部门，落实风险监测工作任务，建立食品安全风险监测会商机制，及时收集、汇总、分析本辖区食品安全风险监测数据，研判食品安全风险，形成食品安全风险监测分析报告，报本级人民政府和上一级卫生健康行政部门。

国家食品安全风险监测计划应当规定监测的内容、任务分工、工作要求、组织保障、质量控制、考核评价措施等。

国家食品安全风险监测计划由具备相关监测能力的技术机构承担。技术机构应当根据食品安全风险监测计划和监测方案开展监测工作，保证监测数据真实、准确，并按照食品安全风险监测计划和监测方案的要求及时报送监测数据和分析结果。国家食品安全风险评估中心负责汇总分析国家食品安全风险监测计划结果数据。

**2. 食品安全风险监测计划的调整**　出现下列情况，有关部门应当及时调整国家食品安全风险监测计划和省级监测方案，组织开展应急监测：

（1）处置食品安全事故需要的。

（2）公众高度关注的食品安全风险需要解决的。

（3）发现食品、食品添加剂、食品相关产品可能存在安全隐患，开展风险评估需要新的监测数据支持的。

（4）其他有必要进行计划调整的情形。

**3. 食品安全风险监测的内容**　卫生健康行政部门重点对食源性疾病、食品污染物和有害因素基线水平、标准制定修订和风险评估专项实施风险监测。海关、市场监督管理、粮食和储备部门根据各自职责，配合开展不同环节风险监测，各部门风险监测结果数据共享、共用。

食品安全风险监测应当将以下情况作为优先监测内容：

（1）健康危害较大、风险程度较高以及风险水平呈上升趋势的。

（2）易于对婴幼儿、孕产妇等重点人群造成健康影响的。

（3）以往在国内导致食品安全事故或者受到消费者关注的。

（4）已在国外导致健康危害并有证据表明可能在国内存在的。

（5）新发现的可能影响食品安全的食品污染和有害因素。

（6）食品安全监督管理及风险监测相关部门认为需要优先监测的其他内容。

**4. 食品安全风险监测的报告制度**　县级以上疾病预防控制机构确定本单位负责食源性疾病监测报告工作的部门及人员，建立食源性疾病监测报告管理制度，对辖区内医疗机构食源性疾病监测报告工作进行培训和指导。县级以上卫生健康行政部门接到医疗机构或疾病预防控制机构报告的食源性疾病信息，应当组织研判，认为与食品安全有关的，应当及时通报同级食品安全监督管理部门,并向本级人民政府和上级卫生健康行政部门报告。

食源性疾病监测报告工作实行属地管理、分级负责的原则。县级以上地方卫生健康行政部门负责辖区内食源性疾病监测报告的组织管理工作。县级以上地方卫生健康行政部门负责制定本辖区食源性疾病监测报告工作制度,建立健全食源性疾病监测报告工作体系,组织协调疾病预防控制机构开展食品安全事故的流行病学调查。涉及食品安全的突发公共卫生事件相关信息,除按照突发公共卫生事件的报告要求报告突发公共卫生事件管理信息系统,还应当及时向同级食品安全监督管理部门通报,并向上级卫生健康行政部门报告,其中重大事件信息应当向国家卫生健康委报告。

接到食品安全事故报告后,县级以上食品安全监督管理部门应当立即会同同级卫生健康、农业行政等部门依法进行调查处理。食品安全监督管理部门应当对事故单位封存的食品及原料、工具、设备、设施等予以保护、封存,并通知疾病预防控制机构对与事故有关的因素开展流行病学调查。疾病预防控制机构应当在调查结束后向同级食品安全监督管理、卫生健康行政部门同时提交流行病学调查报告。

**5. 食品安全风险监测的会商制度**　县级以上卫生健康行政部门会同同级工业和信息化、农业农村、商务、海关、市场监管、粮食和储备等有关部门建立食品安全风险监测会商机制,根据工作需要,会商分析风险监测结果。会商内容主要包括:

(1) 通报食品安全风险监测结果分析研判情况。

(2) 通报新发现的食品安全风险信息。

(3) 通报有关食品安全隐患核实处置情况。

(4) 研究解决风险监测工作中的问题。

参与食品安全风险监测的各相关部门均可向卫生健康行政部门提出会商建议,并应在会商会前将本部门拟通报的风险监测或监管有关情况报送卫生健康行政部门。会商结束之后,卫生健康行政部门应整理会议纪要分送各相关部门,同时抄报本级人民政府和上级卫生健康行政部门。会商结果供各有关部门食品安全监管工作参用。

## 二、食品安全风险评估

### (一) 食品安全风险评估的概念

食品安全风险评估是指对食品、食品添加剂中生物性、化学性和物理性危害对人体健康可能造成的不良影响所进行的科学评估,包括危害识别、危害特征描述、暴露评估、风险特征描述等。

其中,危害识别是指识别可能产生健康不良效果并且可能存在于某种或某类特别食品中的生物、化学和物理因素。危害特征描述是指对与食品中可能存在的生物、化学和物理因素有关的健康不良效果的性质的定性和(或)定量评价。暴露评估是指对于通过食品的可能摄入和其他有关途径暴露的生物、化学和物理因素的定性和(或)定量评价。风险特征描述是指根据危害识别、危害描述和暴露评估,对某一特定人群的已知或潜在健康不良效果的发生可能性和严重程度进行定性和(或)定量的估计。

### (二) 食品安全风险评估机构及职责

国务院卫生行政部门负责组织食品安全风险评估工作,成立由医学、农业、食品、营养、生物、环境等方面的专家组成的食品安全风险评估专家委员会进行食品安全风险评估,结果由国务院卫生行政部门公布。

有下列情形之一的，国务院卫生行政部门应当进行食品安全风险评估：

（1）通过食品安全风险监测或者接到举报发现食品、食品添加剂、食品相关产品可能存在安全隐患的。

（2）为制定或者修订食品安全国家标准提供科学依据需要进行风险评估的。

（3）为确定监督管理的重点领域、重点品种需要进行风险评估的。

（4）发现新的可能危害食品安全因素的。

（5）需要判断某一因素是否构成食品安全隐患的。

（6）国务院卫生行政部门认为需要进行风险评估的其他情形。

国务院食品安全监督管理、质量监督、农业行政等部门在监督管理工作中发现需要进行食品安全风险评估的，应当向国务院卫生行政部门提出食品安全风险评估的建议，并提供风险来源、相关检验数据和结论等信息、资料。

### （三）食品安全风险评估结果处理

食品安全风险评估结果是制定、修订食品安全标准和实施食品安全监督管理的科学依据。经食品安全风险评估，得出食品、食品添加剂、食品相关产品不安全结论的，国务院食品安全监督管理部门应当依据各自职责立即向社会公告，告知消费者停止食用或者使用，并采取相应措施，确保该食品、食品添加剂、食品相关产品停止生产经营；需要制定、修订相关食品安全国家标准的，国务院卫生行政部门应当会同国务院食品安全监督管理部门立即制定、修订。

国务院食品安全监督管理部门应当会同国务院有关部门，根据食品安全风险评估结果、食品安全监督管理信息，对食品安全状况进行综合分析。对经综合分析表明可能具有较高程度安全风险的食品，国务院食品安全监督管理部门应当及时提出食品安全风险警示，并向社会公布。

## 第三节　食品安全标准与食品检验

### 一、食品安全标准

我国食品安全标准存在多方面的问题，尤其是各类标准之间重复交叉且不统一。为此，《食品安全法》明确了统一制定食品安全标准的原则，对已有的食品卫生标准、食品质量标准以及食用农产品安全标准等予以整合，统一公布为食品安全国家标准。

### （一）食品安全标准概念与制定原则

食品安全标准是指为了保证食品安全，对食品生产经营过程中影响食品安全的各种要素以及各关键环节所规定的统一技术要求，并对食品生产、加工、流通和消费食品链过程中影响食品安全和质量的各种要素以及各关键环节进行控制和管理，经协商一致制定，并由公认机构批准，共同使用的和重复使用的一种规范性文件。

食品安全标准具有强制性。除食品安全标准外，不得制定其他的食品强制性标准。制定食品安全标准时，应当以保障公众身体健康为宗旨，做到科学合理、安全可靠。

### （二）食品安全标准内容

截至目前，我国已制定公布303部食品安全国家标准，覆盖6000余项食品安全指标。包括的内容有：

（1）食品、食品添加剂、食品相关产品中的致病性微生物，农药残留、兽药残留、生物毒素、重金属等污染物质以及其他危害人体健康物质的限量规定。

（2）食品添加剂的品种、使用范围、用量。

（3）专供婴幼儿和其他特定人群的主辅食品的营养成分要求。

（4）对与卫生、营养等食品安全要求有关的标签、标志、说明书的要求。

（5）食品生产经营过程的卫生要求。

（6）与食品安全有关的质量要求。

（7）与食品安全有关的食品检验方法与规程。

（8）其他需要制定为食品安全标准的内容。

### （三）我国食品安全标准分类

**1. 国家标准**

（1）制定主体：食品安全国家标准由国务院卫生行政部门负责制定、公布，国务院标准化行政部门提供国家标准编号。食品中农药残留、兽药残留的限量规定及其检验方法与规程由国务院卫生行政部门、国务院农业行政部门制定。屠宰畜、禽的检验规程由国务院有关主管部门会同国务院卫生行政部门制定。

（2）制定原则：制定食品安全国家标准时，依据食品安全风险评估结果并充分考虑食用农产品安全风险评估结果，参照相关的国际标准和国际食品安全风险评估结果，并将食品安全国家标准草案向社会公布，广泛听取食品生产经营者、消费者、有关部门等方面的意见。食品安全国家标准，应当经国务院卫生行政部门组织的食品安全国家标准审评委员会审查通过。食品安全国家标准审评委员会，由医学、农业、食品、营养、生物、环境等方面的专家以及国务院有关部门、食品行业协会、消费者协会的代表组成，对食品安全国家标准草案的科学性和实用性等进行审查。

**2. 地方标准**  对地方特色食品，没有食品安全国家标准的，省、自治区、直辖市人民政府卫生行政部门可以制定并公布食品安全地方标准，报国务院卫生行政部门备案。食品安全国家标准制定后，该地方标准即行废止。

**3. 企业标准**  国家鼓励食品生产企业制定严于食品安全国家标准或者地方标准的企业标准，在本企业适用，并报省、自治区、直辖市人民政府卫生行政部门备案。

对于上述制定和备案的食品安全国家标准、地方标准以及企业标准，由省级以上人民政府卫生行政部门在其网站上公布，供公众免费查阅、下载。同时，对食品安全标准执行过程中的问题，县级以上人民政府卫生行政部门应当会同有关部门及时给予指导、解答。

### （四）食品安全标准的修订

省级以上人民政府食品安全监督管理、质量监督、农业行政等部门应当对食品安全标准执行中存在的问题进行收集、汇总，并及时向同级卫生行政部门通报。食品生产经营者、食品行业协会发现食品安全标准在执行中存在问题的，应当立即向卫生行政部门报告。

省级以上人民政府卫生行政部门应当会同同级食品安全监督管理、质量监督、农业行政等部门，分别对食品安全国家标准和地方标准的执行情况进行跟踪评价，并根据评价结果及时修订食品安全标准。

## 二、食品检验

食品检验是指食品检验机构根据相关国家标准,对食品原料、辅助材料、成品的质量和安全性进行的检验,包括对食品理化指标、卫生指标、外观特性以及外包装、内包装、标志等进行的检验。

### (一)食品检验机构及职责

建立食品检验机构开展食品原料、生产以及市场流通等环节检验工作,是进行食品安全监管的重要辅助手段。食品检验活动由按照国家有关认证认可的规定取得资质认定的食品检验机构承担;但是,法律另有规定的除外。食品检验机构的资质认定条件和检验规范,由国务院食品安全监督管理部门规定。

食品检验由食品检验机构指定的检验人独立进行。检验人应当依照有关法律、法规的规定,并按照食品安全标准和检验规范对食品进行检验,尊重科学,恪守职业道德,保证出具的检验数据和结论客观、公正,不得出具虚假检验报告。

### (二)食品检验的具体实施

食品检验实行食品检验机构与检验人负责制。食品检验报告应当加盖食品检验机构公章,并有检验人的签名或者盖章。食品检验机构和检验人对出具的食品检验报告负责。

食品生产企业可以自行对所生产的食品进行检验,也可以委托符合本法规定的食品检验机构进行检验。食品行业协会和消费者协会等组织、消费者需要委托食品检验机构对食品进行检验的,应当委托符合《食品安全法》规定的食品检验机构进行。食品添加剂的检验,适用《食品安全法》有关食品检验的规定。

县级以上人民政府食品安全监督管理部门应当对食品进行定期或者不定期的抽样检验,并依据有关规定公布检验结果,不得免检。进行抽样检验的,应购买抽取的样品,委托符合《食品安全法》规定的食品检验机构进行检验,并支付相关费用;不得向食品生产经营者收取检验费和其他费用。

### (三)检测异议处理规定

对检验结论有异议的,食品生产经营者可以自收到检验结论之日起七个工作日内向实施抽样检验的食品安全监督管理部门或者其上一级食品安全监督管理部门提出复检申请,由受理复检申请的食品安全监督管理部门在公布的复检机构名录中随机确定复检机构进行复检。复检机构出具的复检结论为最终检验结论。复检机构与初检机构不得为同一机构。

对采用国家规定的快速检测方法进行食用农产品抽查检测,被抽查人对检测结果有异议的,可以自收到检测结果时起四小时内申请复检。复检不得采用快速检测方法。

# 第四节 食品生产经营管理

食品生产经营是指一切食品的生产、采集、收购、加工、储存、运输、销售等活动,食品按照现行《食品安全法》的标准进行生产经营是最基本与核心的要求。

# 一、食品生产经营许可制度

国家对食品生产经营实行许可制度。从事食品生产、食品销售、餐饮服务,应当依法取得许可。但是,销售食用农产品和仅销售预包装食品的,不需要取得许可。仅销售预包装食品的,应当报所在地县级以上地方人民政府食品安全监督管理部门备案。

申请人应向县级以上地方人民政府食品安全监督管理部门提出申请,县级以上地方人民政府食品安全监督管理部门应当依照《行政许可法》的规定,审核申请人提交的申请食品安全许可需要具备的条件相关资料,必要时对申请人的生产经营场所进行现场核查;对符合规定条件的,准予许可;对不符合规定条件的,不予许可并书面说明理由。

## (一) 申请食品生产经营许可需要具备的条件

(1) 具有与生产经营的食品品种、数量相适应的食品原料处理和食品加工、包装、贮存等场所,保持该场所环境整洁,并与有毒、有害场所以及其他污染源保持规定的距离。

(2) 具有与生产经营的食品品种、数量相适应的生产经营设备或者设施,有相应的消毒、更衣、盥洗、采光、照明、通风、防腐、防尘、防蝇、防鼠、防虫、洗涤以及处理废水、存放垃圾和废弃物的设备或者设施。

(3) 有专职或者兼职的食品安全专业技术人员、食品安全管理人员和保证食品安全的规章制度。

(4) 具有合理的设备布局和工艺流程,防止待加工食品与直接入口食品、原料与成品交叉污染,避免食品接触有毒物、不洁物。

## (二) 规范加工小作坊及食品摊贩的生产经营

对食品生产加工小作坊和食品摊贩等从事食品生产经营活动的,要符合《食品安全法》规定的与其生产经营规模、条件相适应的食品安全要求,保证所生产经营的食品卫生、无毒、无害,食品安全监督管理部门应对其加强监督管理。

县级以上地方人民政府应对食品生产加工小作坊、食品摊贩等进行综合治理,加强服务和统一规划,改善其生产经营环境,鼓励和支持其改进生产经营条件,进入集中交易市场、店铺等固定场所经营,或者在指定的临时经营区域、时段经营。

食品生产加工小作坊和食品摊贩等的管理办法由省、自治区、直辖市根据具体情况加以制定。

## (三) 食品中添加物质的限制性规定

生产经营的食品中不得添加药品,但是可以添加按照传统既是食品又是中药材的物质。按照传统既是食品又是中药材的物质目录由国务院卫生行政部门会同国务院食品安全监督管理部门制定并加以公布。

# 二、食品生产经营管理制度

## (一) 食品生产经营的要求

根据《食品安全法》第三十三条的规定,食品生产经营要符合食品安全标准,并符合下列要求:

(1) 具有与生产经营的食品品种、数量相适应的食品原料处理和食品加工、包装、贮存等场所，保持该场所环境整洁，并与有毒、有害场所以及其他污染源保持规定的距离。

（2）具有与生产经营的食品品种、数量相适应的生产经营设备或者设施，有相应的消毒、更衣、盥洗、采光、照明、通风、防腐、防尘、防蝇、防鼠、防虫、洗涤以及处理废水、存放垃圾和废弃物的设备或设施。

（3）有专职或兼职的食品安全专业技术人员、食品安全管理人员和保证食品安全的规章制度。

（4）具有合理的设备布局和工艺流程，防止待加工食品与直接入口食品、原料与成品交叉污染，避免食品接触有毒物、不洁物。

（5）餐具、饮具和盛放直接入口食品的容器，使用前应洗净、消毒，炊具和用具，用后应当洗净并保持清洁。

（6）贮存、运输和装卸食品的容器、工具和设备应安全、无害，保持清洁，防止食品污染，并符合保证食品安全所需的温度、湿度等特殊要求，不得将食品与有毒、有害物品一同贮存、运输。

（7）直接入口的食品应使用无毒、清洁的包装材料、餐具、饮具和容器。

（8）食品生产经营人员应保持个人卫生，生产经营食品时，应将手洗净，穿戴清洁的工作衣、帽等；销售无包装的直接入口食品时，应使用无毒、清洁的容器、售货工具和设备。

（9）用水应符合国家规定的生活饮用水卫生标准。

（10）使用的洗涤剂、消毒剂应对人体安全、无害。

（11）法律、法规规定的其他要求。

非食品生产经营者从事食品贮存、运输和装卸的，应当符合前款第六项的规定。

## （二）禁止生产经营的食品及相关产品

《食品安全法》第三十四条规定，禁止生产经营下列食品、食品添加剂、食品相关产品：

（1）用非食品原料生产的食品或者添加食品添加剂以外的化学物质和其他可能危害人体健康物质的食品，或者用回收食品作为原料生产的食品。

（2）致病性微生物，农药残留、兽药残留、生物毒素、重金属等污染物质以及其他危害人体健康的物质含量超过食品安全标准限量的食品、食品添加剂、食品相关产品。

（3）用超过保质期的食品原料、食品添加剂生产的食品、食品添加剂。

（4）超范围、超限量使用食品添加剂的食品。

（5）营养成分不符合食品安全标准的专供婴幼儿和其他特定人群的主辅食品。

（6）腐败变质、油脂酸败、霉变生虫、污秽不洁、混有异物、掺假掺杂或者感官性状异常的食品、食品添加剂。

（7）病死、毒死或者死因不明的禽、畜、兽、水产动物肉类及其制品。

（8）未按规定进行检疫或者检疫不合格的肉类，或者未经检验或者检验不合格的肉类制品。

（9）被包装材料、容器、运输工具等污染的食品、食品添加剂。

（10）标注虚假生产日期、保质期或者超过保质期的食品、食品添加剂。

（11）无标签的预包装食品、食品添加剂。

（12）国家为防病等特殊需要明令禁止生产经营的食品。

（13）其他不符合法律、法规或者食品安全标准的食品、食品添加剂、食品相关产品。

### (三) 食品添加剂的规范管理

国家对食品添加剂生产实行许可制度。从事食品添加剂生产，应具有与其所生产食品添加剂品种相适应的场所、生产设备或者设施、专业技术人员和管理制度，并依法取得食品添加剂生产许可。生产食品添加剂应当符合法律、法规和食品安全国家标准。

食品添加剂要在技术上做到确有必要且经过风险评估证明安全可靠，方可列入允许使用的范围；食品生产经营者按照食品安全国家标准的规定使用食品添加剂。

### (四) 食品安全追溯制度

食品生产经营者依照法律规定，建立食品安全追溯体系，保证食品可追溯。国家鼓励食品生产经营者采用信息化手段采集、留存生产经营信息，建立食品安全全程追溯体系。

## 三、生产经营过程控制制度

### (一) 食品生产经营企业安全管理制度及食品从业人员健康管理

食品生产经营企业按规定建立健全食品安全管理制度。对职工进行食品安全知识培训，加强食品检验工作，依法从事生产经营活动。同时配备食品安全管理人员，加强对其培训和考核，经考核不具备食品安全管理能力的，不得上岗。食品安全监督管理部门应当对企业食品安全管理人员随机进行监督抽查考核并公布考核情况，监督抽查考核不得收取费用。

食品生产经营者建立健全并执行从业人员健康管理制度。对患有国务院卫生行政部门规定的有碍食品安全疾病的人员，不得从事接触直接入口食品的工作。对从事接触直接入口食品工作的食品生产经营人员应每年进行健康检查，取得健康证明后方可上岗工作。

### (二) 对农作物、食堂的规范管理

**1. 农作物规范管理** 食用农产品生产者按照食品安全标准和国家有关规定对使用农药、肥料、兽药、饲料和饲料添加剂等农业投入品，严格执行农业投入品使用安全间隔期或者休药期的规定，不得使用国家明令禁止的农业投入品。禁止将剧毒、高毒农药用于蔬菜、瓜果、茶叶和中草药材等国家规定的农作物。从事食用农产品的生产企业和农民专业合作经济组织应建立农业投入品使用记录制度。

**2. 对食堂的规范管理** 对学校、托幼机构、养老机构、建筑工地等集中用餐单位的食堂从严管理，严格遵守法律、法规和食品安全标准。集中用餐单位的主管部门应当加强对集中用餐单位的食品安全教育和日常管理，降低食品安全风险，及时消除食品安全隐患。

**3. 对餐具、饮具集中消毒单位的规范管理** 餐具、饮具集中消毒服务单位应当具备相应的作业场所、清洗消毒设备或者设施，用水和使用的洗涤剂、消毒剂应当符合相关食品安全国家标准和其他国家标准、卫生规范。餐具、饮具集中消毒服务单位应当对消毒餐具、饮具进行逐批检验，检验合格后方可出厂，并应当随附消毒合格证明。消毒后的餐具、饮具应当在独立包装上标注单位名称、地址、联系方式、消毒日期以及使用期限等内容。

### (三) 食品的采购、出厂检验制度

**1. 查验供货者的有关证明文件**

(1) 食品生产者采购食品原料、食品添加剂及食品相关产品，应当查验供货者的许可证和产品合格证明；对无法提供合格证明的食品原料，应当按照食品安全标准进行检验；不得采购或者使用不符合食品安全标准的食品原料、食品添加剂、食品相关产品。

（2）食品经营者需采购食品的，应查验供货者的许可证和食品出厂检验合格证或者其他合格证明。

**2. 建立进货查验记录**

（1）食品生产企业应建立食品原料、食品添加剂、食品相关产品进货查验记录制度，如实记录食品原料、食品添加剂、食品相关产品的名称、规格、数量、生产日期或者生产批号、保质期、进货日期以及供货者名称、地址、联系方式等内容，并保存相关凭证。记录和凭证保存期限不得少于产品保质期满后六个月；没有明确保质期的，保存期限不得少于二年。

（2）食品经营企业应建立食品进货查验记录制度，如实记录食品的名称、规格、数量、生产日期或者生产批号、保质期、进货日期以及供货者名称、地址、联系方式等内容，并保存相关凭证。实行统一配送经营方式的食品经营企业，可以由企业总部统一查验供货者的许可证和食品合格证明文件，进行食品进货查验记录。

**3. 出厂检验及销售记录制度**　食品生产企业应当建立食品出厂检验记录制度，查验出厂食品的检验合格证和安全状况，如实记录食品的名称、规格、数量、生产日期或生产批号、保质期、检验合格证号、销售日期以及购货者名称、地址、联系方式等内容，并保存相关凭证。记录和凭证保存期限不得少于二年。

食品、食品添加剂、食品相关产品的生产者，应当按照食品安全标准对所生产的食品、食品添加剂、食品相关产品进行检验，检验合格后方可出厂或者销售。

从事食品批发业务的经营企业应当建立食品销售记录制度，如实记录批发食品的名称、规格、数量、生产日期或者生产批号、保质期、销售日期以及购货者名称、地址、联系方式等内容，并保存相关凭证。记录和凭证保存期限不得少于二年。

### （四）食品储存要求

食品经营者按照保证食品安全的规定贮存食品，定期检查库存食品，及时清理变质或者超过保质期的食品。

食品经营者贮存散装食品，在贮存位置上标明食品的名称、生产日期或者生产批号、保质期、生产者名称及联系方式等内容。

### （五）食品添加剂的管理

**1. 许可证制度**　国家对食品添加剂生产实行许可制度。从事食品添加剂生产，应当具有与所生产食品添加剂品种相适应的场所、生产设备或者设施、专业技术人员和管理制度，并依照法律规定的程序，取得食品添加剂生产许可。生产食品添加剂要符合法律、法规和食品安全国家标准。

食品添加剂在技术上应确保确有必要且经过风险评估证明其安全可靠，方可列入允许使用的范围。对利用新的食品原料生产食品，或者生产食品添加剂新品种、食品相关产品新品种，应向国务院卫生行政部门提交相关产品的安全性评估材料。

**2. 食品添加剂采购、出厂检验制度**　食品添加剂经营者采购食品添加剂，应当依法查验供货者的许可证和产品合格证明文件，如实记录食品添加剂的名称、规格、数量、生产日期或者生产批号、保质期、进货日期以及供货者名称、地址、联系方式等内容，并保存相关凭证。记录和凭证保存期限不得少于二年。

食品添加剂生产者应当建立食品添加剂出厂检验记录制度，查验出厂产品的检验合格证和安全状况，如实记录食品添加剂的名称、规格、数量、生产日期或者生产批号、保质期、检验合格证号、销售日期以及购货者名称、地址、联系方式等相关内容，并保存相关凭证。

记录和凭证保存期限应当符合法律的规定。

**3. 食品添加剂的标签、说明书及包装要求** 食品添加剂需要有标签、说明书和包装。在标签、说明书上载明《食品安全法》规定的事项，以及食品添加剂的使用范围、用量、使用方法，并在标签上载明"食品添加剂"字样。并不得含有虚假内容，不得涉及疾病预防、治疗功能。生产经营者对其提供的标签、说明书的内容负责。

食品和食品添加剂的标签、说明书应清楚、明显，生产日期、保质期等事项进行显著标注，容易辨识。食品和食品添加剂与其标签、说明书的内容不符的，不得上市销售。

### （六）食品召回制度

我国对食品召回采取"主动"与"强制"相结合的食品召回制度。

**1. 召回的对象** 食品不符合食品安全标准或者有证据证明可能危害人体健康的。

**2. 负责召回的主体** 食品生产者。食品生产者发现其生产的食品不符合食品安全标准或者有证据证明可能危害人体健康的，应当立即停止生产，召回已经上市销售的食品，通知相关生产经营者和消费者，并记录召回和通知情况。

**3. 食品经营者** 停止经营及报告通知义务。食品经营者，发现其经营的食品不符合食品安全标准或者有证据证明可能危害人体健康的，应当立即停止经营，通知相关生产经营者和消费者，并记录停止经营和通知情况。食品生产者认为应当召回的，立即召回。由于食品经营者的原因造成其经营的食品有上述情形的，食品经营者应当召回。

**4. 食品生产者、经营者的共同义务** 食品生产经营者对召回的食品应采取无害化处理、销毁等措施，防止其再次流向市场。食品生产经营者，应及时将食品召回和处理的情况向所在地县级人民政府食品安全监督管理部门报告；需要对召回的食品进行无害化处理、销毁的，应提前报告时间、地点。食品安全监督管理部门认为确有必要的，可以实施现场监督。

但是，对因标签、标志或者说明书不符合食品安全标准而被召回的食品，食品生产者在采取补救措施且能保证食品安全的情况下可以继续销售；销售时应当向消费者明示补救措施。即，非食品本身问题，可再次销售。

**5. 强制召回** 食品生产经营者，未依照规定召回或者停止经营的，县级以上人民政府食品安全监督管理部门可以责令其召回或者停止经营。

### （七）交易场所主办者及网络交易第三方平台提供者的责任

**1. 交易场所主办者** 集中交易市场的开办者、柜台出租者和展销会举办者，依法审查入场食品经营者的许可证，明确其食品安全管理责任，定期对其经营环境和条件进行检查，发现其有违反规定的行为时，及时制止并立即报告所在地县级人民政府食品安全监督管理部门。

**2. 网络食品交易第三方平台提供者** 对入网食品经营者进行实名制登记，明确其食品安全管理责任；对需要取得许可证的，还应当依法审查其许可证。发现入网食品经营者有违反《食品安全法》规定行为的，及时制止并立即报告所在地县级人民政府食品安全监督管理部门；发现严重违法行为的，立即停止提供网络交易平台服务。

## 四、标签、说明书

**1. 食品和食品添加剂** 生产经营者对其提供的标签、说明书的内容负责，不得含有虚假内容，不得涉及疾病预防、治疗功能。食品和食品添加剂与其标签、说明书的内容不符的，不得上市销售。

**2. 散装食品** 食品经营者销售散装食品的,在散装食品的容器、外包装上标明食品的名称、生产日期或者生产批号、保质期以及生产经营者名称、地址、联系方式等内容。

**3. 转基因食品** 生产经营转基因食品应按照规定显著标示。例如,转基因大豆应在外包装上注明"转基因大豆";该种大豆加工为豆油后,应注明"转基因大豆加工品"。

## 五、特殊食品

### (一)保健食品

**1. 保健食品原料目录** 保健食品原料目录和允许保健食品声称具有保健功能的目录,由国务院食品安全监督管理部门会同国务院卫生行政部门、国家中医药管理部门制定、调整并公布。保健食品原料目录应当包括原料名称、用量及其对应的功效;列入保健食品原料目录的原料只能用于保健食品生产,而不能用于其他食品生产。

使用保健食品原料目录以外的原料做保健食品的和首次进口的保健食品应在国务院食品安全监督管理部门注册。但是,首次进口的保健食品中属于补充维生素、矿物质等营养物质的,报国务院食品安全监督管理部门进行备案。其他保健食品报省、自治区、直辖市人民政府食品安全监督管理部门备案。

**2. 保健食品注册、备案** 随着大众消费水平的提高和保健意识的增强,保健食品在居民日常消费所占的比重也逐渐增高,进口保健食品也受到不少消费者的喜爱。然而,保健食品中存在的标签证号缺失、功能宣称夸大、产品真假难辨等乱象,逐渐成为市场的隐患,损害了消费者的健康和权益。所以在2015年修订的《食品安全法》中就做出了相关规定,在该规定中对保健食品审批、功能宣称等条款进行了修订。使得该条款更适合国内市场实际发展的需要,加强了保健食品市场的管理,规范了行业内的非法生产、经营及宣传乱象,更利于保护消费者的权益、引导理性消费。在注册保健食品时应当提交保健食品的研发报告、产品配方、生产工艺、安全性和保健功能评价、标签、说明书等材料及样品,并提供相关证明文件。国务院食品安全监督管理部门经组织技术审评,对符合安全和功能声称要求的,准予注册;对不符合要求的,不予注册并书面说明理由。对使用保健食品原料目录以外原料的保健食品作出准予注册决定的,应当及时将该原料纳入保健食品原料目录。依法应备案的保健食品,备案时需要提交产品配方、生产工艺、标签、说明书以及表明产品安全性和保健功能的材料。

**3. 保健食品的标签、说明书** 保健食品的标签说明书,不得涉及疾病预防、治疗功能,内容应当真实,与注册或者备案的内容相一致,载明适宜人群、不适宜人群、功效成分或者标志性成分及其含量。标签说明书应显著声明"本品不能代替药物"。保健食品的功能和成分应与标签、说明书相一致。

**4. 保健食品广告** 保健食品广告,除具备一般食品广告要求外,还应声明"本品不能代替药物"。其广告内容,经生产企业所在地省、自治区、直辖市人民政府食品安全监督管理部门审查批准后,才能取得保健食品广告批准文件。省、自治区、直辖市人民政府食品安全监督管理部门应及时公布并更新已经批准的保健食品广告目录以及批准的广告内容。

### (二)婴幼儿配方食品

婴幼儿配方食品生产企业实施从原料进厂到成品出厂的全过程质量控制,对出厂的婴幼儿配方食品实施逐批检验,保证食品安全。生产婴幼儿配方食品使用的生鲜乳、辅料等食品原料、食品添加剂等,必须符合法律、行政法规的规定和食品安全国家标准,保证婴幼儿生长发育所需的营养成分。婴幼儿配方食品生产企业将食品原料、食品添加剂、产品配方及标签等事项向省、自治区、直辖市人民政府食品安全监督管理部门进行备案。

婴幼儿配方乳粉的产品配方需经国务院食品安全监督管理部门注册。注册时，需要提交配方研发报告和其他表明配方科学性、安全性的材料。不得以分装方式生产婴幼儿配方乳粉，同一企业不得用同一配方生产不同品牌的婴幼儿配方乳粉。

### （三）特殊医学用途配方食品

特殊医学用途配方食品，需经国务院食品安全监督管理部门注册。注册时，需提交产品配方、生产工艺、标签、说明书以及表明产品安全性、营养充足性和特殊医学用途临床效果的材料。

特殊医学用途配方食品广告，适用《广告法》和其他法律、行政法规关于药品广告管理的规定。

## 六、食品广告管理

为规范食品广告，保护人民群众合法权益，在《食品安全法》中做出了明确规定。食品广告的内容应真实合法，不得含有虚假、夸大的内容，不得涉及疾病预防、治疗功能。食品生产经营者对食品广告内容的真实性、合法性负责。

县级以上人民政府食品安全监督管理部门和其他有关部门以及食品检验机构、食品行业协会不得以广告或者其他形式向消费者推荐食品。消费者组织不得以收取费用或者其他牟取利益的方式向消费者推荐食品。

# 第五节　食品安全事故的预防处置

## 一、食品安全事故的概念

食品安全事故是指食物中毒、食源性疾病、食品污染等源于食品，对人体健康有危害或者可能有危害的事故。

## 二、食品安全事故应急预案

### （一）食品安全事故应急预案的概念

食品安全事故应急预案是指经过一定程序制定的开展食品安全事故应急处理工作的事先指导方案。为了建立健全应对食品安全事故运行机制，有效预防、积极应对食品安全事故，保障公众健康与生命安全，维护正常的社会经济秩序，国家于2011年10月5日修订了《国家重大食品安全事故应急预案》。根据该规定，按食品安全事故的性质、危害程度和涉及范围，把重大食品安全事故分为特别重大食品安全事故（Ⅰ级）、重大食品安全事故（Ⅱ级）、较大食品安全事故（Ⅲ级）和一般食品安全事故（Ⅳ级）四级。

### （二）食品安全事故应急预案制定及内容

国务院组织制定国家食品安全事故应急预案。县级以上地方人民政府应当根据有关法律、法规的规定和上级人民政府的食品安全事故应急预案以及本行政区域的实际情况，制定本行政区域的食品安全事故应急预案，并报上一级人民政府备案。

食品安全事故应急预案对食品安全事故分级、事故处置组织指挥体系与职责、预防预警机制、处置程序、应急保障措施等作出了规定。食品生产经营企业制定食品安全事故处置方案,定期检查本企业各项食品安全防范措施的落实情况,及时消除事故隐患。

## 三、食品安全事故的处置

### (一)报告与通报

发生食品安全事故的单位应立即采取措施,防止事故的扩大。事故发生单位和对接收患者进行治疗的单位,应及时向事故发生地县级人民政府食品安全监督管理部门、卫生行政部门进行报告。县级以上人民政府食品安全监督管理部门、农业行政等部门在日常监督管理中发现食品安全事故或者接到事故举报时,应立即向同级食品安全监督管理部门通报。

在发生食品安全事故时,接到报告的县级人民政府食品安全监督管理部门按照应急预案的规定向本级人民政府和上级人民政府食品安全监督管理部门进行报告。县级人民政府和上级人民政府食品安全监督管理部门按照应急预案的规定时效上报。任何单位和个人不得对食品安全事故隐瞒、谎报、缓报,不得隐匿、伪造、毁灭有关证据。

医疗机构发现其接收的患者属于食源性疾病患者的或者疑似患者的,应当按照规定及时将相关信息向所在地县级人民政府卫生行政部门报告。县级人民政府卫生行政部门认为与食品安全有关的,应及时通报同级食品安全监督管理部门。县级以上人民政府卫生行政部门在调查处理传染病或者其他突发公共卫生事件中发现与食品安全相关的信息,应当及时通报同级食品安全监督管理部门。

### (二)调查

发生食品安全事故时,设区的市级以上人民政府食品安全监督管理部门应立即会同有关部门进行事故责任调查,督促有关部门履行职责,并向本级人民政府和上一级人民政府食品安全监督管理部门提出事故责任调查处理报告。涉及两个以上省、自治区、直辖市的重大食品安全事故由国务院食品安全监督管理部门依照前款规定组织事故责任调查。

对发生的食品安全事故,县级以上疾病预防控制机构对事故现场进行卫生处理时,开展与事故有关因素进行流行病学调查的,有关部门应当予以支持配合。县级以上疾病预防控制机构向同级食品安全监督管理、卫生行政部门提交流行病学调查报告。

调查食品安全事故,除了查明事故单位责任外,还应查明有关监督管理部门、食品检验机构、认证机构及其工作人员的责任。

食品安全事故调查部门有权向有关单位和个人了解与事故有关的情况,并要求提供相关资料和样品。有关单位和个人应予以配合,对需要提供相关资料和样品的按照规定提供,不得拒绝。任何单位和个人不得阻挠、干涉食品安全事故的调查处理。

### (三)处理

县级以上人民政府食品安全监督管理部门在接到食品安全事故的报告后,立即会同同级卫生行政、食品安全监督管理、农业行政等部门进行调查处理,并采取以下措施,防止或者减轻社会危害:

(1)开展应急救援工作,组织救治因食品安全事故导致人身伤害的人员。

(2)封存可能导致食品安全事故的食品及其原料,并立即进行检验;对确认属于被污染的食品及其原料,责令食品生产经营者依照法律规定召回或者停止经营。

(3) 封存被污染的食品相关产品,并责令进行清洗消毒。

(4) 做好信息发布工作,依法对食品安全事故及其处理情况进行发布,并对可能产生的危害加以解释、说明。

发生食品安全事故需要启动应急预案的,县级以上人民政府应当立即成立事故处置指挥机构,启动应急预案并按照规定进行处置。

## 第六节 法律责任

凡违反《食品安全法》及相关规定的行为均应承担相应的法律责任,包括民事责任、行政责任和刑事责任,新修订的《食品安全法》明显加大了对违反该法行为的处罚力度。

### 一、民事责任

造成人身、财产或者其他损害的,依法承担民事赔偿责任。

#### (一)生产不符合食品安全标准造成人身、财产损害的民事责任

依法承担赔偿责任。财产不足以同时承担民事赔偿责任和缴纳罚款、罚金时,先承担民事赔偿责任。

生产不符合食品安全标准的食品或者经营明知是不符合食品安全标准的食品,消费者除要求赔偿损失外,还可以向生产者或者经营者要求支付价款十倍或者损失三倍的赔偿金;增加赔偿的金额不足一千元的,为一千元。

#### (二)发布虚假广告的民事责任

广告经营者、发布者设计、制作、发布虚假食品广告,使消费者的合法权益受到损害的,应当与食品生产经营者承担连带责任。社会团体或者其他组织、个人在虚假广告或者其他虚假宣传中向消费者推荐食品,使消费者的合法权益受到损害的,应当与食品生产经营者承担连带责任。

### 二、行政责任

#### (一)关于食品生产经营者、从事与食品有关活动者的行政责任

**1. 未经许可从事食品生产经营活动的行政处罚** 未取得食品生产经营许可从事食品生产经营活动,或者未取得食品添加剂生产许可从事食品添加剂生产活动的,由县级以上人民政府食品安全监督管理部门没收违法所得和违法生产经营的食品、食品添加剂以及用于违法生产经营的工具、设备、原料等物品;违法生产经营的食品、食品添加剂货值金额不足一万元的,并处五万元以上十万元以下罚款;货值金额一万元以上的,并处货值金额十倍以上二十倍以下罚款。

明知是违法行为,仍为其提供生产经营场所或者其他条件的,由县级以上人民政府食品安全监督管理部门责令停止违法行为,没收违法所得,并处五万元以上十万元以下罚款;使消费者的合法权益受到损害的,应当与食品、食品添加剂生产经营者承担连带责任。

**2. 生产经营法律禁止生产经营的食品的行政处罚** 尚不构成犯罪的,由县级以上人民政府食品安全监督管理部门没收违法所得和违法生产经营的食品,并可以没收用于违法生产经

营的工具、设备、原料等物品；违法生产经营的食品货值金额不足一万元的，并处十万元以上十五万元以下罚款；货值金额一万元以上的，并处货值金额十五倍以上三十倍以下罚款；情节严重的，吊销许可证，并可以由公安机关对其直接负责的主管人员和其他直接责任人员处五日以上十五日以下拘留。

明知是违法行为，仍为其提供生产经营场所或者其他条件的，由县级以上人民政府食品安全监督管理部门责令停止违法行为，没收违法所得，并处十万元以上二十万元以下罚款；使消费者的合法权益受到损害的，应当与食品生产经营者承担连带责任。违法使用剧毒、高毒农药的，除依照有关法律、法规规定给予处罚外，可以由公安机关依照相关规定给予拘留。

**3. 生产经营违反食品安全标准的食品、食品添加剂等的行政处罚**　尚不构成犯罪的，由县级以上人民政府食品安全监督管理部门没收违法所得和违法生产经营的食品、食品添加剂，并可以没收用于违法生产经营的工具、设备、原料等物品；违法生产经营的食品、食品添加剂货值金额不足一万元的，并处五万元以上十万元以下罚款；货值金额一万元以上的，并处货值金额十倍以上二十倍以下罚款；情节严重的，吊销许可证。

生产食品相关产品新品种，未通过安全性评估，或者生产不符合食品安全标准的食品相关产品的，由县级以上人民政府食品安全监督管理部门依照第一款规定给予处罚。

**4. 生产经营被包装材料污染的食品等的行政处罚**　由县级以上人民政府食品安全监督管理部门没收违法所得和违法生产经营的食品、食品添加剂，并可以没收用于违法生产经营的工具、设备、原料等物品；违法生产经营的食品、食品添加剂货值金额不足一万元的，并处五千元以上五万元以下罚款；货值金额一万元以上的，并处货值金额五倍以上十倍以下罚款；情节严重的，责令停产停业，直至吊销许可证。

生产经营的食品、食品添加剂的标签、说明书存在瑕疵但不影响食品安全且不会对消费者造成误导的，由县级以上人民政府食品安全监督管理部门责令改正；拒不改正的，处二千元以下罚款。

**5. 食品生产经营企业未建立查验记录等的行政处罚**　由县级以上人民政府食品安全监督管理部门责令改正，给予警告；拒不改正的，处五千元以上五万元以下罚款；情节严重的，责令停产停业，直至吊销许可证。

**6. 对集中交易市场的举办者、网络食品交易第三方平台提供者等违反《食品安全法》规定的行政处罚**　集中交易市场的开办者、柜台出租者、展销会的举办者允许未依法取得许可的食品经营者进入市场销售食品，或者未履行检查、报告等义务的，由县级以上人民政府食品安全监督管理部门责令改正，没收违法所得，并处五万元以上二十万元以下罚款；造成严重后果的，责令停业，由原发证部门吊销许可证。

网络食品交易第三方平台提供者，未对入网食品经营者进行实名登记、审查许可证，或者未履行报告、停止提供网络交易平台服务等义务的，由县级以上人民政府食品安全监督管理部门责令改正，没收违法所得，并处五万元以上二十万元以下罚款；造成严重后果的，责令停业，由原发证部门吊销许可证。

消费者通过网络食品交易第三方平台购买食品，其合法权益受到损害的，可以向入网食品经营者或者食品生产者要求赔偿。网络食品交易第三方平台提供者不能提供入网食品经营者的真实名称、地址和有效联系方式的，由网络食品交易第三方平台提供者赔偿。网络食品交易第三方平台提供者赔偿后，有权向入网食品经营者或者食品生产者追偿。网络食品交易第三方平台提供者作出更有利于消费者承诺的，应当履行其承诺。

**7. 对被吊销许可证的食品生产经营者与负责人的行政处罚** 被吊销许可证的食品生产经营者及其法定代表人、直接负责的主管人员和其他直接责任人员自处罚决定作出之日起五年内不得申请食品生产经营许可,或者从事食品生产经营管理工作、担任食品生产经营企业食品安全管理人员。

食品经营者履行了《食品安全法》规定的进货查验等义务,有充分证据证明其不知道所采购的食品不符合食品安全标准,并能如实说明其进货来源的,可以免予处罚,但应当依法没收其不符合食品安全标准的食品;造成人身、财产或者其他损害的,依法承担赔偿责任。

在广告中对食品作虚假宣传,欺骗消费者,或者发布未取得批准文件、广告内容与批准文件不一致的保健食品广告的,依照《广告法》的规定给予处罚。

编造、散布虚假食品安全信息,构成违反治安管理行为的,由公安机关依法给予治安管理处罚。媒体编造、散布虚假食品安全信息的,由有关主管部门依法给予处罚,并对直接负责的主管人员和其他直接责任人员给予处分。

## (二)关于食品安全监督管理部门、食品检验机构、食品行业协会等主体的行政责任

**1. 食品安全监管部门的行政责任** 县级以上地方人民政府及县级以上食品安全监督管理、卫生行政、质量监督、农业行政等部门,出现未履行相应法定职责、滥用职权、玩忽职守、徇私舞弊等违反《食品安全法》的行为时,对直接负责的主管人员和其他直接责任人员给予记大过处分;情节较重的,给予降级或者撤职处分;情节严重的,给予开除处分;造成严重后果的,其主要负责人还应当引咎辞职。

**2. 食品检测、评估及认证机构的行政责任** 食品安全风险监测、风险评估机构,提供虚假监测与评估信息的,依法对技术机构直接负责的主管人员和技术人员给予撤职、开除处分,有执业资格的,由授予其资格的主管部门吊销执业证书。

食品检验机构、食品检验人员或者出具虚假报告的,撤销该食品检验机构的检验资质,没收所收取的检验费用并处以行政罚款;导致发生重大食品安全事故的,对直接负责主管人员和食品检验人员给予撤职或者开除处分。受到开除处分的人员,自处分决定作出之日起十年内不得从事食品检验工作;因食品安全违法行为受到刑事处罚或者因出具虚假检验报告导致发生重大食品安全事故受到开除处分的食品检验机构人员,终身不得从事食品检验工作。

**3. 食品行业协会等部门向消费者推荐食品的行政责任** 食品安全监督管理等部门、食品检验机构、食品行业协会以广告或者其他形式向消费者推荐食品,由有关主管部门没收违法所得,依法对直接负责的主管人员和其他直接责任人员给予记大过、降级或者撤职处分;情节严重的,给予开除处分。

## 三、刑 事 责 任

### (一)《刑法》第一百四十三条生产、销售不符合卫生标准的食品罪的规定

生产、销售不符合卫生标准的食品,足以造成严重食物中毒事故或者其他严重食源性疾患的,处三年以下有期徒刑或者拘役,并处罚金;对人体健康造成严重危害的或者有其他严重情节的,处三年以上七年以下有期徒刑,并处罚金;后果特别严重的,处七年以上有期徒刑或者无期徒刑,并处罚金或者没收财产。

## (二)《刑法》第一百四十四条生产、销售有毒、有害食品罪的规定

在生产、销售的食品中掺入有毒、有害的非食品原料的，或者销售明知掺有有毒、有害的非食品原料的食品的，处五年以下有期徒刑或者拘役，并处罚金；对人体健康造成严重危害或者有其他严重情节的，处五年以上十年以下有期徒刑，并处罚金；致人死亡或者有其他特别严重情节的，依照《刑法》第一百四十一条的规定处罚。

## (三)《刑法》第四百零八条食品监管渎职罪的规定

负有食品药品安全监督管理职责的国家机关工作人员，滥用职权或者玩忽职守，有下列情形之一，造成严重后果或者有其他严重情节的，处五年以下有期徒刑或者拘役；造成特别严重后果或者有其他特别严重情节的，处五年以上十年以下有期徒刑：①瞒报、谎报食品安全事故、药品安全事件的；②对发现的严重食品药品安全违法行为未按规定查处的；③在药品和特殊食品审批审评过程中，对不符合条件的申请准予许可的；④依法应当移交司法机关追究刑事责任不移交的；⑤有其他滥用职权或者玩忽职守行为的。徇私舞弊犯前款罪的，从重处罚。

## 本章小结

食品安全是指食品无毒、无害，符合应当有的营养要求，对人体健康不造成任何急性、亚急性或者慢性危害。《食品安全法》的通过，标志着我国食品安全法制建设进入一个新的历史阶段，其调整的范围主要包括：在我国境内从事食品生产和加工，食品销售和餐饮服务；食品添加剂的生产经营；用于食品的包装材料、容器、洗涤剂、消毒剂和用于食品生产经营的工具、设备的生产经营；食品生产经营者使用食品添加剂、食品相关产品；食品的贮存和运输；对食品、食品添加剂、食品相关产品的安全管理。

国家建立食品安全风险监测与评估制度，对食源性疾病，食品污染以及食品中的有害因素进行监测，对食品、食品添加剂中生物性、化学性和物理性危害进行风险评估。

国家对食品生产经营实行许可制度。从事食品生产、食品销售、餐饮服务，应当依法取得许可，但是，销售食用农产品和仅销售预包装食品的，不需要取得许可。仅销售预包装食品的，应当报所在地县级以上地方人民政府食品安全监督管理部门备案。食品生产经营要符合食品安全标准，《食品安全法》明确了统一制定食品安全标准的原则，对已有的食品卫生标准、食品质量标准以及食用农产品安全标准等予以整合，统一公布为食品安全国家标准。

我国对食品召回采取"主动"与"强制"相结合的食品召回制度。食品生产者发现其生产的食品不符合食品安全标准或者有证据证明可能危害人体健康的，应当立即停止生产，召回已经上市销售的食品，通知相关生产经营者和消费者，并记录召回和通知情况。

食品安全事故是指食物中毒、食源性疾病、食品污染等源于食品，对人体健康有危害或者可能有危害的事故。根据《国家重大食品安全事故应急预案》，按食品安全事故的性质、危害程度和涉及范围，重大食品安全事故分为四级。发生食品安全事故后，相关单位应当及时按规定进行报告和通报。县级以上人民政府食品安全监督管理部门在接到食品安全事故的报告后，立即会同同级卫生行政、食品安全监督管理、农业行政等部门进行调查处理。

违反《食品安全法》及相关规定的行为均应承担相应的法律责任，包括民事责任、行政责任和刑事责任。

## 复习思考题

1. 什么食品安全？食品安全的基本要求是什么？
2. 如何开展食品安全风险监测与评估？
3. 我国的食品安全标准分类有哪些？
4. 申请食品安全许可需要具备哪些条件？
5. 禁止生产经营的食品、食品添加剂、食品相关产品有哪些？
6. 谈谈你对食品召回制度的理解。
7. 发生食品安全事故应当如何处置？
8. 《食品安全法》中规定的行政责任有哪些？

（罗　刚）

# 第十一章 传染病防治法律制度

**学习目标**

掌握：传染病防治法的概念与分类管理制度；传染病疫情报告制度；传染病的控制与医疗救治制度。

熟悉：传染病的预防制度；违反《传染病防治法》的法律责任；艾滋病预防与控制制度。

了解：结核病防治的管理制度。

---

**猴痘疫情**

猴痘（monkeypox）是由猴痘病毒感染所致的人兽共患病，主要发生在中非和西非地区，可感染多种哺乳类动物，主要在动物中流行。人接触感染动物后可被传染，主要传播途径为接触感染动物、与病人的直接接触或间接接触。猴痘的临床表现与天花相似，但症状较轻。接种天花疫苗可提供猴痘免疫保护力。然而，因全球天花被消灭而停种天花疫苗后，猴痘成为最可能威胁人类的正痘病毒性疾病。

随着1980年消灭天花和天花疫苗接种在世界范围内的结束，猴痘在中部非洲、东非和西非逐步出现。2022年来，猴痘的散发病例在欧洲多地出现。2022年5月7日英国报道了猴痘疫情，随之疫情迅速蔓延到欧洲、美洲，然后蔓延到全球，有110个国家报告了约8.7万例病例和112例死亡。这次全球疫情主要（但不仅仅）影响男同性恋、双性恋和其他男男性行为者，并通过性网络在人与人之间传播。2002年6月底，我国台湾出现首例境外输入的猴痘病例；9月6日，香港报告了首例猴痘病例；9月16日，重庆发现了境外输入猴痘病例。

2022年7月23日，世界卫生组织宣布全球猴痘疫情构成国际关注的突发公共卫生事件。

在2023年的5月11日，世卫组织宣布猴痘疫情不再构成"国际关注的突发公共卫生事件"后，6月6日，我国北京市报告两例猴痘病例，两名病例均是通过亲密接触感染的；6月10日，广州市监测发现2例猴痘病例。引起社会的广泛关注。

其实人类一直在和病毒作斗争，猴痘病毒不是第一个，也不会是最后一个。

---

## 第一节 概　　述

### 一、传染病与传染病防治法的基本概念

#### （一）传染病

传染病是由各种致病微生物引起的，能够在人与人、动物与动物或人与动物之间互相传播的一组疾病，严重危害着人类的生命安全和健康。

人类历史上的三次鼠疫大流行夺去了一亿多人的生命，曾经辉煌的古罗马文明、玛雅文明、印加文明都是因为传染病的暴发、流行而消亡。新中国成立前，各种传染病特别是鼠疫、

霍乱、天花等烈性传染病的暴发与流行，曾夺去成千上万人的生命，因传染病死亡的人数居死因的首位。

## （二）传染病防治法

传染病防治法是调整预防、控制和消除传染病的发生与流行，保障人体健康和公共卫生活动中产生的各种社会关系的法律规范的总称。

新中国成立以后，党和政府非常重视传染病的防治和管理工作，采取了各种积极、有效的传染病防治措施。先后颁布了《传染病管理办法》（1955年），《中华人民共和国急性传染病管理条例》（1978年）等一系列规范性文件，确定了法定管理传染病的范围及分类管理原则，我国传染病防治工作取得了巨大成绩，发病率明显下降。但是传染病的威胁依然很大，预防、控制和消除传染病发生与流行的任务依然十分艰巨。

为了加强对传染病的管理，预防、控制和消除传染病的发生与流行，保障公众健康，1989年2月21日第七届全国人大常委会第六次会议通过并颁布了《中华人民共和国传染病防治法》（简称《传染病防治法》），于1989年9月1日起施行。

2003年初传染性非典型肺炎的暴发流行，暴露出我国传染病管理体制的许多缺陷，如：对传染病暴发、流行的监测、预警能力较弱；疫情信息报告、通报渠道不畅；医疗机构对传染病病人的救治能力、院内感染控制能力薄弱等。在总结传染病防治实践尤其是抗击非典的经验与教训基础上，就《传染病防治法》进行了修订，于2004年8月28日经十届全国人大常委会第十一次会议审议通过并公布，自2004年12月1日起施行。修订后的《传染病防治法》强调对传染病的预防和预警，健全了疫情的报告、通报和公布制度，完善了传染病暴发、流行的控制措施，增加了传染病医疗救治的规定，加强了对传染病防治的网络建设和经费保障，进一步明确了地方政府、卫生主管部门等各方面的责任和义务。2013年6月29日，全国人大常委会又对其进行了进一步修订和完善。

目前，我国已经建成比较完善的传染病防治法律体系，包括：《传染病防治法》《国境卫生检疫法》《食品安全法》《献血法》《疫苗管理法》《国内交通卫生检疫条例》《艾滋病防治条例》《血吸虫病防治条例》《突发公共卫生事件应急条例》《病原微生物实验室生物安全管理条例》《医疗废物管理条例》《性病防治管理办法》《结核病防治管理办法》《消毒管理办法》《传染性非典型肺炎防治管理办法》《突发公共卫生事件与传染病疫情监测信息报告管理办法》《医疗机构传染病预检分诊管理办法》等一系列法律法规。

## （三）传染病防治法的调整对象

在中国领域内的一切单位（包括我国的机关、团体、企事业单位、外资企业、中外合资、合作企业等）和个人（指我国领域内的一切自然人，包括中国人、具有外国国籍的人和无国籍人，外交人员也不例外），必须接受疾病预防控制机构、医疗机构有关传染病的调查、检验、采集样本、隔离治疗等预防、控制措施，如实提供有关情况。

## （四）传染病防治基本方针

国家对传染病防治实行预防为主的方针，防治结合、分类管理、依靠科学、依靠群众。

# 二、传染病防治管理体系

## （一）传染病的分类管理

根据传染病病种的传播方式、传播速度、流行强度以及对人体健康、社会危害程度的不同，参照国际统一分类标准，《传染病防治法》将在我国发病率较高、流行面积大、危害较严重的急慢性传染病确定为法定传染病，分为甲、乙、丙三类，实行分类管理。

甲类传染病包括鼠疫和霍乱，为强制管理类传染病。对该类传染病病人、病原携带者、疑似病人的隔离、治疗采取强制措施。

乙类传染病为监测传染病，包括：传染性非典型肺炎、艾滋病、病毒性肝炎、脊髓灰质炎、人感染高致病性禽流感、麻疹、流行性出血热、狂犬病、流行性乙型脑炎、登革热、炭疽、细菌性和阿米巴性痢疾、肺结核、伤寒和副伤寒、流行性脑脊髓膜炎、百日咳、白喉、新生儿破伤风、猩红热、布鲁氏菌病、淋病、梅毒、钩端螺旋体病、血吸虫病、疟疾、新型冠状病毒感染、猴痘。对此类传染病病人的管理，要严格按照有关规定和防治方案，采取必要的治疗和控制措施。

对乙类传染病中的传染性非典型肺炎、炭疽中的肺炭疽采取甲类传染病的预防、控制措施。

丙类传染病包括：流行性感冒（含甲型 H1N1 流感）、流行性腮腺炎、风疹、急性出血性结膜炎、麻风病、流行性和地方性斑疹伤寒、黑热病、包虫病、丝虫病，除霍乱、细菌性和阿米巴性痢疾、伤寒和副伤寒以外的感染性腹泻病。对此类传染病，按照有关规定和防治方案进行管理。

国务院卫生健康主管部门根据传染病暴发、流行情况和危害程度，可以决定增加、减少或者调整乙类、丙类传染病病种并予以公布。

## （二）管理体系

**1. 传染病防治的监督管理机构** 国务院卫生健康主管部门主管全国传染病防治及其监督管理工作。

传染病防治工作由各级人民政府领导。县级以上人民政府制定传染病防治规划并组织实施，建立健全传染病防治的疾病预防控制、医疗救治和监督管理体系。

县级以上地方人民政府卫生行政部门负责本行政区域内的传染病防治及其监督管理工作，其他部门在各自的职责范围内负责传染病防治工作。

**2. 疾病控制机构的工作职责** 各级疾病预防控制机构承担传染病监测、预测、流行病学调查、疫情报告以及其他预防、控制工作。在传染病预防控制中履行下列职责：①实施传染病预防控制规划、计划和方案；②收集、分析和报告传染病监测信息，预测传染病的发生、流行趋势；③开展对传染病疫情和突发公共卫生事件的流行病学调查、现场处理及其效果评价；④开展传染病实验室检测、诊断、病原学鉴定；⑤实施免疫规划，负责预防性生物制品的使用管理；⑥开展健康教育、咨询，普及传染病防治知识；⑦指导、培训下级疾病预防控制机构及其工作人员开展传染病监测工作；⑧开展传染病防治应用性研究和卫生评价，提供技术咨询。

**3. 医疗机构的职责** 医疗机构承担与医疗救治有关的传染病防治工作和责任区域内的传染病预防工作。按照规定做好责任区域内的医疗预防工作，包括疫情报告、传染病的消毒隔离、计划免疫接种等；积极防治传染病、结核病等常见病、多发病；积极开展、检查、指导本院和责任区域内的爱国卫生运动，经常宣传卫生知识，做好除害灭病工作。

城市社区和农村基层医疗机构在疾病预防控制机构的指导下，承担城市社区、农村基层相应的传染病防治工作。

## 第二节 传染病的预防与控制

### 一、传染病的预防

#### (一)开展群众爱国卫生运动,消除传染源

普及传染病预防知识,加强群众自我保健和防病能力,养成良好健康的生活方式,掌握突发事件的应急知识是预防传染病发生和传播的重要措施。

**1. 各级政府的职责**

(1)组织开展群众性的爱国卫生运动,进行预防传染病的健康教育,倡导文明健康的生活方式,提高公众对传染病的防治意识和应对能力。

(2)加强环境卫生建设,消除鼠害和蚊、蝇等病媒生物的危害。

(3)建设和改造公共卫生设施,保护水源,防止污染。肠道传染病在我国整个传染病中占有较高的比例,建设和改造公共卫生设施,提高城乡基础设施的卫生水平,是降低、控制肠道传染病发病的根本措施。地方各级人民政府应当有计划地建设和改造公共卫生设施,在城市修建符合卫生要求的公共厕所、无害化处理场、污水处理排放系统等;在农村,对粪便、垃圾应当进行无害化处理;改善饮用水卫生条件,加强卫生管理,保证饮用水符合国家颁布的《生活饮用水卫生标准》。

**2. 农业、水利、林业、交通等行政部门的职责** 分工负责指导和组织消除农田、湖区、河流、牧场、林区的鼠害与血吸虫危害,以及其他传播传染病的动物和病媒生物的危害;铁路、交通、民用航空行政部门负责组织消除交通工具以及相关场所的鼠害和蚊、蝇等病媒生物的危害。新闻媒体、卫生、教育等部门应分工协作,承担具体的实施工作。

#### (二)预防接种

为有效预防和控制传染病的传播,国家实行免疫规划制度。由国务院卫生健康主管部门和省、自治区、直辖市人民政府卫生健康主管部门,制定传染病免疫规划并组织实施。

**1. 国家实行免疫规划制度** 居住在中国境内的居民,依法享有接种免疫规划疫苗的权利,履行接种免疫规划疫苗的义务。政府免费向居民提供免疫规划疫苗。接种单位接种非免疫规划疫苗,除收取疫苗费用外,可以收取接种服务费。

**2. 预防接种证制度** 国家对儿童实行预防接种证制度,对国家免疫规划项目免费接种。医疗机构、疾病预防控制机构与儿童的监护人应当相互配合,保证儿童及时接受预防接种。

在儿童出生后1个月内,其监护人应当到儿童居住地承担预防接种工作的接种单位为其办理预防接种证。接种单位对儿童实施接种时,应当查验预防接种证,并作好记录。儿童入托、入学时,托幼机构、学校应当查验预防接种证,发现未依照国家免疫规划接种的儿童,应当向所在地的县级疾病预防控制机构或者儿童居住地承担预防接种工作的接种单位报告,并配合、督促其监护人在儿童入托、入学后及时补种。

**3. 预防接种的监督管理** 国务院卫生健康主管部门负责全国预防接种的监督管理工作。县级以上卫生主管部门负责本行政区域内预防接种的监督管理工作。

国务院药品监督管理部门负责全国疫苗的质量和流通的监督管理工作。各级人民政府药品监督管理部门负责本行政区域内疫苗的质量和流通的监督管理工作。依照《疫苗管理法》的规定,对疫苗的储存、运输、供应、销售、分发和使用等环节中的质量进行监督检查,并将检查结果及时向同级卫生主管部门通报。

因预防接种异常反应造成受种者死亡、严重残疾或者器官组织损伤的，应当给予一次性补偿。因接种第一类疫苗引起预防接种异常反应的，补偿费用由省、自治区、直辖市人民政府财政部门在预防接种工作经费中安排。因接种第二类疫苗引起预防接种异常反应的，补偿费用由相关的疫苗生产企业承担。

### （三）对传染病病人、病原携带者和疑似传染病病人的管理

传染病病人、病原携带者和疑似传染病病人是一个庞大的社会群体，需要社会的理解和关爱。首先，社会要关心、帮助传染病病人、病原携带者和疑似传染病病人，使其得到及时救助；其次，不得歧视传染病病人、病原携带者和疑似传染病病人；最后，对传染病病人、病原携带者和疑似传染病病人，在患病期间或者在排除传染病嫌疑前，不得从事法律、行政法规和国务院卫生健康主管部门规定禁止从事的易使该传染病扩散的工作。

### （四）传染病的监测和预警制度

**1. 传染病监测制度** 国家实行传染病监测制度。国务院卫生健康主管部门制定传染病监测规划和方案。省、自治区、直辖市人民政府卫生行政部门根据国家传染病监测规划和方案，制定本行政区域的传染病监测计划和工作方案。传染病监测是各级疾病预防控制机构的主要职责之一，内容涉及监测人群的基本情况、易感性、监测传染病的动态分布等，也包括对国外发生、国内尚未发生的传染病或者国内新发生的传染病的监测。

**2. 传染病预警制度** 国家建立传染病预警制度。国务院卫生健康主管部门和省、自治区、直辖市人民政府根据传染病发生、流行趋势的预测，及时发出传染病预警，根据情况予以公布。及时、科学、准确的公布传染病预警信息，有利于社会采取措施，防止传染病疫情发生带来的重大损失。

### （五）其他预防管理措施

**1. 防止传染病的医源性感染和医院感染** 医疗机构应当确定专门的部门或者人员，承担传染病疫情报告、本单位的传染病预防、控制以及责任区域内的传染病预防工作；承担医疗活动中与医院感染有关的危险因素监测、安全防护、消毒、隔离和医疗废物处置工作。与疾病预防控制机构互相协作，有效防治传染病的医源性感染和医院感染。

**2. 加强生物安全管理** 疾病预防控制机构、医疗机构的实验室和从事病原微生物实验的单位，应当符合国家规定的条件和技术标准，建立严格的监督管理制度，对传染病病原体样本按照规定的措施实行严格监督管理，对传染病菌种、毒种和传染病检测样本的采集、保藏、携带、运输和使用实行分类管理，严防传染病病原体的实验室感染和病原微生物的扩散。

国家建立传染病菌种、毒种库。对传染病菌种、毒种和传染病检测样本的采集、保藏、携带、运输和使用实行分类管理，建立健全严格的管理制度。对可能导致甲类传染病传播的以及国务院卫生健康主管部门规定的菌种、毒种和传染病检测样本，确需采集、保藏、携带、运输和使用的，须经省级以上人民政府卫生行政部门批准。

**3. 保证血液、血液制品安全** 加强血液和血液制品的管理与监督，对预防传染病，特别是艾滋病、乙型肝炎等经血液传播的传染性疾病有着重要意义。采供血机构、生物制品生产单位必须严格执行国家有关规定，保证血液、血液制品的质量。禁止非法采集血液或者组织他人出卖血液。疾病预防控制机构、医疗机构使用血液和血液制品，必须遵守国家有关规定，防止因输入血液、使用血液制品引起经血液传播疾病的发生。

**4. 加强对人畜共患传染病的预防管理** 县级以上人民政府农业、林业行政部门以及其他

有关部门,依据各自的职责负责与人畜共患传染病有关的动物传染病的防治管理工作。与人畜共患传染病有关的野生动物、家畜家禽,未经畜牧兽医部门检疫,不得出售、运输。

**5. 自然疫源地的建设项目审批** 在国家确认的自然疫源地计划兴建水利、交通、旅游、能源等大型建设项目的,应当事先由省级以上疾病预防控制机构对施工环境进行卫生调查。建设单位应当根据疾病预防控制机构的意见,采取必要的传染病预防、控制措施。施工期间,建设单位应当设专人负责工地上的卫生防疫工作。工程竣工后,疾病预防控制机构应当对可能发生的传染病进行监测。

**6. 消毒产品和饮用水管理** 用于传染病防治的消毒产品、饮用水供水单位供应的饮用水和涉及饮用水卫生安全的产品,应当符合国家卫生标准和卫生规范。生产用于传染病防治的消毒产品的单位和生产用于传染病防治的消毒产品,应当经省级以上人民政府卫生行政部门审批饮用水供水单位从事生产或者供应活动,应当依法取得卫生许可证。

## 二、传染病的疫情报告、通报和公布

### (一)疫情报告制度

**1. 疫情报告人** 传染病的疫情报告人包括责任报告人和义务报告人。

责任疫情报告人包括疾病预防控制机构、医疗机构和采供血机构,及执行职务的医护人员和检疫人员、疾病预防控制人员、乡村医生、个体开业医生。义务疫情报告人为除了责任疫情报告人以外的任何单位和个人。任何单位和个人发现传染病病人或者疑似传染病病人时,应当及时向附近的疾病预防控制机构或者医疗机构报告

**2. 报告程序和时限** 传染病疫情报告实行属地化管理,首诊负责制。传染病信息实行网络直报或直接数据交换,没有条件进行网络直报的单位应在规定时限内填报传染病报告卡。

责任报告单位和疫情报告人发现甲类传染病和乙类传染病中的肺炭疽、传染性非典型肺炎、脊髓灰质炎、人感染高致病性禽流感的病人或疑似病人时,或发现其他传染病和不明原因疾病暴发时,应于2小时内将传染病报告卡通过网络报告;未实行网络直报的责任报告单位应于2小时内以最快的通讯方式(电话、传真)向当地县级疾病预防控制机构报告,并于2小时内寄送出传染病报告卡。

对其他乙、丙类传染病病人、疑似病人和规定报告的传染病病原携带者在诊断后,实行网络直报的责任报告单位应于24小时内进行网络报告;未实行网络直报的责任报告单位应于24小时内寄送出传染病报告卡。

各级疾病预防控制机构应当对辖区内各类医疗保健机构的疫情登记报告和管理情况定期进行核实、检查、指导。

### (二)传染病疫情通报

为了使政府及相关部门尽快掌握传染病疫情,及时有效的采取防范措施,《传染病防治法》规定:国务院卫生健康主管部门应当及时向国务院其他有关部门和各省、自治区、直辖市人民政府卫生行政部门通报全国传染病疫情以及监测、预警的相关信息;毗邻的以及相关的地方人民政府卫生行政部门,应当及时互相通报本行政区域的传染病疫情以及监测、预警的相关信息;县级以上人民政府有关部门发现传染病疫情时,应当及时向同级人民政府卫生行政部门通报。县级以上地方人民政府卫生行政部门应当及时向本行政区域内的疾病预防控制机构和医疗机构通报传染病疫情以及监测、预警的相关信息;中国人民解放军卫生主管部门发现传染病疫情时,应当向国务院卫生健康主管部门通报。

发生人畜共患传染病疫情时，动物防疫机构和疾病预防控制机构，应当及时互相通报动物间和人间发生的人畜共患传染病疫情以及相关信息。

国境口岸所在地和港口、机场、铁路等疾病预防控制机构及国境卫生检疫机构，发现国境卫生检疫法规定的检疫传染病时，应当互相通报疫情；发现甲类传染病病人、病原携带者、疑似传染病病人时，应当按照国家有关规定立即向国境口岸所在地的疾病预防控制机构或者所在地县级以上地方人民政府卫生行政部门报告并互相通报。

### （三）疫情公布制度

国家建立传染病疫情信息公布制度。国务院卫生健康主管部门定期公布全国传染病疫情信息；省、自治区、直辖市人民政府卫生行政部门定期公布本行政区域的传染病疫情信息。传染病疫情信息的公布应当及时、准确。

传染病暴发、流行时，国务院卫生健康主管部门负责向社会公布传染病疫情信息，并可授权省、自治区、直辖市人民政府卫生行政部门向社会公布本行政区域的传染病疫情信息。

## 三、传染病的控制

### （一）一般控制措施

**1. 医疗机构** 对甲类传染病和乙类传染病中的传染性非典型肺炎、炭疽中的肺炭疽和人感染高致病性禽流感，医疗机构一经发现，应当及时采取下列措施：①对病人、病原携带者，予以隔离治疗，隔离期限根据医学检查结果确定；②对疑似病人，确诊前在指定场所单独隔离治疗；③对医疗机构内的病人、病原携带者、疑似病人的密切接触者，在指定场所进行医学观察和采取其他必要的预防措施。拒绝隔离治疗或者隔离期未满擅自脱离隔离治疗的，可以由公安机关协助医疗机构采取强制隔离治疗措施。

医疗机构发现乙类或者丙类传染病病人，应当根据病情采取必要的治疗和控制传播措施。

对本单位内被传染病病原体污染的场所、物品以及医疗废物，医疗机构必须依照法律、法规的规定实施消毒和无害化处置。

**2. 疾病预防控制机构** 发现传染病疫情或者接到传染病疫情报告时，疾病预防控制机构应当及时采取下列措施：①对传染病疫情进行流行病学调查，根据调查情况提出划定疫点、疫区的建议，对被污染的场所进行卫生处理，对密切接触者，在指定场所进行医学观察和采取其他必要的预防措施，并向卫生行政部门提出疫情控制方案；②传染病暴发、流行时，对疫点、疫区进行卫生处理，向卫生行政部门提出疫情控制方案，并按照卫生行政部门的要求采取措施；③指导下级疾病预防控制机构实施传染病预防、控制措施，组织、指导有关单位对传染病疫情的处理。

### （二）紧急控制措施

**1. 紧急措施** 为控制传染病暴发、流行，必要时，县级以上地方人民政府报经上一级人民政府决定，可以采取下列紧急措施并予以公告：①限制或者停止集市、影剧院演出或者其他人群聚集的活动；②停工、停业、停课；③封闭或者封存被传染病病原体污染的公共饮用水源、食品以及相关物品；④控制或者扑杀染疫野生动物、家畜家禽；⑤封闭可能造成传染病扩散的场所。紧急措施的解除，由原决定机关决定并宣布。

**2. 疫区的管理**

（1）疫区的划定：甲类、乙类传染病暴发、流行时，县级以上地方人民政府报经上一级人民政府决定,可以宣布本行政区域部分或者全部为疫区。对跨省、自治区、直辖市的疫区由国务院决定并宣布。

（2）疫区管理：县级以上人民政府可以在疫区内采取紧急措施,并对出入疫区的人员、物资和交通工具实施卫生检疫。疫区中被传染病病原体污染或者可能被传染病病原体污染的物品,经消毒可以使用的,应当在当地疾病预防控制机构的指导下,进行消毒处理后,方可使用、出售和运输。

（3）疫区封锁：省、自治区、直辖市人民政府可以对其行政区域内的甲类传染病疫区实施封锁。封锁大、中城市的疫区或者封锁跨省、自治区、直辖市的疫区,以及封锁疫区导致中断干线交通或者封锁国境的,由国务院决定。疫区封锁的解除,由原决定机关决定并宣布。

**3. 隔离措施** 对已经发生甲类传染病病例的场所或者该场所内的特定区域的人员可以实施隔离措施。具体要求如下：

（1）由所在地的县级以上地方人民政府实施并向上一级人民政府报告、批准；上级人民政府作出不予批准决定的,实施隔离措施的人民政府应当立即解除隔离措施。

（2）在隔离期间,实施隔离措施的人民政府应当对被隔离人员提供生活保障；被隔离人员有工作单位的,所在单位不得停止支付其隔离期间的工作报酬。

（3）拒绝隔离治疗或者隔离期未满擅自脱离隔离治疗的,可以由公安机关协助医疗机构采取强制隔离治疗措施。

## （三）对尸体的处理

对患鼠疫、霍乱、炭疽死亡的病人尸体,由治疗的医疗单位负责消毒处理,处理后立即就近火化。患传染性非典型肺炎、人感染高致病性禽流感、病毒性肝炎、伤寒和副伤寒、艾滋病、白喉、脊髓灰质炎死亡的病人尸体,亦应在对尸体进行卫生处理后火化。

## （四）人员和物资保障

根据传染病疫情控制的需要,国务院有权在全国范围或者跨省、自治区、直辖市范围内,县级以上地方人民政府有权在本行政区域内,紧急调集人员并按照规定给予合理报酬；或者调用储备物资,临时征用房屋、交通工具以及相关设施、设备,并依法给予补偿,及时返还。

药品和医疗器械生产、供应单位在传染病暴发流行时,应当及时生产、供应防治传染病的药品和医疗器械。铁路、交通、民用航空经营单位必须优先运送处理传染病疫情的人员以及防治传染病的药品和医疗器械。县级以上人民政府有关部门应当做好组织协调工作。

## 四、传染病的医疗救治

县级以上人民政府应当加强和完善传染病医疗救治服务网络的建设,指定具备传染病救治条件和能力的医疗机构承担传染病救治任务,或者根据需要设置传染病医院,医疗机构的基本标准、建筑设计和服务流程,应当符合预防传染病医院感染的要求。

医疗机构应当严格执行消毒管理制度,按照国务院卫生健康主管部门规定的传染病诊断标准和治疗要求,采取相应措施,提高传染病医疗救治能力。应当实行传染病预检、分诊制度；对传染病病人或者疑似传染病病人提供医疗救护、现场救援和接诊治疗。

不具备相应救治能力的,应当将病人及其病历记录复印件一并转至具备相应救治能力的医疗机构。

## 第三节 传染病防治的监督与保障

### 一、传染病防治的监督管理

各级人民政府卫生行政部门负责染病防治工作的监督管理。县级以上地方人民政府卫生行政部门负责本行政区域内的传染病防治及其监督管理工作,履行下列职责:

(1) 对下级人民政府卫生行政部门履行传染病防治职责进行监督检查。
(2) 对疾病预防控制机构、医疗机构的传染病防治工作进行监督检查。
(3) 对采供血机构的采供血活动进行监督检查。
(4) 对用于传染病防治的消毒产品及其生产单位进行监督检查,并对饮用水供水单位从事生产或者供应活动以及涉及饮用水卫生安全的产品进行监督检查。
(5) 对传染病菌种、毒种和传染病检测样本的采集、保藏、携带、运输、使用进行监督检查。
(6) 对公共场所和有关单位的卫生条件和传染病预防、控制措施进行监督检查。

### 二、传染病防治的保障措施

#### (一) 经费和物资保障

县级以上人民政府根据职责负责本行政区域内传染病预防、控制、监督工作的人员经费、机构经费、办事经费、设备经费等日常经费,保证日常情况下传染病防治工作的正常进行;负责储备防治传染病的药品、医疗器械和其他物资,以备调用。

省级人民政府根据本行政区域内传染病流行趋势,确定传染病预防、控制、监督等项目,并保障项目的实施经费。

国务院卫生健康主管部门会同国务院有关部门,根据传染病流行趋势,确定全国传染病预防、控制、救治、监测、预测、预警、监督检查等项目。

#### (二) 强化基层传染病防治体系建设

国家加强基层传染病防治体系建设,扶持贫困地区和少数民族地区的传染病防治工作。困难地区重大传染病防治项目由中央财政对其给予补助。地方各级人民政府应保障城市社区、农村基层传染病预防工作的经费,包括国家免疫规划项目的预防接种、规定免费治疗的疾病、对公众的健康教育等。

#### (三) 特定人群的传染病医疗救助

国家对患有特定传染病的困难人群实行医疗救助,减免医疗费用。

## 第四节 几种传染病防治的法律规定

### 一、艾滋病防治管理

#### (一) 概述

艾滋病 (acquired immune deficiency syndrome, AIDS) 全称为获得性免疫缺陷综合征,是人类免疫缺陷病毒 (HIV, 艾滋病病毒) 引起的获得性免疫缺陷综合征。

艾滋病病人是指艾滋病病毒抗体阳性，临床上出现条件性感染或恶性肿瘤者。

艾滋病病毒感染者是指艾滋病病毒抗体阳性，无症状或尚不能诊断为艾滋病病人者。

自1981年世界发现第一例艾滋病病人，迄今已造成全球4010万人死亡。据世界卫生组织2021年的统计数据显示，随着抗逆转录病毒疗法的大规模推广，全球艾滋病病毒的流行情况发生了转变，艾滋病病毒相关死亡人数降至1994年以来的最低水平，但仍有65万人死于艾滋病病毒相关原因、150多万人新感染艾滋病病毒。截至2021年底，全球约有3840万（3390万～4860万）名艾滋病病毒携带者，其中三分之二（2560万）在非洲区域。我国自1985年报告首例艾滋病病人以来，截至2020年底约有105万艾滋病病毒感染者，累计死亡人数35万。

党和政府一直高度重视艾滋病的预防和控制工作。2004年2月，成立了防治艾滋病工作委员会，同年3月颁布《关于切实加强艾滋病防治工作的通知》；先后制定了《中国预防和控制艾滋病中长期规划（1998—2010）》《中国遏制与防治艾滋病行动计划》《中国遏制与防治艾滋病"十二五"行动计划》等。卫生部制定了《关于加强预防和控制艾滋病工作的意见》《艾滋病监测管理的若干规定》《关于对艾滋病病毒感染者和艾滋病病人的管理意见》。

2006年1月国务院制定并公布《艾滋病防治条例》，于2006年3月1日起正式施行。2019年3月2日公布并实施修订后的《艾滋病防治条例》。艾滋病防治工作坚持预防为主、防治结合的方针，建立政府组织领导、部门各负其责、全社会共同参与的机制，加强宣传教育，采取行为干预和关怀救助等措施，实行综合防治。

### （二）艾滋病的预防与控制

**1. 积极开展艾滋病的宣传教育**　地方各级人民政府和有关部门应当组织开展艾滋病防治知识的宣传教育，营造良好的艾滋病防治的社会环境；广播、电视、报刊、互联网等新闻媒体应当开展艾滋病防治的公益宣传。加强对学生、育龄人群、进城务工人员、妇女等重点人群有关艾滋病防治的宣传教育：将艾滋病防治知识纳入有关课程，开展课外教育活动；对进城务工人员加强艾滋病防治的宣传教育；将艾滋病防治的宣传教育纳入妇女儿童工作内容，提高妇女预防艾滋病的意识和能力，组织和支持红十字会会员和红十字会志愿者开展艾滋病防治的宣传教育。加强对易感染艾滋病病毒危险行为人群的咨询、指导和宣传教育。

**2. 建立健全艾滋病监测网络**　艾滋病监测，是指连续、系统地收集各类人群中艾滋病（或者艾滋病病毒感染）及其相关因素的分布资料并进行综合分析，为有关部门制定预防控制策略和措施提供及时可靠的信息和依据，对预防控制措施进行效果评价。

国家建立健全艾滋病监测网络，国家卫生健康主管部门和各级人民政府卫生主管部门分别制定国家艾滋病监测规划和方案以及本行政区域的艾滋病监测计划和工作方案。各级疾病预防控制机构负责对艾滋病发生、流行以及影响其发生、流行的因素开展监测活动。出入境检验检疫机构负责对出入境人员进行艾滋病监测，并将监测结果及时向卫生主管部门报告。

**3. 鼓励和支持居民委员会、村民委员会以及其他有关组织和个人推广预防艾滋病的行为干预措施**　县级以上地方人民政府和有关部门根据本行政区域艾滋病流行情况，制定措施，鼓励、支持居民委员会、村民委员会以及其他有关组织和个人推广预防艾滋病的行为干预措施，帮助有易感染艾滋病病毒危险行为的人群改变行为。

**4. 针对吸毒人群的艾滋病防治措施**　县级以上人民政府应当建立艾滋病防治工作与禁毒工作的协调机制，组织有关部门落实针对吸毒人群的艾滋病防治措施。政府卫生、公安和药品监督管理部门应当互相配合，根据本行政区域艾滋病流行和吸毒者的情况，积极稳妥地开展对吸毒成瘾者的药物维持治疗工作，并有计划地实施其他干预措施。

**5. 组织推广使用安全套，建立和完善安全套供应网络**　县级以上人民政府卫生、工商、药品监督管理、质量监督检验检疫、广播电影电视等部门应当组织推广使用安全套，建立和完善安全套供应网络。公共场所的经营者应当在公共场所内放置安全套或者设置安全套发售设施。

**6. 采取有效的卫生防护措施和医疗保健措施，防止发生艾滋病医院感染和医源性感染**　医疗卫生机构和出入境检验检疫机构应当按照国务院卫生健康主管部门的规定，遵守标准防护原则，严格执行操作规程和消毒管理制度，防止发生艾滋病医院感染和医源性感染。

**7. 严格血液、血液制品的采集、生产和使用，保证血液、血浆和血液制品的安全**　血站、单采血浆站应当对采集的人体血液、血浆进行艾滋病检测；不得向医疗机构和血液制品生产单位供应未经艾滋病检测或者艾滋病检测阳性的人体血液、血浆。血液制品生产单位应当在原料血浆投料生产前对每一份血浆进行艾滋病检测；未经艾滋病检测或者艾滋病检测阳性的血浆，不得作为原料血浆投料生产。

医疗机构应当对因应急用血而临时采集的血液进行艾滋病检测，对临床用血艾滋病检测结果进行核查；对未经艾滋病检测、核查或者艾滋病检测阳性的血液，不得采集或者使用。

**8. 加强对采集或者使用人体组织、器官、细胞、骨髓等行为的管理**　采集或者使用人体组织、器官、细胞、骨髓等的，应当进行艾滋病检测；未经艾滋病检测或者艾滋病检测阳性的，不得采集或者使用。进口人体血液、血浆、组织、器官、细胞、骨髓和人体血液制品等的，应当依照规定，经有关部门批准和检疫。

### （三）艾滋病病人的权利与义务

**1. 艾滋病病人的基本权利**

（1）任何单位和个人不得歧视艾滋病病毒感染者、艾滋病病人及其家属。

（2）艾滋病病毒感染者、艾滋病病人及其家属享有的婚姻、就业、就医、入学等合法权益受法律保护。

（3）未经本人或者其监护人同意，任何单位和个人不得公开艾滋病病毒感染者、艾滋病病人及其家属的有关信息。

（4）医疗机构不得因就诊的病人是艾滋病病毒感染者或者艾滋病病人，推诿或者拒绝对其疾病进行治疗。

（5）国家实行艾滋病自愿咨询和检测制度。县级以上地方人民政府卫生主管部门指定的医疗卫生机构，应当按照国家有关规定，为自愿接受艾滋病咨询、检测的人员免费提供咨询和初筛检测。

**2. 艾滋病病人的义务**

（1）接受疾病预防控制机构或者出入境检验检疫机构的流行病学调查和指导。

（2）将感染或者发病的事实及时告知与其有性关系者。

（3）就医时，将感染或者发病的事实如实告知接诊医生。

（4）采取必要的防护措施，防止感染他人。

### （四）艾滋病的治疗与救治

**1. 治疗**　向农村艾滋病病人和城镇经济困难的艾滋病病人免费提供抗艾滋病病毒治疗药品；对农村和城镇经济困难的艾滋病病毒感染者、艾滋病病人适当减免抗机会性感染治疗药品的费用。

**2.** 向接受艾滋病咨询、检测的人员免费提供咨询和初筛检测。

**3. 预防艾滋病的母婴传播** 医疗卫生机构应当按照预防艾滋病母婴传播技术指导方案的规定，对孕产妇提供艾滋病防治咨询和检测，对感染艾滋病病毒的孕产妇及其婴儿，提供预防艾滋病母婴传播的咨询、产前指导、阻断、治疗、产后访视、婴儿随访和检测等服务。

**4. 生活救助** 对生活困难并符合社会救助条件的艾滋病病毒感染者、艾滋病病人及其家属给予生活救助。对生活困难的艾滋病病人遗留的孤儿和感染艾滋病病毒的未成年人，免收义务教育阶段的杂费、书本费；减免学前教育和高中阶段教育阶段的学费等相关费用。

### （五）艾滋病防治的保障制度

国家卫生健康主管部门会同国务院其他有关部门，根据艾滋病流行趋势，确定全国与艾滋病防治相关的宣传、培训、监测、检测、流行病学调查、医疗救治、应急处置以及监督检查等项目。中央财政对在艾滋病流行严重地区和贫困地区实施的艾滋病防治重大项目给予补助。

省、自治区、直辖市人民政府根据本行政区域的艾滋病防治工作需要和艾滋病流行趋势，确定与艾滋病防治相关的项目，并保障项目的实施经费。

县级以上人民政府将艾滋病防治工作纳入国民经济和社会发展规划，加强和完善艾滋病预防、检测、控制、治疗和救助服务网络的建设，建立健全艾滋病防治专业队伍。按照本级政府职责，负责艾滋病预防、控制、监督工作所需经费。

各级人民政府应当制定扶持措施，为有关组织和个人开展艾滋病防治活动提供必要的资金支持和便利条件。有关组织和个人参与艾滋病防治公益事业，依法享受税收优惠。

## 二、结核病防治管理

### （一）概述

结核病是经呼吸道传播的慢性传染病，主要发生在肺部。据统计，2021年全球共有约1060万人感染结核病，160万人死于结核。我国是全球结核病高负担国家之一，也是全球病例数最多的国家之一，2021年我国新发结核病病人数为78万，在30个结核病高负担国家中发病数排第三位。（WHO，《2022全球结核病报告》）

近年来，在党中央、国务院的高度重视下，我国结核病防控取得显著成效，但仍面临耐药结核病病人发现率低、纳入治疗率低、治愈率低、耐药新发病人数高等挑战，重点人群、潜伏感染人群防治也尚未形成态势。为有效遏制结核病流行，建设健康中国和全面建成小康社会，国家制定了《全国结核病防治规划》和《遏制结核病行动计划（2019—2022年）》。

### （二）结核病防治机构与职责

推动地方落实政府主体责任，将结核病防治工作作为重要民生建设内容，纳入当地经济社会发展规划和政府目标管理考核内容。国家卫生健康主管部门会同有关部门共同组织实施结核病防治工作并开展监督评估。

国家卫生健康主管部门负责组织制定全国结核病防治规划、技术规范和标准；统筹医疗卫生资源，建设和管理全国结核病防治服务体系；对全国结核病防治工作进行监督检查及评价。

县级以上地方卫生主管部门负责拟订本辖区内结核病防治规划并组织实施；组织协调辖区内结核病防治服务体系的建设和管理，指定结核病定点医疗机构；统筹规划辖区内结核病防治资源，对结核病防治服务体系给予必要的政策和经费支持；组织开展结核病防治工作的监督、检查和绩效评估。

各级各类医疗卫生机构应当按照有关法律法规和卫生行政部门的规定，在职责范围内做好结核病防治的疫情监测和报告、诊断治疗、感染控制、转诊服务、病人管理、宣传教育等工作。

### （三）遏制结核病的主要措施

**1. 开展全民结核病防治健康促进行动**　广泛动员全社会参与，大力开展结核病防治宣教活动，提高公众对结核病的认知和关注度，营造全社会参与结核病防控的良好氛围。要培养居民树立个人是健康第一责任人的意识，对不同人群分类指导，养成健康生活习惯。

**2. 提升结核病诊疗服务质量和防治能力**　提高诊疗服务可及性，最大限度发现病人。强化各级各类医疗机构医务人员对肺结核可疑症状者的认知和识别意识，落实首诊医生负责制。对咳嗽、咳痰2周以上的病人，必须开展结核病筛查，非定点医疗机构应当将肺结核病人和疑似肺结核病人转诊至结核病定点医疗机构。对发现的病人和疑似病人依法进行登记报告，降低漏报、漏登率。强化规范诊治和全程管理，将家庭医生签约服务和国家基本公共卫生服务项目管理相结合，做好肺结核病人健康管理服务。

加大科学研究和科技创新力度。强化基础研究，针对结核病防治中的科技薄弱环节加强攻关。加快结核病防治信息化建设，逐步实现医疗机构、疾控机构和基层医疗卫生机构间信息的互联互通。完善各级各类结核病防治机构分工协作的工作机制，提高疾控机构、医院、基层医疗卫生机构"防、治、管"三位一体的综合服务能力，健全服务网络。

**3. 开展重点人群结核病防治强化行动**　要进一步深入分析疫情特征，找准重点人群，有针对性地开展精准预防，降低发病风险。扩大对病原学阳性病人的密切接触者、65岁以上老年人、糖尿病病人、艾滋病病毒感染者/艾滋病病人等重点人群的主动筛查覆盖面，提高重点人群中结核病发现水平。

加强学校结核病防治，改善校园环境卫生及基础设施建设，预防结核病疫情的发生。将结核病检查列为新生入学体检和教职工入职体检的检查项目，提高入学新生结核病检查比例。

推动流动人口结核病防治工作。加强部门合作，按照属地管理原则，将发现的流动人口病人纳入辖区内归口管理，确保流动人口病人符合规定的治疗应保尽保。

**4. 遏制耐药结核病防治行动**　扩大耐药结核病筛查范围，推进耐药结核病规范诊治工作。疾控机构要加强对耐药病人登记管理、诊疗随访和督导服药等工作的监管和指导。不断完善保障政策，探索加强耐药结核病病人流动管理的政策措施和工作模式。

# 第五节　法律责任

## 一、行政责任

### （一）各级政府、卫生行政部门及相关人员的法律责任

（1）地方各级人民政府未按照规定履行报告职责，或者隐瞒、谎报、缓报传染病疫情，或者在传染病暴发、流行时，未及时组织救治、采取控制措施的，由上级人民政府责令改正，通报批评；造成传染病传播、流行或者其他严重后果的，对负有责任的主管人员，依法给予行政处分。

（2）县级以上人民政府有关部门未履行传染病防治和保障职责的，由本级人民政府或者

上级人民政府有关部门责令改正，通报批评；造成传染病传播、流行或者其他严重后果的，对负有责任的主管人员和其他直接责任人员，依法给予行政处分。

（3）县级以上人民政府卫生行政部门违反规定，有下列情形之一的，由本级人民政府、上级人民政府卫生行政部门责令改正，通报批评；造成传染病传播、流行或者其他严重后果的，对负有责任的主管人员和其他直接责任人员，依法给予行政处分：①未依法履行传染病疫情通报、报告或者公布职责，或者隐瞒、谎报、缓报传染病疫情的；②发生或者可能发生传染病传播时未及时采取预防、控制措施的；③未依法履行监督检查职责，或者发现违法行为不及时查处的；④未及时调查、处理单位和个人对下级卫生行政部门不履行传染病防治职责的举报的。

## （二）疾病控制机构及工作人员的行政责任

疾病预防控制机构违反规定，有下列情形之一的，由县级以上人民政府卫生行政部门责令限期改正，通报批评，给予警告；对负有责任的主管人员和其他直接责任人员，依法给予降级、撤职、开除的处分，并可以依法吊销有关责任人员的执业证书：

（1）未依法履行传染病监测职责的。

（2）未依法履行传染病疫情报告、通报职责，或者隐瞒、谎报、缓报传染病疫情的。

（3）未主动收集传染病疫情信息，或者对传染病疫情信息和疫情报告未及时进行分析、调查、核实的。

（4）发现传染病疫情时，未依据职责及时采取本法规定的措施的。

（5）故意泄露传染病病人、病原携带者、疑似传染病病人、密切接触者涉及个人隐私的有关信息、资料的。

## （三）医疗机构及工作人员的法律责任

医疗机构违反本法规定，有下列情形之一的，由县级以上人民政府卫生行政部门责令改正，通报批评，给予警告；造成传染病传播、流行或者其他严重后果的，对负有责任的主管人员和其他直接责任人员，依法给予降级、撤职、开除的处分，并可以依法吊销有关责任人员的执业证书：

（1）未按照规定承担本单位的传染病预防、控制工作、医院感染控制任务和责任区域内的传染病预防工作的。

（2）未按照规定报告传染病疫情，或者隐瞒、谎报、缓报传染病疫情的。

（3）发现传染病疫情时，未按照规定对传染病病人、疑似传染病病人提供医疗救护、现场救援、接诊、转诊的，或者拒绝接受转诊的。

（4）未按照规定对本单位内被传染病病原体污染的场所、物品以及医疗废物实施消毒或者无害化处置的。

（5）未按照规定对医疗器械进行消毒，或者对按照规定一次使用的医疗器具未予销毁，再次使用的。

（6）在医疗救治过程中未按照规定保管医学记录资料的。

（7）故意泄露传染病病人、病原携带者、疑似传染病病人、密切接触者涉及个人隐私的有关信息、资料的。

## （四）采供血机构的法律责任

采供血机构未按照规定报告传染病疫情，或者隐瞒、谎报、缓报传染病疫情，或者未执行国家有关规定，导致因输入血液引起经血液传播疾病发生的，由县级以上人民政府卫生行政部门责令改正，通报批评，给予警告；造成传染病传播、流行或者其他严重后果的，对负有责任的主管人员和其他直接责任人员，依法给予降级、撤职、开除的处分，并可以依法吊销采供血机构的执业许可证。

非法采集血液或者组织他人出卖血液的，由县级以上人民政府卫生行政部门予以取缔，没收违法所得，可以并处十万元以下的罚款。

### （五）生物安全有关的行政责任

违反规定，有下列情形之一的，由县级以上地方人民政府卫生行政部门责令改正，通报批评，给予警告，已取得许可证的，可以依法暂扣或者吊销许可证；造成传染病传播、流行以及其他严重后果的，对负有责任的主管人员和其他直接责任人员，依法给予降级、撤职、开除的处分，并可以依法吊销有关责任人员的执业证书：

（1）疾病预防控制机构、医疗机构和从事病原微生物实验的单位，不符合国家规定的条件和技术标准，对传染病病原体样本未按照规定进行严格管理，造成实验室感染和病原微生物扩散的。

（2）违反国家有关规定，采集、保藏、携带、运输和使用传染病菌种、毒种和传染病检测样本的。

（3）疾病预防控制机构、医疗机构未执行国家有关规定，导致因输入血液、使用血液制品引起经血液传播疾病发生的。

### （六）其他机构和人员的行政责任

（1）违反规定，有下列情形之一，导致或者可能导致传染病传播、流行的，由县级以上人民政府卫生行政部门责令限期改正，没收违法所得，可以并处五万元以下的罚款；已取得许可证的，原发证部门可以依法暂扣或者吊销许可证：①饮用水供水单位供应的饮用水不符合国家卫生标准和卫生规范的；②涉及饮用水卫生安全的产品不符合国家卫生标准和卫生规范的；③用于传染病防治的消毒产品不符合国家卫生标准和卫生规范的；④出售、运输疫区中被传染病病原体污染或者可能被传染病病原体污染的物品，未进行消毒处理的；⑤生物制品生产单位生产的血液制品不符合国家质量标准的。

（2）铁路、交通、民用航空经营单位未依照规定优先运送处理传染病疫情的人员以及防治传染病的药品和医疗器械的，由有关部门责令限期改正，给予警告；造成严重后果的，对负有责任的主管人员和其他直接责任人员，依法给予降级、撤职、开除的处分。

（3）国境卫生检疫机关、动物防疫机构未依法履行传染病疫情通报职责的，由有关部门在各自职责范围内责令改正，通报批评；造成传染病传播、流行或者其他严重后果的，对负有责任的主管人员和其他直接责任人员，依法给予降级、撤职、开除的处分。

（4）未经检疫出售、运输与人畜共患传染病有关的野生动物、家畜家禽的，由县级以上地方人民政府畜牧兽医行政部门责令停止违法行为，并依法给予行政处罚。

（5）在国家确认的自然疫源地兴建水利、交通、旅游、能源等大型建设项目，未经卫生调查进行施工的，或者未按照疾病预防控制机构的意见采取必要的传染病预防、控制措施的，由县级以上人民政府卫生行政部门责令限期改正，给予警告，处五千元以上三万元以下的罚款；逾期不改正的，处三万元以上十万元以下的罚款，并可以提请有关人民政府依据职责权限，责令停建、关闭。

## 二、民事责任

单位和个人违反法律规定,导致传染病传播、流行,给他人人身、财产造成损害的,应当依法承担民事责任。

艾滋病病毒感染者或者艾滋病病人故意传播艾滋病的,依法承担民事赔偿责任。

## 三、刑事责任

### (一)妨害传染病防治罪

违反传染病防治法的规定,有下列情形之一,引起甲类传染病以及依法确定采取甲类传染病预防、控制措施的传染病传播或者有传播严重危险的,《刑法》第三百三十条中原话是:处三年以下有期徒刑或者拘役;后果特别严重的,处三年以上七年以下有期徒刑:

(1)供水单位供应的饮用水不符合国家规定的卫生标准的。

(2)拒绝按照疾病预防控制机构提出的卫生要求,对传染病病原体污染的污水、污物、场所和物品进行消毒处理的。

(3)准许或者纵容传染病病人、病原携带者和疑似传染病病人从事国务院卫生健康主管部门规定禁止从事的易使该传染病扩散的工作的。

(4)出售、运输疫区中被传染病病原体污染或者可能被传染病病原体污染的物品,未进行消毒处理的。

(5)拒绝执行县级以上人民政府、疾病预防控制机构依照传染病防治法提出的预防、控制措施的。

### (二)传染病菌种、毒种扩散罪

《刑法》第三百三十一条规定,从事实验、保藏、携带、运输传染病菌种、毒种的人员,违反国务院卫生健康主管部门的有关规定,造成传染病菌种、毒种扩散,后果严重的,处三年以下有期徒刑或者拘役;后果特别严重的,处三年以上七年以下有期徒刑。

### (三)检疫传染病传播罪

违反国境卫生检疫规定,引起检疫传染病的传播,或者有引起检疫传染病传播严重危险的,处三年以下有期徒刑或者拘役,可以并处或者单处罚金。

### (四)传播性病罪

明知自己患有梅毒、淋病等严重性病卖淫、嫖娼的,处五年以下有期徒刑、拘役或者管制,并处罚金。

艾滋病病毒感染者或者艾滋病病人故意传播艾滋病的,依法承担民事赔偿责任;构成犯罪的,依法追究刑事责任。

---

### 本章小结

《中华人民共和国传染病防治法》以保障公民的生命健康为根本目标,适用于中华人民共和国领域内的一切单位和个人。传染病防治实行预防为主、防治结合、分类管理、依靠科学、依靠群众的基本原则。将一些传染病纳入法定管理范围,并根据发病率、危害程度分为甲、乙、丙三类,实行分类管理。

传染病防治包括传染病预防、疫情报告与公布、疫情控制等。国家加强传染病防治体系建设、加强和完善传染病医疗救治服务网络的建设,保障所需的经费与物资、保障防治机构的正常运转,并对特定人群实施医疗救助。

各级各类传染病防治机构和人员,应严格执行《传染病防治法》规定的相关职责,切实防止传染病的传播与流行。违反《传染病防治法》将依法承担行政责任、民事责任和刑事责任。

## 复习思考题

1. 传染病防治法对传染病分类管理的规定?
2. 传染病报告制度规定的报告人包括哪些?具体的报告时限规定?
3. 简述各级疾病预防控制机构和医疗机构在传染病防治中的职责。
4. 艾滋病病毒感染者和艾滋病患者的权利与义务包括哪些方面?
5. 结核病的预防管理措施包括?
6. 列举《刑法》中涉及传染病防治的罪行。

(罗 秀)

# 第十二章 突发公共卫生事件应急法律制度

> **学习目标**
>
> 掌握：突发公共卫生事件的概念、特征和分级；突发公共卫生事件的预防、应急准备和应急处理。
>
> 熟悉：突发公共卫生事件的报告与信息发布。
>
> 了解：突发公共卫生事件应急法律责任。

---

**2014年西非埃博拉病毒疫情**

埃博拉，这种源于非洲的恶性瘟疫早在1976年便被发现、命名，迄今已经历过至少三次大规模流行和十多次中小型流行，造成非洲数以千计人员死亡。感染这种恶性传染病的病人，会高烧、肌肉疼痛、全身无力，上吐下泻，随即出现内外出血不止、器官衰竭甚至溶解等可怕症状，死亡率有时高达90%以上。

2014年2月，最新一次疫情开始暴发于西非利比里亚、塞拉利昂、几内亚等地，引起全球恐慌。据世界卫生组织截至2014年12月2日关于埃博拉疫情报告称，几内亚、利比里亚、塞拉利昂、马里、美国以及已结束疫情的尼日利亚、塞内加尔与西班牙累计出现埃博拉确诊、疑似和可能感染病例已达19031人，其中死亡人数达到7373人。在此过程中，数个援助机构及国际组织，包括美国疾病控制与预防中心、欧洲联盟委员会和西非国家经济共同体等单位正投入人力试图减缓疫情，另有无国界医生红十字与红新月会、善普施等人道机构参与救治。

直至2016年1月，世界卫生组织才宣布非洲西部埃博拉疫情结束。但是此次疫情造成的影响却是巨大的：427名医务人员感染，其中236名医务人员丧生。民航禁飞，学校停课，多个大型国际会议、体育赛事受到影响。粮食短缺及价格暴涨。经济严重受创：2014年10月14日，联合国开发计划署非洲地区负责人阿卜杜拉耶·马尔·迪耶在达喀尔召开的新闻发布会上说，埃博拉出血热已经给疫情最严重的几内亚、塞拉利昂和利比里亚三国造成了约130亿美元的经济损失，三国经济增长率已经纷纷下降了3%~5%，负面影响有可能在疫情结束后10年内依然难以消除。

## 第一节 概　　述

突发公共卫生事件不仅严重威胁公众健康，还可能影响到一个国家和地区的政治稳定、经济繁荣、社会安定。处理不当、应对不及时，其所带来的负面影响不可低估。但是，如果应急法律制度健全，事件发生后能够快速反应，早发现、早报告、早处理，做好应急处理的各项工作，则能够将事件带来的灾害降低到最小程度。本章主要介绍突发公共卫生事件的概念、特征、分级响应、预防与应急准备、报告与发布、应急处理和法律责任。

## 一、突发公共卫生事件的概念

突发公共卫生事件（以下简称突发事件），是指突然发生，造成或者可能造成社会公众健康严重损害的重大传染病疫情、群体性不明原因疾病、重大食物和职业中毒，以及其他严重影响公众健康的事件。其中：

重大传染病疫情是指某种传染病在短时间内发生、波及范围广，出现大量的病人或死亡病例，其发病率远远超过常年的发病率水平的情况。

群体性不明原因疾病是指在短时间内，某个相对集中的区域内同时或者相继出现具有共同临床表现病人，且病例不断增加，范围不断扩大，又暂时不能明确诊断的疾病。这种疾病可能是传染病，可能是群体性癔病，也可能是某种中毒。

重大食物和职业中毒是指由于食品污染和职业危害的原因而造成的人数众多或者伤亡较大的中毒事件。

其他严重影响公众健康事件，是指针对不特定的社会群体，造成或可能造成社会公众健康严重损害，影响正常社会秩序的重大事件。

## 二、突发公共卫生事件的特征

突发公共卫生事件会对社会造成巨大的影响和伤害，同时也会引发社会的恐慌，较一般的事件而言主要具有以下特征：

**1. 发生的突然性** 突发公共卫生事件的发生比较突然，带有很大的偶然性，不易预测，使人们难以及时预防；如各种恐怖事件、自然灾害引起的重大疫情和食物中毒等，当然不排除存在着发生征兆和预警的可能，但往往很难对其作出准确预测和及时识别；甚至事先没有预兆，难以作出能完全避免此类事件发生的应对措施。其次是突发公共卫生事件的形成常需要一个过程，开始时其危害范围和程度较小，对其蔓延范围和发展速度、趋势和结局很难预测。

**2. 危害对象的不特定性** 突发公共卫生事件是发生在公共卫生领域的突发事件，具有公共卫生的属性，它不针对特定的人群，也不是局限于某一个固定的领域或区域；而是牵涉广泛的社会群体，尤其是对儿童、老人、妇女和体弱多病者等特殊人群的影响更加突出。

**3. 事件的复杂性** 突发公共卫生事件的复杂性表现在：一是成因复杂，二是种类复杂，三是影响复杂，四是处理过程复杂。

**4. 危害的严重性** 突发公共卫生事件后果往往较为严重，涉及范围广，对公众健康的损害和影响达到一定的程度，往往会导致大量伤亡和妨害居民的身心健康，主要表现为发病人数多或病死率高，甚至在较长时间内对人们的心理产生影响；还会破坏交通、通讯等基础设施，造成巨大的财产损失；甚至还会扰乱社会稳定，影响到政治、经济、军事和文化等诸多领域，有时还伴有后期效应（如放射事故）。

## 三、突发公共卫生事件的分级

根据突发公共卫生事件性质、危害程度、涉及范围，《国家突发公共卫生事件应急预案》将突发公共卫生事件分为特别重大（Ⅰ级）、重大（Ⅱ级）、较大（Ⅲ级）和一般（Ⅳ级）四级，依次用红色、橙色、黄色、蓝色进行预警。

特别重大的突发公共卫生事件包括：①肺鼠疫、肺炭疽在大、中城市发生并有扩散趋势，疫情波及2个及以上的省份，并有进一步扩散趋势；②发生传染性非典型肺炎、人感染高致病性禽流感病例，并有扩散趋势；③涉及多个省份的群体性不明原因疾病，并有扩散趋势；④发生新发传染病或我国尚未发现的传染病发生或传入，并有扩散趋势，或发现我国已消灭的传染病重新流行；⑤发生烈性病菌株、毒株、致病因子等丢失事件；⑥周边以及与我国通航的国家和地区发生特大传染病疫情，并出现输入性病例，严重危及我国公共卫生安全的事件；⑦国务院卫生行政部门认定的其他特别重大突发公共卫生事件。

## 四、突发公共卫生事件应急方针和原则

### （一）方针

预防为主，常备不懈。要提高全社会对突发公共卫生事件的防范意识，落实各项防范措施，做好人员、技术、物资和设备的应急储备工作。对各类可能引发突发公共卫生事件的情况要及时进行分析、预警，做到早发现、早报告、早处理。

### （二）原则

**1. 统一领导，分级负责**　根据突发公共卫生事件的范围、性质和危害程度，对突发公共卫生事件实行分级管理。各级人民政府负责突发公共卫生事件应急处理的统一领导和指挥，各有关部门按照预案规定，在各自的职责范围内做好突发公共卫生事件应急处理的有关工作。

**2. 反应及时，措施果断**　地方各级人民政府和卫生行政部门要按照相关法律、法规和规章的规定，完善突发公共卫生事件应急体系，建立健全系统、规范的突发公共卫生事件应急处理工作制度，对突发公共卫生事件和可能发生的公共卫生事件做出快速反应，及时、有效开展监测、报告和处理工作。

**3. 依靠科学，加强合作**　突发公共卫生事件应急工作要充分尊重和依靠科学，要重视开展防范和处理突发公共卫生事件的科研和培训，为突发公共卫生事件应急处理提供科技保障。各有关部门和单位要通力合作、资源共享，有效应对突发公共卫生事件。同时，要广泛组织、动员公众参与突发公共卫生事件的应急处理，普及和宣传应急处理知识，增强公众预防突发事件的自觉性。

## 五、突发公共卫生事件应急立法

为了应对突发公共卫生事件，发达国家加强突发事件应急立法，以建立起突发公共卫生事件应急体系并为之提供重要的保障。美国于1987年制定《公共卫生服务突发事件反应指南》，2001年"9·11"事件和紧接着的炭疽热生物恐怖袭击后，通过了《公共卫生安全和反生物恐怖主义法案》《生物恐怖主义准备和反应法案》等。英国卫生部突发事件规划协调小组于1990年首次发布了国民医疗服务体系关于重大突发事件的国家手册。俄罗斯制定了《突发事件管理法律保障计划》。日本于1961年制定了《灾害对策基本法》。国外通过立法，已经建立起突发公共卫生事件管理的两大体系：①结构体系，即应对突发事件本身所涉及的包括决策、信息、执行和保障等系统的处理机制；②功能体系，即指向不同阶段所进行的举措，包括预防、反应、扩散、恢复和总结等。

我国为了有效预防、及时控制和消除突发公共卫生事件的危害，保障公众身体健康与生命安全，维护正常的社会秩序，2003年5月9日，国务院发布了《突发公共卫生事件应急条例》。2011年1月8日，国务院发布了修订后的《突发公共卫生事件应急条例》。之后，原卫

生部制定了《国家突发公共卫生事件应急预案》《突发公共卫生事件与传染病疫情监测信息报告管理办法》等规章，对突发公共卫生事件预案和信息报告要求、诊断标准和处理原则作出了明确的规定。

2007年8月30日，第十届全国人大常委会第29次会议通过了《中华人民共和国突发事件应对法》（以下简称《突发事件应对法》）。该法对突发事件的预防与应急准备、监测与预警、应急处置与救援、事后恢复与重建等应对活动作出了明确规定。2017年，国家卫生计生委发布《突发事件卫生应急预案管理办法》。2019年12月28日，十三届全国人大常委会第15次会议通过了《基本医疗卫生与健康促进法》，该法规定国家应当建立健全突发事件卫生应急体系，制定和完善应急预案，保障公民享有安全有效的基本公共卫生服务。除此之外，为加强不同类型突发公共卫生事件应急处理的指导，卫生部还制定了《群体性不明原因疾病应急处置方案（试行）》《突发中毒事件卫生应急预案》《人感染高致病性禽流感应急预案》等具体的规范性文件。以上法律规范构成了我国较为完善的突发公共卫生事件应急法律体系。

## 第二节　突发公共卫生事件的预防与应急准备

### 一、突发公共卫生事件应急组织体系

根据《突发公共卫生事件应急条例》规定，国务院设立全国突发事件应急处理指挥部，省、自治区、直辖市人民政府成立地方突发事件应急处理指挥部。每级指挥部成员单位根据突发公共卫生事件的性质和应急处理的需要确定，各级职责分明。

**（一）突发公共卫生事件应急指挥系统**

**1. 全国突发事件应急处理指挥部**　突发事件发生后，国务院设立全国突发事件应急处理指挥部，由国务院有关部门和军队有关主管部门组成，国务院主管领导人担任总指挥，负责对全国突发事件应急处理的统一领导、统一指挥。国务院卫生行政主管部门和其他有关部门，在各自的职责范围内做好突发事件应急处理的有关工作。

**2. 地方突发事件应急处理指挥部**　突发事件发生后，省、自治区、直辖市人民政府成立地方突发事件应急处理指挥部，省、自治区、直辖市人民政府主要领导人担任总指挥，负责领导、指挥本行政区域内突发事件应急处理工作。县级以上地方人民政府卫生行政主管部门，具体负责组织突发事件的调查、控制和医疗救治工作。县级以上地方人民政府有关部门，在各自的职责范围内做好突发事件应急处理的有关工作。

**（二）日常管理机构**

国务院卫生主管部门设立医疗应急司，负责全国突发公共卫生事件应急处理的日常管理工作，其主要职能是：①组织协调传染病疫情应对工作，承担医疗卫生应急体系建设，组织指导各类突发公共事件的医疗救治和紧急医学救援工作；②拟订医疗安全、医疗监督、采供血机构管理以及行风建设等行业管理政策、标准并组织实施；③拟订重大疾病、慢性病防控管理政策规范并监督实施。

各省、自治区、直辖市卫生主管部门要参照国务院卫生行政主管部门突发公共卫生事件日常管理机构的设置及职责，结合本省、自治区、直辖市实际情况，设立省级突发公共卫生事件的日常管理机构，负责辖区内突发公共卫生事件应急协调、管理工作。

各市（地）级、县级卫生主管部门须指定机构负责本辖区内突发公共卫生事件应急的日常管理工作。

### （三）专家咨询委员会

国务院卫生行政部门和省级卫生行政部门负责组建突发公共卫生事件专家咨询委员会。市（地）级和县级卫生行政部门可根据本行政区域内突发公共卫生事件应急工作需要，组建突发公共卫生事件应急处理专家咨询委员会。

### （四）应急处理专业技术机构

医疗机构、疾病预防控制机构、卫生监督机构、出入境检验检疫机构是突发公共卫生事件应急处理的专业技术机构。应急处理专业技术机构要结合本单位职责开展专业技术人员处理突发公共卫生事件能力培训，提高快速应对能力和技术水平，在发生突发公共卫生事件时，要服从卫生行政部门的统一指挥和安排，开展应急处理工作。

## 二、突发公共卫生事件应急预案

**1. 突发公共卫生事件应急预案的种类**　应急预案按照制定主体划分，分为政府及其部门应急预案、单位和基层组织应急预案两大类。政府及其部门应急预案由各级人民政府及其部门制定，包括总体应急预案、专项应急预案、部门应急预案等。

总体应急预案是应急预案体系的总纲，是政府组织应对突发事件的总体制度安排，由县级以上各级人民政府制定。主要规定突发事件应对的基本原则、组织体系、运行机制，以及应急保障的总体安排等，明确相关各方的职责和任务。

专项应急预案是政府为应对某一类型或某几种类型突发事件，或者针对重要目标物保护、重大活动保障、应急资源保障等重要专项工作而预先制定的涉及多个部门职责的工作方案，由有关部门牵头制订，报本级人民政府批准后印发实施。

部门应急预案是政府有关部门根据总体应急预案、专项应急预案和部门职责，为应对本部门（行业、领域）突发事件，或者针对重要目标物保护、重大活动保障、应急资源保障等涉及部门工作而预先制定的工作方案，由各级政府有关部门制定。

联合应急预案是为了鼓励相邻、相近的地方人民政府及其有关部门联合制定应对区域性、流域性突发事件而制定的应急预案。

**2. 突发公共卫生事件应急预案的内容**　全国突发事件应急预案应当包括以下主要内容：①突发事件应急处理指挥部的组成和相关部门的职责；②突发事件的监测与预警；③突发事件信息的收集、分析、报告、通报制度；④突发事件应急处理技术和监测机构及其任务；⑤突发事件的分级和应急处理工作方案；⑥突发事件预防、现场控制，应急设施、设备、救治药品和医疗器械以及其他物资和技术的储备与调度；⑦突发事件应急处理专业队伍的建设和培训。

全国突发事件应急预案规定的是一般性、共同性的制度、内容、程序、方法等，具有普遍适应性，省、自治区、直辖市人民政府制定突发事件应急预案，要根据自己的特点、本地实际情况，依据全国突发事件应急预案，将全国突发事件应急预案融入到本地区的突发事件应急预案中去，制定适合当地实际的突发事件应急预案，确保其保持正常运行状态。

**3. 突发公共卫生事件应急预案的编制**　编制应急预案应当在开展风险评估和应急资源调查的基础上进行。①风险评估。针对突发事件特点，识别事件的危害因素，分析事件可能产生的直接后果以及次生、衍生后果，评估各种后果的危害程度，提出控制风险、治理隐患的措施。②应急资源调查。全面调查本地区、本单位第一时间可调用的应急队伍、装备、物资、场所等应急资源状况和合作区域内可请求援助的应急资源状况，必要时对本地居民应急资源情况进行调查，为制定应急响应措施提供依据。

应急预案编制部门和单位应组成预案编制工作小组，吸收预案涉及主要部门和单位业务相关人员、有关专家及有现场处置经验的人员参加。政府及其部门应急预案编制过程中应当广泛听取有关部门、单位和专家的意见，与相关的预案做好衔接。涉及其他单位职责的，应当书面征求相关单位意见。必要时，向社会公开征求意见。单位和基层组织应急预案编制过程中，应根据法律、行政法规要求或实际需要，征求相关公民、法人或其他组织的意见。

## 三、突发公共卫生事件预防控制体系的建设

突发事件关系全体人民生命和健康，关系全社会的安宁与稳定，一定要引起全社会的重视与关注，并在以下几方面做好防控工作。

### （一）明确职责

在预防控制体系方面，政府突发事件预防控制及卫生行政部门在建立和完善突发事件预防控制体系方面的职责，可分为两个层次：一是中央应建立全国统一的预防控制体系，建立统一的工作机构以及统一的工作要求；二是县级以上地方人民政府的责任。

### （二）应急知识教育

县级以上人民政府应组织有关部门利用广播、影视、报刊、互联网、手册等多种形式对社会公众广泛开展突发公共卫生事件应急知识的普及教育，宣传卫生科普知识，指导群众以科学的行为和方式对待突发公共卫生事件；充分发挥有关社会团体在普及卫生应急知识和卫生科普知识方面的作用，增强全社会对突发事件的防范意识和应对能力。

### （三）监测和预警

《突发公共卫生事件应急条例》规定，县级以上地方人民政府应当建立和完善突发事件监测与预警系统。县级以上各级人民政府卫生行政主管部门，应当指定机构负责开展突发事件的日常监测，并确保监测与预警系统的正常运行。在日常工作中，要对可能发生的突发公共卫生事件进行监测，并及时发出预警；突发公共卫生事件发生后，要对已经发生的突发公共卫生事件进行跟踪监测，掌握其变化情况，对可能出现的趋势和问题及时进行预警。

**1. 突发公共卫生事件的监测**　突发公共卫生事件的监测分为国家级和地方各级卫生行政部门的监测。国家建立统一的突发公共卫生事件监测、预警与报告网络体系。各级医疗、疾病预防控制、卫生监督和出入境检疫机构负责开展突发公共卫生事件的日常监测工作。省级人民政府卫生行政部门按照国家统一规定和要求，结合实际，组织开展重点传染病和突发公共卫生事件的主动监测。具体要求：①根据重大的传染病疫情、群体性不明原因疾病、重大食物和职业中毒等突发事件的类别进行；②监测计划的制定要根据突发事件的特点，有的放矢，如对重大的传染病疫情的监测，要根据不同传染病发病规律、传染源传播途径、易感人群等环节制定相应的监测方案；③运用监测数据，进行科学分析，综合评估；④及时发现潜在的隐患；⑤按规定程序和时限报告。

**2. 突发公共卫生事件的预警**　各级人民政府卫生行政部门根据医疗机构、疾病预防控制机构、卫生监督机构提供的监测信息，按照公共卫生事件的发生、发展规律和特点，及时分

析其对公众身心健康的危害程度、可能的发展趋势，及时做出预警。

### （四）应急储备

国务院有关部门和县级以上地方人民政府及其有关部门，根据突发事件应急预案的要求，建立突发事件应急流行病学调查、传染源隔离、医疗救护、现场处置、监督检查、监测检验、卫生防护等有关物资、设备、设施、技术与人才资源储备，保证应急设施、设备、救治药品和医疗器械等物资储备。发生突发公共卫生事件时，应根据应急处理工作需要调用储备物资。卫生应急储备物资使用后要及时补充。

### （五）应急演练

《突发事件应急预案管理办法》规定，应急预案编制单位应当建立应急演练制度，根据实际情况采取实战演练、桌面推演等方式，组织开展人员广泛参与、处置联动性强、形式多样、节约高效的应急演练。专项应急预案、部门应急预案至少每3年进行一次应急演练。

地震、台风、洪涝、滑坡、山洪泥石流等自然灾害易发区域所在地政府，重要基础设施和城市供水、供电、供气、供热等生命线工程经营管理单位，矿山、建筑施工单位和易燃易爆物品、危险化学品、放射性物品等危险物品生产、经营、储运、使用单位，公共交通工具、公共场所和医院、学校等人员密集场所的经营单位或者管理单位等，应当有针对性地经常组织开展应急演练。

应急演练组织单位应当组织演练评估。评估的主要内容包括：演练的执行情况，预案的合理性与可操作性，指挥协调和应急联动情况，应急人员的处置情况，演练所用设备装备的适用性，对完善预案、应急准备、应急机制、应急措施等方面的意见和建议等。鼓励委托第三方进行演练评估。

### （六）经费保障

必须保障突发公共卫生事件应急基础设施项目建设经费，按规定落实对突发公共卫生事件应急处理专业技术机构的财政补助政策和突发公共卫生事件应急处理经费。应根据需要对边远贫困地区突发公共卫生事件应急工作给予经费支持。所需经费列入本级政府财政预算。国务院有关部门和地方各级人民政府应积极通过国际、国内等多渠道筹集资金，用于突发公共卫生事件应急处理工作。

### （七）急救医疗服务网络建设

**1. 提高医疗卫生机构应对各类突发公共卫生事件的救治能力**　县级以上各级人民政府应当加强急救医疗服务网络的建设，配备相应的医疗救治药物、技术、设备和人员，提高医疗卫生机构应对各类突发事件的救治能力。设区的市级以上地方人民政府应当设置与传染病防治工作需要相适应的传染病专科医院，或者指定具备传染病防治条件和能力的医疗机构承担传染病防治任务。

**2. 开展突发公共卫生事件应急处理相关知识技能的培训**　县级以上地方人民政府卫生行政主管部门，应当定期对医疗卫生机构和人员开展突发事件应急处理相关知识、技能的培训，定期组织医疗卫生机构进行突发事件应急演练，推广最新知识和先进技术。

### （八）国家卫生应急队伍建设

国家卫生应急队伍，是指由国务院卫生行政部门建设与管理，参与特别重大及其他需要响应的突发事件现场卫生应急处置的专业医疗卫生救援队伍。国家卫生应急队伍主要分为紧急医学救援类、突发急性传染病防控类、突发中毒事件处置类、核和辐射突发事件卫生应急类。国家卫生应急队伍成员来自医疗卫生等机构的工作人员，平时承担所在单位日常工作，应急时承担卫生应急处置任务。

根据2024年《国家卫生应急队伍管理办法》的规定，国家卫生应急队伍主要由卫生应急管理人员、医疗卫生专业人员、技术保障和后勤保障人员构成。国家卫生应急队伍职责是：①按照国务院卫生健康行政部门（国务院中医药主管部门）的调遣，参加卫生应急行动；②向国务院卫生健康行政部门（国务院中医药主管部门）和委托建设单位提出有关卫生应急工作建议；③参与研究、制订卫生应急队伍的建设、发展计划和技术方案；④加强培训、演练，形成实战能力；⑤向公众普及紧急医学救援知识和技能；⑥承担国务院卫生健康行政部门（国务院中医药主管部门）委托的其他工作。

## 第三节　突发公共卫生事件的报告与信息发布

### 一、突发公共卫生事件应急报告

《突发公共卫生事件应急条例》规定，国家建立突发公共卫生事件应急报告制度。国务院卫生行政部门制定突发事件应急报告规范，建立重大、紧急疫情信息报告系统。报告制度按照自下而上、横向通报的信息传递路径，立即或限时报告和通报发生或可能发生的传染病疫情、群体性疾病等突发公共卫生事件的相关情况。

**（一）报告主体**

根据《国家突发公共卫生事件应急预案》的规定，任何单位和个人都有权向国务院卫生行政部门和地方各级人民政府及其有关部门报告突发公共卫生事件及其隐患，也有权向上级政府部门举报不履行或者不按照规定履行突发公共卫生事件应急处理职责的部门、单位及个人。

《突发公共卫生事件应急条例》明确规定了突发公共卫生事件的责任报告单位和责任报告人。

**1. 责任报告单位**　县级以上各级人民政府卫生行政部门指定的突发公共卫生事件监测机构、各级各类医疗卫生机构、卫生行政部门、县级以上地方人民政府和检验检疫机构、食品药品监督管理机构、环境保护监测机构、教育机构等有关单位为突发公共卫生事件的责任报告单位。

**2. 责任报告人**　执行职务的医疗卫生机构的医务人员、检疫人员、疾病预防控制人员、乡村医生和个体开业医生等是责任报告人。

根据《国家突发公共卫生事件应急预案》的规定，任何单位和个人都有权向国务院卫生行政部门和地方各级人民政府及其有关部门报告突发公共卫生事件及其隐患，也有权向上级政府部门举报不履行或者不按照规定履行突发公共卫生事件应急处理职责的部门、单位及个人。

**（二）报告内容和时限**

《突发公共卫生事件应急条例》规定，有下列情形之一的，省、自治区、直辖市人民政府应当在接到报告1小时内，向国务院卫生行政部门报告：发生或者可能发生传染病暴发、流行的；发生或者发现不明原因的群体性疾病的；发生传染病菌种、毒种丢失的；发生或者可能发生重大食物和职业中毒事件的。

突发事件监测机构、医疗卫生机构和有关单位发现上述需要报告情形之一的，应当在2小时内向所在地县级人民政府卫生行政主管部门报告；接到报告的卫生行政主管部门应当在2小时内向本级人民政府报告，并同时向上级人民政府卫生行政主管部门和国务院卫生行政主管部门报告。县级人民政府应当在接到报告后2小时内向设区的市级人民政府或者上一级人民政府报告；设区的市级人民政府应当在接到报告后2小时内向省、自治区、直辖市人民政府报告。

国务院卫生行政部门对可能造成重大社会影响的突发事件，立即向国务院报告。

接到报告的地方人民政府、卫生行政主管部门在依照规定报告的同时，应当立即组织力量对报告事项调查核实、确证，采取必要的控制措施，并及时报告调查情况。

对举报突发事件有功的单位和个人，县级以上各级人民政府及其有关部门应当予以奖励。

任何单位和个人对突发事件，不得隐瞒、缓报、谎报或者授意他人隐瞒、缓报、谎报。

## 二、突发公共卫生事件通报

国务院卫生行政主管部门应当根据发生突发事件的情况，及时向国务院有关部门和各省、自治区、直辖市人民政府卫生行政主管部门以及军队有关部门通报。

突发事件发生地的省、自治区、直辖市人民政府卫生行政主管部门，应当及时向毗邻省、自治区、直辖市人民政府卫生行政主管部门通报。接到通报的省、自治区、直辖市人民政府卫生行政主管部门，必要时应当及时通知本行政区域内的医疗卫生机构。县级以上地方人民政府有关部门，已经发生或者发现可能引起突发事件的情形时，应当及时向同级人民政府卫生行政主管部门通报。

对涉及跨境的疫情线索，由国务院卫生行政部门向有关国家和地区通报。

## 三、突发公共卫生事件信息发布

国家建立突发事件的信息发布制度。

国务院卫生行政主管部门负责向社会发布突发事件的信息。必要时，可以授权省、自治区、直辖市人民政府卫生行政主管部门向社会发布本行政区域内突发事件的信息。

信息发布应当及时、准确、全面。

## 四、突发公共卫生事件举报

根据《突发公共卫生事件应急条例》，为获得更多的突发公共卫生事件信息，使突发事件及时处理，国家设立突发公共卫生举报制度，公布统一的突发事件报告、举报电话。

任何单位和个人有权向人民政府及其有关部门报告突发事件隐患，有权向上级人民政府及其有关部门举报地方人民政府及其有关部门不履行突发事件应急处理职责，或者不按照规定履行职责的情况。接到报告、举报的有关人民政府及其有关部门，应当立即组织对突发事件隐患、不履行或者不按照规定履行突发事件应急处理职责的情况进行调查处理。

各级各类医疗卫生机构和卫生行政部门建立24小时值班制度，在接到群众对突发公共卫生事件的举报后，要做详细记录，记录内容包括疫情和事件发生、发展与当地处置结果情况；单位、时间、地点；疫情和事件的性质、暴露人数、健康危害人数、发病人数、死亡人数；发病原因、初步分析情况、已采取的应急措施、需要上级有关部门解决的疑难问题；疫情和事件发生地疾病预防控制机构的初步调查报告、进程报告、转归报告、结案报告;值班人员上报与请示情况、主管领导和上级领导批示情况;报告时间、报告人、联系电话等。

突发事件处理小组对事件进行核实。确实是突发公共卫生事件后,要对事件立即进行处理。

## 第四节　突发公共卫生事件应急处理

### 一、突发公共卫生事件应急措施

#### (一)应急预案的启动

突发事件发生后,卫生行政主管部门应当组织专家对突发事件进行综合评估,初步判断突发事件的类型,提出是否启动突发事件应急预案的建议。启动应急预案的建议,主要考虑以下几个方面:①突发公共卫生事件的类型和性质;②突发公共卫生事件的影响面及严重程度;③目前已采取的紧急控制措施及控制效果;④突发公共卫生事件的未来发展趋势;⑤启动应急处理机制是否需要。

全国范围内或跨省、自治区、直辖市范围内启动全国突发事件应急预案,由国务院卫生行政主管部门报国务院批准后实施。省、自治区、直辖市启动突发事件应急预案,由省、自治区、直辖市人民政府决定,并向国务院报告。

应急预案启动后,突发公共卫生事件发生地的人民政府有关部门,应当根据预案规定的职责要求,服从突发事件应急处理指挥部的统一指挥,立即到达规定岗位,采取有关的控制措施。医疗卫生机构、监测机构和科学研究机构,应当服从突发事件应急处理指挥部的统一指挥,相互配合、协作,集中力量开展相关的科学研究工作。

#### (二)突发公共卫生事件的调查和评价

省级以上人民政府卫生行政主管部门或者其他有关部门指定的突发事件应急处理专业技术机构,负责突发事件的技术调查、确证、处置、控制和评价工作。国务院卫生行政主管部门或者其他有关部门指定的专业技术机构,有权进入突发事件现场进行调查、采样、技术分析和检验,对地方突发事件的应急处理工作进行技术指导,有关单位和个人应当予以配合;任何单位和个人不得以任何理由予以拒绝。对新发现的突发传染病、不明原因的群体性疾病、重大食物和职业中毒事件,国务院卫生行政主管部门应当尽快组织力量制定相关的技术标准、规范和控制措施。

#### (三)应急处理指挥部的成立

突发事件发生后,应立即成立突发事件应急处理指挥部。全国突发事件应急处理指挥部对突发事件应急处理工作进行督察和指导,地方各级人民政府及其有关部门应当予以配合。省、自治区、直辖市突发事件应急处理指挥部对本行政区域内突发事件应急处理工作进行督察和指导。

#### (四)法定传染病的宣布

国务院卫生行政主管部门对新发现的突发传染病,根据危害程度、流行强度,依照《传染病防治法》的规定及时宣布为法定传染病。宣布为甲类传染病的,由国务院决定;乙类、丙类传染病病种,由国务院卫生行政部门决定并予以公布。

## (五)应急物资的生产、供应、运送和人员的调集

突发事件发生后,国务院有关部门和县级以上地方人民政府及其有关部门,应当保证突发事件应急处理所需的医疗救护设备、救治药品、医疗器械等物资的生产、供应;铁路、交通、民用航空行政主管部门应当保证及时运送。根据突发事件应急处理的需要,突发事件应急处理指挥部有权紧急调集人员、储备的物资、交通工具以及相应的设施、设备参加应急处理工作;必要时,对人员进行疏散或者隔离,并可以依法对传染病疫区实行封锁。

## (六)交通处置

《国家突发公共卫生事件应急预案》规定,实施交通卫生检疫:组织铁路、交通、民航、质检等部门在交通站点和出入境口岸设置临时交通卫生检疫站,对出入境、进出疫区和运行中的交通工具及其乘运人员和物资、宿主动物进行检疫查验,对病人、疑似病人及其密切接触者实施临时隔离、留验和向地方卫生行政部门指定的机构移交。

《突发公共卫生事件应急条例》规定,交通工具上发现根据国务院卫生行政主管部门的规定需要采取应急控制措施的传染病病人、疑似传染病病人,其负责人应当以最快的方式通知前方停靠点,并向交通工具的营运单位报告。交通工具的前方停靠点和营运单位应当立即向交通工具营运单位行政主管部门和县级以上地方人民政府卫生行政主管部门报告。卫生行政主管部门接到报告后,应当立即组织有关人员采取相应的医学处置措施。

交通工具上的传染病病人密切接触者,由交通工具停靠点的县级以上各级人民政府卫生行政主管部门或者铁路、交通、民用航空行政主管部门,根据各自的职责,依照传染病防治法律、行政法规的规定,采取控制措施。

涉及国境口岸和入出境的人员、交通工具、货物、集装箱、行李、邮包等需要采取传染病应急控制措施的,依照国境卫生检疫法律、行政法规的规定办理。

## (七)疫区的控制

突发事件应急处理指挥部根据突发事件应急处理的需要,可以对疫区的食物和水源采取控制措施。必要时,对疫区人员进行疏散或者隔离,并可以依法对传染病疫区实行封锁。对传染病暴发、流行区域内流动人口,突发事件发生地的县级以上地方人民政府应当做好预防工作,落实有关卫生控制措施;对传染病病人和疑似传染病病人,应当采取就地隔离、就地观察、就地治疗的措施;对密切接触者根据情况采取集中或居家医学观察;对需要治疗和转诊的,依照规定执行。

## (八)政府及有关部门的应对职责

**1. 政府部门** 履行统一领导职责,根据突发事件性质、特点和危害程度,立即组织有关部门,调动应急救援队伍和社会力量,采取应急处置措施。包括:①组织营救和救治受害人员,疏散、撤离并妥善安置受到威胁的人员以及采取其他救助措施;②迅速控制危险源,标明危险区域,封锁危险场所,划定警戒区,实行交通管制以及其他控制措施;③立即抢修被损坏的交通、通信、供水、排水、供电、供气、供热等公共设施,向受到危害的人员提供避难场所和生活必需品,实施医疗救护和卫生防疫以及其他保障措施;④禁止或者限制使用有关设备、设施,关闭或者限制使用有关场所,中止人员密集的活动或者可能导致危害扩大的生产经营活动以及采取其他保护措施;⑤启用本级人民政府设置的财政预备费和储备的应急救援物资,必要时调用其他急需物资、设备、设施、工具;⑥组织公民参加应急救援和处置工作,要求具有特定专长的人员提供服务;⑦保障食品、饮用水、燃料等基本生活必需品的

供应；⑧依法从严惩处囤积居奇、哄抬物价、制假售假等扰乱市场秩序的行为，稳定市场价格，维护市场秩序；⑨依法从严惩处哄抢财物、干扰破坏应急处置工作等扰乱社会秩序的行为，维护社会治安。

**2. 公安部门** 针对事件的性质和特点，依照有关法律、行政法规和国家其他有关规定，采取下列一项或者多项应急处置措施：①强制隔离使用器械相互对抗或者以暴力行为参与冲突的当事人，妥善解决现场纠纷和争端，控制事态发展；②对特定区域内的建筑物、交通工具、设备、设施以及燃料、燃气、电力、水的供应进行控制；③封锁有关场所、道路，查验现场人员的身份证件，限制有关公共场所内的活动；④加强对易受冲击的核心机关和单位的警卫，在国家机关、军事机关、国家通讯社、广播电台、电视台、外国驻华使领馆等单位附近设置临时警戒线；⑤法律、行政法规和国务院规定的其他必要措施；⑥在突发事件中需要接受隔离治疗、医学观察措施的病人、疑似病人和传染病病人密切接触者，在卫生行政主管部门或者有关机构采取医学措施时拒绝配合的，由公安机关依法协助强制执行。

严重危害社会治安秩序的事件发生时，公安机关应当立即依法出动警力，根据现场情况依法采取相应的强制性措施，尽快使社会秩序恢复正常。

**3. 卫生行政部门** 职责包括：①组织医疗机构、疾病预防控制机构和卫生监督机构开展突发公共卫生事件的调查与处理；②组织突发公共卫生事件专家咨询委员会对突发公共卫生事件进行评估，提出启动突发公共卫生事件应急处理的级别；③根据需要组织开展应急疫苗接种、预防服药；④督导检查；⑤组织专家对突发公共卫生事件的处理情况进行综合评估等。

**4. 基层组织** 传染病暴发、流行时，街道、乡镇以及居民委员会、村民委员会应当组织力量，团结协作，群防群治，协助卫生行政主管部门和其他有关部门、医疗卫生机构做好疫情信息的收集和报告、人员的分散隔离、公共卫生措施的落实工作，向居民、村民宣传传染病防治的相关知识。

**5. 医疗机构** 医疗机构应当对传染病做到早发现、早报告、早隔离、早治疗，切断传播途径，防止扩散，具体包括：①对因突发事件致病的人员提供医疗救护和现场救援，对就诊病人必须接诊治疗，实行重症和普通病人分开管理，并书写详细、完整的病历记录；对需要转送的病人，应当按照规定将病人及其病历记录的复印件转送至接诊的或者指定的医疗机构；对疑似病人及时排除或确诊。②协助疾控机构人员开展标本的采集、流行病学调查工作。③采取卫生防护措施，做好医院内现场控制、消毒隔离、个人防护、医疗垃圾和污水处理工作，防止交叉感染和污染。④做好传染病和中毒病人的报告。对因突发公共卫生事件而引起身体伤害的病人，任何医疗机构不得拒绝接诊。⑤对群体性不明原因疾病和新发传染病做好病例分析与总结，积累诊断治疗的经验。重大中毒事件，按照现场救援、病人转运、后续治疗相结合的原则进行处置等。

**6. 疾病预防机构** 国家、省、市（地）、县级疾控机构应当做好突发公共卫生事件的信息收集、报告与分析工作；开展流行病学调查；进行实验室检测等。

**7. 卫生监督机构** 职责包括：①在卫生行政部门的领导下，开展对医疗机构、疾病预防控制机构突发公共卫生事件应急处理各项措施落实情况的督导、检查；②围绕突发公共卫生事件应急处理工作，开展食品卫生、环境卫生、职业卫生等的卫生监督和执法稽查；③协助卫生行政部门依据《突发公共卫生事件应急条例》和有关法律法规，调查处理突发公共卫生事件应急工作中的违法行为。

**8. 出入境检验检疫机构** 职责包括：①调动出入境检验检疫机构技术力量，配合当地卫生行政部门做好口岸的应急处理工作；②及时上报口岸突发公共卫生事件信息和情况变化。

## 二、突发公共卫生事件应急状态的终止

《突发事件应对法》规定，突发事件的威胁和危害得到控制或者消除后，履行统一领导职责或者组织处置突发事件的人民政府应当停止执行依照《突发事件应对法》规定采取的应急处置措施，同时采取或者继续实施必要措施，防止发生自然灾害、事故灾难、公共卫生事件的次生、衍生事件或者重新引发社会安全事件。

根据《国家突发公共卫生事件应急预案》，突发公共卫生事件应急反应的终止需符合两个方面的条件：一是突发公共卫生事件隐患或相关危险因素消除，或末例传染病病例发生后经过最长潜伏期无新的病例出现；二是特别重大突发公共卫生事件由国务院卫生行政部门组织有关专家进行分析论证，提出终止应急反应的建议，报国务院或全国突发公共卫生事件应急指挥部批准后实施。

重大突发公共卫生事件由省级人民政府卫生主管部门组织专家进行分析论证，提出终结建议，报省级人民政府或省级突发公共卫生事件应急处理指挥部批准后实施，并向国务院卫生主管部门报告。

较大突发卫生公共事件由地市级人民政府卫生主管部门组织专家进行分析论证，提出终结建议，报地市级人民政府或地市级突发卫生事件应急处理指挥部批准后实施，并向上一级人民政府卫生主管部门报告。

一般突发公共卫生事件由县级人民政府卫生主管部门组织专家进行分析论证，提出终结建议，报请县级人民政府或县级突发卫生事件应急处理指挥部批准后实施，并向上一级人民政府卫生主管部门报告。

## 三、突发公共卫生事件的善后处理

### （一）后期评估

突发公共卫生事件结束后，各级卫生行政部门应在本级人民政府的领导下，组织有关人员对突发公共卫生事件的处理情况进行评估。评估内容主要包括事件概况、现场调查处理概况、病人救治情况、所采取措施的效果评价、应急处理过程中存在的问题和取得的经验及改进建议。评估报告上报本级人民政府和上一级人民政府卫生行政部门。

### （二）奖励

县级以上人民政府人事部门和卫生行政部门对参加突发公共卫生事件应急处理作出贡献的先进集体和个人进行联合表彰；民政部门对在突发公共卫生事件应急处理工作中英勇献身的人员，按有关规定追认为烈士。

### （三）责任追究

对在突发公共卫生事件的预防、报告、调查、控制和处理过程中，有玩忽职守、失职、渎职等行为的，依据《突发公共卫生事件应急条例》及有关法律法规追究当事人的责任。

### （四）抚恤和补助

地方各级人民政府要组织有关部门对因参与应急处理工作致病、致残、死亡的人员，按照国家有关规定，给予相应的补助和抚恤；对参加应急处理一线工作的专业技术人员应根据工作需要制订合理的补助标准，给予补助。

## （五）征用物资、劳务的补偿

突发公共卫生事件应急工作结束后，地方各级人民政府应组织有关部门对应急处理期间紧急调集、征用有关单位、企业、个人的物资和劳务进行合理评估，给予补偿。

# 第五节　法律责任

## 一、未按规定履行报告职责的法律责任

县级以上地方人民政府及其卫生行政主管部门未依照《突发公共卫生事件应急条例》的规定履行报告职责，对突发事件隐瞒、缓报、谎报或者授意他人隐瞒、缓报、谎报的，对政府主要领导人及其卫生行政主管部门主要负责人，依法给予降级或者撤职的行政处分；造成传染病传播、流行或者对社会公众健康造成其他严重危害后果的，依法给予开除的行政处分；构成犯罪的，依法追究刑事责任。

医疗卫生机构隐瞒、缓报、谎报的，由卫生行政主管部门责令改正、通报批评、给予警告；情节严重的，吊销《医疗机构执业许可证》；对主要负责人、负有责任的主管人员和其他直接责任人员依法给予降级或者撤职的纪律处分；造成传染病传播、流行或者对社会公众健康造成其他严重危害后果，构成犯罪的，依法追究刑事责任。

在突发事件应急处理工作中，有关单位和个人未依照规定履行报告职责，隐瞒、缓报或者谎报的，对有关责任人员依法给予行政处分或者纪律处分；触犯《中华人民共和国治安管理处罚法》，构成违反治安管理行为的，由公安机关依法予以处罚；构成犯罪的，依法追究刑事责任。

## 二、未按规定完成应急物资的生产、供应、运输和储备的法律责任

国务院有关部门、县级以上地方人民政府及其有关部门未依照规定，完成突发事件应急处理所需要的设施、设备、药品和医疗器械等物资的生产、供应、运输和储备的，对政府主要领导人和政府部门主要负责人依法给予降级或者撤职的行政处分；造成传染病传播、流行或者对社会公众健康造成其他严重危害后果的，依法给予开除的行政处分；构成犯罪的，依法追究刑事责任。

## 三、不配合调查或者阻碍、干涉调查的法律责任

突发事件发生后，县级以上地方人民政府及其有关部门对上级人民政府及有关部门的调查不予配合，或者采取其他方式阻碍、干涉调查的，对政府主要领导人和政府部门主要负责人依法给予降级或者撤职的行政处分；构成犯罪的，依法追究刑事责任。

在突发事件应急处理工作中，有关单位和个人阻碍突发事件应急处理工作人员执行职务，拒绝国务院卫生行政主管部门或者其他有关部门指定的专业技术机构进入突发事件现场，或者不配合调查、采样、技术分析和检验的，对有关责任人员依法给予行政处分或者纪律处分；触犯《中华人民共和国治安管理处罚法》，构成违反治安管理行为的，由公安机关依法予以处罚；构成犯罪的，依法追究刑事责任。

## 四、玩忽职守、失职、渎职的法律责任

县级以上各级人民政府卫生行政主管部门和其他有关部门在突发事件调查、控制、医疗救治工作中玩忽职守、失职、渎职的,由本级人民政府或者上级人民政府有关部门责令改正、通报批评、给予警告;对主要负责人、负有责任的主管人员和其他责任人员依法给予降级、撤职的行政处分;造成传染病传播、流行或者对社会公众健康造成其他严重危害后果的,依法给予开除的行政处分;构成犯罪的,依法追究刑事责任。

## 五、拒不履行应急处理职责的法律责任

县级以上各级人民政府有关部门拒不履行应急处理职责的,由同级人民政府或者上级人民政府有关部门责令改正、通报批评、给予警告;对主要负责人、负有责任的主管人员和其他责任人员依法给予降级、撤职的行政处分;造成传染病传播、流行或者对社会公众健康造成其他严重危害后果的,依法给予开除的行政处分;构成犯罪的,依法追究刑事责任。

## 六、医疗卫生机构违反规定职责的法律责任

医疗卫生机构未依照规定及时采取控制措施的、未履行突发事件监测职责的、拒绝接诊病人的、拒不服从突发事件应急处理指挥部调度的,由卫生行政主管部门责令改正、通报批评、给予警告;情节严重的,吊销《医疗机构执业许可证》;对主要负责人、负有责任的主管人员和其他直接责任人员依法给予降级或者撤职的纪律处分;造成传染病传播、流行或者对社会公众健康造成其他严重危害后果,构成犯罪的,依法追究刑事责任。在突发事件发生期间,散布谣言、哄抬物价、欺骗消费者、扰乱社会秩序、市场秩序的,由公安机关或者市场监督管理部门依法给予行政处罚;构成犯罪的,依法追究刑事责任。

---

### 本章小结

突发公共卫生事件的发生和应急不仅是公共卫生问题,往往还涉及社会诸多方面,是关系国家稳定、经济发展的社会问题,具有发生的突然性、危害的不特定性、事件的复杂性、危害的严重性的特点。因此,必须对突发公共卫生事件做到有效预防与应急处理,遵循预防为主、常备不懈的方针,贯彻统一领导、分级负责、反应及时、措施果断、依靠科学、加强合作的原则,由政府统一指挥、综合协调,需要各有关方面,乃至全社会成员的通力协作、共同努力,方能合理妥善处理,将其危害降到最低程度。

---

### 复习思考题

1. 我国突发公共卫生事件应急处理法律规范的体系是怎样的?
2. 我国突发公共卫生事件应急机构包括哪些?各自的职责如何?
3. 我国突发公共卫生事件的报告制度是怎样的?
4. 我国针对突发公共卫生事件的应急措施有哪些?

(蒋 祎)

# 第十三章 献血和血液制品管理法律制度

> **学习目标**
>
> **掌握：** 无偿献血、血站、血液制品的概念；医疗机构在临床用血方面的职责；医疗机构临时采血的法律规定。
>
> **熟悉：** 血站在采血供血方面的职责。
>
> **了解：** 医疗机构及血站违反血液管理法所应承担的法律责任。

---

**临床紧急输血案**

2008年10月9日上午，董某在济阳市某医院引产后大出血，由于董某是Rh(D)阴性O型血，当地医院没有备血难以救治，11点30分左右转院到了山东省某医院。院方请求省血液中心供血，该血液中心在下午1点15分左右接到请求，即从冷冻库中取了4个单位（800毫升）的血液进行解冻，需4个多小时；同时立即组织稀有血型志愿者采集血液，下午2点50分左右，共采集了7个单位（1400毫升）的Rh(D)阴性O型血，检验该血液需要3个小时左右。

其间，董某亲属一再要求使用没有经过检验的献血者血液进行抢救，但该医院坚持按《献血法》的规定，不同意将不符合国家规定标准的血液用于临床，献血者的血液只有检验合格之后才能使用。下午5点20分，解冻血液被送到医院，但捐献的血液仍没有送到，董某已于下午5点50分去世。

2012年11月1日，济南历下区法院作出一审判决，济阳某医院有以下过错：引产术前未按常规治疗、对产后大出血可以避免而未能有效避免、转院措施不当、没有采用配合性输血原则积极抢救患者，故对董某的医疗过错行为与其死亡后果之间存在直接因果关系，且是主要过错，承担80%的责任；省城某医院在处理董某大出血救治方面没有明显过错，但医院未采取"配合型输血"原则给董某注配血相合的Rh(D)阳性红细胞，未对董某尽到科学、安全输血以抢救其生命的高度注意义务，存在医疗过错，与董某死亡后果之间存在一定的因果关系，属次要过错，担责10%；某血液中心由于平时没有准备足够的Rh(D)阴性血液，也没有完善的应对Rh(D)阴性血患者供血的紧急措施或预案，从而使董某失去了获得救治的机会，存在过错，与董某死亡后果之间存在一定因果关系，担责10%。两家医院和血液中心按照各责任比例赔偿医疗费、死亡赔偿金、丧葬费、抚养费、精神损害抚慰金等总计约35万元。

2013年3月18日，济南市中院驳回上诉，维持原判。

---

## 第一节 概 述

### 一、血液管理法律制度概述

血液是一种复杂的维持生命不可缺少的物质，在临床医学领域中为拯救生命、治疗疾病发挥着其他药物所不可替代的重要作用。

血液管理法是调整国家对献血、采血、临床用血以及血液制品等进行管理过程中形成的各种社会关系的法律规范的总称。血液管理法律法规关系到人民群众的身体健康和生命安全，它是我国卫生法体系的重要组成部分。

献血法是血液管理法律制度中最重要的法律制度，是指调整保证临床用血需要和安全，保障献血者和用血者身体健康活动中产生的各种社会关系的法律规范的总称。

## 二、我国血液管理法律制度的沿革

我国血液管理立法始于20世纪70年代后期，为保证血液安全，1978年11月24日国务院批转卫生部《关于加强输血工作的请示报告》，正式提出实行公民义务献血制度，从法规上否定了职业供血。1979年国务院首次颁发《全国血站工作条例（试行草案）》，提出了建立、健全全国各级输血机构，广泛开展宣传教育，积极创造条件实行公民义务献血制度的工作思路，确立了统一制定献血计划，统一管理血源，统一组织采血的血液管理"三统一"的初步设想，标志着我国血液管理工作规范化的起步。1993年卫生部颁布《采供血机构和血液管理办法》《血站基本标准》，进一步细化了对血站和单采血浆站的管理。1996年12月30日国务院发布了《血液制品管理条例》，之后又根据2016年2月6日国务院令第666号对其进行了修订。这是我国第一个有关血液制品管理的行政法规，严格规范了单采血浆的管理，成为我国血液管理法制化建设的历史转折点。紧接着，为保证临床用血需要和安全，保障献血者和用血者身体健康，1997年12月29日，第八届全国人大常委会第29次会议通过了《中华人民共和国献血法》（简称《献血法》），共24条，自1998年10月1日起施行。以法律的形式确立了我国临床用血实行无偿献血制度，对公民献血、用血，血站采血、储血、供血，以及医疗机构临床用血等活动作了规范，标志着我国无偿献血工作走上了法制化轨道。

此后，卫生部先后制定发布《血站管理办法》（2005年11月颁布，2009年3月27日修正、2016年1月19日修正、2017年根据《国家卫生计生委关于修改〈新食品原料安全性审查管理办法〉等7件部门规章的决定》修改公布）、《全国无偿献血表彰奖励办法》（1999年7月颁布、2009年及2014年修订，已废止。国家卫生健康委、中国红十字会总会、中央军委后勤保障部卫生局印发《全国无偿献血表彰奖励办法（2022年版）》）、《医疗机构临床用血管理办法》（2012年6月颁布，根据2019年2月28日《国家卫生健康委关于修改〈职业健康检查管理办法〉等4件部门规章的决定》第一次修订）和《单采血浆站管理办法》（2008年1月，2015年5月修订，2016年1月19日根据《国家卫生计生委关于修改外国医师来华短期行医暂行管理办法等8件部门规章的决定》修改公布）等法律法规；及《临床输血技术规范》（2000年6月）、《单采血浆站基本标准》[1994年8月发布，2000年11月修改，已废止。2021年国家卫生健康委关于印发《单采血浆站基本标准（2021年版）》]、《输血技术操作规程》[1997年颁布，2012年卫生部印发《血站技术操作规程（2012版）》，《中国输血技术操作规程（血站部分）同时废止；2019年国家卫生健康委印发《血站技术操作规程（2019版）》，2012版废止]、《献血者健康检查要求》（2001年颁布，2011年修改）等血液技术标准和规范。《献血法》及其配套法规的颁布实施，标志着我国血液管理法律体系基本建立。

## 三、无偿献血制度

### （一）无偿献血的概念

无偿献血是指公民向血站自愿、无报酬地提供自身血液的行为。它与个体供血、义务献血不同，个体供血是公民向采供血机构提供自身血液而获取一定报酬的行为。义务献血是通过政府献血领导小组或献血委员会向机关、企事业单位分配献血指标，下达献血任务，献血后给予献血者一定营养补助费的献血制度。

献血活动在世界上经历了一个有偿到无偿的过程，国际红十字会和世界卫生组织从20世纪30年代建议和提倡无偿献血。到目前为止，世界上许多国家都从有偿献血逐步过渡到了无偿献血，如德国、日本、瑞士、美国、加拿大、澳大利亚等国家都先后全部或基本上实现了公民无偿献血。《献血法》以法律的形式，确立了我国临床用血实行无偿献血制度。实行无偿献血能从根本上保证血液质量，最大限度地降低经血液传播疾病的危险，保障医疗临床用血安全。

### （二）无偿献血的主体

世界各国关于无偿献血的主体规定不尽一致，大多规定献血者的起止年龄为18~60周岁，世界卫生组织提倡的献血者起止年龄则为18~65周岁。

《献血法》提倡18~55周岁的健康公民自愿献血，根据2011年发布的《献血者健康体检要求》（GB18467—2011）规定，既往无献血反应、符合健康检查要求的多次献血者主动要求再次献血的，年龄可延长至60岁。把献血者的年龄确定为18周岁至55周岁，是根据我国公民的身体素质和满足用血的需要，以及考虑到与其他法律规定相一致等综合因素而定的。在我国，18周岁是国家法定的完全行为能力人的起始年龄，无偿献血作为公民的自愿行为，必须是具备完全行为能力的人才能自主决定，因此，法律规定18周岁为无偿献血的最低年龄。至于55周岁为无偿献血的终止年龄，这主要考虑到我国公民的体质状况，但并不是超过终止年龄的不允许献血。我国各省、市规定的献血者的年龄存在一些差别，大致在17~65岁之间浮动。

无偿献血作为一种体现社会新风尚的新制度，其推行需要先进分子的带动和率先垂范。《献血法》规定国家机关、军队、社会团体、企业事业组织、居民委员会、村民委员会，应当动员和组织本单位或者本居住区的适龄公民参加献血；鼓励国家工作人员、现役军人和高等学校在校学生率先献血。对献血者，发给国务院卫生行政部门制作的无偿献血证书。

### （三）无偿献血工作的组织和领导

**1. 世界各国关于无偿献血工作管理的体制**　国外的无偿献血工作主要由各国红十字会组织负责。但因红十字会只是一种民间团体，在开展献血活动中遇到了一定的困难，所以，国际红十字会组织要求各国红十字会与政府密切合作，共同推进无偿献血工作。为此，一些国家（包括我国在内）通过立法等方式，确认政府对献血工作的管理责任。

**2. 我国献血工作的组织管理**　我国《献血法》对无偿献血工作的领导者和动员组织工作做了全面系统的规定。确立了政府领导、部门配合、社会动员、宣教开路、先进带头的献血工作体制和机制。《献血法》规定，地方各级人民政府领导本行政区域内的献血工作，统一规划并负责组织、协调有关部门共同做好献血工作。县级以上各级人民政府卫生行政部门监督管理献血工作；各级红十字会依法参与、推动献血工作。从而明确了各级政府、卫生行政部门和红十字会在献血工作中的地位、责任及其相互关系。

政府领导献血工作。为鼓励人们树立无偿献血的爱心，《献血法》规定，地方各级人民政府领导本行政区域内的献血工作，统一规划并负责组织、协调有关部门共同做好献血工作；并且要加强对无偿献血宣传教育工作的领导，采取措施广泛宣传献血的意义，普及献血的科学知识，开展预防和控制经血液途径传播的疾病的教育。

红十字会依法参与、推动献血工作。红十字会是一种志愿的、国际性的救护、救济团体。中国红十字会是中华人民共和国统一的红十字组织，是从事人道主义工作的社会救助团体；县级以上按行政区域建立地方各级红十字会。"参与输血、献血工作，推动无偿献血"是各级红十字会组织的职责之一。《献血法》规定：各级红十字会依法参与、推动献血工作。根据红十字会法以及有关献血工作的法律规定，配合各级政府和卫生行政部门进行无偿献血的宣传、动员和组织工作，是各级红十字会的重要职责，但不是完全负责献血工作。

卫生行政部门监督管理献血工作。各级卫生行政部门是医疗卫生事业的主管部门，献血工作又是医疗卫生事业的一项重要组成部分，因此《献血法》规定，县级以上各级人民政府卫生行政部门监督管理献血工作。对血源、血液、献血工作进行监督管理是各级卫生行政部门的重要职责。国务院卫生行政部门作为国家最高卫生行政机关，其在血液管理工作中的主要职责是制定献血者的身体健康标准、血站技术操作规程、血液质量标准、血站的设立条件和管理办法等。地方各级卫生行政部门的职责是严格执行政策法规，建立监督制约机制，加大实施力度，狠抓血源管理，杜绝医疗单位私自采血和血液采供中的买卖行为，并配合公安部门对扰乱采供血秩序的非法采供血行为予以坚决打击。

社会团体、新闻媒体开展无偿献血的社会公益性宣传，使广大公民掌握"献血对身体无害"的卫生知识和正确观念，提高公民自愿无偿献血的积极性，使自愿无偿献血的善举成为社会新风尚。

## 第二节　血站管理

### 一、血站的概念

血站是指不以营利为目的，采集、制备、储存血液及提供临床用血的公益性卫生机构。

我国的血液管理分临床用血管理和单采原料血浆管理，相应的我国的采供血机构分为血站和单采血浆站。

血站包括一般血站和特殊血站。一般血站分为血液中心、中心血站和中心血库。特殊血站包括脐带血造血干细胞库和国家卫生行政部门根据医学发展需要批准、设置的其他类型血库。《血站管理办法》对血站的设置、执业、监督管理及法律责任做出明确规定。

### 二、血站的设置与审批

#### （一）血站的设置

**1. 批准机构**　国家卫生行政部门根据全国医疗资源配置、临床用血需求，制定全国采供血机构设置规划指导原则，并负责全国血站建设规划的指导。省级卫生行政部门依据国家卫生行政部门规划，结合本行政区域人口、医疗资源、临床用血需求等实际情况和当地区域卫生发展规划，制定本行政区域血站设置规划，报同级人民政府批准，并报国家卫生行政部门备案。

**2. 设置原则**　血站设置规划遵循政府主导、科学发展、服务可及和安全有效的原则。根据国家卫生行政部门2013年发布的《血站设置规划指导原则》，同一行政区域内不得重复设置血液中心、中心血站；血液中心应当设置在直辖市、省会市、自治区首府市；中心血站应当设置在设区的市；中心血库应当设置在中心血站服务覆盖不到的县级综合医院内；血站与单采血浆站不得在同一县级行政区域内设置。

**3. 一般血站的设置**

（1）血液中心的设置。在省级人民政府所在地的城市和直辖市，应规划设置一所相应规模的血液中心。

（2）中心血站的设置。在设区的市级人民政府所在城市，可规划设置一所相应规模的中心血站。

（3）中心血库的设置。在血液中心或中心血站难以覆盖的县（市），可以根据实际需要由省级卫生部门批准设置一所中心血库。

**4. 特殊血站的设置** 特殊血站的设置。特殊血站包括脐带血造血干细胞库和国家卫生行政部门根据医学发展需要批准、设置的其他类型血库。国家不批准设置以营利为目的的脐带血造血干细胞库等特殊血站。

## （二）血站的执业许可

血站的设置必须经过严格的审批，经省级卫生行政部门审批，取得《血站执业许可证》，方可开展采供血活动。《血站执业许可证》，有效期为3年，有效期满前3个月，血站应当办理再次执业登记。

**1. 登记机关** 设立血站向公民采集血液，必须经国务院国家卫生行政部门或者省、自治区、直辖市人民政府卫生行政部门批准。血站开展采供血活动，应当向所在省、自治区、直辖市人民政府卫生行政部门申请办理执业登记，取得《血站执业许可证》。没有取得《血站执业许可证》的，不得开展采供血活动。

**2. 登记程序** 血站执业登记必须履行如下报批程序：

（1）申请。血站申请办理执业登记必须填写《血站执业登记申请书》。

（2）审查。省级人民政府卫生行政部门在受理血站执业登记申请后，应当组织有关专家或者委托技术部门，根据《血站质量管理规范》和《血站实验室质量管理规范》，对申请单位进行技术审查，并提交技术审查报告。

（3）审核。省级人民政府卫生行政部门应当在接到专家或者技术部门的技术审查报告后20日内对申请事项进行审核。审核合格的，予以执业登记，发给国家卫生行政部门统一样式的《血站执业许可证》及其副本。《血站执业许可证》有效期为3年。

**3. 不予执业登记的情形** 有下列情形之一的，不予执业登记：①《血站质量管理规范》技术审查不合格的；②《血站实验室质量管理规范》技术审查不合格的；③血液质量检测结果不合格的。执业登记机关对审核不合格、不予执业登记的，将结果和理由以书面形式通知申请人。

**4. 再次执业登记** 《血站执业许可证》有效期满前3个月，血站应当办理再次执业登记，并提交《血站再次执业登记申请书》及《血站执业许可证》。省级人民政府卫生行政部门应当根据血站业务开展和监督检查情况进行审核，审核合格的，予以继续执业。未通过审核的，责令其限期整改；经整改仍审核不合格的，注销其《血站执业许可证》。未办理再次执业登记手续或者被注销《血站执业许可证》的血站，不得继续执业。

**5. 血站分支机构和储血点的设立** 血站因采供血需要，在规定的服务区域内设置分支机构，应当报所在省、自治区、直辖市人民政府卫生行政部门批准；设置固定采血点（室）或者流动采血车的，应当报省、自治区、直辖市人民政府卫生行政部门备案。

为保证辖区内临床用血需要，血站可以设置储血点储存血液。储血点应当具备必要的储存条件，并由省级卫生行政部门批准。

## （三）血站的职责

不同类型的血站在其执业活动中所承担的职责是不同的。

**1. 血液中心的主要职责** 血液中心应当具有较高综合质量评价的技术能力。其主要职责是：①按照省级人民政府卫生行政部门的要求，在规定范围内开展无偿献血者的招募、血液的采集与制备、临床用血供应以及医疗用血的业务指导等工作；②承担所在省、自治区、直辖市血站的质量控制与评价；③承担所在省、自治区、直辖市血站的业务培训与技术指导；④承担所在省、自治区、直辖市血液的集中化检测任务；⑤开展血液相关的科研工作；⑥承担卫生行政部门交办的任务。

**2. 中心血站的主要职责** ①按照省级人民政府卫生行政部门的要求，在规定范围内开展无偿献血者的招募、血液的采集与制备、临床用血供应以及医疗用血的业务指导等工作；②承担供血区域范围内血液储存的质量控制；③对所在行政区域内的中心血库进行质量控制；④承担卫生行政部门交办的任务。

**3. 中心血库的主要职责** 按照省级人民政府卫生行政部门的要求，在规定范围内开展无偿献血者的招募、血液的采集与制备、临床用血供应以及医疗用血的业务指导等工作。

## 三、血站的采供血管理

### （一）执业规定

血站作为不以营利为目的，采集、提供临床用血的公益性卫生机构，不得采集血液制品生产用原料血浆；必须按照注册登记的项目、内容、范围，开展采供血业务，并应当遵守有关法律、行政法规、规章和技术规范。血站及其执行职务的人员发现法定传染病疫情时，应当按照《传染病防治法》和国家卫生行政部门的规定向有关部门报告。

### （二）采血管理

采血是以采血器材与人体发生直接接触的活动，对这一活动各个环节进行严格规范和管理，是保障献血者的身体健康，保证血液质量以及用血者用血安全的重要前提。《献血法》和《血站管理办法》对献血者的身体健康条件、采血人员的资格、采血器材、每次采血的采血量、两次采血的间隔期、血液检测等血站必须遵守的操作规程和制度作了规定。

**1. 制定计划** 血站应当根据医疗机构临床用血需求，制定血液采集、制备、供应计划，保障临床用血安全、及时、有效。

**2. 健康检查** 血站在每次采血前必须对献血者进行必要的健康征询及免费身体健康检查，身体状况不符合献血条件的，血站应向其说明情况，不得采集血液。献血者的身体健康条件由国务院卫生行政部门制定。

**3. 身份核对** 采血前应当对献血者身份进行核对并进行登记；严禁采集冒名顶替者的血液。

**4. 献血量和献血间隔** 血站对献血者每次采集血液量一般为200毫升，最高不得超过400毫升，两次采集间隔期间不少于6个月。严格禁止血站违反规定对献血者超量、频繁采集血液。《献血者健康体检要求》对献血量和献血间隔做了细化要求。

（1）献血量。全血献血者每次可献全血400毫升或者300毫升或者200毫升；单采血小板献血者每次可献1个至2个治疗单位，或者1个治疗单位及不超过200毫升血浆，全年血小板和血浆采集总量不超过10升。上述献血量均不包括血液检测留样的血量和保养液或抗凝剂的量。

（2）献血间隔。全血献血间隔不少于6个月；单采血小板献血间隔不少于2周，不大于24次/年，因特殊配型需要，由医生批准，最短间隔时间不少于1周；单采血小板后与全血献血间隔不少于4周；全血献血后与单采血小板献血间隔不少于3个月。

**5. 知情同意** 血站采集血液应当遵循自愿和知情同意的原则，在献血前对献血者履行书面告知义务，并取得献血者签字的知情同意书。告知的内容应包括：

（1）献血动机。无偿献血是出于利他主义的动机，目的是帮助需要输血的患者，请不要为化验而献血。

（2）安全献血者的重要性。不安全的血液会危害患者的生命与健康。具有高危行为的献血者不应献血，如静脉药瘾史、男男性行为或具有经血液传播疾病（艾滋病、丙型肝炎、乙型肝炎、梅毒等）风险的。

（3）具有高危行为者故意献血的责任。献血者捐献具有传染性的血液会给受血者带来危险，应承担对受血者的道德和法律责任。

（4）实名制献血。献血者在献血前应出示真实有效的身份证件，血站应进行核对并登记。冒用他人身份献血的，应按照相关法律规定承担责任。

（5）献血者献血后回告。献血者如果认为已捐献的血液可能存在安全隐患，应当尽快告知血站。

（6）献血反应。绝大多数情况下，献血是安全的，但个别人偶尔可能出现如头晕、出冷汗、穿刺部位青紫、血肿、疼痛等不适，极个别可能出现较为严重的献血反应，如晕厥。

（7）健康征询与检查。应该如实填写健康状况征询表。不真实填写者，因所献血液引发受血者发生不良后果，应按照相关法律规定承担责任。

（8）血液检测。血站将遵照国家规定对献血者血液进行经血传播疾病的检测，检测合格的血液将用于临床，不合格血液将按照国家规定处置。

（9）疫情报告。血站将向当地疾病预防控制中心报告艾滋病病毒感染等检测阳性的结果及其个人资料。

**6. 保密义务** 血站应当建立献血者信息保密制度，为献血者保密。

**7. 献血档案** 血站采集血液后，对献血者发给《无偿献血证》并建立献血档案。血站采集献血者的血液，须在《无偿献血证》及献血档案中记录献血者的姓名、出生日期、血型、献血时间、地点、献血量、采血者签名，并加盖该血站采血专用章。血站采集血液后，对献血者发给《无偿献血证》，并且对其发放情况做好登记备案。《无偿献血证》献血者的荣誉证书。同时，在献血者以后需要用血的时候，该证书还是优惠用血的主要凭证。

血站各业务岗位工作记录应当内容真实、项目完整、格式规范、字迹清楚、记录及时，有操作者签名。记录内容需要更改时，应当保持原记录内容清晰可辨，注明更改内容、原因和日期，并在更改处签名。献血、检测和供血的原始记录应当至少保存10年，法律、行政法规和卫生行政部门另有规定的，依照有关规定执行。

**8. 质量管理** ①血站开展采供血业务，应当严格遵守有关操作规程、技术规范和标准。②必须使用有生产单位名称和批准文号的一次性采血器材，不得使用可重复使用，使用后必须销毁。③采血必须由具有采血资格的医务人员进行。④血站对采集的血液必须进行相关检测。⑤血液、采供血和检测的原始记录保存10年，血液检测的全血标本的保存期应当与全血有效期相同；血清（浆）标本的保存期应当在全血有效期满后半年。

## (三)供血管理

**1. 发血管理** 血站应当保证发出的血液质量符合国家有关标准,其品种、规格、数量、活性、血型无差错;未经检测或者检测不合格的血液,不得向医疗机构提供。

**2. 血液包装、储存、运输管理** 血液的包装、储存、运输应当符合《血站质量管理规范》的要求。血液包装袋上应当标明:①血站名称及其许可证号;②献血编号或者条形码;③血型;④血液品种;⑤采血日期及时间或者制备日期及时间;⑥有效日期及时间;⑦储存条件。血站还应当加强对其所设储血点的质量监督,确保储存条件,保证血液储存质量;按照临床需要进行血液储存和调换。

**3. 采集血液的使用** 无偿献血的血液必须用于临床,不得买卖。血站剩余成分血浆由省级卫生行政部门协调血液制品生产单位解决。血站剩余成分血浆以及因科研或者特殊需要用血而进行的调配所得的收入,全部用于无偿献血者用血返还费用,血站不得挪作他用。

## (四)血源管理

我国的血源管理以省、自治区、直辖市为区域,实行统一规划设置血站、统一管理供血和统一管理临床用血的原则,简称为"三统一"。

地方各级卫生行政部门应当严格执行政策法规,建立监督制约机制,杜绝医疗机构私自采血和血液开供中的买卖行为,并配合公安部门对扰乱采供血秩序的非法采供血行为予以打击。

# 第三节 临床用血管理

## 一、医疗机构临床用血

### (一)临床用血的概念

医疗机构临床用血,是指医疗机构将血站依法采集的供血者的血液或血液成分输注给患者进行抢救、治疗的医疗行为的总称。临床用血包括使用全血和成分血。

### (二)医疗机构临床用血管理

**1. 临床用血的管理机构** 国家卫生行政部门负责全国医疗机构临床用血的监督管理;县级以上卫生行政部门负责本行政区域医疗机构临床用血的监督管理。医疗机构法定代表人为临床用血管理第一责任人。

(1)设立临床用血管理委员会。二级以上医疗机构应当设立由主要领导、业务主管部门及相关科室负责人组成的临床用血管理委员会,负责本机构临床合理用血管理工作。

(2)设置输血科。医疗机构应当根据有关规定和临床用血需求,设置输血科或者血库,配备与输血工作相适应的专业技术人员、设施、设备,负责本单位临床用血的计划申报,储存血液,承担相关临床用血的任务。

**2. 临床用血动态预警制度** 医疗机构作为用血单位,其临床用血,应当使用卫生行政部门指定血站提供的血液,并对血液预订、接收、入库、储存、出库及库存动态预警等进行管理,保证血液储存、运送符合国家有关标准和要求。

**3. 临床用血申请制度** 除了紧急用血,医疗机构应当建立如下临床用血申请管理制度:①同一患者一天申请备血量少于800毫升的,由具有中级以上专业技术职务任职资格的医师提出申请,上级医师核准签发后,方可备血;②同一患者一天申请备血量在 800 毫升至 1600 毫升的,由具有中级以上专业技术职务任职资格的医师提出申请,经上级医师审核,科室主任核准签发后,方可备血;③同一患者一天申请备血量达到或超过 1600 毫升的,由具有中级以上专业技术职务任职资格的医师提出申请,科室主任核准签发后,报医务部门批准,方可备血。

**4. 临床用血不良事件监测报告制度** 医疗机构应当根据国家有关法律法规和规范建立临床用血不良事件监测报告制度。输血过程中应严密观察受血者有无输血不良反应;输血完毕,医护人员对有输血反应的应逐项填写患者输血反应回报单,并返还输血科(血库)保存。临床发现输血不良反应后,应当积极救治患者,及时向有关部门报告,并做好观察和记录。

**5. 临床用血医学文书管理制度** 医疗机构应当建立临床用血医学文书管理制度,确保临床用血信息客观真实、完整、可追溯。医师应当将患者输血适应证的评估、输血过程和输血后疗效评价情况记入病历;临床输血治疗知情同意书、输血记录单等随病历保存。

**6. 临床用血培训制度** 医疗机构应当建立培训制度,加强对医务人员临床用血和无偿献血知识的培训,将临床用血相关知识培训纳入继续教育内容。新上岗医务人员应当接受岗前临床用血相关知识培训及考核。

**7. 临床用血评价及公示制度** 医疗机构应当建立科室和医师临床用血评价及公示制度。将临床用血情况纳入科室和医务人员工作考核指标体系。禁止将用血量和经济收入作为输血科或者血库工作的考核指标。

**8. 血液捐献与受用的无偿原则** 血液的捐献和受用实行无偿原则,但公民临床用血时需要交付用于血液的采集、储存、分离、检验等费用。无偿献血者临床需要用血时,免交前款规定的费用;无偿献血者的配偶和直系亲属临床需要用血时,可以按照省、自治区、直辖市人民政府的规定免交或者减交前款规定的费用。

## 二、医疗机构临床用血技术规范

### (一)临床用血原则

医疗机构临床用血应当遵照合理、科学的原则,制定用血计划,不得浪费和滥用血液;应当推行按血液成分针对医疗实际需要输血;不得使用原料血浆,除批准的科研项目外,不得直接使用脐带血。

### (二)输血申请

在临床实践中,医疗机构的临床医务工作人员,应当严格执行《临床输血技术规范》,在患者病情需要输血治疗时,应按以下规定办理:申请输血应由经治医师逐项填写《临床输血申请单》,由主治医师核准签字,连同受血者血样于预定输血日期前送交输血科(血库)备血。

### (三)签署知情同意书

在输血治疗前,医师应当向患者或者其近亲属说明输血目的、方式和风险,并签署临床输血治疗知情同意书;因抢救生命垂危的患者需要紧急输血,且不能取得患者或者其近亲属意见的,经医疗机构负责人或者授权的负责人批准后,可以立即实施输血治疗。

### (四)血液核查

临床用血的包装、储存、运输,必须符合国家规定的卫生标准和要求。医疗机构对临床用血必须进行核查，不得将不符合国家规定标准的血液用于临床。

医疗机构接收血站发送的血液后，在入库前应当对全血、血液成分进行认真核对验收，并对血袋标签进行核对。符合国家有关标准和要求的血液入库，做好登记；并按不同品种、血型和采血日期（或有效期），分别有序存放于专用储藏设施内。

核对验收内容包括：运输条件、物理外观、血袋封闭及包装是否合格，标签填写是否清楚齐全（血站名称及其许可证号、献血编号或者条形码、血型、血液品种、容量、采血日期、血液成分的制备日期及时间、有效期及时间、血袋编号/条形码、储存条件）等。禁止将血袋标签不合格的血液入库。

输血科（血库）要认真做好血液出入库、核对、领发的登记，有关资料需保存10年。

### （五）血样采集与交叉配血

确定输血后，医护人员持输血申请单和贴好标签的试管，当面核对患者姓名、性别、年龄、病案号、病室/门诊、床号、血型和诊断，并采集血样。由医护人员或专门人员将受血者输血前3天之内血样与输血申请单送交输血科（血库），输血科（血库）要逐项核对输血申请单、受血者和供血者血样，复查受血者和供血者ABO血型（正、反定型），并常规检查患者Rh(D)血型[急诊抢救患者紧急输血时Rh(D)检查可除外]，正确无误时可进行交叉配血。交叉配血试验是输血前必须进行的试验项目，交叉配血试验的结果是确定能否进行输血的重要依据，是保证输血安全的关键措施。

### （六）发血

配血合格后，由医护人员到输血科（血库）取血。取血与发血的双方必须共同查对患者姓名、性别、病案号、门急诊/病室、床号、血型有效期及配血试验结果，以及保存血的外观等，准确无误时，双方共同签字后方可发出。血液发出后，受血者和供血者的血样保存于2~6℃冰箱，血小板的储藏温度应当控制在20~24℃。储血保管人员应当做好血液储藏温度的24小时监测记录。储血环境应当符合卫生标准和要求。

### （七）患者自身储血

为保障公民临床紧急用血的需要，国家提倡并指导择期手术的患者自身储血，动员家庭、亲友、所在单位以及社会互助献血。医疗机构应当积极推行节约用血的新型医疗技术，三级医院、有条件的二级医院和妇幼保健院应当开展自体输血技术。

### （八）临床输血

输血是临床输血治疗的最终落实环节。输血前由两名医护人员核对交叉配血报告单及血袋标签各项内容，检查血袋有无破损渗漏，血液颜色是否正常，准确无误方可输血。

输血时，由两名医护人员带病历共同到患者床旁核对患者姓名、性别、年龄、病案号、门急诊/病室、床号、血型等，确认与配血报告相符，再次核对血液后，用符合标准的输血器进行输血。输血过程中应严密观察受血者有无输血不良反应，如出现异常情况应及时处理。输血完毕，医护人员对有输血反应的应逐项填写患者输血反应回报单，并返还输血科（血库）保存。

### （九）医务人员职责

医务人员应当认真执行临床输血技术规范，严格掌握临床输血适应证，根据患者病情和实验室检测指标，对输血指征进行综合评估，制订输血治疗方案。

## 三、医疗机构临时采集血液的管理

在一般情况下,除医疗机构开展的患者自身储血、自体输血外,医疗机构临床用血,由县级以上人民政府卫生行政部门指定的血站供给。但为保证应急用血,医疗机构在符合法定条件、确保采血、用血安全的前提下可以临时采集血液。

《医疗机构临床用血管理办法》规定,为保证应急用血,医疗机构可以临时采集血液,但必须同时符合以下条件:

(1) 危及患者生命,急需输血。

(2) 所在地血站无法及时提供血液,且无法及时从其他医疗机构调剂血液,而其他医疗措施不能替代输血治疗。

(3) 具备开展交叉配血及乙型肝炎病毒表面抗原、丙型肝炎病毒抗体、艾滋病病毒抗体和梅毒螺旋体抗体的检测能力。

(4) 遵守采供血相关操作规程和技术标准。

医疗机构应当在临时采集血液后10日内将情况报告县级以上卫生行政部门。

## 第四节 血液制品管理

### 一、概述

血液制品,是指各种人血浆蛋白制品,是一种宝贵的人源性生物药品。为了加强血液制品管理,预防和控制经血液途径传播的疾病,保证血液制品的质量,国务院于1996年12月颁布了《血液制品管理条例》(2016年2月6日修订公布),为血液制品生产的整个过程提供了法律依据和技术标准。

### 二、原料血浆的管理

#### (一) 原料血浆的概念

原料血浆,是指由单采血浆站采集的专用于血液制品生产原料的血浆。由于血液制品主要是以人血浆为生产原料,为保证血液制品的质量,必须加强对原料血浆的管理。对原料血浆的采集,国家实行单采血浆站统一规划、设置的制度,并对单采血浆站实行执业许可制度。

#### (二) 单采血浆站的设置和审批

单采血浆站,是指根据地区血源资源,按照有关标准和要求并经严格审批设立,采集供应血液制品生产用原料血浆的单位。单采血浆站由血液制品生产单位设置,专门从事单采血浆活动,具有独立法人资格。

**1. 单采血浆站的设置规划** 单采血浆站设置规划由国务院卫生行政部门综合考虑区域人口分布、经济发展状况、疾病流行情况以及血液制品的生产所需原料血浆的实际情况,对机构规模、采供浆量、人员和设备等进行统筹规划;省级卫生行政部门可根据当地实际情况决定是否设置单采血浆站。

**2. 单采血浆站设置与审批** 设置单采血浆站必须具备下列条件:①符合单采血浆站布局、数量、规模的规划;②具有与所采集原料血浆适应的卫生专业技术人员;③具有与所采集原料血浆适应的场所及卫生环境;④具有识别供血浆者的身份识别系统;⑤具有与所采集原料血浆相适应的单采血浆机械及其他设置；⑥具有对所采集原料血浆进行质量检验的技术人员以及必要的仪器设备。

申请设置单采血浆站的，由县级人民政府卫生行政部门初审，经设区的市、自治州人民政府卫生行政部门或者省、自治区人民政府设立的派出机关的卫生行政机构审查同意，报省级卫生行政部门审批；经审查符合条件的，核发《单采血浆许可证》，并报国务院卫生行政部门备案。

### （三）原料血浆的采集与供应

**1. 血浆的采集** 供血浆者，是指提供血液制品生产用原料血浆的人员。单采血浆站只能对省、自治区、直辖市人民政府卫生行政部门划定区域内的供血浆者进行筛查和采集血浆。严禁采集非划定区域内的供血浆者和其他人员的血浆。

单采血浆站必须对供血浆者进行健康检查，检查合格的，由县级人民政府卫生行政部门核发《供血浆证》。单采血浆站在采集血浆前，必须对供血浆者进行身份识别并核实其《供血浆证》，确认无误的，方可按照规定程序进行健康检查和血液化验；对检查、化验合格的，按照有关技术操作标准及程序采集血浆，并建立供血浆者健康检查及供血浆记录档案；对检查、化验不合格的，由单采血浆站收缴《供血浆证》，并由所在地县级人民政府卫生行政部门监督销毁。严禁采集无《供血浆证》者的血浆。

**2. 血浆供应** 单采血浆站只能向一个与其签订质量责任书的血液制品生产单位供应原料血浆，原料血浆的包装、储存、运输，必须符合国家规定的卫生标准和要求。法律严禁单采血浆站采集全血或者将单采血浆站所采集的原料血浆用于临床。国家禁止出口原料血浆。

## 三、血液制品生产经营管理

血液制品生产单位必须取得《药品生产企业许可证》，达到《药品生产质量管理规范》规定的标准，经国务院卫生行政部门审查合格，并依法向市场监督管理部门申领营业执照后，方可从事血液制品的生产活动。

血液制品生产单位在原料血浆投料生产前，必须使用有产品批准文号并经国家药品生物制品检定机构逐批检定合格的体外诊断试剂，对每一人份血浆进行全面复检，并作检测记录。原料血浆经复检不合格的，不得投料生产。血液制品出厂前，必须经过质量检验；经检验不符合国家标准的，严禁出厂。生产、包装、储存、运输、经营血液制品，应当符合国家规定的卫生标准和要求。

# 第五节 法律责任

## 一、行政责任

### （一）违反《献血法》及《血站管理办法》的行政责任

**1. 非法采集、出售、出卖血液的行政责任** 《献血法》规定，有下列行为之一的，由县级以上地方人民政府予以取缔，没收违法所得；构成犯罪的，依法追究刑事责任：①非法采集血液的；②血站、医疗机构出售无偿献血的血液的；③非法组织他人出卖血液的。

根据《血站管理办法》规定，有下列行为之一的，属于非法采集血液，由县级以上地方人民政府卫生行政部门按照《献血法》第十八条的有关规定予以处罚：①未经批准，擅自设置血站，开展采供血活动的；②已被注销的血站，仍开展采供血活动的；③已取得设置批准但尚未取得《血站执业许可证》即开展采供血活动的，或者《血站执业许可证》有效期满未再次登记仍开展采供血活动的；④租用、借用、出租、出借、变造、伪造《血站执业许可证》开展采供血活动的。

**2. 血站违反有关操作规程和制度采集血液的行政责任** 《血站管理办法》规定，血站有下列行为之一的，由县级以上地方人民政府卫生行政部门予以警告、责令改正；逾期不改正，或者造成经血液传播疾病发生，或者其他严重后果的，对负有责任的主管人员和其他直接负责人员，依法给予行政处分：①超出执业登记的项目、内容、范围开展业务活动的；②工作人员未取得相关岗位执业资格或者未经执业注册而从事采供血工作的；③血液检测实验室未取得相应资格即进行检测的；④擅自采集原料血浆、买卖血液的；⑤采集血液前，未按照国家颁布的献血者健康检查要求对献血者进行健康检查、检测的；⑥采集冒名顶替者、健康检查不合格者血液以及超量、频繁采集血液的；⑦违反输血技术操作规程、有关质量规范和标准的；⑧采血前未向献血者、特殊血液成分捐赠者履行规定的告知义务的；⑨擅自涂改、毁损或者不按规定保存工作记录的；⑩使用的药品、体外诊断试剂、一次性卫生器材不符合国家有关规定的；⑪重复使用一次性卫生器材的；⑫对检测不合格或者报废的血液，未按有关规定处理的；⑬未经批准擅自与外省、自治区、直辖市调配血液的；⑭未按规定保存血液标本的；⑮脐带血造血干细胞库等特殊血站违反有关技术规范的。

血站造成经血液传播疾病发生或者其他严重后果的，卫生行政部门在行政处罚的同时，可以注销其《血站执业许可证》。

**3. 血站和医疗机构在临床用血的包装、储存、运输环节上不符合国家规定的卫生标准和要求的行政责任** 临床用血的包装、储存、运输，不符合国家规定的卫生标准和要求的，由县级以上地方人民政府卫生行政部门责令改正，给予警告。

**4. 血站提供不符合国家规定标准的血液的行政责任** 血站违反规定，向医疗机构提供不符合国家规定标准的血液的，由县级以上人民政府卫生行政部门责令改正；情节严重，造成经血液途径传播的疾病传播或者有传播严重危险的，限期整顿，对直接负责的主管人员和其他责任人员，依法给予行政处分。

**5. 医疗机构的医务人员违反《献血法》规定，给患者健康造成损害的行政责任** 医疗机构的医务人员违反《献血法》规定，将不符合国家规定标准的血液用于患者的，责令改正；给患者健康造成损害的，对直接负责的主管人员和其他直接责任人员，依法给予行政处分。

**6. 卫生行政部门及其工作人员违反献血法规定，玩忽职守的行政责任** 卫生行政部门及其工作人员违反《血站管理办法》有关规定，有下列情形之一的，依据《献血法》《行政许可法》的有关规定，由上级行政机关或者监察机关责令改正；情节严重的，对直接负责的主管人员和其他直接责任人员依法给予行政处分：①未按规定的程序审查而使不符合条件的申请者得到许可的；②对不符合条件的申请者准予许可或者超越法定职权作出准予许可决定的；③在许可审批过程中弄虚作假的；④对符合条件的设置及执业登记申请不予受理的；⑤对符合条件的申请不在法定期限内作出许可决定的；⑥不依法履行监督职责，或者监督不力造成严重后果的；⑦其他在执行本办法过程中，存在滥用职权，玩忽职守，徇私舞弊，索贿受贿等行为的。

## （二）违反《血液制品管理条例》的行政责任

**1. 非法从事组织、采集、供应、倒卖原料血浆活动的行政责任** 违反《血液制品管理条例》规定，未取得省、自治区、直辖市人民政府卫生行政部门核发的《单采血浆许可证》，非法从事组织、采集、供应、倒卖原料血浆活动的，由县级以上地方人民政府卫生行政部门予以取缔，没收违法所得和从事活动的器材、设备，并处违法所得5倍以上10倍以下的罚款；没有违法所得的，并处5万元以上10万元以下的罚款。

**2. 单采血浆站违规采集血浆的行政责任**　单采血浆站有下列行为之一的，由县级以上地方人民政府卫生行政部门责令限期改正，处5万元以上10万元以下的罚款；有第八项所列行为的，或者有下列其他行为并且情节严重的，由省、自治区、直辖市人民政府卫生行政部门吊销《单采血浆许可证》：①采集血浆前，未按照国务院卫生行政部门颁布的健康检查标准对供血浆者进行健康检查和血液化验的；②采集非划定区域内的供血浆者或者其他人员的血浆的，或者不对供血浆者进行身份识别，采集冒名顶替者，健康检查不合格者或者无《供血浆证》者的血浆的；③违反国务院卫生行政部门制定的血浆采集技术操作标准和程序，过频过量采集血浆的；④向医疗机构直接供应原料血浆或者擅自采集血液的；⑤未使用单采血浆机械进行血浆采集的；⑥未使用有产品批准文号并经国家药品生物制品检定机构逐批检定合格的体外诊断试剂以及合格的一次性采血浆器材的；⑦未按照国家规定的卫生标准和要求包装、储存、运输原料血浆的；⑧对国家规定检测项目检测结果呈阳性的血浆不清除、不及时上报的；⑨对污染的注射器、采血浆器材及不合格血浆等不经消毒处理，擅自倾倒，污染环境，造成社会危害的；⑩重复使用一次性采血浆器材的；⑪向与其签订质量责任书的血液制品生产单位以外的其他单位供应原料血浆的。

**3. 单采血浆站违规供应血浆的行政责任**　单采血浆站已知其采集的血浆检测结果呈阳性，仍向血液制品生产单位供应的，由省、自治区、直辖市人民政府卫生行政部门吊销《单采血浆许可证》，由县级以上地方人民政府卫生行政部门没收违法所得，并处10万元以上30万元以下的罚款。

**4. 涂改、伪造、转让《供血浆证》的行政责任**　涂改、伪造、转让《供血浆证》的，由县级人民政府卫生行政部门收缴《供血浆证》，没收违法所得，并处违法所得3倍以上5倍以下的罚款，没有违法所得的，并处1万元以下的罚款。

**5. 卫生行政部门及其工作人员违反条例规定的行政责任**　卫生行政部门工作人员滥用职权、玩忽职守、徇私舞弊、索贿受贿，尚不构成犯罪的，依法给予行政处分。

## 二、民事责任

血站违反有关操作规程和制度采集血液，给献血者健康造成损害的，应当依法赔偿。医疗机构的医务人员违反规定，将不符合国家规定标准的血液用于患者，给患者健康造成损害的，应当依法赔偿。

## 三、刑事责任

根据《献血法》规定，非法采集血液的，血站、医疗机构出售无偿献血的血液的，非法组织他人出卖血液的；血站违反有关部门操作规程和制度采集血液，给献血者健康造成损害的；血站违反法律规定，向医疗机构提供不符合国家规定标准血液，情节严重，造成经血液途径传播的疾病传播或者有传播严重危险的；医疗机构的医务人员违反法律规定，将不符合国家规定标准的血液用于患者，给患者健康造成损害，构成犯罪的，对直接负责的主管人员和其他直接责任人员依法追究刑事责任。

**1. 强迫卖血罪** 《刑法》第三百三十三条规定，非法组织他人出卖血液的，处五年以下有期徒刑，并处罚金；以暴力、威胁方法强迫他人出卖血液的，处五年以上十年以下有期徒刑，并处罚金。有上述行为对他人造成伤害的，依照《刑法》第二百三十四条"故意伤害罪"定罪处罚。

**2. 非法采集（制作）、供应血液（血液制品）罪和采集、供应血液、制作、供应血液制品事故罪** 《刑法》第三百三十四条规定，非法采集、供应血液或者制作、供应血液制品，不符合国家规定的标准，足以危害人体健康的，处五年以下有期徒刑或者拘役，并处罚金；对人体健康造成严重危害的，处五年以上十年以下有期徒刑，并处罚金；造成特别严重后果的，处十年以上有期徒刑或者无期徒刑，并处罚金或者没收财产。

经国家主管部门批准采集、供应血液或者制作、供应血液制品的部门，不依照规定进行检测或者违背其他操作规定，造成危害他人身体健康后果的，对单位判处罚金，并对其直接负责的主管人员和其他直接责任人员，处五年以下有期徒刑或者拘役。

## 本章小结

血液管理法是调整国家对献血、采血、临床用血以及血液制品等进行管理过程中形成的各种社会关系的法律规范的总称。献血法是血液管理法律制度中最重要的法律制度，是指调整保证临床用血需要和安全，保障献血者和用血者身体健康活动中产生的各种社会关系的法律规范的总称。

无偿献血是指公民向血站自愿、无报酬地提供自身血液的行为。提倡18~55周岁的健康公民自愿献血，鼓励国家工作人员、现役军人和高等学校在校学生率先献血。地方各级人民政府领导本行政区域内的献血工作，县级以上各级人民政府卫生行政部门监督管理献血工作；各级红十字会依法参与、推动献血工作；社会团体、新闻媒体开展无偿献血的社会公益性宣传。

血站是指不以营利为目的，采集、制备、储存血液及提供临床用血的公益性卫生机构，包括一般血站和特殊血站。一般血站分为血液中心、中心血站和中心血库。血站必须取得《血站执业许可证》，方可开展采供血活动。血站采血时对献血者的身体健康条件、采血人员的资格、采血器材、每次采血的采血量、两次采血的间隔期、血液检测等都有严格规定。无偿献血的血液必须用于临床，不得买卖。

医疗机构临床用血，是指医疗机构将血站依法采集的供血者的血液或血液成分输注给患者进行抢救、治疗的医疗行为的总称。临床用血包括使用全血和成分血。血液的捐献和使用实行无偿原则，但公民临床用血时需要交付用于血液的采集、储存、分离、检验等费用。临床用血的包装、储存、运输，必须符合国家规定的卫生标准和要求。医疗机构临床用血，由县级以上人民政府卫生行政部门指定的血站供给；但为保证应急用血，医疗机构在符合法定条件，确保采血、用血安全的前提下可以临时采集血液，但必须同时符合相关条件。

血液制品，是指各种人血浆蛋白制品，是一种宝贵的人源性生物药品。经批准设置的单采血浆站可以采集原料血浆，专用于血液制品生产。

违反献血和血液制品管理法律的违法行为，其处罚形式有三种：行政责任、民事责任、刑事责任。

## 复习思考题

1. 无偿献血制度是什么？其有什么意义？
2. 采供血机构的分类和设置要求是什么？
3. 血站在采供血方面有哪些职责？
4. 医疗机构临床紧急采血的法律规定有哪些内容？
5. 医疗机构违反《献血法》需承担哪些法律责任？

（赵 敏）

# 第十四章 母婴保健法律制度

**学习目标**

掌握：母婴保健的概念；母婴保健法的概念；婚前保健和孕产期保健制度的主要内容。

熟悉：母婴保健机构的管理；婚前医学检查的内容及其医学意义；违反母婴保健法的法律责任。

了解：母婴保健管理机构及其职责；母婴保健医学技术鉴定的相关法律规定。

---

**案 例**

重庆市J区卫生健康综合行政执法支队卫生监督员对某综合门诊部开展监督检查，发现该医疗机构的《医疗机构执业许可证》中登记的诊疗科目虽然有妇产科专业，但该机构未取得母婴保健技术许可，擅自实施安取环和终止妊娠手术，卫生监督执法员现场对其开展调查。现场调查情况如下：重庆某综合门诊部未取得《母婴保健技术服务执业许可证》，在该机构的妇科诊室内有妇科检查床、TCU宫内节育器、手术室内有"TC电动流产吸引器"。现场未查见门诊记录及上环、取环和终止妊娠手术登记本，在该机构收费系统中未查见到妇产科手术相关收费明细。通过询问该机构法定代表人，该机构于2019年10月至今开展了上环、取环和终止妊娠手术，并提交了上环、取环登记表，其中放置宫内节育器手术3例、取出宫内节育器手术7例，共计收费人民币壹仟伍佰元整（￥1500.00元）；提交了2019年10月至今开展早期终止妊娠手术登记表，实施终止妊娠手术3例，共计收费人民币壹仟壹佰肆拾元整（￥1140.00元）。

J区卫生健康综合行政执法支队根据调查情况认定该门诊部未取得母婴保健技术许可，擅自实施终止妊娠手术，违反了《中华人民共和国母婴保健法》（简称《母婴保健法》）第三十二条第一款和《中华人民共和国母婴保健法实施办法》（简称《母婴保健法实施办法》）第三十五条第三款的规定，应依据《母婴保健法》第三十五条第一款第二项和《母婴保健法实施办法》第四十条进行处罚。J区卫生健康综合行政执法支队当即出具了《卫生监督意见书》责令其立即停止未经核准登记的母婴保健技术相关的诊疗业务。处理情况：对该门诊部处于警告，没收违法所得人民币壹仟壹佰肆拾元整（￥1140.00元），罚款人民币壹万元整（￥10000.00元）的行政处罚。

《母婴保健法》规定，医疗保健机构开展婚前医学检查、遗传病诊断、产前诊断以及施行结扎手术和终止妊娠手术的，必须符合国务院卫生行政部门规定的条件和技术标准，并经县级以上地方人民政府卫生行政部门许可。其中从事婚前医学检查的医疗、保健机构，从事助产技术服务、结扎手术和终止妊娠手术的医疗、保健机构，须经县级人民政府卫生行政部门许可。

## 第一节 概　述

### 一、母婴保健的概念

保障母亲和婴儿的权益是世界各国普遍关心的社会问题,"儿童优先""母亲安全"已成为国际社会的共识。新中国成立以来,党和政府始终高度重视妇幼保健工作,通过建立妇幼保健体系、培养妇幼保健专业队伍、建立妇幼保健管理规范和技术标准、提供妇幼保健的服务等工作,使我国妇女儿童的健康水平得到普遍提高。

母婴保健是指为了保障母亲和婴儿健康,提高出生人口素质,由医疗保健机构提供的包括婚前检查、产前咨询、产前检查、分娩服务、儿童保健等在内的系列医疗服务。母婴保健工作以保健为中心,以保障生殖健康为目的,实行保健和临床相结合,面向群体、面向基层和预防为主的方针。

母婴保健技术服务主要包括下列事项:①有关母婴保健的科普宣传、教育和咨询;②婚前医学检查;③产前诊断和遗传病诊断;④助产技术;⑤实施医学上需要的节育手术;⑥新生儿疾病筛查;⑦有关生育、节育、不育的其他生殖保健服务。

### 二、母婴保健法的概念

母婴保健法是指调整母亲和婴儿健康,提高出生人口素质活动中产生的各种社会关系的法律规范的总和。母婴保健法律关系是发生在医疗保健机构和公民个人之间,以医疗保健机构提供母婴保健服务,公民个人接受母婴保健服务为内容的法律关系。

### 三、母婴保健的国际立法概况

1989 年,联合国通过了《儿童权利公约》,目前已有 191 个国家批准了该公约。1990 年,世界儿童首脑会议通过了《儿童生存、保护和发展世界宣言》和执行这个宣言的《行动计划》。1995 年第四次世界妇女大会上通过了《北京宣言》《行动纲领》,在 12 个重大关切领域确立了妇女的地位。2002 年 5 月,儿童问题特别联合国大会通过了《适合儿童生长的世界》的决议,明确了保健、教育、保护和艾滋病防治四个主要领域保护儿童利益,改善儿童生存条件的原则和目标。

一些国家和地区在母婴保健领域通过立法来保障母亲和婴儿的健康权利,预防和减少先天性病残儿的出生,提高出生人口素质。早在 1948 年日本就制定了《优生保护法》;韩国制定了《母子保健法》。法国、英国、意大利、卢森堡、荷兰、德国、新加坡等国家,或制定有流产法,或在其他的法律中以条文形式对人工终止妊娠做出规定。

### 四、我国母婴保健立法概况

我国在《宪法》《民法典》《劳动法》《妇女权益保障法》等基本法律中规定了保护妇女、儿童的专门条款。国务院、卫生部、民政部也颁布了一系列落实和推进妇女、儿童卫生保健工作的法规和规章,如国务院的《女职工劳动保护规定》(1988 年)、卫生部的《妇幼卫生工作条例》(1986 年)等。此外卫生部还颁布了《全国城乡孕产期保健质量标准和要求》《全国城市围产保健管理办法》《女职工保健工作规定》《农村孕产妇系统保健管理办法》《婚姻保健工作常规》《异常情况的分类指导标准（试行）》等涉及妇女保健的规章。在儿童保健方面，卫生部先后发布了《城乡儿童保健工作要求》《小儿病防治方案》《散居儿童卫生保健管理制度》《关于加强儿童保健工作的通知》（1989年），以及《关于进一步加强儿童保健工作的通知》（1990年）等。卫生部、国内贸易部、广电部发布了《母乳代用品销售管理办法》（1995年）。2012年，卫生部发布了《中国出生缺陷防治报告（2012）》。2016年，国家卫生计生委、国家发展改革委、教育部、财政部、人力资源社会保障部等五部委联合发布了《关于加强生育全程基本医疗保健服务的若干意见》。

《母婴保健法》由第八届全国人大常委会1994年10月通过，并于1995年6月1日起正式实施，2009年、2017年两次对该法进行了修正。《母婴保健法》共七章三十九条，主要围绕妇女结婚、生育和婴幼儿成长发育这些生理时期，规定了政府在保护母亲安全、后代健康的母婴保健工作方面的责任；依法加强了对母婴保健工作的管理；规范母婴保健行为等方面内容。

为了更好地贯彻落实《母婴保健法》，国务院于2001年6月20日正式发布了《母婴保健法实施办法》，2017年、2022年国务院两次对《母婴保健法实施办法》进行了修正。2011年，为贯彻落实母婴保健法及实施办法，适应新形势下孕产期保健管理要求及工作需要，进一步规范孕产期保健工作，卫生部组织制定了《孕产期保健工作管理办法》《孕产期保健工作规范》等部门规章。

《母婴保健法》的实施标志着我国维护妇女儿童权益的工作进入法治化、规范化的轨道。作为我国第一部保护妇女儿童健康权益的专门法律，母婴保健法的立法是为了保障母亲和婴儿健康，提高出生人口素质。法律明确了国家发展母婴保健事业，提供必要条件和物质帮助，使母亲和婴儿获得医疗保健服务。法律规定了公民享有母婴保健的知情选择权，国家保障公民获得适宜的母婴保健服务的权利。法律明确了各级人民政府领导母婴保健工作，对少数民族地区、贫困地区的母婴保健事业给予特殊支持，母婴保健事业应当纳入国民经济和社会发展计划。国务院卫生行政部门主管全国母婴保健工作，根据不同地区情况提出分级分类指导原则，并对全国母婴保健工作实施监督管理。

## 第二节　婚前保健和孕产期保健管理

### 一、婚前保健

#### （一）婚前保健服务

《母婴保健法》及《实施办法》规定，医疗保健机构应当为公民提供婚前保健服务，对准备结婚的男女双方提供与结婚和生育有关的生殖健康知识，并根据需要提出医学指导意见。

婚前保健服务包括三方面的内容：①婚前卫生指导，主要是关于性卫生知识、生育知识和遗传病知识的教育；②婚前卫生咨询，包括对有关婚配、生育保健等问题提供医学意见；③婚前医学检查，对准备结婚的男女双方可能患影响结婚和生育的疾病进行医学检查。

**1. 婚前卫生指导**　婚前卫生指导是指对准备结婚的男女双方进行的以生殖健康为核心，与结婚和生育有关的保健知识的宣传教育。主要内容包括：①有关性卫生的保健和教育；②新婚避孕知识及计划生育指导；③受孕前的准备、环境和疾病对后代影响等孕前保健知识；④遗传病的基本知识；⑤影响婚育的有关疾病的基本知识；⑥其他生殖健康知识。

婚前卫生指导的方法由省级妇幼保健机构根据婚前卫生指导的内容，制定宣传教育材料。婚前保健机构通过多种方法系统地为服务对象进行婚前生殖健康教育，并向婚检对象提供婚前保健宣传资料。

**2. 婚前卫生咨询** 婚前卫生咨询是指有关婚配、生育保健等问题的咨询。医师进行婚前卫生咨询时，应当为服务对象提供科学的信息，对可能产生的后果提出适当的建议。让准备结婚的男女了解性生理、性卫生，以及受孕、避孕的科学知识和方法，为婚后性生活打下基础，为计划受孕增加成功机会，减少计划外妊娠和人工流产，为妇女生殖健康提供保障。

**3. 婚前医学检查** 婚前医学检查是对准备结婚的男女双方可能患影响结婚和生育的疾病进行的医学检查，包括询问病史、体格检查、常规辅助检查和其他特殊检查，实行逐级转诊制度。婚前检查的主要疾病包括：①在传染期内的指定传染病。主要是指《传染病防治法》中规定的艾滋病、淋病、梅毒、麻风及医学上认为影响结婚和生育的其他传染病在传染期内的。②在发病期内的有关精神病。主要是指精神分裂症、躁狂抑郁性精神病以及其他重型精神病。③不宜生育的严重遗传性疾病。主要是指由于遗传因素而先天形成的疾病，患者全部或部分丧失生活能力，而且后代再现风险高，医学上认为不宜生育的疾病。④医学上认为不宜结婚的其他疾病。如重要脏器疾病和生殖系统疾病等。

## （二）婚前医学检查的具体规定

婚前医学检查由县级以上妇幼保健院或经设区的市级以上卫生行政部门指定的医疗机构承担，不宜生育的严重遗传性疾病的诊断由省级卫生行政部门指定的医疗机构负责。

从事婚前医学检查的医疗、保健机构，由其所在地县级人民政府卫生行政部门进行审查，符合条件的，在其《医疗机构执业许可证》上注明婚前医学检查单位。

从事婚前医学检查的医疗、保健机构应向接受婚前医学检查的当事人出具婚前医学检查证明，并根据当事人的具体情况，在"医学意见"栏内注明下列情形之一：①建议不宜结婚；②建议不宜生育；③建议暂缓结婚或建议采取医学措施，尊重受检者意愿；④未发现医学上不宜结婚的情形。出具任何一种医学意见时，婚检医师都应当向当事人说明情况，并进行指导。婚检医师应针对医学检查结果发现的异常情况以及服务对象提出的具体问题进行解答、交换意见、提供信息，帮助受检对象在知情的基础上作出适宜的决定。医师在提出"不宜结婚"、"不宜生育"和"暂缓结婚"等医学意见时，应充分尊重服务对象的意愿，耐心、细致地讲明科学道理，对可能产生的后果给予重点解释，并由受检双方在体检表上签署知情意见。对婚前医学检查结果有异议的，可申请母婴保健技术鉴定。

对患有指定传染病在传染期内或者有关精神病在发病期内的，医师应当提出医学意见，准备结婚的男女双方应当暂缓结婚，医疗保健机构应当为其提供医疗服务。对诊断为医学上认为不宜生育的严重遗传性疾病的，医师应当向男女双方说明情况，提出医学意见，经男女双方同意，采取长效避孕措施或者施行结扎手术后不生育的，可以结婚，但根据民法典规定禁止结婚的除外。

## （三）婚前医学检查的医学意义

婚前医学检查是保障母婴健康，减少出生缺陷，提高出生人口素质的一道重要防线。《母婴保健法》明确规定"男女双方在结婚登记时，应当持有婚前医学检查证明或医学鉴定证明。"2003年10月开始施行的《婚姻登记条例》虽然没有强制婚前检查的规定与硬性要求，但这并不是否定婚前检查的必要性与重要性。自2003年《婚姻登记条例》正式实施以来，婚检从强制变成个人自由选择,各地婚检人数大幅度下降;同时婚育疾病的检出率却仍在缓慢提升,这一严峻现象已成为当前婚育保健工作的棘手问题。由于婚前医学检查关口的缺失,使得新婚夫妇孕前接受生殖健康教育、服用叶酸增补剂、检出并治疗影响孕妇和胎儿疾病的机会丧失,出生缺陷的发生危险增加。因此,从国家、家庭、个人和后代的角度考虑,不能轻易放弃、也不能逃避婚前检查。

## 二、孕产期保健

《母婴保健法》规定,医疗保健机构应当开展母婴保健指导、孕产妇保健、胎儿保健,为育龄妇女、孕妇提供有关避孕、节育、生育、不育和生殖健康的咨询和医疗保健服务。孕产期保健是指孕前、孕中、产后的保健和指导,通过一系列保健服务保障母亲和婴儿的健康。

### (一)母婴保健指导

指对孕育健康后代以及严重遗传性疾病、碘缺乏病等地方病的原因、治疗和预防方法提供医学意见。发现育龄夫妻患有严重的遗传性疾病的,应当提出医学意见;对于现有医疗技术条件不能确诊的,应当向当事人说明情况。育龄夫妇可以根据医师的医学意见自愿采取相应的医学措施。

### (二)孕产妇保健

指为孕产妇提供卫生营养、心理等方面的咨询和指导以及产前定期检查等医疗保健服务,具体包括:①为孕产妇建立保健手册(卡),定期进行产前检查;②为孕产妇提供卫生、营养、心理等方面的医学指导与咨询;③对高危孕妇进行重点监护、随访和医疗保健服务;④为孕产妇提供安全分娩技术服务;⑤定期进行产后访视,指导产妇科学喂养婴儿;⑥提供避孕咨询指导和技术服务;⑦对产妇及其家属进行生殖健康教育和科学育儿知识教育;⑧其他孕产期保健服务。

### (三)胎儿保健

胎儿保健是指为胎儿生长发育提供咨询和医学指导。医疗、保健机构发现孕妇患有下列严重疾病或者接触物理、化学、生物等有毒、有害因素,可能危及孕妇生命安全或者可能严重影响孕妇健康和胎儿正常发育的,应当对孕妇进行医学指导和下列必要的医学检查:①严重的妊娠合并症或者并发症;②严重的精神性疾病;③国务院卫生行政部门规定的严重影响生育的其他疾病。

孕妇有下列情形之一的,医师应当对其进行产前诊断:①羊水过多或者过少的;②胎儿发育异常或者胎儿有可疑畸形的;③孕早期接触过可能导致胎儿先天缺陷的物质的;④有遗传病家族史或者曾经分娩过先天性严重缺陷婴儿的;⑤初产妇年龄超过35周岁的。诊断发现有下列情况,医师应向孕妇或家属说明情况,并提出终止妊娠的医学意见,包括:①胎儿患有严重性遗传性疾病的;②胎儿有严重缺陷的;③因患严重疾病,继续妊娠可能危及孕妇生命安全或者严重危害孕妇健康的。

经产前检查和产前诊断,医师发现胎儿有下列严重缺陷或者孕妇患有严重疾病和严重遗传性疾病的,应向夫妻双方说明情况,并提出终止妊娠措施的医学意见:无脑畸形、脑积水、脊柱裂、脑脊膜膨出等;内脏膨出或内脏外翻;四肢短小畸形;其他严重的胎儿畸形。

依照《母婴保健法》的规定,终止妊娠采取本人自愿的原则。需施行终止妊娠的,应当经本人同意并签署意见;本人无行为能力的,应当经监护人同意,并签署意见。县级以上人民政府的卫生健康和药品监督管理等行政部门，按照各自职责，对本行政区域内的胎儿性别鉴定和施行终止妊娠手术工作实施监督管理。县级以上计划生育行政部门在同级人民政府领导下具体负责组织、协调和管理工作。《关于禁止非医学需要的胎儿性别鉴定和选择性别的人工终止妊娠的规定》中指出，终止妊娠的药品（不包括避孕药品），仅限于在获准施行终止妊娠手术的医疗保健机构和计划生育技术服务机构使用，禁止药品零售企业销售终止妊娠药品。药品生产、批发企业不得将终止妊娠药品销售给未获得施行终止妊娠手术资格的机构和个人。

《母婴保健法》规定严禁采用技术手段对胎儿进行性别鉴定。对怀疑胎儿可能为伴性遗传病，需要进行性别鉴定的，由省、自治区、直辖市人民政府卫生行政部门指定的医疗、保健机构按照国务院卫生行政部门的规定进行鉴定。《人口与计划生育法》第三十九条也明确规定严禁利用超声技术和其他技术手段进行非医学需要的胎儿性别鉴定，严禁非医学需要的选择性别的人工终止妊娠。2016年，国家卫生计生委、国家工商行政管理总局、国家食品药品监督管理总局发布了《禁止非医学需要的胎儿性别鉴定和选择性别人工终止妊娠的规定》，禁止任何单位、个人组织介绍或者实施非医学需要的胎儿性别鉴定和选择性别人工终止妊娠。

国家提倡住院分娩。医疗、保健机构应当按照国务院卫生行政部门制定的技术操作规范，实施消毒接生和新生儿复苏，预防产伤及产后出血等产科并发症，降低孕产妇及围产儿发病率、死亡率。没有条件住院分娩的，应当由经过培训、具备相应接生能力的家庭接生人员接生。高危孕妇应当在医疗、保健机构住院分娩。

### （四）婴儿保健

婴儿保健是指为新生儿生长发育、哺乳和护理提供医疗保健服务，包括：①按照国家有关规定开展新生儿先天性、遗传性代谢病的筛查、诊断和监测。②对新生儿进行访视，建立儿童保健手册（卡），定期对其进行健康检查，提供有关预防疾病、合理用膳、促进智力发育等科学知识，做好婴儿多发病、常见病防治等医疗保健服务。③按照规定的程序和项目对婴儿进行预防接种，婴儿的监护人应当保证婴儿及时接受预防接种。④推行母乳喂养，医疗、保健机构应当为实施母乳喂养提供技术指导，为住院分娩的产妇提供必要的母乳喂养的条件。医疗、保健机构不得向孕产妇和婴儿家庭宣传、推荐母乳代用品。妇女享有国家规定的产假，有不满1周岁婴儿的妇女，所在单位应当在劳动时间内为其安排一定的哺乳时间。

## 三、医学技术鉴定

医学技术鉴定是指母婴保健医学鉴定组织，依法受理接受母婴保健服务的公民的申请，就申请人对母婴保健服务机构所作的婚前医学检查、遗传病诊断、产前诊断结果以及医学技术鉴定结论的异议，进行医学技术鉴定。

### （一）鉴定申请

公民对婚前医学检查、遗传病诊断、产前诊断的结果有异议的，可在接到检查或诊断结果之日起15日内提出技术鉴定申请。由当事人向所在地县级或设区的市级母婴保健医学技术鉴定委员会提出书面鉴定申请。母婴保健医学技术鉴定委员会应当自接到鉴定申请之日起30日内做出医学技术鉴定意见，并及时通知当事人。当事人对鉴定意见有异议时，可以自接到鉴定意见通知书之日起15日内向上一级母婴保健医学技术鉴定委员会申请再鉴定。

## (二) 鉴定机构

县级以上地方人民政府可以设立医学技术鉴定组织，依法行使鉴定权，负责对婚前医学检查、遗传病诊断和产前诊断结果和有异议的下一级医学技术鉴定结论的医学技术鉴定工作。母婴保健医学技术鉴定分为省、市、县级鉴定，国家不设技术鉴定机构，因此省级母婴保健技术鉴定委员会的鉴定为最终鉴定结论。

## (三) 鉴定人

从事母婴保健医学技术鉴定的人员，应当具有符合下列条件：①认真负责的精神和良好的医德风尚。②具有丰富的医疗保健实践经验和相关学科理论知识，从事医学技术鉴定的人员，必须具有临床经验和医学遗传学知识。③县级鉴定委员会成员应具有主治医师以上专业技术职务；设区的市级和省级鉴定委员会成员应具有副主任医师以上专业技术职务。

母婴保健医学技术鉴定委员会进行医学鉴定时须有5名以上相关专业医学技术鉴定委员会成员参加，鉴定委员会成员应当在鉴定结论上著名；不同意见应如实记录。鉴定委员会根据鉴定结论向当事人出具鉴定意见书。医学技术鉴定组织的组成人员，由卫生行政部门提名，同级人民政府聘任。医学技术鉴定实行回避制度，凡与当事人有利害关系，可能影响公正鉴定的人员，应当回避。

# 第三节 母婴保健机构和工作人员的管理

## 一、医疗保健机构

《母婴保健法》规定，医疗、保健机构依照规定开展婚前医学检查、遗传病诊断、产前诊断以及施行结扎手术和终止妊娠手术的，必须符合国务院卫生行政部门规定的条件和技术标准，并经县级以上地方人民政府卫生行政部门许可。成立母婴保健机构条件如下：①符合当地医疗机构设置规划。②具有《医疗机构执业许可证》。③符合《母婴保健专项服务的基本标准》。④符合审批机关规定的其他条件。

从事遗传病诊断、产前诊断的医疗、保健机构，须经省、自治区、直辖市人民政府卫生行政部门许可；但是，从事产前诊断中产前筛查的医疗、保健机构，须经县级人民政府卫生行政部门许可。从事婚前医学检查的医疗、保健机构，从事助产技术服务、结扎手术和终止妊娠手术的医疗、保健机构，须经县级人民政府卫生行政部门许可。

各级妇幼保健机构受辖区卫生行政部门委托，负责孕产期保健技术管理的具体组织和信息处理工作，包括以下内容：①定期组织孕产期保健技术指导组对各级各类医疗保健机构的孕产期保健工作进行技术指导及质量控制评价。②组织孕产期保健技术指导组开展专业人员技术培训。③具体实施孕产妇死亡、围产儿死亡评审工作，有条件的可开展孕产妇危重症评审工作。④负责信息资料的收集、分析和上报。

各级各类医疗保健机构应当按照卫生行政部门登记的诊疗科目范围，按照《孕产期保健工作规范》以及相关诊疗指南、技术规范，提供孕产期保健技术服务，按要求配合做好孕产妇死亡、围产儿死亡评审工作。定期收集孕产期保健信息，并报送辖区妇幼保健机构。县级以上医疗保健机构应当根据本机构的服务能力和范围，开展危重症孕产妇的抢救工作。乡镇（街道）及以下医疗卫生机构还应当承担宣传动员孕产妇接受产前检查和住院分娩，进行产后访视等孕产期保健服务工作。

## 二、母婴保健工作人员

根据《母婴保健法》及《母婴保健法实施办法》规定，从事遗传病诊断、产前诊断的人员，须经省、自治区、直辖市人民政府卫生行政部门许可。从事产前诊断中产前筛查的人员，须经县级人民政府卫生行政部门许可。从事婚前医学检查的人员，须经设区的市级人民政府卫生行政部门许可。从事助产技术服务、结扎手术和终止妊娠手术的人员，须经县级人民政府卫生行政部门许可，并取得相应的合格证书。从事母婴保健工作的人员应当严格遵守职业道德，为当事人保守秘密。

从事婚前医学检查的人员，施行结扎手术和终止妊娠手术的人员，由县级卫生行政部门考核并颁发合格证书。从事家庭接生的人员由县级以上卫生行政部门颁发家庭接生技术员合格证书。医疗、保健机构对从事母婴保健工作的人员应加强岗位业务培训和职业道德教育，并定期对其进行检查、考核。

# 第四节 母婴保健工作的监督和管理

## 一、母婴保健管理机构及其职责

### （一）国务院卫生健康行政部门及其职责

国务院卫生健康行政部门主管全国母婴保健工作，主要职责是：①执行母婴保健法及其实施办法；②制定母婴保健法及其实施办法的配套规章及技术规范；③按照分级分类指导原则制定全国母婴保健工作发展规划和实施步骤；④组织推广母婴保健适宜技术；⑤对母婴保健工作实施监督。

### （二）县级以上卫生健康行政部门及其职责

县级以上卫生健康行政部门负责本行政区域内的母婴保健监督管理工作，主要职责如下：①依照母婴保健法及其实施办法、国务院卫生行政部门规定的条件和技术标准，对从事母婴保健工作的机构和人员实施许可，并核发相应的许可证书；②对母婴保健法及其实施办法的执行情况进行监督检查；③对违反母婴保健法及其实施办法的行为，依法给予行政处罚；④负责母婴保健工作监督管理的其他事项。

## 二、母婴保健监督员

县级以上地方人民政府卫生行政部门可以设立母婴保健监督员，其主要职责如下：①监管检查母婴保健法及其实施办法的执行情况；②对违反母婴保健法及其实施办法的单位和个人提出处罚意见；③对母婴保健工作提出改进的建议；④完成卫生行政部门交给的其他监管管理任务。母婴保健监督员在执行职务时，应当出示证件；可以向医疗保健机构了解情况，索取必要的资料，医疗机构不得拒绝和隐瞒；对医疗机构提供的技术材料负有保密的义务。

# 第五节 法律责任

## 一、行政责任

医疗、保健机构或者人员未取得母婴保健技术许可，擅自从事婚前医学检查、遗传病诊断、产前诊断、终止妊娠手术和医学技术鉴定或者出具有关医学证明的，由卫生行政部门给予警告、责令停止违法行为，没收违法所得；违法所得5000元以上的，并处违法所得3倍以上5倍以下罚款；没收违法所得或者违法所得不足5000元的，并处5000元以上2万元以下罚款。

从事母婴保健技术服务的人员出具虚假医学证明文件的，依法给予行政处分；有下列情形之一的，由原发证部门撤销相应的母婴保健技术执业资格或者医师执业证书：①因延误诊治造成严重后果的；②给当事人身心健康造成严重后果的；③造成其他严重后果的。

违反《母婴保健法》规定进行胎儿性别鉴定的，由卫生行政部门给予警告、责令停止违法行为；对医疗和机构直接负责的主管人员和其他直接责任人员，依法给予行政处分。进行胎儿性别鉴定两次以上的或者以营利为目的进行胎儿性别鉴定的，并由原发证机关撤销相应的母婴保健技术执业资格或者医师执业证书。对医疗保健机构及其人员违反《孕产期保健工作管理办法》的行为，由县级以上地方人民政府卫生行政部门依据有关的法律法规进行处罚；对直接负责的主管人员和其他直接责任人员给予相应的行政处分。

违反《人口与计划生育法》第四十条的规定，有下列行为之一的，由卫生健康主管部门责令改正，给予警告，没收违法所得；违法所得1万元以上的，并处违法所得2倍以上6倍以下的罚款；没有违法所得或者违法所得不足1万元的，并处1万元以上3万元以下的罚款；情节严重的，由原发证机关吊销执业证书；构成犯罪的，依法追究刑事责任：①非法为他人施行计划生育手术的；②利用超声技术和其他技术手段为他人进行非医学需要的胎儿性别鉴定或者选择性别的人工终止妊娠的。

## 二、民事责任

母婴保健机构及其工作人员，在诊疗护理过程中，违反母婴保健法等法律、法规、规章、技术规范，过失造成患者的人身损害，应按照民法典、医疗事故处理条例等法律法规的有关规定承担民事责任。

## 三、刑事责任

**1.医疗事故罪** 取得相应合格证书的、从事母婴保健工作的人员由于严重不负责任，造成就诊人员死亡或者严重损害就诊人员身体健康的，依照《刑法》第三百三十五条医疗事故罪追究刑事责任，处三年以下有期徒刑或者拘役。

**2.非法进行节育手术罪** 《刑法》第三百三十六条规定，未取得医师执业资格擅自为他人进行节育复通手术、假节育手术、终止妊娠手术或者摘取宫内节育器，情节严重的，处三年以下有期徒刑、拘役或者管制并处或者单处罚金；严重损害就诊人员身体健康的，处三年以上十年以下有期徒刑，并处罚金；造成就诊人员死亡的，处十年以上有期徒刑，并处罚金。

## 本章小结

本章的主要内容有母婴保健法的概念及立法概况、婚前保健和孕产期保健管理、母婴保健机构和工作人员的管理、母婴保健的监督和管理、法律责任等。母婴保健法的立法是为了保障母亲和婴儿健康，提高出生人口素质。婚前保健包括婚前卫生指导、婚前卫生咨询、婚前医学检查等三方面的内容。孕产期保健是指孕前、孕中、产后的保健和指导，通过一系列保健服务保障母亲和婴儿的健康。卫生健康行政部门主管全国母婴保健工作，开展母婴保健工作的机构和人员须经相应的卫生行政部门技术许可，违反母婴保健法的相关规定，违法从事母婴保健相关技术工作的，应当承担相应的法律责任。

## 复习思考题

1. 简述母婴保健法的概念？
2. 简述产前诊断的概念？
3. 孕产期保健包括哪些内容？
4. 违反母婴保健法的法律责任有哪些？

（唐 艳）

# 第十五章 职业病防治法律制度

**学习目标**

掌握：职业病的概念与分类；职业病的预防与保护制度；职业病的诊断制度。
熟悉：职业病患者的保障；违反职业病防治法的法律责任。
了解：职业危害的种类；职业病的鉴定制度；职业病防治监督的法律规定。

---

**张海超"开胸验肺"事件**

张海超是河南省新密市老寨村村民，从2004年到2007年他一直在郑州市振东耐磨有限公司从事接触大量粉尘的工作。虽然公司每年都安排体检，工人们却从未得到体检报告。2007年，张海超出现了咳嗽、胸闷等症状，他历经波折拿到了2007年1月体检时的胸部X线片赶到北京，被北京多家大医院诊断为尘肺病。而根据国家职业病防治法规定，其他医院的尘肺病诊断只能作为参考，他必须拿到本人居住地职防所的诊断才能获得相应药品。而想要得到这个诊断结果，就必须由所在单位出具用工证明和健康档案等相关材料。振东耐磨有限公司拒绝出具任何材料。最终通过信访，张海超在郑州职防所完成了诊断，但"无尘肺0+期合并肺结核"的结果却让他无法接受。为证明自己确实是患上了职业病尘肺，他在郑州大学第一附属医院做了"开胸验肺"手术，但诊断结果仍然不是合法的。此事一经媒体报道，就引起了社会各界广泛关注。

"开胸验肺"充分暴露了我国职业病防治体制之弊。根据当时法律规定，申请职业病诊断者，必须提供职业史、职业病危害接触史、健康档案等。但是，让一个企业出于良心，自证其罪，为打工者提供有关材料，是不大可能的。而对于拒绝提供证明的不良企业，法律也没有任何惩罚，从而给不法企业以可乘之机。

---

## 第一节 概 述

### 一、概 念

职业病有广义和狭义之分。广义上的职业病是由于工作环境中有害因素作用于机体后所引起的疾病。狭义的职业病是指法定职业病。依据《职业病防治法》（2018）的规定，职业病是指企业、事业单位和个体经济组织等用人单位的劳动者在职业活动中，因接触粉尘、放射性物质和其他有毒、有害因素而引起的疾病。

### 二、分 类

2013年12月，国家卫生计生委、国家人力资源和社会保障局、国家安全监督管理总局和全国总工会4部门联合印发的《职业病分类和目录》规定了"职业性尘肺病及其他呼吸系统疾病""职业性皮肤病""职业性眼病""职业性耳鼻喉口腔疾病""职业性化学中毒""物理因素所致职业病""职业性放射性疾病""职业性传染病""职业性肿瘤""其他职业病"，共10大类132种。

## 三、职业病防治的法律规制

职业病防治法是指在预防、控制和消除职业病危害，防治职业病，保护劳动者健康及其相关权益的活动中产生的各种社会关系的法律规范的总称。我国的《职业病防治法》于2002年5月1日起施行。

职业病防治对可能造成职业病的危险因素、行为进行预防，对患有或疑似患有职业病的患者开展检查、诊断和治疗，减轻工伤、职业病与工作有关疾病所致不良后果，并通过改善工作场所劳动条件，规范劳动用工和劳动工时管理等，促进职业健康治理体系更加完善，推动职业健康服务能力和保障水平不断提升，进一步提高保障劳动者健康的能力。

我国职业病防治法律体系是一个以保护劳动者在生产劳动中免受职业性危害因素影响的各种职业健康相关法律法规构成的有机整体。《职业病防治法》是第一部保障劳动者的职业健康和安全的法律，于2001年10月27日通过第九届全国人民代表大会常务委员会第二十四次会议，并于2002年5月1日起实行，分别在2011年、2016年、2017年和2018年进行了修订，为更好地预防、控制和消除职业病危害，防治职业病，保护劳动者健康及其相关权益，促进经济发展提供了坚实的保障。迄今为止我国已有较完善的职业健康法律规制体系，如《劳动法》《劳动合同法》《职业病防治法》《安全生产法》《民法典》法律5部，职业病预防、诊断、治疗、保障、监测等规范9部，系统、有效地规范卫生监督部门践行职业病"防"、卫生健康行政部门和医疗机构开展"治"和人力资源和社会保障部门落实"保"，构成一条完整的职业健康安全保障链条。《职业病防治法》与相关的法规和部门规章共同构筑保护劳动者健康权益的防-治-保规范化系统化的法律体系，预防和保护劳动者免受职业性有害因素所致的健康影响和危害，使工作环境适应劳动者，促进劳动者在职业活动中保持身心健康，保障其享有社会福利。

## 四、职业病防治工作方针和管理原则

职业病防治工作坚持预防为主、防治结合的方针，建立用人单位负责、行政机关监管、行业自律、职工参与和社会监督的机制，实行分类管理、综合治理。

"预防为主，防治结合"是职业病防治的工作的方针，是根据"职业病可以预防，但是很难治愈"这个特点提出来的，它概括了职业病防治法的基本要求。所以，职业病防治工作必须从致病源头抓起，实行前期预防。"预防为主"，是做好职业病防治工作的基础和前提，就是要做到"防微杜渐""防患于未然"，把职业病防治工作由传统的发生问题后进行处理的工作模式转变为风险预防管理的模式，把工作重点放在预防上。

"分类管理，综合治理"是职业病防治工作的基本管理原则。"分类管理"是指在职业病防治管理工作中对不同危害类别和职业病采取不同的管理措施，"综合治理"就是要将职业病防治作为一项系统工程来抓。各部门要加强沟通、协调配合，形成统一的监督链，做到全方位的综合治理。

## 五、国家职业卫生标准

《职业病防治法》规定，有关防治职业病的国家职业卫生标准，由国务院卫生行政部门组织制定并公布。国务院卫生行政部门应当组织开展重点职业病监测和专项调查，对职业健康风险进行评估，为制定职业卫生标准和职业病防治政策提供科学依据。这有利于完善职业病卫生标准体系，保障《职业病防治法》的有效实施。

## 第二节　职业病的预防与保护制度

预防为主，是从源头上控制和消除职业病，避免严重的职业病危害后果，确保劳动者的职业健康。职业病防治遵循三级预防原则。一级预防亦称病因预防，从根本上杜绝职业危害因素对人的作用；二级预防亦称临床前期预防，通过早发现、早诊断、早治疗及时发现问题并防止职业病的发展；三级预防亦称临床预防，在明确诊断为职业病后，及时获得合理的治疗，预防病情恶化复发，出现并发症和伤残。

### 一、职业病的前期预防制度

#### （一）工作场所职业卫生要求

职业病的前期预防是指用人单位在设立单位时，应当预先配备与职业病危害防护相适应的设施，以使工作场所的职业病危害因素浓度（或强度）符合国家职业卫生标准和要求，同时还要求其生产布局应将有害与无害作业分开，配有更衣间、洗浴间、孕妇休息间等卫生设施，设备、工具、用具等也应符合劳动者的生理、心理健康要求。

产生职业病危害的用人单位的设立除应当符合法律规定的设立条件外，其工作场所还应当符合下列职业卫生要求：①职业病危害因素的强度或者浓度符合国家职业卫生标准；②有与职业病危害防护相适应的设施；③生产布局合理，符合有害与无害作业分开的原则；④有配套的更衣间、洗浴间、孕妇休息间等卫生设施；⑤设备、工具、用具等设施符合保护劳动者生理、心理健康的要求；⑥法律、行政法规和国务院卫生行政部门、安全生产监督管理部门关于保护劳动者健康的其他要求。

#### （二）职业病危害项目申报制度

用人单位工作场所存在职业病目录所列职业病的危害因素的，应当及时、如实向所在地卫生行政部门申报危害项目，接受监督。职业病危害因素分类目录由国务院卫生行政部门制定、调整并公布。职业病危害项目申报的具体办法由国务院卫生行政部门制定。

#### （三）职业病危害预评价报告制度

新建、扩建、改建建设项目和技术改造、技术引进项目可能产生职业病危害的，建设单位在可行性论证阶段应当进行职业病危害预评价。医疗机构建设项目可能产生放射性职业病危害的，建设单位应当向卫生行政部门提交放射性职业病危害预评价报告。卫生行政部门应当自收到预评价报告之日起三十日内，作出审核决定并书面通知建设单位。未提交预评价报告或者预评价报告未经卫生行政部门审核同意的，不得开工建设。

职业病危害预评价报告应当对建设项目可能产生的职业病危害因素及其对工作场所和劳动者健康的影响作出评价，确定危害类别，采取职业病防护措施。

职业病危害预评价是对可能产生职业病危害的建设项目，在可行性论证阶段，对其可能产生的职业病危害因素、危害程度、健康影响、防护措施等进行预测性卫生学评价。

#### （四）职业病卫生审查制度

建设项目的职业病防护设施所需费用应当纳入建设项目工程预算，并与主体工程同时设计，同时施工，同时投入生产和使用。建设项目的职业病防护设施设计应当符合国家职业卫生标准和卫生要求;其中,医疗机构放射性职业病危害严重的建设项目的防护设施设计,应当经卫生行政部门审查同意后,方可施工。

建设项目在竣工验收前,建设单位应当进行职业病危害控制效果评价。医疗机构可能产生放射性职业病危害的建设项目竣工验收时,其放射性职业病防护设施经卫生行政部门验收合格后,方可投入使用;其他建设项目的职业病防护设施应当由建设单位负责依法组织验收,验收合格后,方可投入生产和使用。安全生产监督管理部门应当加强对建设单位组织的验收活动和验收结果的监督核查。

## 二、职业病防治管理措施

职业病防治应当是用人单位日常的工作内容,是现代企业管理和卫生管理必不可少的。这种管理应当制度化和法律化,强有力地加以推行。用人单位应当依法采取下列职业病防治管理措施:

(1) 设置或者指定职业卫生管理机构或者组织,配备专职或者兼职的职业卫生专业人员,负责本单位的职业病防治工作。
(2) 制定职业病防治计划和实施方案。
(3) 建立、健全职业卫生管理制度和操作规程。
(4) 建立、健全职业卫生档案和劳动健康监护档案。
(5) 建立、健全工作场所职业病危害因素检测及评价制度。
(6) 建立、健全职业病危害事故应急救援预案。

## 三、劳动过程中的防护与管理

《职业病防治法》通过对用人单位职业病防治工作作出明确的规定和要求,有效发挥了法律对用人单位和劳动者之间在职业活动中所产生的社会关系的调整作用。用人单位在职业病防治工作中应履行《职业病防治法》规定的法定义务,帮助减少劳动者在劳动过程中遭受职业病危害因素对其身体健康权造成的侵害,充分保障劳动者寻求职业健康保护的权利。

### (一)劳动者的职业卫生保护权利

用人单位应当为劳动者创造符合国家职业卫生标准和卫生要求的工作环境和条件,并采取措施保障劳动者获得职业卫生保护。

**1. 培训权**  获得职业卫生教育、培训。

**2. 职业健康权**  获得职业健康检查、职业病诊疗、康复等职业病防治服务。

**3. 知情权**  了解工作场所产生或者可能产生的职业病危害因素、危害后果和应当采取的职业病防护措施。

**4. 特殊保障权**  要求用人单位提供符合防治职业病要求的职业病防护设施和个人使用的职业病防护用品,改善工作条件。

**5. 检举和控告权**  对违反职业病防治法律、法规以及危及生命健康的行为提出批评、检举和控告。

**6. 拒绝冒险作业权**  拒绝违章指挥和强令进行没有职业病防护措施的作业。

**7. 参与民主决策权**  参与用人单位职业卫生工作的民主管理,对职业病防治工作提出意见和建议。

## (二)职业病防护设施和防护用品提供

用人单位必须采用有效的职业病防护设施,并为劳动者提供个人使用的职业病防护用品。用人单位为劳动者个人提供的职业病防护用品必须符合防治职业病的要求,不符合要求的,不得使用。对职业病防护设备、应急救援设施和个人使用的职业病防护用品,用人单位应当进行经常性的维护、检修,定期检测其性能和效果,确保其处于正常状态,不得擅自拆除或者停止使用。

用人单位应当优先采用有利于防治职业病和保护劳动者健康的新技术、新工艺、新设备、新材料,逐步替代职业病危害严重的技术、工艺、设备、材料。

## (三)职业病危害因素警示与告知

**1. 设置警示标识** 产生职业病危害的用人单位,应当在醒目位置设置公告栏,公布有关职业病防治的规章制度、操作规程、职业病危害事故应急救援措施和工作场所职业病危害因素检测结果。对产生严重职业病危害的作业岗位,应当在其醒目位置,设置警示标识和中文警示说明。警示说明应当载明产生职业病危害的种类、后果、预防以及应急救治措施等内容。

**2. 设置报警装置** 对可能发生急性职业损伤的有毒、有害工作场所,用人单位应当设置报警装置,配置现场急救用品、冲洗设备、应急撤离通道和必要的泄险区。对放射工作场所和放射性同位素的运输、贮存,用人单位必须配置防护设备和报警装置,保证接触放射线的工作人员佩戴个人剂量计。

**3. 提供相关中文说明书** 向用人单位提供可能产生职业病危害的设备的,应当提供中文说明书,并在设备的醒目位置设置警示标识和中文警示说明。警示说明应当载明设备性能、可能产生的职业病危害、安全操作和维护注意事项、职业病防护以及应急救治措施等内容。

向用人单位提供可能产生职业病危害的化学品、放射性同位素和含有放射性物质的材料的,应当提供中文说明书。说明书应当载明产品特性、主要成分、存在的有害因素、可能产生的危害后果、安全使用注意事项、职业病防护以及应急救治措施等内容。产品包装应当有醒目的警示标识和中文警示说明。贮存上述材料的场所应当在规定的部位设置危险物品标识或者放射性警示标识。

**4. 首次使用有害化学材料** 国内首次使用或者首次进口与职业病危害有关的化学材料,使用单位或者进口单位按照国家规定经国务院有关部门批准后,应当向国务院卫生行政部门报送该化学材料的毒性鉴定以及经有关部门登记注册或者批准进口的文件等资料。

## (四)职业病危害因素监测

用人单位应当实施由专人负责的职业病危害因素日常监测,并确保监测系统处于正常运行状态。

用人单位应当按照国务院卫生行政部门的规定,定期对工作场所进行职业病危害因素检测、评价。检测、评价结果存入用人单位职业卫生档案,定期向所在地卫生行政部门报告并向劳动者公布。

职业病危害因素检测、评价由依法设立的取得国务院卫生行政部门或者设区的市级以上地方人民政府卫生行政部门按照职责分工给予资质认可的职业卫生技术服务机构进行。职业卫生技术服务机构所作检测、评价应当客观、真实。

发现工作场所职业病危害因素不符合国家职业卫生标准和卫生要求时,用人单位应当立即采取相应治理措施,仍然达不到国家职业卫生标准和卫生要求的,必须停止存在职业病危害因素的作业；职业病危害因素经治理后，符合国家职业卫生标准和卫生要求的，方可重新作业。

## （五）劳动合同内容诚实告知

用人单位与劳动者订立劳动合同（含聘用合同，下同）时，应当将工作过程中可能产生的职业病危害及其后果、职业病防护措施和待遇等如实告知劳动者，并在劳动合同中写明，不得隐瞒或者欺骗。劳动者在已订立劳动合同期间因工作岗位或者工作内容变更，从事与所订立劳动合同中未告知的存在职业病危害的作业时，用人单位应当依照前款规定，向劳动者履行如实告知的义务，并协商变更原劳动合同相关条款。用人单位违反前两款规定的，劳动者有权拒绝从事存在职业病危害的作业，用人单位不得因此解除与劳动者所订立的劳动合同。

## （六）职业卫生培训与健康检查

**1. 职业卫生培训** 用人单位应当对劳动者进行上岗前的职业卫生培训和在岗期间的定期职业卫生培训，普及职业卫生知识，督促劳动者遵守职业病防治法律、法规、规章和操作规程，指导劳动者正确使用职业病防护设备和个人使用的职业病防护用品。

**2. 职业卫生健康检查** 对从事接触职业病危害作业的劳动者，用人单位应当按照国务院卫生行政部门的规定组织上岗前、在岗期间和离岗时的职业健康检查，并将检查结果书面告知劳动者。职业健康检查费用由用人单位承担。

用人单位不得安排未经上岗前职业健康检查的劳动者从事接触职业病危害的作业；不得安排有职业禁忌的劳动者从事其所禁忌的作业；对在职业健康检查中发现有与所从事的职业相关的健康损害的劳动者，应当调离原工作岗位，并妥善安置；对未进行离岗前职业健康检查的劳动者不得解除或者终止与其订立的劳动合同。职业健康检查应当由取得《医疗机构执业许可证》的医疗卫生机构承担。

## （七）职业健康档案建立

用人单位应当为劳动者建立职业健康监护档案，并按照规定的期限妥善保存。职业健康监护档案应当包括劳动者的职业史、职业病危害接触史、职业健康检查结果和职业病诊疗等有关个人健康资料。

劳动者离开用人单位时，有权索取本人职业健康监护档案复印件，用人单位应当如实、无偿提供，并在所提供的复印件上签章。

## （八）职业安全事故紧急救援

发生或者可能发生急性职业病危害事故时，用人单位应当立即采取应急救援和控制措施，并及时报告所在地卫生行政部门和有关部门。卫生行政部门接到报告后，应当及时与有关部门组织调查处理；必要时，可以采取临时控制措施。卫生行政部门应当组织做好医疗救治工作。对遭受或者可能遭受急性职业病危害的劳动者，用人单位应当及时组织救治、进行健康检查和医学观察，所需费用由用人单位承担。

## （九）职业病报告

用人单位和医疗卫生机构发现职业病患者或者疑似职业病患者时，应当及时向所在地卫生行政部门报告。确诊为职业病的，用人单位还应当向所在地劳动保障行政部门报告。接到报告的部门应当依法作出处理。

# 第三节　职业病的诊断与职业病患者的保障

## 一、职业病的诊断与鉴定

### (一)职业病诊断机构

职业病的诊断由取得资质的医疗卫生机构承担。依照《职业病防治法》的规定,医疗卫生机构承担职业病诊断,应当经省、自治区、直辖市人民政府卫生行政部门批准。省、自治区、直辖市人民政府卫生行政部门应当向社会公布本行政区域内承担职业病诊断的医疗卫生机构的名单。职业病诊断机构批准证书有效期限为4年。劳动者可以在用人单位所在地、本人户籍所在地或者经常居住地依法承担职业病诊断的医疗卫生机构进行职业病诊断。

**1. 诊断机构的职责**　从事职业病诊断的医疗机构,必须在批准的职业病诊断项目范围内开展职业病诊断;发现职业病患者或者疑似职业病患者时,应当及时向所在地卫生行政部门和安全生产监督管理部门报告;承担卫生行政部门交付的有关职业病诊断的其他工作。

承担职业病诊断的医疗卫生机构不得拒绝劳动者进行职业病诊断的要求。

**2. 诊断机构应具备的条件**　从事职业病诊断的医疗机构要持有《医疗机构执业许可证》;具有与开展职业病诊断相适应的医疗卫生技术人员;具有与开展职业病诊断相适应的仪器、设备;具有健全的职业病诊断质量管理制度。

### (二)职业病诊断人员

从事职业病诊断的人员必须是依法具有中级以上卫生专业技术职务任职资格的执业医师;熟悉职业病防治法律规范和职业病诊断标准;从事职业病诊疗相关工作5年以上;熟悉工作场所职业病危害防治及其管理;经培训、考核合格,取得由省级卫生行政部门颁发的职业病诊断资格证书。

### (三)职业病诊断程序

职业病诊断一般经历申请—受理—调查取证—诊断四个阶段:

**1. 劳动者或用人单位提出诊断申请**　申请时,应当提供以下资料:①职业史、既往书面材料;②职业健康监护档案复印件;③职业健康检查结果;④作业场所职业病危害因素检测评价资料;⑤诊断机构要求提供的其他有关材料。

**2. 受理**　对劳动者或用人单位所提供资料审核符合要求的,予以受理;不符合要求的通知当事人予以补正。

**3. 调查取证**　诊断机构除当事人提供的资料外,必要时,针对诊断中的疑点进行取证。用人单位应当按照诊断机构的要求为申请职业病诊断的劳动者提供有关资料。同时,进行临床检查和实验室检查。

**4. 诊断**　参加诊断的医师应当根据临床检查结果,对照受理或现场取证的所有资料,进行综合分析,按照职业病诊断标准,提出诊断意见。

### (四)职业病诊断

《职业病防治法》和《职业病诊断与鉴定管理办法》(2020)规定,职业病诊断和鉴定工作应当按照有关规定及国家职业病诊断标准进行。

**1. 诊断依据**　职业病诊断应当综合分析下列因素:①患者的职业史;②职业病危害接触史和工作场所职业病危害因素情况;③临床表现以及辅助检查结果等。

没有证据否定职业病危害因素与患者临床表现之间的必然联系的，排除其他致病因素后，应当诊断为职业病。

**2. 集体诊断** 承担职业病诊断的医疗卫生机构在进行职业病诊断时，应当组织三名以上取得职业病诊断资格的执业医师集体诊断，并共同签署"职业病诊断证明书"，经承担职业病诊断的医疗卫生机构审核盖章。

### （五）职业病诊断鉴定

当事人对职业病诊断有异议的，可以向作出诊断的医疗卫生机构所在地的地方人民政府卫生行政部门申请鉴定。

当事人对职业病诊断存有异议可在三十日内向诊断机构所在地地方卫生行政部门申请鉴定，需提供的材料包括鉴定申请书、职业病诊断病历记录、诊断证明书、鉴定委员会要求提供的其他材料。职业病诊断争议由设区的市级以上地方人民政府卫生行政部门根据当事人提供的资料进行审查，查看材料是否齐全、有效，并在十日内完成材料审核并对材料齐全的发给受理通知书；对材料不全的，通知当事人进行补充。

职业病诊断鉴定委员会承担职业病诊断鉴定工作。

省、自治区、直辖市人民政府卫生行政部门应当设立相关的专家库，需要对职业病争议作出诊断鉴定时，由当事人或者当事人委托有关卫生行政部门从专家库中以随机抽取的方式确定参加诊断鉴定委员会的专家。职业病诊断鉴定委员会组成人员应当遵守职业道德，客观、公正地进行诊断鉴定，并承担相应的责任。职业病诊断鉴定委员会组成人员不得私下接触当事人，不得收受当事人的财物或者其他好处，与当事人有利害关系的，应当回避。

职业病诊断鉴定委员会应当按照国务院卫生行政部门颁布的职业病诊断标准和职业病诊断、鉴定办法进行职业病诊断鉴定，向当事人出具职业病诊断鉴定书。内容应当包括：被鉴定人的职业接触史；作业场所检测数据和有关检查资料等一般情况；当事人对职业病诊断的主要争议以及鉴定结论和鉴定时间。

省级职业病诊断鉴定委员会的鉴定为最终鉴定结果。

### （六）职业病诊断和鉴定所需材料的获取

用人单位应当如实提供职业病诊断、鉴定所需的劳动者职业史和职业病危害接触史、工作场所职业病危害因素检测结果等资料；卫生行政部门应当监督检查和督促用人单位提供上述资料；劳动者和有关机构也应当提供与职业病诊断、鉴定有关的资料。

职业病诊断、鉴定机构需要了解工作场所职业病危害因素情况时，可以对工作场所进行现场调查，也可以向卫生行政部门提出，卫生行政部门应当在十日内组织现场调查。用人单位不得拒绝、阻挠。

职业病诊断、鉴定过程中，用人单位不提供工作场所职业病危害因素检测结果等资料的，诊断、鉴定机构应当结合劳动者的临床表现、辅助检查结果和劳动者的职业史、职业病危害接触史，并参考劳动者的自述、卫生行政部门提供的日常监督检查信息等，作出职业病诊断、鉴定结论。

劳动者对用人单位提供的工作场所职业病危害因素检测结果等资料有异议，或者因劳动者的用人单位解散、破产，无用人单位提供上述资料的，诊断、鉴定机构应当提请安全生产监督管理部门进行调查，卫生行政部门应当自接到申请之日起三十日内对存在异议的资料或者工作场所职业病危害因素情况作出判定；有关部门应当配合。

## （七）职业病诊断、鉴定中涉及劳动纠纷的处理

职业病诊断、鉴定过程中，在确认劳动者职业史、职业病危害接触史时，当事人对劳动关系、工种、工作岗位或者在岗时间有争议的，可以向当地的劳动人事争议仲裁委员会申请仲裁；接到申请的劳动人事争议仲裁委员会应当受理，并在三十日内作出裁决。当事人在仲裁过程中对自己提出的主张，有责任提供证据。劳动者无法提供由用人单位掌握管理的与仲裁主张有关的证据的，仲裁庭应当要求用人单位在指定期限内提供；用人单位在指定期限内不提供的，应当承担不利后果。

劳动者对仲裁裁决不服的，可以依法向人民法院提起诉讼。用人单位对仲裁裁决不服的，可以在职业病诊断、鉴定程序结束之日起十五日内依法向人民法院提起诉讼；诉讼期间，劳动者的治疗费用按照职业病待遇规定的途径支付。人民法院受理有关案件需要进行职业病鉴定时，应当从省、自治区、直辖市人民政府卫生行政部门依法设立的相关的专家库中选取参加鉴定的专家。

## 二、职业病患者的保障

### （一）劳动者依法享有职业卫生保护权利

这是劳动者的基本权利，也是制定职业病防治法的前提。用人单位应当按照国家有关规定，安排职业病患者进行治疗、康复和定期检查。用人单位对不适宜继续从事原工作的职业病患者，应当调离原岗位，并妥善安置。用人单位对从事接触职业病危害的作业的劳动者，应当给予适当岗位津贴。

### （二）用人单位必须依法参加工伤社会保险

工伤社会保险是职业病防治中保护劳动者权益的一项基本措施。职业病患者的诊疗、康复费用，伤残以及丧失劳动能力的职业病患者的社会保障，按照国家有关工伤保险的规定执行。

### （三）劳动者依法享有民事赔偿权利

职业病患者除依法享有工伤保险外，依照有关民事法律，尚有获得赔偿的权利的，有权向用人单位提出赔偿要求。劳动者被诊断患有职业病，但用人单位没有依法参加工伤保险的，其医疗和生活保障由该用人单位承担。职业病患者变动工作单位，其依法享有的待遇不变。用人单位在发生分立、合并、解散、破产等情形时，应当对从事接触职业病危害的作业的劳动者进行健康检查，并按照国家有关规定妥善安置职业病患者。用人单位已经不存在或者无法确认劳动关系的职业病患者，可以向地方人民政府医疗保障、民政部门申请医疗救助和生活等方面的救助。

### （四）职业病患者待遇保障形式

职业病患者待遇保障主要包括工伤保险、用人单位责任和社会救济三种形式。《职业病防治法》规定，用人单位必须依法参加工伤社会保险，国务院和县级以上地方人民政府劳动保障行政部门应当加强对工伤社会保险的监督管理。确保劳动者依法享受工伤社会保险待遇。

劳动者被诊断患有职业病，但用人单位没有依法参加工伤保险的，其医疗和生活保障由该用人单位承担。用人单位已经不存在或者无法确认劳动关系的职业病患者，可以向地方人民政府民政部门申请医疗救助和生活等方面的救助。地方各级人民政府应当根据本地区的实

际情况，采取其他措施，使前款规定的职业病患者获得医疗救治。对职业病患者的社会救济，不影响职业病患者对造成其职业病的原用人单位的追偿权利。

## 第四节 职业病防治的监督

### 一、职业卫生监督执法机构及人员

县级以上人民政府职业卫生监督管理部门依照职业病防治法律、法规、国家职业卫生标准和卫生要求，依据职责划分，对职业病防治工作进行监督检查。

职业卫生监督执法人员应当依法经过资格认定。职业卫生监督管理部门应当加强队伍建设，提高职业卫生监督执法人员的政治、业务素质，建立、健全内部监督制度，对其工作人员执行法律、法规和遵守纪律的情况，进行监督检查。职业卫生监督执法人员执行职务时应当出示监督执法证件，涉及用人单位的秘密的，应当为其保密。

卫生行政部门及其职业卫生监督执法人员履行职责时，不得有下列行为：①对不符合法定条件的，发给建设项目有关证明文件、资质证明文件或者予以批准；②对已经取得有关证明文件的，不履行监督检查职责；③发现用人单位存在职业病危害的，可能造成职业病危害事故，不及时依法采取控制措施；④其他违反本法的行为。

### 二、职业卫生监督检查措施

县级以上人民政府职业卫生监督管理部门依照职业病防治法律、法规、国家职业卫生标准和卫生要求，依据职责划分，对职业病防治工作进行监督检查。

卫生行政部门履行监督检查职责时，有权采取下列措施：①进入被检查单位和职业病危害现场，了解情况，调查取证；②查阅或者复制与违反职业病防治法律、法规的行为有关的资料和采集样品；③责令违反职业病防治法律、法规的单位和个人停止违法行为。发生职业病危害事故或者有证据证明危害状态可能导致职业病危害事故发生时，卫生行政部门可以采取下列临时控制措施：①责令暂停导致职业病危害事故的作业；②封存造成职业病危害事故或者可能导致职业病危害事故发生的材料和设备；③组织控制职业病危害事故现场。在职业病危害事故或者危害状态得到有效控制后，卫生行政部门应当及时解除控制措施。

### 三、法律责任

#### （一）建设单位法律责任

《职业病防治法》第六十九条规定，建设单位违反本法规定，有下列行为之一的，由卫生行政部门给予警告，责令限期改正；逾期不改正的，处十万元以上五十万元以下的罚款；情节严重的，责令停止产生职业病危害的作业，或者提请有关人民政府按照国务院规定的权限责令停建、关闭：

（1）未按照规定进行职业病危害预评价的。

（2）医疗机构可能产生放射性职业病危害的建设项目未按照规定提交放射性职业病危害预评价报告，或者放射性职业病危害预评价报告未经卫生行政部门审核同意，开工建设的。

（3）建设项目的职业病防护设施未按照规定与主体工程同时设计、同时施工、同时投入生产和使用的。

(4) 建设项目的职业病防护设施设计不符合国家职业卫生标准和卫生要求，或者医疗机构放射性职业病危害严重的建设项目的防护设施设计未经卫生行政部门审查同意擅自施工的。

(5) 未按照规定对职业病防护设施进行职业病危害控制效果评价的。

(6) 建设项目竣工投入生产和使用前，职业病防护设施未按照规定验收合格的。

## （二）用人单位法律责任

（1）用人单位有违反《职业病防治法》第七十一条规定行为之一的，由卫生行政部门责令限期改正，给予警告，可以并处五万元以上十万元以下的罚款。

（2）用人单位有违反《职业病防治法》第七十二条规定行为之一的，由卫生行政部门给予警告，责令限期改正，逾期不改正的，处五万元以上二十万元以下的罚款；情节严重的，责令停止产生职业病危害的作业，或者提请有关人民政府按照国务院规定的权限责令关闭。

（3）向用人单位提供可能产生职业病危害的设备、材料，未按照规定提供中文说明书或者设置警示标识和中文警示说明的，由卫生行政部门责令限期改正，给予警告，并处五万元以上二十万元以下的罚款。

（4）用人单位和医疗卫生机构未按照规定报告职业病、疑似职业病的，由有关主管部门依据职责分工责令限期改正，给予警告，可以并处一万元以下的罚款；弄虚作假的，并处二万元以上五万元以下的罚款；对直接负责的主管人员和其他直接责任人员，可以依法给予降级或者撤职的处分。

（5）用人单位违反《职业病防治法》，已经对劳动者生命健康造成严重损害的，由卫生行政部门责令停止产生职业病危害的作业，或者提请有关人民政府按照国务院规定的权限责令关闭，并处十万元以上五十万元以下的罚款。

（6）用人单位违反《职业病防治法》规定，造成重大职业病危害事故或者其他严重后果，构成犯罪的，对直接负责的主管人员和其他直接责任人员，依法追究刑事责任。

## （三）医疗机构法律责任

未取得职业卫生技术服务资质认可擅自从事职业卫生技术服务的，由卫生行政部门责令立即停止违法行为，没收违法所得；违法所得五千元以上的，并处违法所得二倍以上十倍以下的罚款；没有违法所得或者违法所得不足五千元的，并处五千元以上五万元以下的罚款；情节严重的，对直接负责的主管人员和其他直接责任人员，依法给予降级、撤职或者开除的处分。

## （四）职业卫生技术服务的机构和承担职业病诊断机构法律责任

从事职业卫生技术服务的机构和承担职业病诊断的医疗卫生机构违反本法规定，有下列行为之一的，由卫生行政部门责令立即停止违法行为，给予警告，没收违法所得；违法所得五千元以上的，并处违法所得二倍以上五倍以下的罚款；没有违法所得或者违法所得不足五千元的，并处五千元以上二万元以下的罚款；情节严重的，由原认可或者登记机关取消其相应的资格；对直接负责的主管人员和其他直接责任人员，依法给予降级、撤职或者开除的处分；构成犯罪的，依法追究刑事责任：

（1）超出资质认可或者诊疗项目登记范围从事职业卫生技术服务或者职业病诊断的。

（2）不按照本法规定履行法定职责的。

（3）出具虚假证明文件的。

## （五）监督管理机构法律责任

卫生行政部门不按照规定报告职业病和职业病危害事故的，由上一级行政部门责令改正，通报批评，给予警告；虚报、瞒报的，对单位负责人、直接负责的主管人员和其他直接责任人员依法给予降级、撤职或者开除的处分。

县级以上地方人民政府在职业病防治工作中未依照本法履行职责，本行政区域出现重大职业病危害事故、造成严重社会影响的，依法对直接负责的主管人员和其他直接责任人员给予记大过直至开除的处分。

县级以上人民政府职业卫生监督管理部门不履行本法规定的职责，滥用职权、玩忽职守、徇私舞弊，依法对直接负责的主管人员和其他直接责任人员给予记大过或者降级的处分；造成职业病危害事故或者其他严重后果的，依法给予撤职或者开除的处分。

## 本章小结

职业病防治法是调整预防、控制和消除职业病危害，防治职业病，保护劳动者健康及其相关权益，促进经济发展活动中产生的各种社会关系的法律规范的总称。法定职业病是指企业、事业单位和个体经济组织的劳动者在职业活动中，因接触粉尘、放射性物质或其他有毒、有害物质等因素而引起的疾病。我国职业病防治工作坚持预防为主、防治结合的方针。着重职业病的前期预防，坚持职业病危害项目申报制度、职业病危害预评价报告制度、卫生审查制度。职业病的诊断包括诊断机构、诊断标准、诊断争议鉴定办法等多项内容，劳动者依法享有诊断选择权利。职业病患者职业活动中，因遭受职业病危害因素的危害而引起疾病，有权享受国家规定的职业病待遇。

国家实行职业卫生监督制度。县级以上人民政府职业卫生监督管理部门依照职业病防治法律、法规、国家职业卫生标准和卫生要求，依据职责划分，对职业病防治工作进行监督检查行政部门履行监督检查职责。

## 复习思考题

1. 我国职业病的三级预防原则。
2. 简述职业病防治管理措施。
3. 简述劳动者的职业卫生权利包括哪些？
4. 职业病防治法规定的职业病诊断程序。
5. 用人单位违反职业病防治法规定的行政责任有哪些？

（李 巍）

# 第十六章 精神卫生法律制度

**学习目标**

掌握：精神障碍的诊断、治疗与康复的法律规定；精神障碍患者的权利保护。
熟悉：心理健康促进与精神障碍预防的法律规定；相关法律责任。
了解：精神卫生、精神卫生法律制度与精神障碍的概念；我国精神卫生法律制度建设情况。

---

**精神卫生法第一案**

1989年，23岁的徐某赶上了当时的出国潮，去澳大利亚留学。但是，因迷恋赌博，他输光了打工的积蓄，在当地慈善机构接受救济。后来，由于留澳居留证申请被拒，他被遣送回国。回到国内的徐某始终对澳大利亚移民局耿耿于怀，他四处维权，甚至跑到位于北京的澳大利亚大使馆申诉。徐某的父亲、大哥据此认为他有精神病。2001年，徐某被送到了上海市普陀区精神卫生中心，1年之后出院。

2003年，徐某和家人发生矛盾，被送到上海青春精神病康复院，被诊断为精神分裂症。2008年，徐某的父亲去世，徐某户籍所在地居委会指定其大哥为徐某监护人。入院后，徐某积极配合治疗，感觉自己病情缓解，可以出院了。但其大哥却拒绝接他出院。康复院则坚持"谁送来谁接走"，称监护人不允许的情况下徐某不能出院。

2013年5月1日，《精神卫生法》正式实施。5月6日，徐某委托律师向法院起诉，状告大哥和康复院不让其出院侵犯了人身自由。根据《精神卫生法》第八十二条明确规定："精神障碍患者或者其监护人、近亲属认为行政机关、医疗机构或者其他有关单位和个人违反本法规定侵害患者合法权益的，可以依法提起诉讼。"也就是说，不论精神病患者有无民事能力，其作为诉讼主体的资格是被法律明确赋予的。据此，徐某案经历漫长的7个月后，终于立案成功。这也是《精神卫生法》实施之后中国第一起依据该法起诉的案件。

---

## 第一节 概 述

### 一、基本概念

#### （一）精神卫生

精神卫生（mental health），又称心理卫生，有广义、狭义两种理解。广义的精神卫生，是指一切维护和增进人们精神健康水平的各种个人和社会活动的总和。狭义的精神卫生，是指对精神疾病患者进行广泛的防治，积极地采取对策，改善精神疾病患者处境和待遇，促进其康复，减少复发率；同时为精神疾病患者及他人的安全实行必要的监护，对社会进行有关知识宣传，去除偏见，以及培训专业人员，推动社会保健工作。

## （二）精神卫生法律制度

精神卫生法律制度是发展精神卫生事业、规范精神卫生服务，维护精神障碍患者权益的一系列法律规范所组成的相对完整的规则系统。该制度有利于提高公众心理健康水平，维护精神障碍患者合法权益，保障和促进精神卫生事业发展。

## （三）精神障碍

精神障碍（mental disorder），是指在各种因素作用下（包括各种生物学因素、社会心理因素等）引起的感知、情感和思维等精神活动的紊乱或者异常，导致患者明显的心理痛苦或者社会适应等功能损害。

严重精神障碍，是指疾病症状严重，导致患者社会适应等功能严重损害、对自身健康状况或者客观现实不能完整认识，或者不能处理自身事务的精神障碍。

随着生活节奏的加快，各种社会矛盾错综复杂，竞争压力日益增大，精神障碍已成为影响人类健康的最大危害之一。据世界卫生组织2022年的一项报告显示，全球约10亿人正在遭受精神障碍困扰，每40秒就有一人因自杀而失去生命，低收入和中等收入国家的自杀人数占全球自杀人数的77%。新冠疫情后，全球精神障碍疾病负担更加沉重，重度抑郁症和焦虑症的病例分别增加了28%和26%，抑郁症患者激增5300万，增幅高达27.6%。疫情的压力，给抑郁症的诊断及治疗带来了更大的挑战。

在我国，精神障碍同样是严重威胁人民健康的一类疾病。2014年开展的中国精神卫生调查结果显示，中国约有16.57%的人群受到各类精神和心理问题的困扰。2006年第二次全国残疾人抽样调查结果显示，中国有精神残疾人827万，约占残疾人口总数的10%。妇女、老年人、受灾群体等人群特有的各类精神和行为问题，也都不容忽视。由精神障碍患者造成的恶性案件也时有发生，不仅造成直接的经济损失，也给社会治安带来不稳定因素。精神障碍患者在病情严重时出现的自杀、自伤、伤人、毁物、肇事等破坏性行为，给社会和家庭带来精神、经济的沉重负担，是其他疾病患者所无法相比的。必须通过各种手段和方法，包括法律的手段做好精神病的防治康复工作。

## （四）精神疾病的分类

借鉴世界卫生组织《国际疾病分类》（ICD）和美国《精神疾病诊断统计手册》（DSM）的分类方法原则，中华医学会精神科学会于1989年制定了《中国精神疾病分类》；2001年4月，公布了《中国精神障碍分类与诊断标准第三版》（CCMD-3），将现代精神疾病分为以下十类：①器质性精神障碍；②精神活性物质与非成瘾物质所致精神障碍；③精神分裂症和其他精神病性障碍；④心境障碍；⑤癔症、应激相关障碍、神经症；⑥心理因素相关的生理障碍；⑦人格障碍、习惯和冲动控制障碍、性心理障碍；⑧精神发育迟滞、童年和少年期心理发育障碍；⑨童年和少年期多动障碍、品行障碍、情绪障碍；⑩其他精神障碍和心理卫生情况。

## 二、精神卫生的立法沿革

精神卫生法是调整精神卫生工作中产生的各种社会关系的法律规范的总和。不仅包括保护精神疾病患者的医疗、康复、就业等合法权益，维护精神卫生机构的正常工作秩序，保护精神卫生工作人员的人身安全，还包括精神疾病的预防、各类精神障碍的医疗及康复中的合法权益的保护。

## (一)世界卫生组织关于精神卫生的立法

现代精神卫生运动起源于美国,1908 年世界第一个精神卫生组织——"康涅狄格州精神卫生协会"成立;1930 年第一次国际精神卫生大会在华盛顿召开,1948 年在伦敦举行第三次会议,并改组为世界精神卫生协会(WFMH),与世界卫生组织的精神卫生处共同推动世界精神卫生运动。

国际社会对精神障碍患者一直给予特别关注。联合国大会就精神障碍者的权益保护通过了一系列国际性特别宣言。如 1971 年的《精神发育迟滞宣言》,1991 年的《保护精神障碍者和改善精神保健的原则》等。世界精神病学会、世界心理卫生联合会等国际组织还通过了确立精神科医生道德要求和社会责任的《夏威夷宣言》(1977 年)以及《保障精神患者权利的声明》(1989 年)、《精神患者的人权宣言》(1989 年)等文件。世界卫生组织从 1992 年起把每年的 10 月 10 日定为世界"精神卫生日"。1995 年,世界卫生组织精神卫生处颁布了《精神卫生保健法——10 项基本原则》。

**1. 世界卫生组织《精神卫生保健法——10 项基本原则》** 这是世界卫生组织倡导的一个精神卫生基本立法结构,为各国政府制定和修改精神卫生法提供参考,也用来作为评价一个国家精神卫生立法的标准。其主要内容为:①政策。建立全面的公共政策和精神卫生的对象。②权力。制定计划和执行公共政策及管理精神卫生计划的权限。③预算。保证财政支持的条款。④职能。保证贯彻精神卫生计划,包括有说明的义务和评价作用。⑤研究和教育。规定与精神卫生有关的研究和教育,训练精神卫生专业人员。⑥服务。提供公正的、无区别对待的精神卫生服务。⑦个人保护。规定对精神障碍者、精神发育不全者及其家属的权力、福利、财产和尊严的保护。⑧医疗机构。建立一个机构,为住院患者提供规定标准的医疗保健。在有经济条件的社区也应为精神障碍者及精神发育不全者建立这样的医疗机构。⑨调整治疗药物和其他治疗手段。⑩政府代表。政府权力机构的代表,根据精神卫生法进行管理,并改善供应。

**2. 夏威夷宣言** 1977 年在夏威夷召开的第六届世界精神病学大会上通过的《夏威夷宣言》,其目的是指导和帮助精神科医生树立应有的道德标准,明确自己的社会责任。宣言要求精神科医生应遵循公认的科学、道德和社会公益原则,尽最大努力为患者的切身利益服务,促进精神健康,恢复患者自理生活的能力。每个患者应得到尽可能好的治疗,治疗中要尊重患者的人格,维护其对生命和健康的自主权力。应对患者的医疗负责,并有责任对患者进行合乎标准的管理和教育,应把病情的性质、拟作出的诊断、治疗措施,包括可能的变化以及预后告知患者。告知时应全面考虑,使患者有机会作出适当的选择。

## (二)国外精神卫生立法

随着医学的进步和社会的发展,人们对精神疾病的了解逐步增加。为保障精神障碍者的人身基本权利,一些国家开始用立法的形式来保护精神障碍者的合法权益。目前,世界上已有 100 多个国家相继颁布了有关精神卫生的法律。

早在 1800 年,英国颁布了《精神错乱者条例》,以法律形式收容或监视精神患者;1890 年增加对患者以治疗代替惩罚、保护患者基本权益的内容,改名为《精神错乱条例》,1959 年改名为《精神卫生条例》。1938 年法国颁布了世界上第一部《精神卫生法》。美国 1946 年公布了《国民精神卫生法》,1963 年审议通过了《社区精神卫生法》,1981 年《刑法精神健康标准》生效。苏联在 20 世纪 40~50 年代颁布《实行司法精神病学鉴定的指示》和《关于强制医疗及其他医疗性办法》。日本在 1900 年制定了《精神病患者监护法》,1950 年制定了《精神卫生法》，后经修订于 1987 年改称为《精神保健法》；1960 年制定《精神发育不全福利法》。

### （三）我国的精神卫生立法概况

为加强对精神障碍患者的管理、保护其合法权益，使司法机关依法处理案件，1987 年 4 月国务院审核同意卫生部、民政部、公安部《关于加强精神卫生工作的意见》；1989 年 7 月，最高人民法院、最高人民检察院、公安部、司法部、卫生部联合颁布了《精神疾病司法鉴定暂行规定》；1992 年 6 月，卫生部、民政部、公安部、中国残疾人联合会发布了《精神卫生工作"八五"计划要点》。2002 年 4 月，卫生部、民政部、公安部、中国残疾人联合会联合发布了《中国精神卫生工作规划（2002—2010 年）》，提出要遵循"预防为主，防治结合，重点干预，广泛覆盖，依法管理"的工作原则，全面推进新世纪精神卫生工作的发展。

中国的精神卫生立法经历了 27 年的漫长过程，早在 1985 年我国就着手起草《精神卫生法（草案）》，因是否应对精神障碍患者强制收治等问题成为争论焦点，数易其稿。1999 年 12 月，卫生部有关司局组织修改精神卫生法第 11 稿。2000 年 11 月，卫生部成立精神卫生立法领导小组，进行立法调研工作。2012 年 10 月 26 日中华人民共和国第十一届全国人民代表大会常务委员会第二十九次会议表决通过了《中华人民共和国精神卫生法》（简称《精神卫生法》），自 2013 年 5 月 1 日起施行。2018 年 4 月 27 日第十三届全国人民代表大会常务委员会第二次会议进行了部分修正。该法律共分 7 章 85 条，分别为：总则、心理健康促进和精神障碍预防、精神障碍的诊断和治疗、精神障碍的康复、保障措施、法律责任和附则。

《精神卫生法》的出台规范了精神卫生服务，明确各级政府、有关部门、单位、社区、家庭等方面的责任，确保精神障碍患者不因贫困而得不到救治，确保有肇事肇祸危险的严重精神障碍患者不因疏于管理而伤害自身或者危害他人，确保无需住院治疗的公民不因制度、程序缺失而被强制收治。

2015 年 6 月卫生健康委、中央综治办、发展改革委等十部门制定并颁布了《全国精神卫生工作规划（2015—2020 年）》，提出了全面推进严重精神障碍救治救助、逐步开展常见精神障碍防治、积极开展心理健康促进、提高精神卫生服务能力、完善精神卫生信息系统和开展精神卫生宣传教育等 6 项策略与措施。

## 第二节　精神障碍患者的权利保护

《精神卫生法》规定，精神障碍患者的人格尊严、人身安全等《宪法》规定的公民基本权利不受侵犯，享有的受教育、劳动、医疗、隐私、从国家和社会获得物质帮助等合法权益受法律保护；全社会应当尊重、理解、关爱精神障碍患者，任何组织或者个人不得歧视、侮辱、虐待精神障碍患者，不得非法限制精神障碍患者的人身自由。有关单位和个人应当对精神障碍患者的姓名、肖像、住址、工作单位、病历资料以及其他可能推断出其身份的信息予以保密；但是，依法履行职责需要公开的除外。

### 一、精神障碍患者的权利

#### （一）人身自由和人格尊严权

任何单位和个人不得非法限制精神障碍患者的人身自由。对精神障碍患者，除非对本人有危险或者对他人的安全构成威胁，不得加以非法的捆绑、拘禁，更不得有殴打、不给饮食等虐待行为。

精神障碍患者享有通讯、会见来访者之权利，精神医疗机构非依患者病情或医疗需要，不得予以限制。因病情或者治疗等原因需要限制住院精神障碍患者上述权益时，医师或者护士应当将理由告知该患者或者其监护人、近亲属，并由医疗机构在病历中记录。

## （二）知情和决定权

精神障碍患者及其监护人或近亲属有权了解患者病情、诊断结论、治疗方法以及可能产生的后果。

医疗或者教学机构需要精神障碍患者参与医学教学、科研或者接受新药、新治疗方法的临床试验的，应当书面告知本人或者其监护人、近亲属教学、科研和试验的目的、方法以及可能产生的后果，并取得精神疾病患者或者其监护人、近亲属的书面同意。禁止对精神障碍患者实施与治疗其精神障碍无关的实验性临床医疗。

## （三）隐私权

政府部门、医疗机构、与精神卫生工作相关的其他单位及其工作人员应当依法保护精神障碍患者的隐私权。未经精神障碍患者及其近亲属或监护人同意，不得对患者录音、录像、摄影。未经本人或者其监护人同意，任何单位或者个人不得公开精神障碍患者及其家属的姓名、住址、工作单位、肖像、病历资料以及其他可能推断出其具体身份的信息。因学术交流等原因需要在一定场合公开精神障碍患者病情资料的，应当隐去能够识别该精神障碍患者身份的内容。

## （四）学习和劳动就业权

精神障碍患者依法享有受教育、就业等方面的权利。县级以上地方人民政府及其有关部门应当采取有效措施，保证患有精神障碍的适龄儿童、少年接受义务教育，扶持有劳动能力的精神障碍患者从事力所能及的劳动，并为已经康复的人员提供就业服务。学校不得以患精神疾病为由，拒绝入学、应考。

精神障碍患者享有参加与其身体、精神状况相适应的生产劳动并取得相应劳动报酬的权利，安排适当的劳动和工作，在待遇和福利等方面不得歧视。任何单位和个人不得强迫精神障碍患者参加不适宜的生产劳动。在劳动关系存续期间或者聘用合同期内，用人单位不得在规定的医疗期内以罹患精神疾病为由解除与精神障碍患者的劳动关系或者聘用关系。

## （五）合法财产权

精神障碍患者的合法财产受法律保护。如有人以暴力、胁迫、诈骗、勒索等手段非法获取或毁损精神病患者财物的，应将原物返还或作价赔偿；情节严重构成犯罪者，应依法追究刑事责任。

## （六）复制病历权

患者及其监护人可以查阅、复制病历资料；但是，患者查阅、复制病历资料可能对其治疗产生不利影响的除外。病历资料保存期限不得少于30年。

## 二、精神障碍患者权利能力的实现

精神障碍患者权利能力虽然并不因其患有精神病而受到影响，但是精神障碍患者由于不能行使应当享有的权利和履行应当承担的义务，不但不能自理生活和各项事务，而且无法进行各项民事活动。根据《民法典》规定，无民事行为能力或者限制民事行为能力的精神病患者，设立监护人。

精神障碍患者的监护人，是指依照《民法典》有关规定可以担任监护人的人。对精神障碍患者的监护可由下列有监护能力的人担任监护人：①配偶；②父母；③成年子女；④其他近亲属；⑤关系密切的其他亲属、朋友愿意承担监护责任，经精神障碍患者的所在单位或住所地的居民委员会、村民委员会同意的；⑥如果没有上述规定的监护人的，由精神障碍患者所在单位或住所地的居民委员会、村民委员会或民政部门担任监护人。监护人应当履行监护职责，维护精神障碍患者的合法权益。禁止对精神障碍患者实施家庭暴力，禁止遗弃精神障碍患者。

承担医疗看护职责的监护人享有下列权利：①委托他人代为履行前款规定的医疗看护职责；②请求具备监护资格的近亲属给予协助；③要求社区卫生服务中心、精神疾病患者就诊的医疗机构及其精神科执业医师为其提供专业指导和帮助；④要求公安部门、居民委员会或者村民委员会提供帮助。

精神障碍患者或者其监护人、近亲属认为行政机关、医疗机构或者其他有关单位和个人违反本法规定侵害患者合法权益的，可以依法提起诉讼。

## 第三节 心理健康促进和精神障碍预防

精神卫生工作是衡量一个国家和地区文明程度和发展水平的重要标志之一。加强心理健康促进和精神障碍预防工作，有利于引导公众关注心理健康，增强心理健康意识，普及精神卫生知识，提高心理健康水平，减少精神障碍的发生。加强和完善精神疾病防治体系建设，做好精神卫生工作，预防和减少各类不良心理行为问题的发生，关系到人民群众的身体健康和社会的繁荣稳定，对贯彻落实科学发展观，构建社会主义和谐社会，保障我国经济社会全面、协调、可持续发展具有重要意义。

### 一、建立健全精神卫生协调组织

精神卫生是一项社会性很强的工作，需要政府领导和有关部门的通力协作。有关部门要按照《精神卫生法》规定及相关政策要求，切实履行责任，形成工作合力，确保工作落到实处。各级有关部门要加强调查研究、组织协调和督导检查，将严重精神障碍患者救治救助工作纳入社会治安综合治理考评，加大检查考核力度，对因工作不重视、监督不到位、救治不及时，导致发生已登记严重精神障碍患者肇事肇祸重大案（事）件的，严肃追究相关责任人和部门的责任。发展改革、卫生健康、公安、民政、司法行政等部门要按照"应治尽治、应管尽管、应收尽收"的要求，切实加强精神卫生防治网络建设。综治、卫生健康、公安、民政、司法行政、残联等单位要强化协作，进一步完善严重精神障碍防治管理与康复服务机制。发展改革、卫生健康、人力资源和社会保障等部门要加强对包括精神障碍在内的医疗服务价格形成机制的研究与指导。民政部门要会同残联、发展改革、卫生健康、财政等单位探索制订支持精神障碍患者康复服务工作发展的保障政策，加强康复服务机构管理，不断提高康复服务规范化、专业化水平。各级残联组织要认真贯彻落实《中华人民共和国残疾人保障法》有关规定和中国残疾人事业发展纲要提出的精神残疾防治康复工作要求，推行有利于精神残疾人参与社会生活的开放式管理模式，依法保障精神残疾人的合法权益。卫生健康、人力资源和社会保障、工商行政管理等部门要加强研究论证，探索心理咨询机构的管理模式，制订发展和规范心理咨询机构的相关政策。

## 二、建立健全精神卫生服务体系

目前,我国精神卫生服务资源虽有较大幅度增长,但仍然短缺且分布不均。根据国家卫生健康委公布的卫生统计数据,我国专业精神卫生机构数量从 2010 年的 1650 家增加到 2020 年的 5936 家,精神科开放床位数从 22 万张增加到 79.8 万张,执业医师从 2 万名增加到 5 万名,机构和人员均大幅增长。但是,资源结构分布和服务质量水平仍存在:分布不均、水平不高、制度不全、监管不力等问题。因此,提高精神卫生服务能力和水平是满足人民群众的健康需求及国家经济建设和社会管理的需要。

### (一) 加强精神卫生机构能力建设

国家有关部门重点支持各地提高基层精神卫生服务能力。各地要充分利用现有资源,大力加强县级精神卫生专业机构和精神障碍社区康复机构服务能力建设。各级卫生健康部门要委托同级精神卫生专业机构承担精神卫生技术管理和指导职能,负责医疗、预防、医学康复、健康教育、信息收集、培训和技术指导等工作。暂无精神卫生专业机构的地区,卫生健康部门要委托上一级或邻近地区精神卫生专业机构承担技术指导任务,并指定同级疾病预防控制机构负责相关业务管理。尚未建立强制医疗所的省(区、市),当地政府应当指定至少一所精神卫生专业机构履行强制医疗职能,并为其正常运转提供必要保障。

国家要逐步改变精神卫生设施分布不合理的状况。健全省、市、县三级精神卫生专业机构,服务人口多且地市级机构覆盖不到的县(市、区)可根据需要建设精神卫生专业机构,其他县(市、区)至少在一所符合条件的综合性医院设立精神科。要鼓励社会资本举办精神卫生专业机构和社区康复机构,并通过政府购买服务发挥其在精神卫生防治管理工作中的作用,基层医疗卫生机构普遍配备专职或兼职精神卫生防治人员。心理治疗师、社会工作师基本满足工作需要,社会组织及志愿者广泛参与精神卫生工作。

### (二) 加快精神卫生工作队伍建设步伐

(1) 各级精神卫生专业机构要按照区域内人口数及承担的精神卫生防治任务配置公共卫生人员,确保预防工作落实。每个基层医疗卫生机构至少配备 1 名专职或兼职人员承担严重精神障碍患者服务管理任务。

(2) 卫生健康部门要加强精神科住院医师规范化培训、精神科护士培训;开展在精神科从业但执业范围为非精神卫生专业医师的变更执业范围培训,以及县级综合医院和乡镇卫生院(社区卫生服务中心)中临床类别执业医师或全科医师增加精神卫生执业范围的上岗培训。开展中医类别医师精神障碍防治培训,鼓励基层符合条件的精神卫生防治人员取得精神卫生执业资格。制订支持心理学专业人员在医疗机构从事心理治疗工作的政策,卫生健康、人力资源和社会保障部门共同完善心理治疗人员职称评定办法。落实国家对精神卫生工作人员的工资待遇政策,提高其待遇水平,稳定精神卫生专业队伍。

(3) 加强人才培养和教育工作。教育部门要加强精神医学、应用心理学、社会工作学等精神卫生相关专业的人才培养工作;鼓励有条件的地区和高等院校举办精神医学本科专业;在医学教育中保证精神病学、医学心理学等相关课程的课时。加强医德医风建设,加强精神卫生从业人员职业道德、职业纪律和医学伦理学教育,增强法制观念和服务意识。

## 三、积极开展心理健康促进工作

卫生行政部门和其他有关行政部门,应当营造社会氛围,积极开展多渠道、多形式、多层次的精神卫生宣传教育,开展心理健康教育与咨询服务,提高人民群众的心理健康水平,使广大人民群众懂得常见精神疾病的防治知识。医院、学校、社区、企事业单位、监管场所普遍开展精神卫生宣传及心理卫生保健。

各级各类学校应当设置心理健康教育机构并配备专职人员,建立学生心理健康教育工作机制,制订校园突发危机事件处理预案。高等院校要与精神卫生专业机构建立稳定的心理危机干预联动协调机制,并设立心理健康教育示范中心。发生自然灾害、意外伤害、公共安全事件等可能影响学生心理健康的突发事件,学校应当及时组织精神卫生专业人员对学生进行心理援助。学前教育机构应当对幼儿开展符合其特点的心理健康教育。

教师应当学习和了解相关的精神卫生知识,关注学生心理健康状况,正确引导、激励学生。地方各级教育行政部门和学校应当重视教师心理健康。学校和教师应当定期与学生父母或者其他监护人沟通学生心理健康情况。家庭成员之间应当相互关爱,创造良好、和睦的家庭环境,提高精神障碍预防意识;发现家庭成员可能患有精神障碍的,应当帮助其及时就诊,照顾其生活,做好看护管理。

用人单位应当创造有益于员工身心健康的工作环境,关注员工的心理健康;对处于职业发展特定时期或者在特殊岗位工作的员工,应当有针对性地开展心理健康教育。

综合性医院及其他专科医院要对就诊者进行心理健康指导,基层医疗卫生机构要向辖区内居民提供心理健康指导。医务人员开展疾病诊疗服务,应当按照诊断标准和治疗规范的要求,对就诊者进行心理健康指导;发现就诊者可能患有精神障碍的,应当建议其到符合本法规定的医疗机构就诊。

监狱、看守所、拘留所和劳动教养所、强制戒毒所等场所,要开展精神卫生知识宣传,关注心理健康状况,必要时提供心理咨询和心理辅导。

精神卫生专业机构应当配备心理治疗人员,为精神障碍患者及高危人群提供专业的心理卫生服务。

## 四、重视突发事件的心理援助和心理咨询

各地要依法将心理援助内容纳入地方各级政府突发事件应急预案,依托现有精神科医师、心理治疗师、社会工作师和护士,分级组建突发事件心理危机干预队伍,定期开展培训和演练,发生突发事件后及时组织开展心理援助。鼓励、支持社会组织提供规范的心理援助服务信息,引导其有序参与灾后心理援助。具备条件的城市要依托12320热线及精神卫生专业机构建设心理援助热线和网络平台,向公众提供心理健康公益服务。

心理健康咨询是预防精神疾病的主要环节,政府应该加强对各种形式的心理咨询、治疗、辅导和心理健康教育工作的督导和评估,加强对相关从业人员和机构的监督管理。

从事心理咨询的人员必须取得相应资格,提高业务素质,遵守执业规范,为社会公众提供专业化的心理咨询服务;不得从事心理治疗或者精神障碍的诊断、治疗。心理咨询人员发现接受咨询的人员可能患有精神障碍的,应当建议其到符合本法规定的医疗机构就诊。心理咨询人员应当尊重接受咨询人员的隐私,并为其保守秘密。

## 五、大力开展精神卫生宣传教育

各地要将宣传教育摆到精神卫生工作的重要位置。宣传部门要充分发挥传统媒体和新媒体作用,引导公众正确认识精神障碍和心理行为问题,正确对待精神障碍患者。新闻媒体应积极开展精神卫生知识的公益性宣传,普及精神卫生知识,引导公众关注心理健康,预防精神障碍的发生。

教育、司法行政、工会、共青团、妇联等单位要针对学生、农村妇女和留守儿童等重点人群分别制订宣传教育策略,有针对性地开展心理健康教育活动。

各级卫生健康部门要组织医疗卫生机构开展多种形式的精神卫生宣传,增进公众对精神健康及精神卫生服务的了解,提高自我心理调适能力。

规范新闻报道,未经鉴定避免使用"精神病人"称谓进行报道,减少负面影响;尊重精神疾病患者,不得有歧视、侮辱精神疾病患者的内容。

## 六、开展精神卫生监测和专题调查

国家建立精神卫生监测网络,实行严重精神障碍发病报告制度,组织开展精神障碍发生状况、发展趋势等的监测和专题调查工作。有条件的地区每5年开展一次本地区精神障碍流行病学调查。

国务院卫生行政部门应当会同国务院有关部门建立精神卫生工作信息共享机制,实现信息互联互通、交流共享。国家有关部门将精神卫生纳入全民健康保障信息化工程。省级卫生健康部门要统筹建设本地区精神卫生信息系统,并使其逐步与居民电子健康档案、电子病历和全员人口数据库对接。承担精神卫生技术管理与指导任务的机构要做好严重精神障碍患者信息审核、分析等,定期形成报告,为相关部门决策提供依据。各地应当逐级建立卫生健康、公安、民政、等单位的严重精神障碍患者信息共享机制,重视并加强患者信息及隐私保护工作。

# 第四节 精神障碍的诊断和治疗

## 一、精神障碍的诊断

### (一)精神障碍诊断机构的资质

对精神疾病的诊断必须慎重,开展精神障碍诊断、治疗活动的医疗机构,应当具备下列条件,并依照医疗机构的管理规定办理有关手续:

(1)有与从事的精神障碍诊断、治疗相适应的精神科执业医师、护士。
(2)有满足开展精神障碍诊断、治疗需要的设施和设备。
(3)有完善的精神障碍诊断、治疗管理制度和质量监控制度。

从事精神障碍诊断、治疗的专科医疗机构还应当配备从事心理治疗的人员。

### (二)精神障碍的诊断

精神障碍的诊断应当由精神科执业医师作出。

对被诊断患有精神疾病的患者,医疗机构应当按照国务院卫生行政部门制定的精神障碍分类、诊断标准进行诊断复核,诊断复核的时间最长不得超过半年。诊断复核结论应当由具有副主任医师以上职称的精神科执业医师作出。对经诊断复核未能确诊或者对诊断复核结论有疑义的，医疗机构应当组织会诊。与精神疾病患者有亲属关系或者有其他利害关系的精神科执业医师，不得为该患者进行诊断、诊断复核和会诊。

患者或者其监护人对需要住院治疗的诊断结论有异议，不同意对患者实施住院治疗的，可以要求再次诊断和鉴定。依照前款规定要求再次诊断的，应当自收到诊断结论之日起3日内向原医疗机构或者其他具有合法资质的医疗机构提出。承担再次诊断的医疗机构应当在接到再次诊断要求后指派二名初次诊断医师以外的精神科执业医师进行再次诊断，并及时出具再次诊断结论。承担再次诊断的执业医师应当到收治患者的医疗机构面见、询问患者，该医疗机构应当予以配合。

对再次诊断结论有异议的，可以自主委托依法取得执业资质的鉴定机构进行精神障碍医学鉴定；医疗机构应当公示经公告的鉴定机构名单和联系方式。接受委托的鉴定机构应当指定本机构具有该鉴定事项执业资格的二名以上鉴定人共同进行鉴定，并及时出具鉴定报告。鉴定人应当到收治精神障碍患者的医疗机构面见、询问患者，该医疗机构应当予以配合。鉴定人应当对鉴定过程进行实时记录并签名。记录的内容应当真实、客观、准确、完整，记录的文本或者声像载体应当妥善保存。鉴定人本人或者其近亲属与鉴定事项有利害关系，可能影响其独立、客观、公正进行鉴定的，应当回避。再次诊断结论或者鉴定报告表明，不能确定就诊者为严重精神障碍患者，或者患者不需要住院治疗的，医疗机构不得对其实施住院治疗。

除个人自行到医疗机构进行精神障碍诊断外，疑似精神障碍患者的近亲属可以将其送往医疗机构进行精神障碍诊断。对查找不到近亲属的流浪乞讨疑似精神障碍患者，由当地民政等有关部门按照职责分工，帮助送往医疗机构进行精神障碍诊断。

疑似精神障碍患者发生伤害自身、危害他人安全的行为，或者有伤害自身、危害他人安全的危险的，其近亲属、所在单位、当地公安机关应当立即采取措施予以制止，并将其送往医疗机构进行精神障碍诊断。医疗机构接到送诊的疑似精神障碍患者，不得拒绝为其进行诊断。

## 二、精神障碍患者的治疗

精神卫生专业机构要建立会诊、转诊制度，指导其他医疗机构正确识别并及时转诊疑似精神障碍患者；要按照精神障碍分类及诊疗规范，提供科学规范合理的诊断与治疗服务，提高患者治疗率。

### （一）自愿治疗

我国对精神障碍治疗和住院，实行自愿原则。由精神科执业医师按照入院的医学标准和患者就诊当时的自知力状况对是否需要住院治疗进行评定。如果按"有利于其治疗、康复"的原则认为需要住院，该医师应当出具自愿住院通知书。经评定为具有完整自知力的患者，在取得自愿住院通知书并签署住院同意书后，可以自行办理或者由亲属协助办理入院手续。自愿住院治疗的精神障碍患者可以随时要求出院；患者不能辨认或者不能控制自己行为的，其监护人可以随时要求精神障碍患者出院。医疗机构应当同意患者出院。执业医师认为精神障碍患者不宜出院的，应当告知不宜出院的理由；患者或者其监护人仍要求出院的，执业医师应当在病历资料中详细记录告知的过程，同时提出出院后的医学建议，患者或者其监护人应当签字确认。

## (二) 非自愿治疗

《精神卫生法》第三十条第二款规定：精神障碍的住院治疗实行自愿原则。诊断结论、病情评估表明，就诊者为严重精神障碍患者并有下列情形之一的，应当对其实施住院治疗：①已经发生伤害自身的行为，或者有伤害自身的危险的；②已经发生危害他人安全的行为，或者有危害他人安全的危险的。为保证患者得到及时的治疗，其他较少限制的措施在当时无法提供或使用后无效，经精神科医师诊断有住院治疗之必要者而采取的强制住院措施。

住院由严重精神障碍患者的监护人或者近亲属办理住院手续。监护人或者近亲属拒绝严重精神障碍患者接受医学保护性住院治疗的，应当说明理由，并由医疗机构在病历中记录。经二名具有主治医师以上职称的精神科医师诊断，认为严重精神障碍患者可以出院的，由精神科医师出具出院通知书，其监护人或者近亲属办理出院手续；严重精神障碍患者要求出院，但精神科医师认为患者不宜出院的，应当告知理由，由其监护人或者近亲属决定是否出院，并由医疗机构在病历中记录。

精神障碍患者有危害或者严重威胁公共安全或者他人人身、财产安全的行为的，公安机关可以将其送至精神卫生医疗机构，并及时通知其监护人或者近亲属；单位和个人发现上述情形的，可以制止并应当及时向公安机关报告。对公安机关送来的精神障碍患者，经精神科医师诊断认为不需要住院治疗的，由医疗机构及时通知公安机关将精神疾病患者接回，交给其监护人或者近亲属；经诊断认为需要住院治疗的，由公安机关通知精神障碍患者的监护人或者近亲属办理住院手续。对无法通知到精神障碍患者监护人、近亲属的或者监护人、近亲属拒绝办理住院手续的，公安机关可以先行办理，并由医疗机构在病历中记录。

诊断结论或者鉴定报告表明，精神障碍患者有已经发生危害他人安全的行为，或者有危害他人安全的危险的，其监护人应当同意对患者实施住院治疗。监护人阻碍实施住院治疗或者患者擅自脱离住院治疗的，可以由公安机关协助医疗机构采取措施对患者实施住院治疗。在相关机构出具再次诊断结论、鉴定报告前，收治精神障碍患者的医疗机构应当按照诊疗规范的要求对患者实施住院治疗。诊断结论表明需要住院治疗的精神障碍患者，本人没有能力办理住院手续的，由其监护人办理住院手续；患者属于查找不到监护人的流浪乞讨人员的，由送诊的有关部门办理住院手续。精神障碍患者有已经发生危害他人安全的行为，或者有危害他人安全的危险的情形，其监护人不办理住院手续的，由患者所在单位、村民委员会或者居民委员会办理住院手续，并由医疗机构在患者病历中予以记录。

医疗机构应当根据精神障碍患者病情，及时组织精神科执业医师对依照规定对实施住院治疗的患者进行检查评估。评估结果表明患者不需要继续住院治疗的，医疗机构应当立即通知患者及其监护人。

当事人或者其监护人对非自愿住院医疗结论有异议的，可以选择所在地省、自治区、直辖市行政区域内其他具有合法资质的医疗机构进行复诊。承担复诊的医疗机构应当在接到复诊要求后指派2名精神科执业医师进行复诊，并在5日内作出书面复诊结论。对复诊结论有异议、要求鉴定的，当事人或者其监护人应当自主委托依法取得资质的精神障碍司法鉴定机构进行鉴定；医疗机构应当为当事人提供司法鉴定机构的名单和联系方式，并提供技术手段。精神障碍司法鉴定机构应当接受委托，并在7日内完成鉴定。

## (三) 医疗机构的诊断与治疗服务

**1. 提供适宜的治疗条件与方案**　医疗机构应当配备适宜的设施、设备，保护就诊和住院治疗的精神障碍患者的人身安全，防止其受到伤害，并为住院患者创造尽可能接近正常生活的环境和条件。

医疗机构及其医务人员应当遵循诊断标准和治疗规范，制定治疗方案，并向精神障碍患者或者其监护人告知治疗方案和治疗方法、目的以及可能产生的后果。精神障碍患者在医疗机构内发生或者将要发生伤害自身、危害他人安全、扰乱医疗秩序的行为，医疗机构及其医务人员在没有其他可替代措施的情况下，可以实施约束、隔离等保护性医疗措施。实施保护性医疗措施应当遵循诊断标准和治疗规范，并在实施后告知患者的监护人。禁止利用约束、隔离等保护性医疗措施惩罚精神障碍患者。对精神障碍患者使用药物，应当以诊断和治疗为目的，使用安全、有效的药物，不得为诊断或者治疗以外的目的使用药物。禁止对依照《精神卫生法》规定实施强制住院治疗的精神障碍患者实施以治疗精神障碍为目的的外科手术。

心理治疗活动应当在医疗机构内开展。专门从事心理治疗的人员不得从事精神障碍的诊断，不得为精神障碍患者开具处方或者提供外科治疗。

**2. 保障精神障碍患者的知情同意权**　医疗机构及其医务人员应当在病历资料中如实记录精神障碍患者的病情、治疗措施、用药情况、实施约束、隔离措施等内容，并如实告知患者或者其监护人。医疗机构对精神障碍患者实施下列治疗措施，应当向患者或者其监护人告知医疗风险、替代医疗方案等情况，并取得患者的书面同意；无法取得患者意见的，应当取得其监护人的书面同意，并经本医疗机构伦理委员会批准：①导致人体器官丧失功能的外科手术；②与精神障碍治疗有关的实验性临床医疗。禁止对精神障碍患者实施与治疗其精神障碍无关的实验性临床医疗。

**3. 不得拒绝救治精神障碍患者**　医疗机构不得因就诊者是精神障碍患者，推诿或者拒绝为其治疗属于本机构诊疗范围的其他疾病。

## 三、精神障碍诊断和治疗的监督检查

县级以上人民政府领导精神卫生工作，将其纳入国民经济和社会发展规划，建设和完善精神障碍的预防、治疗和康复服务体系，建立健全精神卫生工作协调机制和工作责任制，对有关部门承担的精神卫生工作进行考核、监督。

县级以上地方人民政府卫生行政部门应当定期就下列事项对本行政区域内从事精神障碍诊断、治疗的医疗机构进行检查：①相关人员、设施、设备是否符合本法要求；②诊疗行为是否符合本法以及诊断标准、治疗规范的规定；③对精神障碍患者实施住院治疗的程序是否符合本法规定；④是否依法维护精神障碍患者的合法权益。县级以上地方人民政府卫生行政部门进行前款规定的检查，应当听取精神障碍患者及其监护人的意见；发现存在违反本法行为的，应当立即制止或者责令改正，并依法作出处理。

## 四、精神障碍患者的救助制度

参加城镇职工基本医疗保险的精神障碍患者的医疗费用，按照国家和本市的城镇职工基本医疗保险规定执行。对于无法查明身份患者所发生的急救费用和身份明确但无力缴费患者所拖欠的急救费用，要按照有关规定，先由责任人、工伤保险和基本医疗保险等各类保险，以及医疗救助基金、道路交通事故社会救助基金等渠道支付；无上述渠道或上述渠道费用支付有缺口时，由疾病应急救助基金给予补助。

精神疾病患者的医疗费用按规定减免后支付仍有困难的，可以按照国家和本市的有关规定申请医疗救助。对于因医保统筹地区没有符合条件的精神卫生专业机构而转诊到异地就医的患者，医保报销比例应当按照参保地政策执行。

民政、卫生健康、人力资源和社会保障、财政等部门要研究完善符合精神障碍诊疗特点的社会救助制度，做好贫困患者的社会救助工作。对于符合最低生活保障条件的，各级民政部门要及时纳入低保；对于不符合低保条件但确有困难的，或获得最低生活保障后生活仍有困难的，应当通过临时救助等措施帮助其解决基本生活困难。村民委员会、居民委员会、患者所在单位等应当依患者或者其监护人的请求，对监护人看护患者提供必要的帮助。

## 第五节　精神障碍的康复

### 一、精神障碍康复的概念

精神障碍康复是指对精神障碍患者本身和家庭，采取各种措施，使其精神障碍解除，从而能够正常参与社会工作与生活。

### 二、社区康复

社区康复是指依靠城市街道、农村乡镇等社区力量，包括精神障碍患者本身和家庭，采取医学的、家庭的、职业的、社会的康复措施，使多数精神障碍患者就近得到恢复，增加其参与社会的能力。社区康复还包括积极开展精神障碍的预防工作，防止精神障碍的发生和发展。

社区康复是当代精神卫生发展的方向，也是我国的实际需要，必须坚持不懈地努力发展：①各级精神卫生机构应设立社区服务科（或防治科），专门从事社区精神疾病的防治、康复和管理等；②区、县级的精神卫生机构，应以社区工作为重点。要在实践中不断发展适合国情和当地情况的社区服务模式；③建立健全三级防治网，大力开展工疗站（组）、看护组和家庭病床等服务形式，逐步实现对精神病患者社区服务的划区管理；④以精神分裂症、精神发育迟滞和老年痴呆为主要服务，开展社会心理康复、特殊教育和职业培训；⑤培养社区精神医学骨干，鼓励精神卫生工作人员从事社区服务。

探索建立精神卫生专业机构、社区康复机构及社会组织、家庭相互支持的精神障碍社区康复服务体系。鼓励市民自愿参与社区康复机构的工作，对精神疾病患者的治疗、康复和回归社会给予援助。县级人民政府根据实际情况统筹规划，建立精神障碍患者社区康复机构，并采取措施鼓励社会力量建立精神障碍患者康复机构。

### 三、社区康复措施

#### （一）社区康复机构创造条件

社区康复机构应当为需要康复的精神障碍患者提供场所和条件，对患者进行生活自理能力和社会适应能力等方面的康复训练。

#### （二）基层组织提供帮助

村民委员会、居民委员会应当为生活困难的精神障碍患者家庭提供帮助，并向所在地乡镇人民政府或者街道办事处以及县级人民政府有关部门反映患者及其家庭的情况和要求，帮助其解决实际困难，为患者融入社会创造条件。

## (三) 医疗机构建立档案定期随访培训

医疗机构应当为在家居住的严重精神障碍患者提供基本药物维持治疗，并为社区康复机构提供有关精神障碍康复的技术指导和支持。社区卫生服务机构、乡镇卫生院、村卫生室应当建立严重精神障碍患者的健康档案，对在家居住的严重精神障碍患者进行定期随访，指导患者服药和开展康复训练，并对患者的监护人进行精神卫生知识和看护知识的培训。县级人民政府卫生行政部门应当对社区卫生服务机构、乡镇卫生院、村卫生室开展上述工作给予指导和培训。

## (四) 残疾人康复机构组织康复活动

残疾人组织或者残疾人康复机构应当根据精神障碍患者康复的需要，组织患者参加康复活动。

## (五) 单位、监护人协助康复

用人单位应当根据精神障碍患者的实际情况，安排患者从事力所能及的工作，保障患者享有同等待遇，安排患者参加必要的职业技能培训，提高患者的就业能力，为患者创造适宜的工作环境，对患者在工作中取得的成绩予以鼓励。

精神障碍患者的监护人应当协助患者进行生活自理能力和社会适应能力等方面的康复训练。精神障碍患者的监护人在看护患者过程中需要技术指导的，社区卫生服务机构或者乡镇卫生院、村卫生室、社区康复机构应当提供。

# 第六节　法律责任

## 一、行政责任

### (一) 政府部门违法行为的行政法律责任

县级以上人民政府卫生行政部门和其他有关部门未依照《精神卫生法》规定履行精神卫生工作职责，或者滥用职权、玩忽职守、徇私舞弊的，由本级人民政府或者上一级人民政府有关部门责令改正，通报批评，对直接负责的主管人员和其他直接责任人员依法给予警告、记过或者记大过的处分；造成严重后果的，给予降级、撤职或者开除的处分。

### (二) 医疗机构及其工作人员违法行为的行政法律责任

不符合《精神卫生法》规定条件的医疗机构擅自从事精神障碍诊断、治疗的，由县级以上人民政府卫生行政部门责令停止相关诊疗活动，给予警告，并处五千元以上一万元以下罚款，有违法所得的，没收违法所得；对直接负责的主管人员和其他直接责任人员依法给予或者责令给予降低岗位等级或者撤职、开除的处分；对有关医务人员，吊销其执业证书。

医疗机构及其工作人员有下列行为之一的，由县级以上人民政府卫生行政部门责令改正，给予警告；情节严重的，对直接负责的主管人员和其他直接责任人员依法给予或者责令给予降低岗位等级或者撤职、开除的处分，并可以责令有关医务人员暂停一个月以上六个月以下执业活动：

(1) 拒绝对送诊的疑似精神障碍患者作出诊断的。

(2) 对依照《精神卫生法》第三十条第二款规定实施住院治疗的患者未及时进行检查评估或者未根据评估结果作出处理的。

医疗机构及其工作人员有下列行为之一的，由县级以上人民政府卫生行政部门责令改正，对直接负责的主管人员和其他直接责任人员依法给予或者责令给予降低岗位等级或者撤职的处分；对有关医务人员，暂停六个月以上一年以下执业活动；情节严重的，给予或者责令给予开除的处分，并吊销有关医务人员的执业证书：

（1）违反规定实施约束、隔离等保护性医疗措施的。
（2）违反规定，强迫精神障碍患者劳动的。
（3）违反规定对精神障碍患者实施外科手术或者实验性临床医疗的。
（4）违反规定，侵害精神障碍患者的通讯和会见探访者等权利的。
（5）违反精神障碍诊断标准，将非精神障碍患者诊断为精神障碍患者的。

### （三）心理咨询及心理治疗人员违法行为的行政法律责任

有下列情形之一的，由县级以上人民政府卫生行政部门、工商行政管理部门依据各自职责责令改正，给予警告，并处五千元以上一万元以下罚款，有违法所得的，没收违法所得；造成严重后果的，责令暂停六个月以上一年以下执业活动，直至吊销执业证书或者营业执照：

（1）心理咨询人员从事心理治疗或者精神障碍的诊断、治疗的。
（2）从事心理治疗的人员在医疗机构以外开展心理治疗活动的。
（3）专门从事心理治疗的人员从事精神障碍的诊断的。
（4）专门从事心理治疗的人员为精神障碍患者开具处方或者提供外科治疗的。

在精神障碍的诊断、治疗、鉴定过程中，寻衅滋事，阻挠有关工作人员履行职责，扰乱医疗机构、鉴定机构工作秩序的，依法给予治安管理处罚。

## 二、民事责任

有关单位和个人违反规定，给精神障碍患者造成损害的，依法承担赔偿责任；对单位直接负责的主管人员和其他直接责任人员，依法给予处分。有下列情形之一，给精神障碍患者或者其他公民造成人身、财产或者其他损害的，依法承担赔偿责任：

（1）将非精神障碍患者故意作为精神障碍患者送入医疗机构治疗的。
（2）精神障碍患者的监护人遗弃患者，或者有不履行监护职责的其他情形。
（3）歧视、侮辱、虐待精神障碍患者，侵害患者的人格尊严、人身安全的。
（4）非法限制精神障碍患者人身自由的。
（5）其他侵害精神障碍患者合法权益的情形。

医疗机构出具的诊断结论表明精神障碍患者应当住院治疗而其监护人拒绝，致使患者造成他人人身、财产损害的，或者患者有其他造成他人人身、财产损害情形的，其监护人依法承担民事责任。

心理咨询人员、专门从事心理治疗的人员在心理咨询、心理治疗活动中造成他人人身、财产或者其他损害的，依法承担民事责任。

## 三、刑事责任

行政机关、医疗机构或者其他有关单位和个人违反《精神卫生法》规定，构成犯罪的，依法追究刑事责任。包括：非法拘禁罪、强迫劳动罪、虐待罪、遗弃罪等。

## （一）非法拘禁罪

《刑法》第二百三十八条规定：非法拘禁他人或者以其他方法非法剥夺他人人身自由的，处三年以下有期徒刑、拘役、管制或者剥夺政治权利。具有殴打、侮辱情节的，从重处罚。犯前款罪，致人重伤的，处三年以上十年以下有期徒刑；致人死亡的，处十年以上有期徒刑。使用暴力致人伤残、死亡的，依照刑法第二百三十四条【故意伤害罪】、第二百三十二条【故意杀人罪】的规定定罪处罚。

## （二）强迫劳动罪

强迫劳动罪是指以暴力、威胁或者限制人身自由的方法强迫他人劳动的，处三年以下有期徒刑或者拘役，并处罚金；情节严重的，处三年以上十年以下有期徒刑，并处罚金。明知他人实施前款行为，为其招募、运送人员或者有其他协助强迫他人劳动行为的，依照前款的规定处罚。

单位犯前两款罪的，对单位判处罚金，并对其直接负责的主管人员和其他直接责任人员，依照第一款的规定处罚。

## （三）虐待罪

虐待罪是指对共同生活的家庭成员，经常以打骂、捆绑、冻饿、限制自由、凌辱人格、不给治病或者强迫过度体力劳动等方法，从肉体上和精神上进行摧残迫害，情节恶劣的行为。虐待家庭成员，情节恶劣的，处二年以下有期徒刑、拘役或者管制；致被害人重伤、死亡的，处二年以上七年以下有期徒刑。

## （四）遗弃罪

遗弃罪是指对于年老、年幼、患病或者其他没有独立生活能力的人，负有扶养义务而拒绝扶养，情节恶劣的，处五年以下有期徒刑、拘役或者管制。

---

### 本章小结

精神卫生法是发展精神卫生事业、规范精神卫生服务、维护精神障碍患者权益的一系列法律规范所组成的相对完整的规则系统。我国精神卫生工作实行预防为主的方针，坚持预防、治疗和康复相结合的原则。在心理健康促进和精神障碍预防中，法律明确规定各级人民政府、学校、医疗机构、社区、家庭、监狱等单位的责任。在精神障碍的诊断、治疗与康复中明确自愿原则、尽可能限制非自愿医疗原则，明确医疗机构的诊断与治疗责任、精神障碍患者的康复与救助。精神障碍患者的人格尊严、人身安全等《宪法》规定的公民基本权利不受侵犯，享有的受教育、劳动、医疗、隐私、从国家和社会获得物质帮助等合法权益受法律保护。违反精神卫生法的法律责任包括：行政责任、民事责任和刑事责任。

---

### 复习思考题

1. 如何完善我国精神障碍患者强制医疗制度？
2. 精神卫生资源配置失衡的原因是什么？
3. 如何完善精神疾病患者的权利保护？

（刘　霞）